中国近代史

吕思勉 ◎ 著
张耕华 ◎ 导读

吕思勉经典历史文集·插图·导读版

华中科技大学出版社
http://www.hustp.com

中国·武汉

图书在版编目(CIP)数据

中国近代史/吕思勉著. —武汉:华中科技大学出版社,2022.7
(吕思勉经典历史文集:插图·导读版)
ISBN 978-7-5680-8441-3

Ⅰ.①中… Ⅱ.①吕… Ⅲ.①中国历史-近代史-通俗读物 Ⅳ.①K250.9

中国版本图书馆 CIP 数据核字(2022)第 120710 号

中国近代史
Zhongguo Jindai Shi

吕思勉 著

策划编辑:杨　静
责任编辑:杨　静
封面设计:红杉林
责任校对:李　琴
责任监印:朱　玢

出版发行:华中科技大学出版社(中国·武汉)　　电话:(027)81321913
　　　　　武汉市东湖新技术开发区华工科技园　　邮编:430223
录　　排:华中科技大学惠友文印中心
印　　刷:中华商务联合印刷(广东)有限公司
开　　本:710mm×1000mm　1/16
印　　张:22.5
字　　数:368 千字
版　　次:2022 年 7 月第 1 版第 1 次印刷
定　　价:98.00 元

本书若有印装质量问题,请向出版社营销中心调换
全国免费服务热线:400-6679-118　竭诚为您服务
版权所有　侵权必究

吕思勉(摄于20世纪20年代)

《中国近代史》2007年版封面

导 读

吕思勉先生在中国通史、中国古代史、断代史等方面的著述和成就，已为大家所熟知。其实，他在中国近代史的研究领域，著述也相当丰富，有通代式的著述如《中国近代史讲义》，也有专题性的《日俄战争》和通俗类的《国耻小史》，而之所以不为大家了解，那是因为他的这些近代史著作，或是通俗读物，或多是授课用的讲稿，且生前大都没有刊印发表。这些未刊或已刊的著述，有几部很值得今天的读者用作学习近代史的参考，那就是吕先生的《中国近代史讲义》《中国近世史前编》《中国近百年史概说》《中国近世文化史补编》《日俄战争》和《国耻小史》。

《中国近代史讲义》和《中国近世史前编》是吕先生在上海光华大学讲授中国近代史的两份讲义。光华大学是一所私立大学，办学条件、师资设备等均不如当时的公办大学。光华大学的历史系，常年只有四五位专职的教师，除了本系的课程，还要给国文、政治等系科的学生开设选修课程。所以，吕先生在光华任教时，任教的课程很多，计有中国通史、中国近代史、中国文化史、中国社会史、文字学、中国政治思想史、中国历史研究法、孔子大同释义、《史通》选读、《文史通义》研究、《史记》研究、《汉书》研究等。这两部讲义，就是为讲授中国近代史而编写的讲稿。《中国近代史讲义》《中国近世史前编》现都留有先生的手稿，上面也有吕先生不止一次的改笔、补充和订正。二十世纪八十年代中期，又由杨宽、吕翼仁先生做过一遍校订。

《中国近百年史概说》是抗战年间吕先生在常州乡下辅华中学（今常州市第三中学）任教时的讲稿。太平洋战争爆发以后，上海光华大学停办，吕先生于一九四二年八月回到故乡常州，应邀在游击区的青云中学（抗战时苏州中学常州分校）、辅华中学讲学。辅华中学没有校舍，以坂上镇的旧寺庙大刘寺的大殿用作礼堂，大殿旁盖些简易的小屋，用作学生的教室和教师的宿舍兼办公室。当时的条件非常艰苦，先生的日记，记载了当时的窘困："予此次之病，盖因习于伏案阅读研求，即为休息，而自去秋以来，奔驰于城乡之间，伏案之时减少。……坂上赁屋未得，日间居办公室，已不甚安定,晚间四人合居一室,止一桌,不能占用,变为闲荡,于是星期四、五、六三夜,精神失其安定。"①当时的教学也没有课本,吕先生便编了这本《中国近百年史概论》,从明末西力东渐讲起,直到北伐胜利,完成全国统一为止。《中国近百年史概论》现存油印稿一册,上面有吕先生的订正和改笔。二十世纪八十年代中期,先生的女儿吕翼仁先生曾做过校订。

《中国近世文化史补编》的题目系编者所加,分《商业》《财产》《征榷》《官制》《选举》《刑法》《学校》七节,其中前六节原为《中国制度史》的《商业》《财产》《征榷》《官制》《选举》《刑法》各章近代部分的叙述。②《学校》一节原系单篇油印稿,上面有吕先生的订正和改笔。一九八五年五月,吕先生的《中国制度史》由上海教育出版社初版发行,其中《商业》《财产》《征榷》《官制》《选举》《刑法》六章的近代部分,都删去未刊。这些删余的稿子及《学校》一篇,后来都编成《中国近世文化史补编》。

《日俄战争》完稿于一九二七年,一九二八年十月收入商务印书馆"新时代史地丛书"初版印行,次年十月又收入商务印书馆"万有文库"(第一集),一九三三年五月又刊印国难后的第一版。这部著述是我国学界有关日俄战争"最早的研究性著作"。③

《国耻小史》原分上、下两册,是吕先生早年在中华书局任编辑时撰写的一本历史通俗读物,一九一七年二月收入中华书局"通俗教育"丛书初版发行。此书在当时就很受读者的欢迎,至一九三六年已重印到第二十四版,一九四一年还有续印本。

自二十世纪九十年代开始,吕先生的近代史著述,重新进入了读者的视野,开始以合编、选编的方式陆续重印或新版。本次我们重印吕先生的近代史著述,也延续这种选编的方式,而选择这六种著述合刊一册,一方面是它们各具特色,有系统性的通代研究,有专题性的个别探讨,也有通俗性的普及介绍,可以较全面而多样地了解史事的全貌;另一方面也是因为这

---

① 李永圻:《吕思勉先生编年事辑》,上海书店1992年版,第246页。
② 《中国制度史》原为油印稿,写于二十世纪的二三十年代,1985由上海教育出版社初版,现按吕先生的原意,改为《中国社会史》,收入《吕思勉全集》第14册。
③ 王刚:《日俄战争研究状况述评》,《文史知识》2005年第8期。

六种著述最能体现吕先生近代史研究的特色,①而这个特色,正可用来弥补我们在历史学习上的某些认知盲点。

任何一位史学家,不论他是考史,还是评史,其背后总有一种"史观"为指导。这里说的"史观",主要是指历史观,它是史家对历史的根本性的看法。"史观"是史家的研究之所得,是他的研究成果;但也是他用来阐述、解读历史的工具。吕先生不是专门的史学理论家,但他的治史也有他的"史观",那就是文化史观,这在他的近代史著述中,体现得最为明显。

吕先生的文化史观有两个要点:

一,文化是控制环境的行为;环境不同,控制的方法也不同,文化自然也就不同。吕先生说:"人必有其所处之境,与其所处之境适宜则兴盛,不适宜则衰亡。这是很容易明白的。"这里所说的环境,首先是人所面对的自然环境,但"文化既经造成以后","文化就成为环境中的一个因素","就又成为人们最亲切的环境"。前者可称为"自然的因素",自然的环境;后者可称为"人为的因素",人为的环境。相对而言,自然因素的变迁较为缓慢;人为因素的变迁较为快速而剧烈。而人"不但能改变自己,还能改变环境,使与自己适合。所以人类不但能适应环境,还能控制环境。人类控制环境的行为,为之文化"。"不同的环境,自然需要不同的控制方法,就会造成不同的文化。"

二,文化须随着环境的变化而变化,因变化有快慢(还有彻底不彻底),这就发生了与人与环境的适宜与不适宜问题,这是文化盛衰兴亡的根本原因。吕先生说:环境是不能无变迁的,当环境发生了变迁,人们控制环境的方法也当随之变迁。但是,文化的变迁总是滞后于环境的变化。有些是习惯于原有的文化而不思变化、不愿变化;有些是出于私人或集团的利害考量而不肯变化。"文化是无所谓优劣的",所谓优劣,就是看它能不能随环境的变化而变化,"能改变则更臻兴盛,不能改变则日就衰亡",全看它"能否改变、以及改变的速度,能否与环境的变迁相应",这是民族国家盛衰兴亡的根本原因。

用文化史观的眼光来考察中国历史,吕先生把中国史分为三个时期:

---

① 如要完整地了解吕先生的近代史研究,还应该阅读他的《白话本国史》《吕著中国通史》和几部初高中用教科书的近代部分的著述。

1. 中国文化独立发展时期。
2. 中国文化受印度影响时期。
3. 中国文化受欧洲影响时期。

第一期的界限，截至新室灭亡以前。之所以称为"独立发展"的时期，那是因为这一时期的环境，没有受到太多、太强烈的外来影响，主要还是环境自身的变化，尤其是人为环境的变迁，逐渐产生了一种对文化改革的要求。第一期的历史，大致演进到西汉的时候，人为环境的演化已经出现了明显的不适宜的情形：土地兼并，贫富不均，以及民生之艰难，汉时的儒生无不痛心疾首，他们"对于现状，是认为极度的不安，而想要彻底改革的"。然而，最后还是那种得过且过、听其流迁的思潮成为主流，为适宜环境而必须的文化改革，在西汉末年已经呈现出一种消极的颓势。所以，吕先生认为：王莽改革，实系先秦以来言改革者之集大成；王莽的失败，实是先秦以来言社会改革者公共的失败。从此以后，"治天下不如安天下，安天下不如与天下安"，遂被视为政治上的金科玉律了。

第二期的划分，是因为环境因素中受到外来的印度文化的影响。印度文化之所以能对传统社会产生影响，这也与自身的文化有此种需要有关。吕先生说："新室的革命失败以后，我们遂认现社会的组织是天经地义而不可变。不以为社会的组织，能影响于人心，反以为人心的观念，实造成社会的组织，遂专向人的观念上去求改良。在这种情形之下，印度的哲学思想，是颇为精深的；其宗教感情，亦极浓厚；适合我们此时的脾胃，遂先后输入。"只是"中国在受印度影响的时代，因其影响专于学术思想方面，和民族国家的盛衰兴亡，没有什么直接的紧迫的关系"。而输入之后，遂"与中国固有的哲学宗教，合同而化，而成为中国的所谓佛教"。

到了第三期，情况就大不相同了。吕先生说："自欧人东来，而局面乃一变，其文化既与我大异，政治兵力亦迥非前此异族之比，我国受其影响，遂至凡事皆起变化，此为现在所处之时期，就此时期之事而讲述之，此则所谓近世史者也。"这"凡事皆起变化"的近世史，就是吕先生要在近代史中阐述和解读的内容。

循着文化史观的思路去解读中国近代史，需要阐述三个问题：一，到了近代，我们的环境发生了哪些的变化，这个变化始于何时，与历史上的情形相比，它有什么特殊性。二，我们原先的文化是怎样一个状况，即进入近代历史阶段时,我们的文化正演化到怎样的一个状况。三,因环境的变化而激发的文化改革,有没有发生,如何发生?吕先生的近代史,就是按照这三个问题的逻辑关系展开的。吕先生说:"自秦迄今二千余年,就大体言之,疆域实无甚变更,政治亦无甚根本变动,四方异族程度皆较我为低,虽亦有时凭恃武力,荐居上国,至于声明文物,终不得不舍其故有者而从我。"换言之,传统时代中国人的生存环境,无论是自然环境,还是人为环境,都没有太大、太剧烈的变化。真正发生的大变化,那是从近代开始。

历史时段的划分,通常有两种方式:一种是划分在某一时间点,以某一历史事件为前后分界的标志。比如,常见的近代史就以一八四〇年的鸦片战争为起点。另一种是大致划出一个时段,或以某一类事件的出现为标志。吕先生的近代史属于后一种分期法。

导致中国历史发生急变、剧变的,是"一个向不交通的区域"及其文化,在此时交通往来了。这就是"欧人东来"与"西力的东渐"。这种外来的文化影响,最初是传教士的传教活动和西欧诸国商人的通商活动,然后其带来的影响却深远而广阔。所以,吕先生说:"近几百年来,欧洲人因为生产的方法改变了,使经济的情形大为改变。其结果,连社会的组织,亦受其影响,而引起大改革的动机。其影响亦及于中国。"不仅影响遍于全国,而且"凡事皆起变化"。这是前所未有的。

当"西人东来"之际,传统文化又处于怎样的一种状况?这在本书的《入近世期以前中国的情形》《外力侵入时代中国之情形》等章节有专门的叙述。与一般近代史的著述不同,吕先生的近代史,在叙近代历史之前,先设一些章节用来概述古代的历史。这是因为史事是前后联系,不了解古代的历史,自然也就不能读懂近代的历史。吕先生说:"史事前后相因,又彼此皆有关系,欲强分之,正如抽刀断流,不可得断一事也。"然而,概述古代的历史,不能复述秦皇汉武,而要以文化史观的眼光把进入近代史前的文化——国人控制环境的行为及其特征做一鸟瞰式的概述。那就是:

(一)当时中国的政治,是消极性的,在闭关时代,可以苟安,以应付近世列国并立的局面则不足。

(二)当时中国的人民和国家的关系是疏阔的,社会的规则都靠相沿的习惯维持,所以中国人民无其爱国观念,要到真有外族侵入时,才能奋起而与国家一致。

（三）中国社会的风俗习惯，都是中国社会的生活情形所规定的，入近世期以后，生活情形变，风俗习惯亦不得不变。但中国疆域广大，各地方的生活，所受新的影响不一致，所以其变的迟速，亦不能一致，而积习既深，变起来自然也有相当的困难。

古人说："穷则变，变则通，通则久。"这是文化演进的一个普遍法则。吕先生说："既和异国异族相交通，决没有法子使环境不改变，环境既改变，非改变控制的方法，断无以求兴盛而避衰亡。所以在所谓近世期中，我们实有改变其文化的必要。"吕先生在近代史著述中所叙述的史事、人物等，都是文化变动中的一个个具体的案例：有的是守旧如故，还是用"旧眼光"来对付新问题，如清廷官员与俄国交涉伊犁问题时的做法。有的是文化改革的"先觉者"，如康有为的维新变法，孙中山的革命运动等等。文化改革虽然是一波三折，却也屡仆屡起，它构成了吕先生笔下的中国近代史的主旋律。因改变的速率、程度上的差异，吕先生把近代历史分为二期："一，自欧人东来，至清末各国竞划势力范围止，此为中国受外力压迫之时代；二，自戊戌变政起，迄于现在，此则中国受外力压迫而起反应之时代也。"文化的改革，正体现了文化的生机，所以它"时时在改变之中，迄于今而犹未已"。

文化史观不仅可以用来阐明中国近代历史的逻辑结构，也是吕先生论述史事发生缘由、评述史事及人物的历史归责时的一把标尺。比如与俄国的交涉。吕先生指出：近代初期，英法等西人的入侵，多限于通商传教二端，唯俄罗斯除了通商之外，还一直带有政治和领土上的目的。其初"俄东方兵力未充，费耀多罗之来，从卒一千五百人，而清使者从卒万余，都统郎坦又以精卒万人自瑷珲水陆并进。议既不谐，从行之天主教士徐日升、张诚调停亦不就，清兵将围尼布楚，俄人不得已，悉如中国意以和。定约六条"。这六条，就是《尼布楚条约》。此时的"与俄交涉，看似占胜，然其失策有二：一则尼布楚条约得地虽多，而不能守，仍视为边荒弃置之，遂启俄人觊觎之心；二则陆路许俄无税通商，当时以此为怀柔之策，亦启后日要索之端也"。为什么这么说呢？如用文化史观的眼光来考察，你就会发现此类冲突及国人的吃亏，实在是难免的：

中国历代对于属地，系取羁縻政策的，政府或设官以管理其通路，如汉朝的西域都护是；又或驻扎于几个要点，如唐朝的都督府是。此等官吏对于服属的部族加以管理,有违命或互相攻击或内乱之事,则加以制止。防患于未然,使其事不至扩大而成为边陲之患,此即所谓守在四夷。但中国的政情,是以安静为主的。不但向外开拓,即对于边疆的维持,亦不能费多大的国力。所以到服属的部族真个强盛时,中国所设的管理机关,就只得撤退。再进一步,就患仍中于边陲了。……总而言之,开疆拓土,甚至于防守边陲,在中国政治上,实向不视为要务。在如此情形之下,驾驭未开化的蛮族,尚且不足,何况抵御现代西方国家的侵略?……这也是前此的政情所限定的,并非任何一个人或一件事的失策。

凡事不进则退。自《尼布楚条约》签订之后,对于东北方的疆域,清廷并没有加意经营。一个半世纪之后,强弱就移位了。趁着第二次鸦片战争,俄人再次进兵到黑龙江口,清廷派黑龙江将军奕山为全权大使,与俄签订《瑷珲条约》,把黑龙江以北之地,都割给俄国,而以乌苏里江以东,为两国共管之地。黑龙江、松花江、乌苏里江,只准中、俄两国行船。

吕先生说:

此约既定,侍讲殷兆镛参奏奕山,以黑龙江外五千里之地,藉称闲旷,不候谕旨,拱手让人,寸磔不足蔽辜。就条约观之,诚如殷氏所论。然据稻叶君山《清朝全史》,则奕山当日未尝不竭力争执,而俄人以开战相胁。当时的形势,是万不能和俄人开战的,边备废弛,兵力衰颓,由来已久,断不能令身当交涉之冲的一个人独尸其咎。

吕先生又说:

自欧人东航以来,中西之间种种隔阂,至五口通商之役而爆发,经过咸丰戊午、庚申两役,而作一小结束,短短的二十年间,中国权利丧失的,不知凡几,这真是可以痛惜的事。但亦是无可如何的。因为此时,中西的文化,隔阂太深了,冲突终不可免。中西文化的隔阂,关系最大的:(一)为国际法上见解的悬殊。(二)则人民骤与异文化接触,而又激于累败之辱,不免发生褊狭的排外心理。(三)中国和外国交涉,向守厚往薄来之戒,对于利益,不甚注意,于此时的局势,亦不相宜。此时的要务:在于(一)消除妄自尊大之念。(二)及盲目排外的感情。(三)而对外则不丧失权利。此非深知此时的局面,为旷古所未有,一切旧见解、旧手段都不适用不可行,在当时如何可能呢?所以交涉的失败,只是文化要转变而尚未能转变当然的结果,并不能归咎于任何一个人。

虽然文化的转变一波三折、屡仆屡起，但吕先生对历史的演进始终抱着乐观的态度。他说：回想鸦片战争、五口通商时的历史情境，"到民国二十六年（1937）的崛起抗战，亦还不满百年，我们的转变，也不可谓之迟了"。所以，他在《中国近世史前编》的卷首，以"转变，伟大的转变"向全体国民作号召，也殷切期望这个古老的文化能够实现"伟大的转变"！且深信"前途之大有希望，实无疑义"。

正如有学者评论：吕先生的近代史独具特色，与现有的各种近代史著述相比，他既不属于"革命范式"，也不能归类于"现代化范式"。"他不如'现代化'叙事或'革命'叙事那般对中国历史的未来走向有明确的判定，因而也某种程度避免了因目的论而导致对历史真实的遮蔽。"[①] 这是知言之论。众所周知，吕先生是一位大同主义者，他相信历史的未来走向还是能达到"风通道一"的大同之境。[②] 不过，那是历史的远景，也是他的愿景。就近代历史而言，与其寄希望于历史的远景，倒不如寄希望于今人能从近代史的学习中悟到历史的启示："一个民族的文化，当其发生剧变之时，总不免相当的牺牲和苦痛。当这时代，对于新文化，深闭固拒愈甚，则其所受的牺牲和苦痛愈深。"所以，一定要打破文化的平衡。何谓"文化的平衡"？那就是"文化进展到一定的程度，便要发生平衡的现象。所谓平衡，便是乐于保守，惮于改革"。[③] 所以，他寄希望于文化"唯能变才有生机"，寄希望于我民族的文化能够"转变"，能够实现"伟大的转变"！古人说"往事不可追，未来犹可期"，又说"前事不忘，后事之师"。读者于此，正该深长思之。

张耕华

[①] 赵庆云：《吕思勉的中国近代史书写》，《史学史研究》2016年第3期。
[②] 吕思勉：《大同释义——中国社会变迁史》，上海交通大学出版社2018年版。
[③] 吕思勉：《中国民族演进史》，上海亚细亚书局1935年版，第167-168、11页。

吕思勉先生与家人的合影。右起：吕思勉、子吕正民、妻虞菱、外甥女巢心北、女吕翼仁，1929年摄于常州。

1935年，光华大学课外学术研究组织中国语文学会全体师生在上海大西路光华大学校内合影。前排右四：吕思勉；右五：张寿镛；右六：蒋竹庄；右七：钱基博

1936年吕思勉先生与语文学会合影。前排左四吕思勉，左五张寿镛

吕思勉先生与家人、学生合影。摄于1941年。右起：李寅文、叶百丰、吕思勉、陈楚祥、吕翼仁、方德修

吕思勉先生与光华师生合影。摄于1941年。

吕思勉先生与光华同事胡嘉在上海欧阳路光华大学校门前合影。摄于1947年。

目　录

中国近代史讲义 ……………………………………………… 001
 一　绪论 ……………………………………………………… 004
 二　中西交通之始 …………………………………………… 005
 三　传教之始 ………………………………………………… 007
 四　康雍乾三朝与俄国交涉 ………………………………… 009
 五　清代之盛衰 ……………………………………………… 013
 六　道光以前中外通商情形 ………………………………… 019
 七　道光以前烟禁 …………………………………………… 023
 八　烧烟及中英战事 ………………………………………… 025
 九　江宁和议 ………………………………………………… 027
 十　鸦片战争之役评论 ……………………………………… 029
 十一　五口通商后广东中英交涉 …………………………… 033
 十二　咸丰戊午、庚申之役 ………………………………… 035
 十三　戊午、庚申和约大要 ………………………………… 037
 十四　中俄咸丰戊午、庚申两约 …………………………… 040
 十五　同光中俄交涉 ………………………………………… 046
 十六　嘉道咸同光之朝局 …………………………………… 049
 十七　各国立约交涉 ………………………………………… 051
 十八　革新之渐 ……………………………………………… 062
 十九　日本立约及台湾生番事件 …………………………… 066
 二十　英人《芝罘条约》 …………………………………… 070
 二十一　法越之役 …………………………………………… 072
 二十二　英缅之役 …………………………………………… 077
 二十三　英谋西藏 …………………………………………… 081

二十四	中日之战与马关条约	082
二十五	港湾之租借	087
二十六	戊戌政变及庚子义和团	089
二十七	俄占东三省及日俄之战	093
二十八	清末外交情势	097
二十九	改革政体之动机	098
三十	清之亡及民国成立	102
三十一	民国以来之政局	105
三十二	民国以来之外交	107

中国近世史前编 … 109

一	论中国近世史的性质	110
二	入近世期以前中国的情形	113
三	中西的初期交涉	124
四	鸦片战争和咸丰戊午、庚申之役	133
五	汉族的光复运动	157

中国近百年史概说 … 179

一	总论	180
二	中西交涉之初期	181
三	鸦片战争前之国内情形	185
四	外力侵入时代中国之情形	187
五	变动中之中国	192
六	国民政府之北伐	201

中国近世文化史补编 … 203

一	商业篇	204
二	财产篇	205
三	征榷篇	209
四	官制篇	226
五	选举篇	226
六	刑法篇	229
七	学校篇	239

日俄战争 ································ 243
  一 东北形势总论 ······················ 244
  二 日俄开战之原因 ···················· 247
  三 日俄战前之交涉 ···················· 253
  四 日俄两国战前之形势 ················ 263
  五 日俄战事上 ······················· 269
  六 日俄战事下 ······················· 274
  七 日俄和议 ························· 279
  八 日俄战事与中国之关系 ·············· 285
  九 日俄战役之结果及战后情势之变迁 ···· 292
  十 结论 ···························· 298

国耻小史 ································ 309
  一 现在对外情形 ····················· 310
  二 欧洲各国之形势及其东来之历史 ······ 311
  三 英国两次遣使 ····················· 312
  四 鸦片之输入 ······················· 314
  五 鸦片战争 ························· 315
  六 广州之役 ························· 319
  七 京师初陷 ························· 321
  八 中俄伊犁交涉 ····················· 323
  九 法据安南 ························· 326
  十 英灭缅甸及暹罗独立 ················ 328
  十一 中日之战 ······················· 330
  十二 中俄密约及各国租借军港 ·········· 333
  十三 京师再陷 ······················· 335
  十四 日俄之战及朝鲜灭亡 ·············· 337
  十五 英兵入西藏 ····················· 338

中国近代史讲义

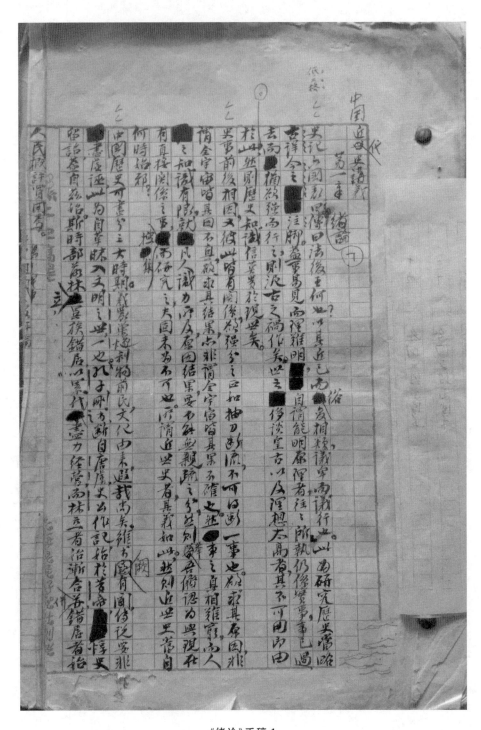

《绪论》手稿 1

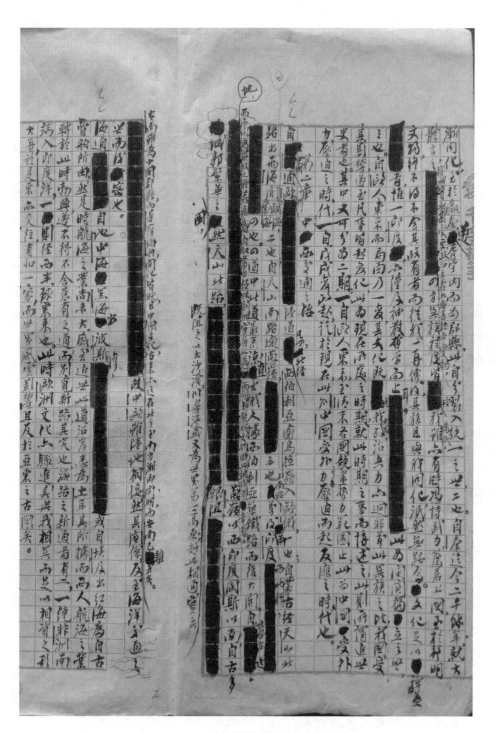

《绪论》手稿2

一 绪　　论

　　《史记·六国表》曰："传曰'法后王',何也？以其近已而俗变相类,议卑而易行也。"此为研究历史当略古详今之注脚。盖事易见而理难明,自谓能明原理者,往往所执仍系实事,事已过去而犹欲强而行之,则泥古之祸作矣。世之侈谈皇古以及理想太高者,其不可用即由于此。然则历史知识信莫贵于现世矣。

　　史事前后相因,又彼此皆有关系,欲强分之,正如抽刀断流,不可得断一事也。欲求其原因,非谓全宇宙皆其因不真,欲求其结果,亦非谓全宇宙皆其果不确也。然事之真相难穷,而人之知识有限,就凡人识力所及,原因结果,要不能无亲疏之分,然则举吾侪认为与现在有直接关系之事,搜集而研究之,夫固未为不可也。所谓近世史者,其义如此。然则近世史当自何时始邪？

　　中国历史可划分三大时期。羲、农、巢、燧利物前民,文化由来,遐哉尚矣,虽书阙有间,传说要非尽虚诬,此为自草昧入文明之世,一也。孔子删《书》,断自唐虞,史公作《记》,始于黄帝,惇史留诒,盖自兹始。斯时部落林立,异族错居,以累代之尽力经营,而林立者始渐合并,错居者始渐同化,至于嬴秦,遂胥宇内而为郡县,此自分裂入统一之世,二也。自秦迄今二千余年,就大体言之,疆域实无甚变更,政治亦无甚根本变动,四方异族程度皆较我为低,虽亦有时凭恃武力,荐居上国,至于声明文物,终不得不舍其故有者而从我。一再传后,其族且与我同化,泯然无迹焉。文化足以裨益者,惟一印度,亦仅及神教哲学而止耳,此为闭关独立之世,三也。自欧人东来,而局面乃一变,其文化既与我大异,政治兵力亦迥非前此异族之比,我国受其影响,遂至凡事皆起变化,此为现在所处之时期,就此时期之事而讲述之,此则所谓近世史者也。其中又可分为二期:一自欧人东来,至清末各国竞划势力范围止,此为中国受外力压迫之时代;一自戊戌变政起,迄于现在,此则中国受外力压迫而起反应之时代也。

二　中西交通之始

　　自中国通欧洲陆道凡四：北经西伯利亚逾乌拉岭入欧俄，一也；自蒙古经天山北路出两海间，咸海、里海。二也；自天山南路逾葱岭，三也；南经前后两印度西北行，四也。四道中，北道最荒凉，直至俄人据西伯利亚筑铁路而后大开。自蒙古迄两海间为游牧人种荐居之地，匈奴、蒙古侵略欧洲实自此道，两洲之声教文物由此相接者，希焉。葱岭以西、印度固斯以南，自古多城郭繁华之国，然天山北路，既阻之以大沙漠，川边海藏又为世界第一高原，越此相通，实云艰阻。安南虽为中国郡县，而暹罗、缅甸，开化皆晚，且中国文化，古来亦迄在北方，至南方渐即开明，而安南已离去矣。故中、欧虽陆地相接，然其关系反至海洋交通之世而后密也。

　　海道自地中海、黑海出波斯湾，或自埃及出红海，为自古贾舶所由，然是时航海之业尚未大盛，至近世此道沿岸悉为土耳其所据，而西人航海之业转于此时勃兴，遂不得不舍旧有之道，而别觅新路，其究也，海路之新通者有二，一绕非洲南端入印度洋，一则经西半球东来也。此时欧洲文化亦骤进，其与我相异而足以相资之形大著，于是东西交往有如一家，而世界风云影响且及于亚东之古国矣。

　　西人近世之东航，实始明代。宪宗成化二十二年（1486），葡萄牙人始抵好望角。武宗正德十一年（1516），遂来广东。世宗嘉靖十四年（1535），乃得澳门为根据地。见《中西纪事》。自葡人抵好望角后七年，明孝宗弘治六年（1493）。而哥伦布发现美洲；其抵广东后三年，正德十四年（1519）。则麦哲伦环绕地球。嘉靖四十四年（1565），西班牙县菲律宾，建马尼剌；神宗万历三年（1575）、八年（1580），再至福建求通商，为葡所阻，而中国贾舶往来于马尼剌者甚多。荷兰故西属也，以万历九年（1581）叛西班牙自立时，西班牙王兼王葡萄牙，恶之，禁其出入里斯本，荷人乃自设东印度公司，谋东航，先后据苏门答腊、爪哇、马六甲。万历四十八年（1620），攻澳门不克，转据澎湖，旋略台湾，明熹宗天启四年（1624）。至清顺治十七年（1660），乃为郑成功所夺。先四年，顺治十三年（1656）。荷人使至清廷求通商，清人许其八岁一至，舶数以四为限。康熙三年（1664），又求改立商约，清人不许。然荷人于好望角、麦哲伦海峡皆筑塞驻兵。自万历三十七年（1609），已得日人允许通商长崎。岛原乱后，事在明思宗崇祯十年（1637）。日人悉禁他国不得通，惟荷人不传教独免。当时东方之商业实以荷人为独盛也。英立东印度公司事在万历二十七年（1599）与葡人争印度，葡人累败，其卧亚总督乃与英和，许其出入澳门。思宗崇祯十年（1637），英人遂以舰至，而葡人之守澳门者拒之。英人乃自谒中国官，至虎门，为守兵所炮击，英人还击，陷其炮台，详见《华英通商事略》。后还所掠，中国亦许其通商。未几，兵事起，复绝。郑经尝许英人通商厦门及安平，然台湾初开，安平实无甚贸易，惟厦门时一至而已。明清之间中欧海路之交通如此。

其自陆路东来者，则为俄罗斯。俄盖《唐书》之遏罗支也。《元史译文证补·地理志西北地附录释地》上阿罗思云："今官私文书定称为俄罗斯，详审西音似云遏而罗斯。遏而二字滚于舌尖一气喷薄而出，几于有声无词，自来章奏记载曰斡罗思、鄂罗斯、厄罗斯、兀鲁斯，直无定字。又曰罗刹、罗察、罗车、罗沙，则没其启口之音，促读斯字，变为刹察，歧异百出，有由来也。其族类曰司拉弗哀（斯拉夫），既非乌孙，亦非羌种。佛书罗刹尤为不拟于伦。其国名最晚著而族类之名则早见西书。俄史释司拉弗哀，义谓荣耀，欧洲他国，则释为佣奴。《瀛环志略》谓唐以前为西北散部，受役属于匈奴，最为近似。元人所谓林木中百姓是也。唐季此种人居于俄，今都森彼德普尔（圣彼得堡）之南，旧都莫斯科之北，其北邻为瑞典、挪威国。国人有柳利哥者，兄弟三人，凤号雄武，侵陵他族，收抚此种人立为部落。柳利哥故居地有遏而罗斯之名，遂以是名部。他国人释之曰遏而罗为摇橹声，古时瑞典、挪威国人专事抄掠，驾舟四出，柳利哥亦盗魁，故其地有是称。是说也，俄人所不乐闻。"愚案，《唐书·回鹘传》："驳马或曰弊剌，曰遏罗支，直突厥之北，距京师一万四千里，人貌多似结骨，而语不相通。"遏罗支即遏而罗斯异译。结骨人皆长大赤发，皙面绿瞳，亦见《唐书》，正是白种形状。司拉弗哀盖先为遏罗支所征服，而后柳利哥君之，故犹蒙其旧称，释为橹声，语涉附会。俄人之不乐闻，未必尽由自大也。

唐懿宗咸通三年（862），有柳利哥者始建诺佛哥罗特，后嗣渐拓而南迁于计披甫，居黑海之滨，行封建之制。蒙古兴而俄为所征服，地属成吉思汗长子拙赤。拙赤死后，其长子拔都实为之共主，西史称为钦察汗国。明英宗天顺中，俄人叛蒙古，时钦察汗正统已绝，支庶纷争，遂为俄人所乘，次第破灭，时当宪宗成化中，约与葡人之绕好望角而至印度洋同时也。俄人既复西疆，复思东略，收抚可萨克族以为己用，遂东侵西伯利亚，于是托波儿斯克、万历十五年（1587）。托穆斯克、万历三十二年（1604）。叶尼塞斯克、万历四十七年（1619）。雅库次克、崇祯五年（1632）。鄂霍次克崇祯十一年（1638）。相次建立。至崇祯十二年（1639），遂抵鄂霍次克海，又欲南下黑龙江，而清俄之交涉起矣。

三 传教之始

近世东西交通关系之大，在于文化，而西方文化之输入，实始基督教士，此不可诬也。基督教之入中华，不自近世始，当唐太宗时，教徒阿罗本已赍经典来长安，太宗许其建寺曰波斯。是为基督教之乃斯脱利安宗，中国名曰景教。乃斯脱利安者，当南北朝之初，基督教中有基督为神抑兼为人之争，乃斯脱利安主兼为人，后其说见摈，其徒因谋为乱，事泄见逐，皆居波斯，凡三万人，故阿罗本自波斯来也。玄宗以其教本出大秦，改寺名曰大秦。德宗时寺僧景净立"景教流行中国碑"，明末出土，可以考见当时景教流行之情形焉。武宗禁佛教，诸异教皆遭波及，景教亦绝。元世兵力抵欧洲，欧人苦其侵扰，欲以神教怀柔之，于是若望高未诺奉教皇之命，以世祖至元二十七年（1290）至大都，世祖许立教堂四，皈仰者逾六千，然多蒙古人，故元亡后绝。元时基督教徒称也里可温，近人陈垣有考。

明世东西航路通后，旧教教士入中国者，当以利玛窦为始。利玛窦之至澳门，事在万历九年（1581），先传教于肇庆，后至南京，交其士大夫。万历二十八年（1600）始至北京，表献方物。明年又至，神宗赐之宅，并许其建立教堂。利玛窦知中国士大夫不易崇信教理，又知形下之学，为中国所乏，乃先以是牖道之。士大夫多重其人，故其传教无阻。万历三十八年（1610），利玛窦卒。未几南京礼部侍郎沈㴶奏攻其教，四十四年（1616）遂遭禁断，教士之居北京者，皆勒归澳门。熹宗立，满洲战事急，召其人造大炮，乃得解，时天启二年（1622）也。会大统历疏舛，而深通天文之汤若望亦来华，遂于首善书院设历局，命造仪器，且译历书。思宗崇祯十四年（1641）新历成。十六年（1643）命以代旧历，事未行而明亡。清人入关，汤若望上书自陈所学，诏名其所造历曰时宪。汤若望及南怀仁并官钦天监，时顺治二年（1645）。世祖没，杨光先疏攻之，汤若望等皆论死，以前劳仅免，各省教士亦多见禁锢。圣祖康熙六年（1667），以推闰失实，乃复黜光先而用南怀仁，在京教堂，仍许设立，然各省之禁止如故也。初波兰人卜弥格以教皇命传教广东，尝于永历四年，清顺治七年（1650）。赍桂王母王、马两太后及教士庞天寿书，致教皇请其代祈天主，保佑中兴。当时两太后及皇后王氏，太子慈烜，大臣瞿式耜、丁魁楚等咸受洗礼。逮清圣祖兴，好尚西学，用西教士益多。圣祖最眷南怀仁，南怀仁又引进徐日升、张诚、安多等进讲西学，外交、制造、测绘等事，亦咸使襄理，各省教堂，虽未解禁，然私设者亦不问。当时广东省有教堂七，江南百余，在他省者亦二三十，信者至数十万人焉。初利玛窦等之传教于中国也，不禁拜孔子，亦不禁拜大祀祖，其说曰，中国人之拜孔子，乃崇敬其人，其拜天，则敬万物之本，祀祖出孝爱之诚，皆非拜偶像求福也。教士咸习华语，通华文，衣食居处，一如华人，其人皆无家室，行坚卓而邃于学，故易起人敬仰之忱，不萌异教畏恶之念，然别派教士有不以为然者，讦之教皇，谓其卖教求荣。康熙四十三年（1704），教皇命铎罗赍密令至中国禁之。铎罗以明年至燕京，知其令与中国不相中，迟至四十六年（1707）乃以己意布其大要，而命教士不从令者皆去中国。圣祖大怒，执铎罗致之澳门，命葡人锢之，后以幽愤死。康熙五十六年（1717），碣石总兵陈昂以天主教在各省开堂聚众，广州城内外尤多，洋船所汇，同类勾引，恐滋事端，乞依旧例严禁。许之。世宗雍正元年（1723），闽浙总督满保请除送京效力人员外，概行安置澳门。各省天主堂皆改为公廨。明年，两广总督孔毓珣以澳门地窄难容，请令暂居广州城内天主堂，而禁其出外行走。乾隆五十年（1785），西人巴亚央等因私行传教，刑部审拟监禁，奉旨以情实可悯释之。又明年，毓珣奏言香山西人丁数已逾三千，乞着为定额，余额者悉令归国，皆从之。先是1718年康熙五十七年。教皇尝发令，处不从1704年之令者以破门之罪，使嘉禄至中国行焉。嘉禄知其不可，别以己意加八条于令后以调和之，教皇不谓然。1721年康熙六十年。及1724年雍正二年。再发令申明1718年令意，于是在华教士不得复顺中国之俗，华人畏恶愈深，川楚教乱后，尤视异教如蛇蝎。仁宗嘉庆十年（1805），御史蔡惟珏疏请严禁西洋人刻书传教，适广东人陈若望为西人德天赐送书函地图至山西，事觉下刑部严讯，德天赐监禁热河营房，陈若望及余任职教会之华人皆遣戍伊犁，教会所刻汉文经31种悉销毁，教禁益严矣。

四　康雍乾三朝与俄国交涉

西、葡、英、荷等国之东来，其志皆在通商而已，而俄与中国之交涉，则自争界始。俄人于明穆宗隆庆元年（1567），神宗万历四十七年（1619）两次遣使至中国求通商，以无贡物，未得朝见。清之兴也，兵锋直至黑龙江下流，而俄略地之兵亦于是时东下。顺治六年（1649），俄哈巴罗甫始筑雅克萨城。十五年（1658），叶尼塞斯克守将帕斯可夫复筑尼布楚。是时俄东征之军，皆无赖子，日事剽掠，清人称之曰罗刹。哈巴罗甫西归，斯特巴诺代统其众，为宁古塔章京沙尔瑚达所杀，帕斯可夫亦为宁古塔将军巴海所败，弃尼布楚。先是，顺治十年（1653），什勒喀河外土酋罕帖木儿以俄人侵掠来降，有司遇之薄，复奔俄。十一年（1654）、十二年（1655）、十八年（1661），圣祖康熙六年（1667），俄人屡遣使来求通商，其使或以商人充之，或与商人偕行，而以商人为副，皆以争朝见跪拜等礼节多所纠葛，惟所携货物，均许其发卖而已。雅克萨之陷，清军毁其城，俄人旋复筑之，尼布楚亦复为俄据。康熙九年（1670），圣祖谕尼布楚守将，命交还罕帖木儿，约束边人，毋抄掠，守将许之而不果行。十四年（1675），俄使尼果来来，请划界通商，圣祖要以交还罕帖木儿，否则均无庸议，议又不就。_{罕帖木儿后徙莫斯科，入希腊教。尼布楚之会，索额图知其不可得，未以为言。}三藩既平，圣祖乃为用兵计。二十一年（1682），命户部尚书伊桑阿赴宁古塔造大船，筑墨尔根、_{今嫩江县。}齐齐哈尔_{今龙江县。}二城，置十驿以通饷道，以萨布素为黑龙江将军，_{驻瑷珲，后移驻墨尔根。}命喀尔喀绝俄贸易并遣戍兵割俄田禾以困之。二十四年（1685），都统彭春以陆军 1 万、水军 5 000 围雅克萨，俄将阿尔巴青以 450 人守，已知不敌，约降，奔尼布楚。彭春毁其城而还。阿尔巴青既去，俄将皮尔顿以兵 600 人来援，复偕还，据雅克萨。明年，萨布素以 8 000 人复围之，阿尔巴青战死，守兵 736 人存者 60 而已。城旦夕下而和议起，朝命止攻，围乃解。

时俄大彼得初立，内难未靖，又外与土耳其、波兰构衅，未遑东略。清亦未知俄情，_{当时称俄人曰罗刹，圣祖致书俄皇，则以蒙语称为鄂罗斯察罕汗。}圣祖因尼果来致书俄皇，俄人莫能解，又遣降俘至蒙、俄境上宣谕，亦不得报。二十五年（1686），乃因荷兰使致书俄皇，俄皇复书，许约束边人，续遣使议界约，而请先释雅克萨之围,圣祖许之。二十六年(1687),俄使费耀多罗东来,二十七年(1688),清内大臣索额图等与议于尼布楚。费耀多罗之东也,彼得命以黑龙江为两国之界,索额图受命,亦请尼布楚以东黑龙江两岸之地皆归我国,否则勿与和,圣祖许之。是时俄东方兵力未充,费耀多罗之来,从卒1 500人,而清使者从卒万余,都统郎坦又以精卒万人自瑷珲水陆并进。议既不谐,从行之天主教士徐日升、张诚调停亦不就,清兵将围尼布楚,俄人不得已,悉如中国意以和。定约六条,西以额尔古纳河,东自格尔必齐河以东,以外兴安岭为界,岭南诸川入黑龙江者,皆属中国,其北属俄,立碑于两国界上,一在格尔必齐河东岸,见《清一统志·盛京通志》;一在额尔古纳河南岸,见《清通典》。杨宾《柳边纪略》谓东北威伊克阿林大山尚有一界碑。再毁雅克萨城而还。

尼布楚约既立,划界之议已决,而通商之议仍未定。康熙三十二年(1693),俄使伊德斯来,圣祖许俄商三年一至京师,以200人为限,居于京师之俄罗斯馆,以80日为限而免其税。俄人请遣学生习中国语言文字,又为设俄罗斯教习馆焉。尼布楚定约前三年,准噶尔、噶尔丹攻喀尔喀,喀尔喀三汗车臣、土谢图、札萨克图三汗。皆走漠南。圣祖出兵击破噶尔丹,至三十六年(1697)而噶尔丹自杀。三汗还治漠北。土谢图与俄本有贸易,于是蒙、俄划界通商之交涉复起。时俄人至京通商者以官吏多所诛求苦之,其在边境者亦时见停罢,乃于五十八年(1719)遣伊斯迈罗夫来议,不得要领。伊斯迈罗夫留参赞兰给待命而归。未几,土谢图汗以俄人通商者任意滥入,不受弹压,蒙人又逃亡入俄,请停俄人互市,许之,遂并遣兰给。世宗雍正三年(1725),大彼得殂后叶卡捷琳娜一世立。五年(1727),俄使乌拉的斯拉维赤复来,清不欲与在京议约,使返恰克图,乃命郡王策凌、内大臣四格、侍郎图尔琛往议,定约十一条,自额尔古纳河以西至齐克达奇兰以楚库河为界,自此以西,以博木沙奈岭为界,乌带河地方乌带河在外兴安岭之北,入乌带湾。仍为瓯脱。在京贸易与旧例同。俄、蒙边界则以恰克图、尼布楚为互市之地。高宗乾隆二年(1737)停北京互市,命专在恰克图。时贸易以皮毛为大宗,为俄官营,于财政颇有关系,故每遇交涉棘手,辄停互市以挟制之。乾隆三十年(1765)、三十三年(1768)、四十四年(1779)、五十年(1785)皆曾停市,而五十年一次停闭最久,至五十七年(1792)乃复开焉。

以上为清乾隆以前与俄交涉,看似占胜,然其失策有二:一则《尼布楚条约》得地虽多,而不能守,仍视为边荒弃置之,遂启俄人觊觎之心;二则陆路许俄无税通商,当时以此为怀柔之策,亦启后日要索之端也。

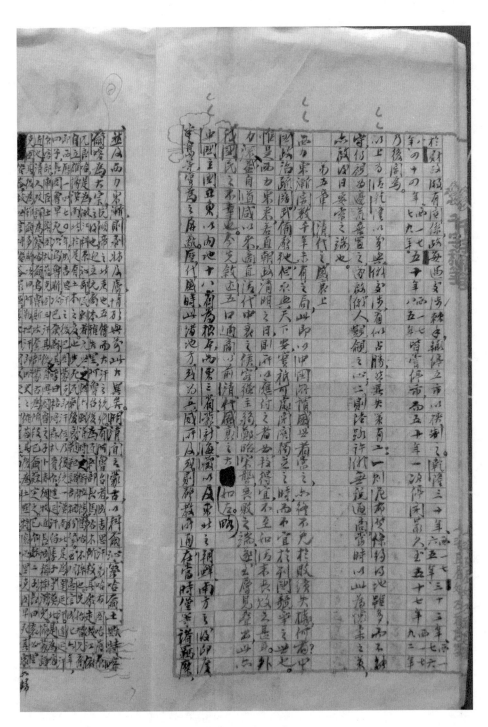

《清代之盛衰》手稿 1

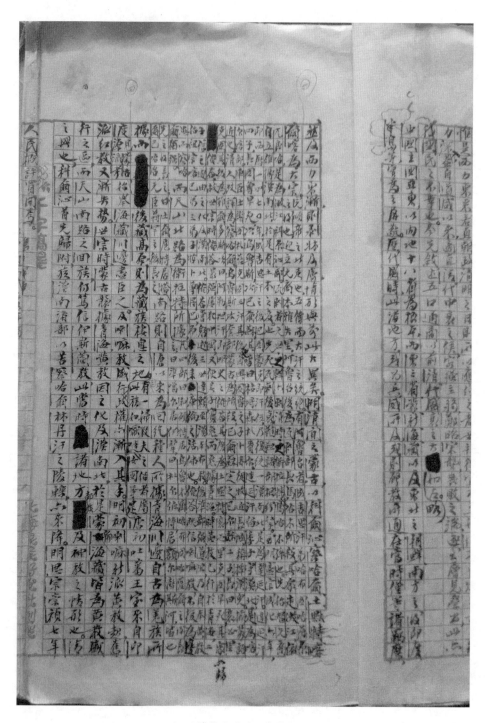

《清代之盛衰》手稿 2

五　清代之盛衰

　　西力东渐,开数千年未有之局,此即以中国所谓盛世者当之,亦终不克于败绩失据,何者？中国政治疏阔,武备废弛,但求与天下安,实只可处闭关独立之时,而不宜于列国竞争之世也。惟是西力东来,若值朝政清明之日,则所以应付之者必较得宜,不至如清末丧败之甚耳。外力深入,盖自道、咸以来,适值清代中衰之候,客强主弱,郑昭宋聋,丧败之端,遂至层见迭出,此亦我国民之不幸也。今先叙述五口通商以前清代盛衰之大略如下。

　　中国立国亚东,以内地十八省为根本,而东三省、蒙、新、海、藏以及东北之朝鲜、南方之后印度半岛等,实为之屏蔽。历代盛时,此诸地方或为兵威所及,或则声教所通,在当时仅等诸羁縻,然及西力东渐,则剥妆及肤,情形与前此大异矣。明清间之蒙古,以科尔沁、察哈尔、土默特、喀尔喀为大宗。元顺帝之北走也,五传而大汗之统绝。有阿鲁台者,成吉思汗弟哈布图哈萨尔之后也,迎立元裔本雅失里。阿鲁台后为瓦剌部长马哈木所杀,其众走嫩江,依兀良哈,是为嫩江科尔沁部。瓦剌者,元世之斡亦剌,清时之卫拉特也。马哈木孙也先始替元裔自立,雄据漠南北,于是有土木之变。也先死,瓦剌复衰。鞑靼诸部相纷拏。至明宪宗成化六年,即1470年,成吉思汗之后巴图蒙克即汗位,乃复统一漠南北,是为达延汗。达延汗有四子,长子图鲁早死,次子乌鲁斯,三子巴尔苏,四子格埒森札赉尔。达延汗留第四子守漠北,是为喀尔喀部。车臣、土谢图、札萨克图三汗其后也。自与图鲁之子卜赤徙牧近长城,称插汉儿。插,蒙语近也,清人改译为察哈尔。乌鲁斯攻套部蒙古,为所杀,巴尔苏定之。巴尔苏二子,长曰衮必里克图,其后为鄂尔多斯;次曰阿勒坦汗,即明史之俺答,其后为土默特。衮必里克图早死,其众亦归俺答,故世宗时俺答最强,屡犯中国,又使其子宾兔、丙兔据青海。时黄教已行于青海,二子信之,遂由之化及漠南北。俺答曾躬迎三世达赖至漠南布教。后准部强,道阻,乃自奉黄教始祖宗喀巴第三弟子哲卜尊丹巴,即后来库伦之活佛也。俺答即信喇嘛教,不复为边患,而察哈尔独强。而天山北路为卫拉特凡四部,曰和硕特,居乌鲁木齐,哈布图哈萨尔之后长之;曰准噶尔,居伊犁;曰杜尔伯特,居额尔齐斯河,皆也先之后长之;曰土尔扈特,居塔尔巴哈台,元臣翁罕之后长之。所据,南路则自唐以来,为回纥种人所据,青海川边,自古为羌族所据,而后藏高原则为藏族栖息之地,有一妇数夫之俗者,属此族,如嚈哒、女国等是。唐初吐蕃王室来自印度,见《蒙古源流考》。始举海藏川边尽臣之。及喇嘛教盛行,政权亦渐入其手。明初喇嘛新派黄教起，旧派红教又渐失势。世宗时，蒙古袭据青海，黄教因之化及漠南北，于是蒙、新、海、藏皆为黄教盛行之区，而天山南路之回族，仍笃信伊斯兰教，此当时诸地方部族及神教之情形也。清之兴也，科尔沁首先归附，旋漠南诸部以苦察哈尔林丹汗之凌轹，亦来降。明思宗崇祯七年(1634)，清太宗天聪八年。清太宗征诸部兵伐察哈尔，林丹汗走死漠南，蒙古皆平，漠北亦通贡，然未大定也。时卫拉特分四部，而和硕特、准噶尔二部为强。崇祯十六年(1643)，清太宗崇德八年。西藏第巴官名。桑结召和硕特固始汗袭杀红教护法拉藏汗，而奉班禅居札什伦布，达赖、班禅分主前后藏始此。和硕特遂徙牧青海，遥制西藏，桑结又恶之。清圣祖康熙十六年(1677)召准噶尔噶尔丹击杀固始汗之子达颜汗。准噶尔先已逐土尔扈特，服杜尔伯特，及是遂并四部为一。时天山南路之伊斯兰教分白山、黑山两宗，互相轧轹。白山为素尼宗，黑山为什叶宗，中伊思马哀耳一派，即元时之木剌夷也，可参看《元史译文证补·报达木剌夷补传》。白山酋亚巴克为黑山所败，辗转奔拉萨，噶尔丹既杀达颜汗，奉达赖命纳之。康熙十七年(1678)。遂尽拘元裔之长诸城者致诸伊犁，天山南路本成吉思汗三子察合台分地。清初叶尔羌汗阿布都拉伊木，成吉思汗十九世孙也，尝命诸弟分长吐鲁番、哈密、阿克苏、库车、喀喇沙尔、和阗、乌什、喀什喀尔八城。别遣将督南路收其赋税，势益张。康熙二十七年(1688)，噶尔丹攻喀尔喀，三汗溃走漠南。圣祖命科尔沁假以牧地，亲征击破噶尔丹，噶尔丹旧地又为兄子策妄阿布坦所据。三十六年(1697)，噶尔丹自杀。三汗还治漠北，外蒙自此为清不侵不叛之臣矣。额驸策凌，成吉思汗十八世孙图蒙肯之后，愤喀尔喀之衰，自练精兵。雍正时，准噶尔来犯，大破之，世宗嘉之，使独立为三音诺颜部，不复隶土谢图。喀尔喀始有四部。噶尔丹之侵扰，桑结实指使之。康熙四十四年(1705)，固始汗曾孙拉藏汗杀桑结，诏封为翊法恭顺汗。五十五年(1716)，复为策妄所袭杀，清发兵击却之。圣祖崩，固始汗孙罗卜藏丹津煽青海喇嘛以叛，亦为清所讨平。世宗雍正元年(1723)。高宗时，策妄阿布坦死，准部内乱，高宗乘机平之。乾隆二十年(1755)。先是策妄替白山宗羁其酋玛罕木特，及是其二子布罗尼特、大和卓木。霍集占小和卓木。归南路自立，清又讨平之，乾隆二十五年(1760)。声威所播葱岭以西。若浩罕、亦作敖罕，所属有八城，而安集延之人来经商者最多，故清人又称其人为安集延。若哈萨克、分三部：左曰鄂尔图玉斯，俄人称为大吉尔吉思，中曰齐齐玉斯，俄人称为中吉尔吉思，西曰乌拉玉斯，俄人称为小吉尔吉思。若布鲁特、分二部，俄人称为喀剌吉尔吉思。若乾竺特、亦作坎巨提，又作喀楚特。若博罗尔、即帕米尔。若巴达克山、若克什米尔、若布哈尔、若阿富汗皆通贡市。西藏南之廓尔喀于乾隆五十五年（1790）、五十六年（1791）再犯西藏。高宗遣兵击破之，亦定五年一贡之制。东北边自《尼布楚条约》定后，全包有黑龙江，朝鲜自太宗以来久臣服。幅员之广，迈于汉唐矣。惟南方疆域则尚未逮明世。安南当明成祖时，曾隶中国，为布政司，后虽叛去，然黎、莫二氏，仍为中国内臣。明宣宗弃安南，黎利有之。世宗初为莫氏所篡，明以为讨，莫氏请为内臣，乃削国号，立都统司，以莫氏为都统使。黎氏遗臣阮氏立黎氏之后于西京，万历时灭莫氏。明以莫氏为内臣，又来讨，且立其后于高平。黎氏亦如莫氏受都统使之职，乃许其并立。暹罗亦受封中国，缅甸尚为土司，其北平缅、麓川两司最强大。明太祖初，命平缅酋思氏兼长麓川，后又分其地置孟养、木邦、孟定、潞江、干崖、大候、湾甸诸司，思氏欲复故地，屡叛。英宗时，尝三发大兵讨之，卒不能克，仅定陇川而归，自此中国实力，西不越腾冲，南不逾普洱。明初西南疆域实包今伊洛瓦谛江流域及萨尔温、湄公两江上游。阅《明史·土司传》可知。而思氏亦破坏，缅甸遂坐大。清乾隆时，缅甸莽氏为木梳土司雍籍牙所并，犯边，遣兵击之，不利。乾隆三十三年（1768）。安南黎氏为阮氏所篡，遣兵征讨亦无功。乾隆五十三年，即1788年。安南阮氏又有新旧之分。黎氏之复国也，以阮氏之力，既得国，任外戚郑氏，阮氏遂据顺化，俨同独立，是为旧阮。阮氏自以子弟守西贡，是为新阮。乾隆时，新阮酋文惠与其兄文岳、弟文虑皆骁勇知兵，遂灭旧阮，又入东京灭郑氏，废其主黎维祁。黎氏遗臣来告难，高宗使两广总督孙士毅出师败新阮于富良江，后立维祁，已而不设备，为新阮所袭破。新阮亦请和，高宗许之，而编维祁入旗籍。然二国惧中国再讨，皆请和。暹罗事中国尤恭顺，虽实力不及，亦滇、黔、两粤之屏藩也。清代盛时，武功之略如此。

　　清代内治可分数期：（一）自顺治入关至康熙平三藩、灭郑氏为戡定之期；（二）圣祖、世宗整顿内治，至高宗遂臻极盛；（三）高宗秉性夸大，文治武功，皆近文饰，末年更用一黩货无厌之和珅，吏治大坏，民生日蹙；（四）遂至内忧外患纷至沓来，嘉、道以后，日入于艰难之世矣。今就五口通商以前政治、财政、军备情形略论之，以见木腐虫生，其来有自，虽曰西力东渐，为数千年未有之变局，然今日所以国蹙民贫至于此极者，其患实有所受之也。

　　满洲部落，本极贫窭，太宗时稍有窥伺中原之志，仍岁兴师，加以赏赐中国降人，安置归附及掠取部落，财用尤见竭蹶。入关之后，以不逮三分有二之地，支持东南、西南两面之军费，更属捉襟见肘矣。然当时宫中用度，确较明代为节俭。圣祖曾言："本朝入关以来，外廷军国之需与明略相等，至宫中服用，则以各宫计之，尚不及当时妃嫔一宫之数，以三十六年计之，尚不及当时一年之数。"政治亦较清明，故能废除三饷，又定赋役全书，一以明万历以前为准。是时海宇未宁，用兵不息，苛派骚扰，自不能免，然圣祖励精图治，一以实事求是为归，度支渐见宽裕，屡免天下钱粮，蠲除灾欠。末年库储已有二千余万。世宗政尚严肃，财政尤所注意，盐课关税，则增加收数，陋规火耗，则化私为公，故虽承西北用兵之余，库储仍有2 700万。高宗时继长增高，遂至7 800万。历朝畜积，除隋文帝之世，盖无足与清比伦。然库藏之有余，未必即为财力之雄厚。高宗内多欲而外施仁义，在位时南征北讨，军费所耗逾1亿，河工所耗又数千万，此尚出诸府库，至于南巡之供账，和珅之贪求，和珅家产清单见薛福成《庸庵笔记》，估计其值在8亿两左右。近世论者谓甲午、庚子两次偿款，和珅一人之产偿之而有余云。则皆计簿无征，而所费实远较国家经费为巨。于是上官诛求州县，州县剥削小民，吏治坏而民生蹙，国家之元气隐受斫伤，内乱遂接踵而起矣。

满洲兵力本极强悍，用能以一隅之众抗天下之兵，然其衰敝亦极速。太宗崇德元年（1636）谕王大臣即谓"太祖时八旗子弟一闻行师出猎，莫不踊跃争先，今则或托妻子有疾，或以家事为辞"，可见清人尚未入关，其部落勇武之风，已非初兴时比矣。入关以后，江南川陕之戡定，皆恃降将偕行，西南之并吞，尤尽出降将之力，三藩之尾大不掉以此。吴三桂既叛，满洲兵顿荆州不能进者八年，且有谋举襄阳降敌者。见《啸亭杂录》。三藩之终于覆亡，仍汉人之自相屠戮耳。川楚白莲教起，清兵以乡勇居前，绿营次之，旗兵居后。论者谓经三藩之变，而知旗兵之不足用，经川楚白莲教之变，而知绿营之不足用。其实清代兵力，入关以后，即不可以遇大敌，其戡定中国，开拓疆土，非适值天幸，则掩耳盗铃耳。西南之平，纯由汉将效力。永历本不能自振，吴三桂亦暮气已深也。准部适值内乱，回疆残破之余，皆非大敌。其征安南、缅甸、廓尔喀，则皆情见势绌矣。金川地不逾千里，人不盈五万，而用兵至五年，糜饷至7 000万，尤为自古所未有。高宗顾以十全武功自夸，可谓颜之厚矣。清以异族入主，镇压本专恃兵力，兵力衰则外若蒙业而安，而其基础实已动摇矣。

历代北族入主中国，无不以骄奢淫逸致败。清室初兴时，程度已较金、元为高，颇能预以为戒。太宗崇德元年（1636），即集诸王贝勒大臣命弘文院官读《金史·世宗本纪》，谕以保守旧俗，为子孙万世之计。历朝遵守此旨，未尝或渝。如乾隆时因胡中藻之狱戒满人毋得好吟咏，重汉文，荒骑射，忘满语。又定满人应试必先试弓马及格，然后许入场。然其人之柔靡竟如此，而其不能勤事生业亦与金代之女真人同。清既不能泯除满汉之见，则恃为捍城者，厥惟满族，汉族兵力即强，亦不可终恃，况乎绿营、旗兵，其积弱又如出一辙邪？

然兵力之不振，财用之不足，尚皆不为大忧，政治苟善，未始无挽回之策也。而清代又不能然。清代政治，盖误于满汉之见，始终未能化除。又惩明代横议及门户水火之弊，遂专以大权独揽、挫折士气、猜防臣下为治法，一人为刚，万夫为柔，当其盛时，亦有言莫予违之乐，一朝变起，则环视皆巧言令色，全躯保妻子之徒，求一与之共患难者而不可得矣。明太祖以雄猜废宰相，然中叶以后阁权未尝不重，六部亦各有其权，而吏、兵二部，权力尤大，其人不贤，贻误固巨，然得贤君良相，则亦足以有为。清代则内阁军机，皆不过书写谕旨，朋党如张廷玉、鄂尔泰，仅以营私，即炙手可热如和珅，亦不过黩货，而能把持朝政者无有也。故虽声势赫赫，而去之易于振槁。六部本已见压，且尚、侍皆满汉并置，吏、户、兵三部又有管部大臣，内官迁转极难，非六七十不能至尚、侍，管部又为兼差，坐啸画诺，一切听命司员而已。故其中枢之地，先已不振，外官则督抚司道，层层抑压，州县不能有为，督抚亦无大权，不能系一方之重也。康、雍、乾三朝，皆以明察自矜于臣下，动辄严加申饬，摘发隐微，使臣以礼之风，荡焉以尽，故多得脂韦巧媚之士，上焉者，亦不过供奔走使令，骨鲠者且绝迹，况以安社稷为悦者乎？自顺治入关即禁士子结社，后来文字之狱，摧挫士气尤甚，士皆屏息不敢出气，高者遁于考据辞章，中材则沉溺帖括，下焉者则苟求温饱，寡廉鲜耻，无所不为已。嘉、道而降，时局日趋荆棘，然官方敝，而草野之士亦未有结缨揽辔，慨然以功业自期者。职是故也，善夫管同之言之也，曰："明之时大臣专权，今则阁部督抚，率不过奉行诏命；明之时言官争竞，今则给事御史皆不得大有论列；明之时士多讲学，今则聚徒结社者渺焉无闻；明之时士持清议，今则一使事科举，而场屋策士之文及时政者皆不录。大抵明之为俗，官横而士骄，国家知其敝而一切矫之，是以百数十年，天下纷纷亦多事矣。顾其难皆起于田野之间闾巷之侠，而朝堂学校之间安且静也。然臣以为明俗敝矣，其初意则主于养士气，畜人材。今夫鉴前代者，鉴其末流而要必观其初意，是以三代圣王相继，其于前世皆有革有因，不力举而尽变之也，力举而尽变之，则于理不得其平，而更起他祸。"《拟言风俗书》。其于清代官方之坏，士习之敝，及其所以致此之由，可谓言之了如指掌，以此承西力东渐数千年未有之变局，夫安得而不敝乎？

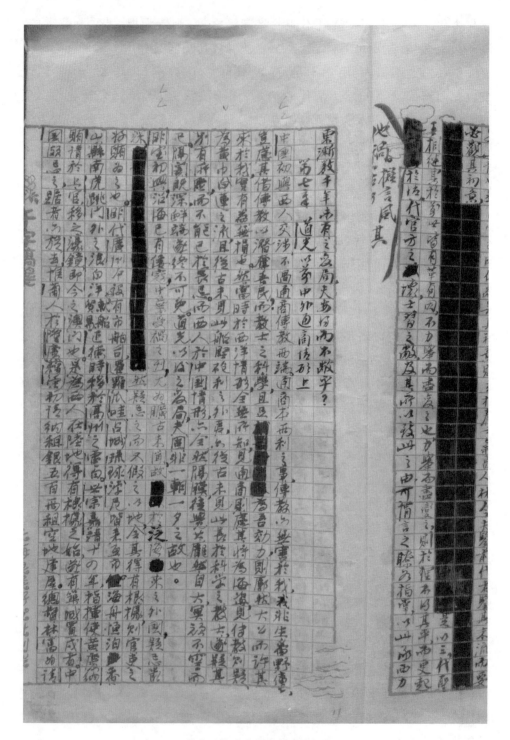

《道光以前中外通商情形》手稿

六　道光以前中外通商情形

　　中国初与西人交涉，不过通商、传教两端。通商本两利之事，传教亦无害于我，我非生番野蛮，岂虑其借传教以潜夺吾民，而教士之科学，且足为吾效力，则廓然大公而许其来，于我实有益无损也。然当时于西洋情形，全无所知，见通商则虑其将为海盗，见传教则疑为黄巾、白莲之流，且从古未见此船坚炮利之外夷，亦从古未见此长于科学之教士，遂疑其别有所图，而不能已于畏忌。而西人于中国情形，亦全然隔膜，徒觉其庞然自大，冥顽不灵而已。隔阂既深，衅端遂终不可免。道光以后之变局，夫固非一朝一夕之故也。

　　明室初兴，沿海已有倭寇，中叶受祸之烈，尤为旷古未闻，故于泛海来之外国，疑忌最深，然疑忌之而又假之以地，令其得有根据，则官吏之好贿为之也。明代广州本设有市舶司，暹罗、占城、爪哇、琉球、浡尼皆来互市。海舟恒泊香山县南虎跳门外之浪白洋，_{就船贸易}。正德时移于高州之电白。世宗嘉靖十四年（1535），指挥使黄庆纳贿请于上官，移之濠镜，即今之澳门也。是为西人在陆地得有根据之始，遂有筑城置戍者。中国颇忌之，踞者亦旋去，惟葡人于穆宗隆庆初请纳租银五百两租空地建屋。总督林富为请于朝，许之，葡人遂得公然经营市步，据为己有矣。神宗万历三十五年（1607），番禺举人卢廷龙入京会试，上书，请尽逐澳中诸番出居浪白，当事不能用。后何士晋督粤，毁其城。熹宗天启初，葡人借口防倭，复筑署，海道副使徐如珂又毁之。时倭寇初平，或言澳中诸番实为倭向导，请移之浪白。粤督张鸣冈谓香山内地，官军环海而守，彼日食所需，咸仰于我，一怀异志，立可制其死命，移泊外洋，则大海茫茫，转难制驭，如故便。部议从之。鸣冈之说，在当时未为非计，后来屡以断绝接济，挟制英人，其策盖原于此，然清代交涉之失，固别有在，不能为断绝接济咎也。清世祖顺治四年（1647），佟养甲督粤，奏言佛郎机人寓居濠镜澳门，与粤商互市，已有历年，后因深入省会，遂饬禁止，请仍准通市，惟仍禁入省会。此为清人禁西人入广州城之始，亦沿明之旧也。世宗雍正二年（1724），以安插西洋人，命粤督孔毓珣筹议。毓珣奏言澳门西洋人与行教之西洋人不同,居住200余年,日久人众,无地可驱,守法纳税,亦称良善,惟恐呼引族类,人数益众,请以现在3 000余丁为额,现有船25只亦编列字号,作为定数,不许添造。自是葡人贸易之船以25只为限。先是康熙二十五年(1686),葡人言澳门系专给彼国居住,他国船只,不应停泊。粤海关监督宜尔格图为之题请,部复许各国船只移泊黄埔。及是毓珣饬船到日只许正商数人与行客公平交易,其余水手人等,均在船上等候,不许登岸行走,并不许内地人等擅入夷船。定十一、十二月风信便利,将银货交清,即令回国。雍正九年(1731),因总兵李维扬言,仍令各国船停泊澳门。葡人独擅澳门之志,至是一挫。然时各国皆船货并税,惟葡船25止纳船钞,货许入栈,卖去然后输税。乾隆时,闭浙海关贸易,并于粤海,各国船舶,在澳住冬,皆向葡人赁屋而居。葡人独擅东道之势,其权利犹独优也。

　　清开海禁事在康熙二十四年(1685),台湾郑氏亡后两岁时,仍严南洋诸国之禁。至雍正七年(1729)乃弛。安南、广南港口等,乃相率偕来。其华人出洋者,康熙五十六年(1717),以安南为限,西南洋皆不许往。雍正五年(1727),闽督高其倬奏福建地狭人稠,宜广开其谋生之路,许其入海,富者为船主商人,贫者为舵工水手,一船几及百人。今广东船许出外国,何独于闽而靳之？廷议许之。世宗尝谕闽督,闻小吕宋有中国奸民二万人,宜留心察访。是年又谕廷臣,康熙未许噶罗巴小吕宋华民附洋船回内地,而回者甚少。今后出国宜定限期,逾期即不许回国,庶几不敢稽迟。当时不独畏忌外人,即华人留外国者,亦未尝不畏忌之,实缘不知海面情形,故于海盗恐怖殊深也。设榷关四:曰粤海,在澳门;曰闽海,在漳州;曰浙海,在宁波;曰江海,在云台山。二十七年(1688),以舟山为定海县,改旧定海县曰镇海。浙海关移设焉。特建红毛夷馆一区,明时称荷兰曰红毛,后英人至,亦以是称之。为西人住居之所。时英、法、瑞典、西班牙、比利时等在广东均已立有商馆,俗称洋行,唯荷兰商馆至乾隆二十七年(1762)始设立。而浙海税则较粤海为轻,于是诸国麇至。乾隆二十年(1755),英总商喀喇生、通事洪任辉请收泊定海而运货至宁波,亦许之。乃越二年,忽有停止浙海之议,于是中英交涉起矣。

　　当时广东商馆势力以英人为最大,然不能径与人民交易,必经所谓官商者之手,买卖皆然。其事约起于康熙四十年(1701)顷,后因官商资力不足,且利为一人所专,亦为众情所不服,乃许多人为官商,于是有所谓公行者。公行始于康熙五十九年(1720),入行者十余家,每家出款至二三十万,故其取诸外商者不得不厚,外人屡以为言,然中国官吏委以收税,管束外人之事亦以责之,故虽暂废,亦必旋复。当时外货估价之权全在公行,公行之估价也,合税项、规费、礼物等并计之。价既定,乃抽取若干以为行用。初,银每两抽三分,后军需出其中,贡项出其中,各商摊还洋债亦出其中,于是有内用、外用之名,有十倍、二十倍于其初者,而官吏额外之需索,尚不在内。公行垄断亦出意外,如当时输出以茶叶为大宗,茶商售茶于外国者,恒先与公行接洽,其货萃于江西之河口,溯赣江,过庾岭,非一二月不能至。嘉庆时,英商自以海船至福州运茶至广东,不过13日,而公行言于当道禁之。英商虽衔之,无如何也。康熙时英商屡以粤关费重,纠洋商争之不得。雍正初,又议增收礼物银两。七年(1729),外商合词控于大府,得稍裁减,未几又增出口税。于是外商趋浙者渐多。乾隆二十二年(1757),闽督喀尔吉善、粤督杨应琚请将浙海税则较粤海加重一倍以困之。奉谕粤东地窄人稠,沿海居民大半籍洋船为生,而虎门、黄埔,在设有官兵,较之宁波之可以扬帆直至者,形势亦异,自以驱归粤海为宜。明年应专令在粤。二十四年(1759),洪任辉赴宁波陈请,浙中已将夷馆拆毁,见其至则逐之。洪任辉愤甚,自海道经赴天津陈请,且讦粤关积弊。朝廷怒其擅至天津,命由岸道押赴广东,圈禁于澳门者三年,而命福州将军赴粤查办,得监督李永标家人苛勒状,革其职。朝廷自谓足示外商以大公矣。二十九年(1764),又以闽浙总督岁收厦门洋船陋规银1万两,巡抚8 000两,革总督杨廷璋职。而外人亦未尝不怨朝廷之不通下情也。而粤督李侍尧又奏定防范外夷五事。一禁夷商在省住冬;二夷人到粤,令住洋行,以便管束;三禁借外夷资本及夷人雇请汉人役使;四禁外夷雇人传递消息;五夷船收泊黄埔,拨营员弹压。案,此后管束外人之苛例甚多,如外人必须居住商馆,不许泛舟江中,并不许随意出入,惟每月初八、十八、二十八三日得携翻译游览花园。外人不准乘舆,住商馆者不准挈眷,外人陈请必由公行转递。公行隐匿,亦只许具禀由城门守兵代递,不得擅行入城,均极无谓。道光八年(1828),一大班挈洋妇居商馆,其时十三洋行中,有东裕行司事谢某为置肩舆,出入乘坐,久之反不许行中人乘轿入馆。大吏廉得之,立拿谢某究治,瘐死狱中。大班闻其事,架大炮馆外,设兵自卫。大府虑激变,遣通事蔡刚以理晓谕,令撤去兵炮,并速遣夷妇回国。于是洋行具禀,托以大班患病,需人乳为引,俟稍愈当即遣之。大府据禀完案,不复根追。夷妇卒逗留不返。数年后,义律来粤,竟以挈妇为援例之常。见《中西纪事》。英人以中英之间种种隔碍,乃于1792年遣马甘尼斯当东来,时值高宗八旬万寿,赐宴赐物,颁给英王敕谕两道,于所请之事,一概驳斥不准。敕文见《熙朝纪政》及《国朝柔远记》。又疑英使至澳门将勾结他夷为患,令松筠以兵护送,所过提镇,陈兵迎接以威之。抵杭州乃召松筠还,而命粤督百龄督带过岭,其疑忌外人如此。嘉庆初,中国方困于海寇,英亦与拿破仑构衅,拿破仑发布大陆条例以困之。葡萄牙不听,为法所破。英虑法侵及东洋,七年(1802)以六艘泊鸡头洋,声言防法。粤督饬洋商洋贸易之商人当时称为洋商，外商则称为夷商。谕之，乃退去。十年(1805)，英人遣商舶赍表，亦以法为言，且言愿助中国剿海盗，政府疑其有他志，谕粤督那彦成饬兵备。十三年(1808)，英将度路利又以保护中、英、葡三国贸易，助剿海寇为辞，以9艘至澳，遣300人登岸据炮台。时英人以澳门属葡，但得葡人允许，即可代守，而中国视澳门为领土，特借给葡人居住，于是轩然大波起。时总督为吴熊光，巡抚为孙玉庭，命洋行挟大班往谕，不去，乃禁贸易，断接济以困之。度路利遂以兵船三闯入虎门，进泊黄埔，又乘舢板入会城，居商馆，谓中国禁采办，将入运其积也。又以中国断贸易，请还茶叶而索其值，又索偿商欠。碣石总兵黄飞鹏炮击其继至之船，毙英兵一，伤其三，乃退。然其先至者居商馆自若也。时海盗甫平，兵力疲弊，故督抚皆务持重避启衅，而仁宗以英兵闯入我境，且以保护中葡贸易为辞，以天朝与小夷相提并论，又请代剿海盗，有藐视我水师意，疑其谋袭澳门，怒吴熊光畏葸，谕令严饬英人退兵，抗延即行剿办。又派永保赴粤查办。适英大班自印度至，以封舱怼度路利，葡人亦以银60万两犒英师，吴熊光又许其兵退即行开舱，乃退兵，贸易而去。仁宗以开舱虽在退兵后，而许之在先，益怒，革熊光、玉庭职，熊光旋遣戍伊犁。以百龄为总督，韩崶为巡抚。于是增澳门防务，定各国护货兵船均不准驶入内港，禁人民为夷人服役，洋行不得搭盖夷式房屋，铺户不得用夷字为店号，清查商欠，勒令分年归还，停利归本。选殷实者为洋商。十五年(1810)，大班喇佛以行用过重诉于崶，崶与督臣司道筹议，金以洋人无利，或可阻其远来，不许减。十九年(1814)英舰捕美商船一，押至澳门，又追获一艘于黄埔。中国以责大班，大班无能为，遂欲停止贸易。于是英派罗尔美都来使，而使加拉威礼至粤。故事贡使见制府，免冠俯伏，制府坐，堂皇受之，加拉威礼不可。时总督蒋攸铦入都，巡抚董教增摄督事，许以免冠为礼，教增亦起立受之。英使入都，仁宗命户都尚书和世泰、工部尚书苏楞额赴津迎迓，命在通州演礼。英使既不肯跪拜，和世泰又挟之一昼夜自通州驶至圆明园，劳顿不堪，国书衣装皆落后。明日，仁宗御殿召见，正副使遂皆以疾辞。仁宗以为傲慢，大怒，绝其贡，命广惠伴押赴粤。已知咎在伴迎者，乃遣和世泰等，命粤督慰谕英使，致收贡品，仍赐英王敕谕，赐以物品，然英人之所要求，则一未得逞也。英人在广东之贸易，自乾隆四十六年(1781)以后为东印度公司所专，至道光十四年(1834)乃废。公司之代理人，中国谓之大班。十三洋行言散商统御无人，不便，请令再派大班来,粤督卢坤奏请,从之。于是英以律劳卑近译亦作拿皮尔。为监督,蒲罗登副之,带威为第二监督,鲁宾逊为第三监督,以十四年(1834)六月至黄埔,请晤总督。卢坤以为大班也,怒其书用平行体,且不经公行转达,饬令回澳。律劳卑不可,坤遂绝英贸易。律劳卑乘兵舰突入虎门,坤以英人既无照会,律劳卑又不举出凭证,坚不信为英官,调兵围商馆以困之。会律劳卑有疾,乃退去,未几,卒于澳门。带威继为监督。带威去,鲁宾逊继之,议于珠江口占一小岛为根据,不复与中国交涉。十六年(1836),英废监督,以义律为领事。邓廷桢为总督,乃许其至广州,然交涉仍多隔碍。义律上书本国,诏欲得中国允许平等,必须用兵,而战机潜伏矣。

七　道光以前烟禁

鸦片输入由来已久,惟以为烟而吸之,则始于明清之间。鸦片本作药用,其后与烟同吸,久乃去烟而独吸鸦片。说见日本稻叶君山《清朝全史》。案,雍正硃批谕旨,七年(1729)福建巡抚刘世明奏:"漳州府知府李国治拿得行户陈远私贩鸦片三十四斤,业经拟以军罪,及臣提案亲讯,则据陈远供称鸦片原系药材,与害人之鸦片烟并非同物。当传药商认验,佥称此系药材,为治痢必须之品,并不能害人,惟加入烟草同熬,始成鸦片烟。李国治妄以鸦片为鸦片烟,甚属乖谬,应照故入人罪例,具本题参。"云云。其初本作药用,故亦以药材纳税。担税银三两,又每包加税二两四分五厘。雍正七年(1729)始定贩者枷杖,再犯边远充军之例,然其时输入岁不过200箱耳。贩运者皆葡萄牙人也。乾隆四十六年(1781),英吉利东印度公司得垄断中国贸易特权,而印度为鸦片产地,输入遂日多。道光以前历年输入之数详见萧一山《清朝通史》。出孟加拉者曰公班,亦称大土,出孟买者曰白皮,亦称小土,总名波毕。乾隆末年粤督奏禁入口。嘉庆初,又奉诏申禁,裁其税额,自此入口遂成私运。二十年(1815),粤督蒋攸铦奏定查禁章程,奉谕自后西洋人至澳门,均须按船查验。道光元年(1821)因查出叶恒澍夹带鸦片案,奉旨重申前禁。凡洋艘至粤,先由行商出具所进黄埔货船并无鸦片甘结,方准开舱验货,其行商容隐,事后查出者加等治罪。自此鸦片趸船尽徙之零丁洋。其地水路四达,福建、江浙、天津之泛外海者，就地交兑，销数之畅如故也。二年(1822)，复奉廷寄交粤督阮元密查，奏请暂事羁縻，徐图禁绝。而其时鸦片趸船已改泊急水门、金星门等处，勾结内地奸民往来传送，包买则有窑口，说合则有行商，私受土规则有关汛为之奥援，包揽运载则有快蟹资其护送。于是趸船之来，每岁骤增至数万箱。六年(1826)，总督李鸿宾专设水师巡缉，而巡船受私规银日且逾万，私放入口。其年突增至趸船25只，烟土2万箱。十二年(1832)，卢坤督粤裁之。十七年(1837)，总督邓廷桢复设，而巡船仍沿旧规，且与之约，每万箱别馈数百箱。甚至代运进口。副将韩肇庆顾以此擢总兵，赏孔雀翎，而鸦片且岁至五六万箱矣。

　　道光十六年(1836)，太常寺卿许乃济上言："近日鸦片之禁愈严，而食者愈多，盖胥役棍徒借法令以为利，法愈峻，胥役之贿赂愈丰，棍徒之计谋愈巧。逞其鬼蜮伎俩，法令亦有时而穷。究之食鸦片者，率皆浮惰无志、不足轻重之辈，亦有逾耆艾而食之者，不尽促人寿命。海内生齿日繁，断无减耗户口之虞，而岁竭中国之脂膏，则不可不早为之计。闭关不可，徒法不行，计惟仍用旧制，照药材纳税，但只准以货易货，不得用银购买。又官员、士子、兵丁不得漫无区别，犯者应请立加斥革，免其罪名。"云云。

　　乃济之言既上，奉旨交疆臣会议，而一时九卿台谏，咸谓其有伤政体。上以言者不一，必须体察情形，通盘筹划，令邓廷桢议奏。是时疆臣奏覆，率请严定贩卖吸食罪名。十八年(1838)，鸿胪寺卿黄爵滋又奏请严禁。此疏至今尚为人所传诵，然于法之何以能行，似亦未曾筹及，盖皆不免徒知烟之当禁，而未一察当时政治情形，至于因此而动干戈，终至败绩失据，则自非当时之人所及料，不能以此为议者咎也。奏上，奉旨交督抚会议，并饬部臣重定新例，开设窑口烟馆、栽种兴贩及员弁兵丁受贿故纵者，均处斩绞；吸烟者予限一年六个月，限满不悛拟绞监候，时十九年(1839)五月间也。而烧烟之事已先三月行之广东矣。鸦片输入，当时朝野上下所最虑者为漏银，其实以货易烟，与以银易烟受损等耳。然当时以此为大忧，则亦币制之不善有以致之也。黄爵滋之奏曰："各省州县地丁钱粮征钱为多，及办奏销以钱易银。前此多有盈余，今则无不赔垫。各省盐商卖盐具系钱文，交课尽归银两。昔之争为利薮者，今则视为畏途。若再三数年间，银价愈贵，奏销如何能办？课如何能清？"盖币制不立，银钱比价一生变动，财政即受其影响也。

八　烧烟及中英战事

　　方宣宗之以烟禁交疆臣议奏也，一时议者多主禁绝，而湖广总督林则徐言之尤激，有"不禁则国日贫民日弱，十余年后岂惟无可筹之饷，亦且无可用之兵"等语，宣宗以为深识远虑，召入京面授方略，以兵部尚书颁钦差大臣关防赴广东查办。时道光十八年（1838）十一月也。明年则徐驰至广东停英贸易，绝其接济，迫英商缴出鸦片二万有二百八十三箱，<small>一箱百二十斤</small>。凡二百三十七万六千二百四十五斤，焚之。时四月中也。则徐请定例，洋人运鸦片入口，分别首从，处以斩绞。又布告各国商船入口，须具"夹带鸦片，船货充公，人即正法"具结。葡、美皆愿遵命，而义律不可，请许英商船泊澳门，派员会议禁烟办法。则徐谓许英商船泊澳门，则粤关遂成虚设，不可。会英水手在尖沙嘴与华民交哄，杀华民林维喜，则徐令义律交出凶手，义律亦不听。中外相水火益深。七月，则徐遂令沿海州县，绝英接济。

　　时义律居澳门，屡请本国政府强硬对华，其政府未之许，而印度总督遣军舰二至澳门。义律大喜，以索食为名，攻九龙。水师参将赖恩爵击之，沉其双桅船一，舢板二。义律不得逞，又未得政府许开战之命。八月，复介葡人转圜，惟请删"人即正法"一语，余悉如命。时中朝方主严厉，则徐奏报"夷船之遵法者保护之，桀骛者惩拒之"，奉批"同是一国之人，办理两歧，未免自相矛盾"，大理寺卿曾望颜至奏请闭海关，尽绝各国贸易，则徐持之乃止。时又奉谕"不患卿等孟浪，但患过于畏葸"，则徐遂坚持不许。九、十月间英船屡扰尖沙嘴附近，至十一月八日，中朝遂发停英贸易之谕。

　　时英议会中亦多不主用兵，且有以营销鸦片为不义者，然卒以九票之多通过"对中国前此之侵害，要求赔偿，英人在华之安全，要求保证"，时1840年4月，道光二十年三月也。英政府乃调印度、好望角兵万五千，使乔治·懿律<small>统陆</small>。伯麦<small>统海</small>。率之而东，五月至澳门。则徐已严备沿海，焚其舢板二。伯麦乃遣26艘趋定海，以5艘攻厦门。时邓廷桢督闽，败其兵，而定海以六月八日失陷。伯麦投巴里满致中国首相书，<small>书要求六事，一偿货价，二开广州、厦门、福州、定海、上海通商，三中英官交际礼用平行，四偿军费，五不以英船夹带鸦片累</small>

及岸商，六尽裁洋商即经手华商浮费。浙抚乌尔恭额不受，乃赴天津投之直督，琦善受之以闻。时诸大吏恶生事，多不悦则徐，相与造蜚语，谓去岁烧烟本许价买，而后负约，致激英变，又谓厦门奏报战事不实。寖闻于上，廷意遂中变，命江督伊里布赴浙访致寇之由，以乌尔恭额却伯麦书，致其北上，革其职。谕沿海督抚，洋船投书许即收受驰奏。时津海道陆建瀛以英人据定海要我，请录其船，羁其酋，命还定海然后议之。又谓宜先决禁烟事，然后以免税代偿货价，以开澳门代五口，而令海关监督与其官吏平行，余仍令回广东与则徐商议。当道不许。则徐已署粤督，革其职，令留粤听勘，命怡良署总督，琦善以钦差大臣赴粤查办，并革邓廷桢职，代以颜伯焘。旧史或云，伯麦以甘言饵琦善，谓"中堂赴粤，予等即可永远和好"。琦善为所中，故力以自任。其入都面陈，多造膝语秘，世莫得闻云。此则近莫须有矣。朝廷既许查办，义律遂返舟山与伊里布定停战之约，时九月也。

琦善至广州，尽撤则徐所设守备。时乔治·懿律有疾，甲必丹·义律代之交涉。琦善许偿烟价200万，义律易之，又求割让香港，琦善不敢许。十二月十五日（1841年1月7日），义律发兵陷沙角、大角两炮台，副将陈连升死之。连升骁将也。琦善惧，许开广州，让香港，义律乃还两炮台，并许还定海。事闻，朝廷大怒，下谕有"烟价一毫不许，土地一寸不给"之语，以奕山为靖逆将军，隆文、杨芳为参赞赴粤，饬伊里布回本任，命江督裕谦赴浙。旋以英人在香港出示，指其地为英属，并求驻港营汛撤回。怡良奏闻，革琦善职，籍其家。二月五日，英人陷横档、虎门各炮台。提督关天培死之。时杨芳自甘肃先至，_{杨芳本任固原提督。}而英印度总督命卧乌古率陆军亦至，险要尽为敌据，芳亦束手无策。二十六日，美、法商人介行商伍怡和调停，言义律但欲得通商，无他求。芳与怡良据以入奏，欲姑抚之，图收回险要。朝旨不许。三月二十三日，奕山及新督祁墳至，问计于则徐，则徐言宜使人诱敌退出，仍于要隘设防，乃可徐图战守。奕山亦然之。已又惑于人言，以四月朔夜袭英军不克，明日英人进攻，城外炮台皆陷，全城形势已落敌人掌中，不得已，令广州知府余葆纯缒城出，许偿军费600万元，尽五日交付，将军率兵退至距会城60里之处，香港则俟将来再议，英兵乃退出虎门。奕山遂奏称初八日进剿，大挫凶锋，义律穷蹙乞抚，求准照旧通商，永远不敢售卖鸦片，而将600万改为商欠。英兵既撤，大行淫掠。初十日，将赴佛山，过三元里，人民树平英团之帜御之，各乡团勇集者数万。义律被围。奕山虒败抚义,遣余葆纯慰谕,众乃散。十二日英兵去广州。十六日,奕山、隆文退屯小金山。隆文旋卒,杨芳留城弹压,寻亦以病罢去。时朝廷得奕山奏,信以为真,但饬与督抚妥议章程。而英先得琦善与义律所定草约,以为偿金太少,又英人后此之安全并无保证,撤回义律,代以璞鼎查,命巴尔克率海军从之。六月至七月十日卧乌古、巴尔克陷厦门弃之。八月攻舟山,总兵王锡朋、郑国鸿、葛云飞力战七昼夜,十七日同日败死。舟山遂陷。时裕谦自守镇海,以提督余步云为宿将,命守招宝山,总兵谢朝恩守金鸡岭。二十六日英兵登陆,步云先逃,朝恩兵望见亦溃,裕谦自杀。英人遂陷镇海。步云走宁波,英兵进迫之,又弃城走上虞。浙抚刘韵珂遣兵划曹娥江而守,朝廷闻之,以奕经为扬威将军,进兵浙江,命粤抚怡良以钦差驻福建,旋罢颜伯焘,以怡良代之。移豫抚牛鉴督两江。奕经用知泗州张应云议,约宁波、镇海汉奸为内应,以二十二年(1842)正月分三路进攻。事泄败绩。先是伊里布以遣家人张喜往来洋船革职,逮入都,遣戍。及是,刘韵珂请令赴浙效力,乃以耆英为杭州将军,给伊里布七品顶戴随往,旋以为乍浦副都统。三月,英撤宁波、镇海军。四月,陷乍浦,五月攻吴淞,提督陈化成死之,英兵遂陷宝山、上海。攻松江不克,将图苏州,遣船测量水道,胶于水草而止。乃撤兵入江。六月陷镇江,焚瓜洲至仪征,盐船估舶扬州官绅赂以银30万元乃免。七月,英兵进薄江宁,于是战守俱穷,而和议起矣。

九 江宁和议

道光二十二年(1842),英兵既逼江宁,清廷战守俱穷,乃以耆英、伊里布为全权大臣,与英使璞鼎查订立条约十三款,是为中国与外国订约之始。此约中国割香港与英,开广州、厦门、福州、宁波、上海五口,许英人携眷居住,英国派领事驻扎,英商得任意与华人贸易,无庸拘定额设行商,进出口税则订明秉公议定,由部颁发晓示,并订明英商按例纳税后,其货物得由中国商人遍运天下,除照估价则例加收若干分外,所过税关不得加重税则。英国驻中国之总管大员与京内外大臣文书往来称照会,属员称申陈,大臣批复曰札行,两国属员往来亦用照会,惟商贾上达官宪,仍称禀。凡以破前此口岸任意开闭,英人在陆上无根据地,税额繁苛,及不许英官平行之局也。又偿英军费千二百万元,商欠三百万元,烟价六百万元,限四年分期交清。第一期六百万元交清后,英兵退出长江,惟仍占舟山、鼓浪屿两处,俟偿款全清,五口均行开放,然后撤兵。此约条款殆全出英意,清廷以福州系省会,欲以泉州代之,又不愿。钤用御宝,欲代以钦差大臣关防,以英人不可,卒未能得。约定于是年七月二十四日,即1842年8月29日也。

当英人侵扰沿海时,闽粤江浙均不能抗,而独未能得志于台湾。是时台湾总兵为达洪阿,兵备道为姚莹。英人于道光二十一年(1841)八月犯基隆,因中国炮击却退,触礁而沉。中国获"黑夷"百余及刀仗、衣甲、图书等。九月,再犯基隆,遣兵登陆,又为中国伏兵击退。明年犯大安港时中国募渔船防敌船。有粤人伪通英船所携粤中汉奸,诱之入土地港,英船遂触礁,官兵乡勇奋击,获白夷十八、红夷一、黑夷三十、粤东汉奸五。事闻,诏加达洪阿太子太保衔,赏姚莹二品顶戴。台湾本属福建,以在海外,特加兵备道三品衔,与总兵皆得专折奏事。基隆之捷,陈明事属隔海,恐督臣转奏稽滞,由驿递径行呈奏。奉朱谕,嗣后攻剿夷匪折件,由五百里奏报,如大获胜仗,即由六百里奏报。大安之役,乃由五百里奏闻。自是驿递相望,督臣怡良颇悲之,又虑英人报复。时俘获监禁台湾者百六十余人,镇道谓解省既不可,久羁亦非计,奏明倘夷船大帮猝至,惟有先行正法,以除内患。报可。闽督怡良闻之惧,亟令泉州守函止之。镇道不听,除英酋颠林等九人及汉奸黄某、张某奉旨禁锢外,余悉杀之。时英人尚据鼓浪屿,闻之大怒,遍张伪示,谓中华之辱莫甚于此。见姚莹致刘韵珂书。及和议成,订明被禁英人及因英事被禁之华人,一律释放。于是颠、林等九人及散夷二十五人均送厦门省释,而英人谓两次俘获均遭风难,夷胁江浙闽粤四省大吏入奏,诏怡良渡海查办。甫至,兵民即诸行营为镇道诉冤,全台士民,陆续奔诉者甚众。怡良虑激变,受其词而迫镇道自认冒功,奉旨革职,逮入都交刑部审讯,旋以业径革职,免其治罪结案焉。此事措置盖迫于势不得不然,论者以此咎怡良,未为平允。然谓镇道冒功则实诬。当时兵勇确曾协力战斗,革镇道之职,已足以全和局,乃并因此议叙之官绅概行撤销,则亦稍过矣。达洪阿、姚莹多杀英俘,自今日观之,诚不免于野蛮,然今昔思想不同,不能执此以议昔人。莹致刘韵珂书谓镇道天朝大臣,不能与夷对质,辱国。诸文武即不以为功,岂可更使获咎,失忠义之心?惟有镇道引咎而已。颇有大臣之风概也。

英人用兵实缘种种积衅,鸦片之利或其所歆,然必挟兵力以求仇,则究为义所不许。故当时虽许以通商,仍可要以禁烟,而诸臣不明外情,置诸不论不议之列,烟禁遂暗中解除。咸丰五、六年间(1855、1856),各省竞行抽厘以充军饷。八年(1858),乃以洋药为名,收百斤三十两之税,除官员、兵丁、太监外,人民概许买用焉。

十　鸦片战争之役评论

五口通商为中国见弱于外人之始,此乃积数千年之因,以成此一时代之果,断非一人一事之咎,然即就事论事,当时事势之危险,亦有可见者,今试举其荦荦大端,亦可见道、咸以来清室之所以终不复振也。

一曰朝政之非。此役之主和论者,皆以为穆彰阿、耆英等数人罪,几诋为宋之秦桧。秦桧之为是为非姑措勿论,即以桧为误国,要不失为始终一贯之人。此役则忽而主和,忽而主战,和战既无定见,任使亦复不专,试问宋时有之乎?此可见宣宗之漫无成见,而中央亦无能主持大局之臣矣。清朝之不足为全国重心,已见于此。

二曰兵力之不振。外洋之船炮诚非我所能敌,然客主之形概不相如,众寡之数又复悬绝。果能尽力战守,断无败坏至此之理。当时所夸者林则徐广东之守,姚莹台湾之捷,然亦幸而英人未曾尽力猛攻耳。否则广东之防,未必可恃,况台湾乎?王廷兰致曾望颜书述当时各处调到之兵"纷扰喧呶,毫无纪律,互斗杀人,教场中死尸不知凡几,城中逃匿难之百姓,或指为汉奸,或劫其财帛,内外汹汹,几至激变",甚至"夷兵抢夺十三洋行,官兵杂入其中,肩挑担负,千百成群,竟行遁去,点兵册中,从不闻清查一二。及至沿途讨要口粮,城外各处又将逃兵数千应付,回省以追逐洋鬼迷路为词"。见《中西纪事》卷六。有兵如此,恃以应敌,能无寒心乎?

三曰士大夫之虚骄,不能知己知彼、勤求敌情,又不能实事求是、尽其在我,而徒放言高论、轻挑强敌。此为自宋以来士大夫之积习,道、咸之时,亦复如此。当时于外国情形,可谓暗昧至极。当时诸臣,唯林则徐能求通外情,日译外国报纸读之。然当英人向索烟价时,则徐覆文有曰:"本大臣威震三江五湖,计取九州四海,兵精粮足,如尔小国,不守臣节,定即申奏天朝,请提神兵猛将,杀尽尔国,片甲无存。"抑何可笑!台湾获英俘后,上谕:"该逆夷中必有洞悉夷情之人,究竟该国地方周围几许?所属国共有若干?其最为强大不受该国统束者共有若干人?英吉利至回疆各部有无旱路可通?平素有无往来?俄罗斯是否接壤?有无贸易相通?此次遣来各伪官是否授自国王?抑由带兵之人派调?着达洪阿等逐层密讯,译明确供词,据实具奏。"云云。则更堪发笑矣。按,世界情形,当明末艾儒略等即已著有《职方外纪》等书,而当时中国之人漫不留意,纪昀修《四库书目》,且疑其书为妄说。暗昧如此,安得不败绩失据耶?而一切情势之妄论,则弥漫一时。穆彰阿等固非贤臣,然当时攻击之谈,则大都不切情实,且多诬罔之辞。如诋耆英、伊里布、牛鉴至英舰拜谒英国主像。又疑为天主像之类,见《中西纪事》卷八。且如余葆纯不过一知府,而能弭衅端于众怒难犯之时,三元里之众围义律时,葆纯亲出慰解,义律乃免。粤人指为通夷卖国,葆纯告病去。见《中西纪事》卷六。江寿民不过一游士,而能挺身说谕洋将,保全一郡生灵,英临镇江后,讹传将因粮于扬州,淮商惧,将尽室行。寿民请身至英营调之,乃成纳赂之议。其后在第一期赔款中扣去。兵不能御敌,不能责人民以不保全也。后太平军下镇江,寿民亦欲略,令过扬不入,以身质其营中。太平军以数百人入城,果秋毫无犯。而清兵有续至者,太平军疑寿民陷之,鞭之,贯其耳,驱登城令退官兵。寿民乘间自杀,亦可哀矣。而《中西纪事》反诋为乘危邀利之市佣,寸磔之曾不足比死者一洒。即至鲍鹏、广东人,识义律,为英商馆买办,粤督以查办私枭入之访案。鹏匿迹山东。琦善赴粤,沿途访通英语之人,知潍县招子庸以鹏荐,挈之至粤,于交涉事,数往来其间。见《中西纪事》卷六。案,鹏非必端人,然当时通知外情者太少,用之亦不得已也。张喜,伊里布家人。伊里布在浙时,曾使犒英师海上,坐此革职,及再起议和,喜倡往来其间。《中西纪事》卷七记其闻英人索赔款,喜拂衣而起,则亦非小人也。以市侩仆役,而能尽力国事,皆有其难能可贵者。而论者一切加以丑诋,掣当局之肘,灰任事之心,此等议论既多,往往国是因之动摇,以道谋而败大计。曾国藩办天津教案时,奏言"道光庚子以后,办理洋务,失在朝和夕战,无一定之至计,遂使外患渐深,不可收拾",此固由君主之昏庸,辅臣之选懦,然此等高谈激论之士,亦不容分任其责也。

四曰民心之不靖。王廷兰致曾望颜书云:"粤省自少翁查办烟案以来,禁兴贩,杜走私,未免操之过刻。故兵怨之,夷怨之,其私贩之莠民亦怨之。当积重之余,以为绝我衣食之源也。故当逆夷蠢动之时,群相附和,反恐逆夷不胜,鸦片不行,则前辙不能复蹈。而该逆又四布流言,以为与官为仇,绝不向民加害。于是奸民贪其利,顽民受其愚,虽督抚晓谕,示以能擒逆夷者,赏有差。数月以来,绝无成效。及至贼破四方炮台,复淫掠不堪,始悟其奸,操戈相向。设使当时被围不解,迟之数月,必有内应而开门迎贼者。

食毛践土，乃良者少而莠者多，此可为痛哭者矣。"《中西纪事》谓"关吏水师，无非汉奸，皆不利于烟土之禁，必欲破其局而后已。闻虎门失守时，水勇奉提督命开炮，无不杂以沙土"。此或传闻之辞，未必得实，然刘韵珂与金陵三帅书谓"除寻常受雇持刀放火各犯外，其为逆主谋，以及荷戈相从者何止万人"。证以各种纪事，前后各役，无不有汉奸为外人效力，则其言不尽诬矣。国民性丧失至此，能不惧乎？

此役之败绩，尚有一远因。历代与外国通商，多在南海，其地距中央远，为政府监察所不及。南方开辟晚，或以处左迁贬谪之人，或则用孤立无援之士，志气颓唐，能奋发有为者少，甚或不矜惜名节。而多见异物，足以起人贪欲之心，故岭南官吏贪黩者多，因此激变之事，历代有之，特其贻患皆不甚巨耳。中西启衅，名由烧烟，实因商务，今录《中西纪事》议论两节于后，此书见解诚稍偏激，然此论则皆情实也。

《中西纪事》节录

自康熙开海禁以来三百年①，互市之消长变迁，令人不可思议。于是论者皆谓中西之衅，自烧烟启之，今载考前后，乃知衅端之原于互市，而非起于鸦片也。夫互市者，实中西交争之利，而关胥牙侩，必欲专之；外洋因利而得害，乃思以害贻中国，而阴收其利。善夫！范蔚宗之言曰：匈奴贪尚关市，嗜汉财物，汉亦通关市不绝以中之。此盛世柔远之术，知者知务之言也。中之云者，中其求利之欲耳。梯航万里，远涉风涛，得利则欣，失利则戚，人情之常，何足为惧。一自贪吏渔侵，奸商掊克，彼以求利而来，终于失利而返，能无怨谤之沸腾邪？明之倭祸，始于中官，继以商偿，终于豪贵，于是外番之怨日深，而中国亦官民交困矣。

国初海禁既开，设关有四，江浙闽粤，无不可通。乃未几而粤东海关专其利薮，未几而十三洋行操其利权。税有定则，未几而益以规费支销名目，未几而益以归公充饷名目。始则取之在吏，继则取之在官。如据《澳门月报》言：洋行抽用定例，不得过三分。今据嘉庆年间大班禀控之词，言棉花一石，价值八两，向例行用二钱四分，连税银不过四钱，据此

---

① 编者按：当为二百年。

则初定税则,每两不过二分,为百中取二。其后每石行用,加至二两,几十倍之矣。又言茶叶税饷,二两五钱之外,洋行会馆,每石抽费六元至九元不等。计茶叶出口之价,不过三四倍于八两一石之棉花,而税用两行,已亏折其十之三,则增设名目之渐也。洋商不堪其悉索,则控于地方官,地方官不能平其讼,则越控于大府,大府不欲穷其狱,乃回诉于本国,于是带兵船讲论,而干戈之衅以起。《书》曰:若颠木之有由蘖。语曰:物必自腐也,而后虫生焉。由是言之,即使鸦片不入中国,亦未能保外洋之终于安靖而隐忍也。且鸦片之来,亦为货物之亏折起见耳。货物不得其利,乃思取违禁之物以补偿之。若使税用不增,逋欠可得,彼又何乐乎以违禁之烟土,而予关吏以把持,啖水师之贿赂哉?窃谓当日欲与之申明烟禁,必先取中西互市之全局,通盘打算,平其百货之税则行用,更择其骨侩之尤者而惩之,必使番人憬然于生计之赢绌,不在鸦片之有无。但使关税行用之积蠹渐除,则湖丝茶叶之转输自便,此为中外一体,威福并行,制吏抚夷之策,似无逾于此者。不清其源,而图塞其流,一旦决堤溃防,而莫之遏。虽藉十七省商民废著之赀,不足以填其无厌之壑。有识者观于鸦片之流毒中土,未尝不扼腕长叹,以为戎首兴于关市,其厉阶梗于封疆,则甚矣。漏卮之失轻,而养痈之患大也。以上录自《中西纪事》卷三,十九页下半八行至廿一页下半七行。

英人自闻烧烟之信,举国皇皇,皆以此为非正经贸易,其曲在我,因请其国主先禁栽种。若乘此机会,照会该国,询其关税行用,如何扰累,为之酌量裁减,则义律先入之言,未易得而中之。林制使查办此案,计其到粤未及十日,发令太早,蒇事过速,转令善后事宜,益形竭蹶。汉晁错之劝孝景削七国也,曰削之则反速而祸小,不削则反迟而祸大。制使当日烧烟之举,毋乃类是?故其请罪奏中,谓发之于此时,与发之于异日,其轻重当必有辨。然夷人惟利是趋,度非有不轨之逞。而以今日承平既久,水师废弛,彼强我弱,苟非迫于其势之不可遏,毋宁沈几观变,以徐视吾力之所能为,甚无取乎持之急而发之暴也。且法令必先于内而后及于外。今使发令之始,拟斩则必斩,拟绞则必绞,吸者先严于官幕,贩者先治其牙窟,内地之禁既严,则外来之烟自滞。然后仿盐法之减价敌私,平其百货之税则行用,以示通商之利,在此而不在彼。如是数年,然后与之申明烟禁,有不羁首系颈而就衔䩞乎?即使其不便于大利之坐失,而别寻他衅,则其事亦必在数年之后,各省防范,皆如粤东,则反迟者又安见其祸大?今昔之形,固未可同日语也。以上录自《中西纪事》卷四,廿页上半四行至完。

十一　五口通商后广东中英交涉

　　五口通商以前，中西隔阂极深，是役虽以劫于兵力，允许西人通商，然实非本意所欲，其终不能免于冲突者，势也。果也不久而后有咸丰戊午、庚申两役。《江宁条约》定后，伊里布以钦差大臣赴广东办理通商事宜，适广东人民有与英工人斗殴受伤者。舆情愤激，毁英商馆。时璞鼎查为香港总督，调兵舰至广州。伊里布亟惩肇事之人以谢，乃已。道光二十三年（1843），伊里布卒，耆英管理五口通商事宜。五月与英换约，九月又与璞鼎查订《五口通商章程》十五条。于是诸国麇至，法、美且遣公使，皆求订约通商。清朝仍命耆英主之。二十四年五月十八日 1844年7月3日。《中美条约》成，九月十三日 10月24日。《中法条约》成。惟俄国于二十八年（1848）附英、美船来沪，仍由大府驳回。俄船二于嘉庆十一年（1806）到粤，请互市，总督那彦成不许。监督延丰不俟札覆，遂准一船进口，议降七品笔帖式。后任阿克唐阿仍准后船进口。总督吴熊光、巡抚孙玉庭未经查明，率准三船回国。诏"熊光、玉庭、阿克唐阿均交部议，处延丰革职。嗣后该国商船来粤贸易，仍当严行驳回"。

　　五口通商以后，四口领事均已入城，与中国官员相见，惟粤人仍援乾隆五十八年（1793）西洋各国商人不得擅入省城之谕，合词诉于大府，欲申旧禁。大府知其不可，不许之。于是南海、番禺之绅士耆老，传布义民公檄，令富者助饷，贫者出力，按户抽丁，以办团练，众议汹汹，寖与官为仇矣。道光二十三、二十五（1843、1845）两年，英人欲入城见制府，皆为粅民所阻。二十五年（1845）英人之来也，耆英使广州知府刘浔登其船，告以将晓谕军民，约期相见。粤人侦知之，于城厢内外遍张揭帖，约以夷人入城之日闭城起事。会浔自英船归，担油者犯其前道，隶执而笞之。市人哗曰："官清道以迎洋鬼，其以吾民为鱼肉也！"劫府署，出浔朝服焚之庭，曰彼将事夷，不复为大清官矣。督抚惧激变，出示安抚之。英人闻之遂去。粤人益自得，外人登岸，辄多方窘辱之。外人数贻书让大吏。大吏谋于绅士，绅士则曰，此众怒，不可以说动也。大吏无如何。二十六年（1846）赔款既清，耆英会英大卫于虎门，请撤舟山、鼓浪屿驻兵。大卫求舟山不割让他国，又以入城为言,于是订约五条,首申入城之旨,第三条申明中国不得以舟山群岛给与他国,第四条言他国犯舟山,英必出而保护,毋须中国给予兵费。光绪十一年(1885),中国以越南事与法开衅,法舰游弋舟山时,薛福成任宁绍台道兼理防务,乃于西报申明此约,且云今法日强,英日弱,舟山恐将为法所占矣。英议院闻之以诘政府,其政府遂宣称舟山为英保护地,不许他国侵占,法人之谋乃戢。舟山得免沦陷,然亦辱矣。而入城一事,且引起无穷枝节。

道光二十七年(1847),耆英内召。英人以其管理五口通商,因要其实行入城之约而后去。耆英以粤人风气强悍,请纾其期二年。英人许之,而要耆英入告,耆英亦许之。于是徐广缙为总督,叶名琛为巡抚。二十九年(1849),英人以二年期届,请入城,广缙登其舟见之,不许其入城,而密与巡抚筹战守。各乡团练先后至。港督文翰乘舟闯入省河,广缙再登其舟。文翰谋劫广缙以要入城,两岸义勇呼声震天,文翰惧乃去,不复言入城事。事闻,锡广缙爵子,名琛男,皆世袭。余官照军功例从优议叙,并盛奖粤民,好事者遂布流言,欲乘势沮通商之局。文翰闻之,贻书广缙,请定粤东通商之约。广缙采绅士议,要其将不入城列入约中,并出示晓谕英商,将约文刊载于其新闻纸,文翰亦许之。事闻,奉旨将约文载入档案,所谓《广东通商专约》者也。明年,宣宗崩,子奕詝立,是为文宗。咸丰二年(1852),广缙移督湖广,名琛代为总督,颇易外人。外人投文书辄略批数字答之,或径置不答,外人衔之,然无如何也。时沿海华船颇有借英旗为护符者。咸丰八年(1858),桂良等在沪议商约,曾照会英、法、美三使云:"查上海近有中国船户由各国领事发给旗号,计船三十余只,日渐增添,殊多不便。此等船户向系不安本分,然无外国旗号,犹不敢玩法为匪,今持旗号为护符,地方官欲加之罪,踌躇不决,遂至无所不为,犯案累累,流弊无穷。上海如此,各口谅均不免,尤虑酿成巨祸,致启中外争端,万不能不立法禁绝。拟请贵大臣即饬各口领事官,嗣后永不准以贵国旗号,发给中国船户,如有从前已给者,一概撤销。本大臣一面出示晓谕,如有人擅领外国旗号张挂驾驶者,应行查拿,从严究办,俾知警戒。"观此则当时粤中不免有恃外国旗号为护符者,从可想矣。咸丰六年(1856)九月十日,有船来自外洋,张英旗泊粤河。水师千总梁国定以所载皆华人,欲治其通番之罪,执十三人,械系入省,并拔英旗。英领事巴夏礼据约照会叶名琛,谓武弁应移取,不应擅执,且明舟子无罪,请释之。名琛不许,因在粤之包公使以请,乃许之。使送十三人于领事廨,而英水师提督某欲借此行入城之约,巴夏礼遂托事关水师弗受。于是英执《江宁条约》欲入城,我执文翰所定《广东通商专约》不许。英兵遂窥省会,十月朔,陷之,然无朝命,兵少,亦不能久踞也,后退去。

粤民怒焚城外商馆。巴夏礼遂驰书本国请战。下院否决。英相巴米顿解散下院,重召集,遂通过,迫中国改约,赔偿损失,否则战。英政府告俄、法、美请俱,俄、美仅遣使从之,而法王拿破仑三世发兵与偕,于是战端复起矣。

十二　咸丰戊午、庚申之役

　　咸丰七年(1857)九月,英使额尔金、法使噶罗、美使利特、俄使普提雅廷至粤。额尔金致书叶名琛,请约期议立约及赔偿损失事,名琛不答。法、美领事亦求偿损失,且言英已决攻城,愿任调停,名琛谓彼皆协以谋我,又不许,亦不为备。十二日英、法兵攻省城,陷之,执名琛。<small>叶名琛于咸丰九年(1859)三月卒于加尔各答。</small>事闻,革名琛职,以巡抚柏贵署理,旋代以黄宗汉。四使各遣属官赍致首相裕诚书,求派全权至上海议善后,诣江苏求见两江总督何桂清。桂清时驻常州,为之转奏裕诚,覆英、法、美书,言黄宗汉已赴粤,令其回粤听候查办,另照会俄使,申明不得在海口通商,令速赴黑龙江与该处办事大臣妥议。四使不听,英以舰十余,法六、俄一、美三,同时北上。八年(1858)三月至天津,使赴大沽投文直督谭廷襄。奏闻,命户部侍郎崇纶、内阁学士兼礼部侍郎乌尔棍泰赴津,与廷襄商办,四使以非全权拒之。四月八日,英、法兵入大沽,陷炮台。朝命罢廷襄,以托明阿为直督,命僧格林沁驻防天津,旋以俄、美居间,和议复启,以大学士桂良、吏部尚书花沙纳为全权大臣赴津,又赏耆英侍郎衔,令其赴津。耆英往见英使,英使不见。或传耆英与英使有隙,桂良虑败和议请召回,奉旨仍留天津。耆英遂还通州,肃顺劾其违命,赐死。桂良等与四国各订新约,<small>英56条,法42条、补遗6条,俄12条,美30条。</small>又以其中税则必须在上海筹议,乃派桂良、花沙纳及工部右侍郎基溥、武备院卿明善<small>旋以殷承实代之。</small>至沪,会同何桂清共议。是岁,南海、番禺之民,设团练局于佛山,侍郎罗惇衍、翰林院编修龙元禧、给事中苏廷魁主其事。惇衍等亲赴各乡团练,得数万人,令耆老通饬民间,凡受雇于外人者限一月内辞归,否则收其家属,无家属者,系其亲属,于是辞归者2万余人。扬言将攻广州,司道皆潜出,英人防守巡抚,而收驻防兵军械。巴夏礼自出示,言中外已和好,其至新安,张帖者见杀,遂发兵陷新安。团练袭广州不克。和议既成，罗惇衍托巡缉土匪，请缓撤团练，而粤人有伪造廷寄者，谓英、法心怀叵测，已密饬罗惇衍相机剿办云云。桂良等至沪，英人以粤事为言，必欲撤黄宗汉，惩惇衍、元禧、廷魁。于是发上谕，严拿伪造廷寄之人，夺黄宗汉钦差大臣关防，以授何桂清。是时粤中民气颇盛，然不能成节制之师，故《中西纪事》亦惜其筑室多谋，攻城鲜效，又谓抚事既定，有去而为盗者，能以众整，古今所难，君子观于此，而知利用民气之不易也。十月，议定通商章程十条，英、法、美相同。先是和议之成，其谏部寺连衔谏止。侍讲殷兆镛一疏言之尤激，其所尤甚者，则京师驻使、长江通商、内地游历、传教诸端。朝廷于此犹思挽回，又谓牛庄究近京畿，又为东三省货物总汇，欲罢之，并欲先期收回广州，屡饬桂良等设法，而不知正约已定，断不能于此时更张也。九年（1859）二月，授何桂清五口通商大臣，桂良留驻上海，办理善后。陈奏敌情叵测，得旨允其进京换约，仍不准久驻，其余三事，犹命乘势开导，不能全行挽回，亦当予以限制，而四使亦不更议他事，但请入都，遂有庚申之警。

时朝廷最忌外人至京，而外人则欲力破此局。九年（1859），英使普鲁斯、额尔金之弟。法使布尔布隆来换约，英相饬其必至北京，使何伯率舰卫之。时僧格林沁方在大沽设防，命改由北塘，不听，而照会守将请除河中之栅，守将亦不答。何伯破栅而入。五月二十四日，攻炮台，为守兵所败。英舰十三，逃出者一而已矣。我直隶提督、大沽协副将亦死焉。英、法使皆走上海，美使华若翰后至，遵照会由北塘入清，乃许其递国书，即在北塘换约而去，欲以风示英、法也。时英人议论亦多以航行白河为非，而英相仍主战，以额尔金为使，发本国及印度、好望角兵万三千，益以香港戍卒 5 000，使克灵顿率陆，何伯率海。法仍以噶罗为使，蒙他板率陆军 7 200，谢尔尼率海军从之。先照会何桂清，谓若守天津原约，仍可罢兵。桂清奏闻，奉上谕，普鲁斯辄带兵船，毁我海口防具，首先背约，损兵折将，实由自取。所有八年（1858）议和条款，概作罢论，若彼自知悔悟，必于前议条款内，择道光年间曾有之事，无碍大体者，通融办理，仍在上海定议，不得率行北来。再有兵船驶入拦江沙者，必痛加攻剿，毋诒后悔。于是衅端之起，无可挽回矣。

咸丰十年（1860）二月，英、法兵北犯，过舟山，见其无备，陷之，以储军需，于是克灵顿还香港，何伯率兵而北。时朝廷亦惮用兵，命留北塘，为款使议和之地。僧格林沁亦听人言，欲纵洋兵登陆，以马队蹙而歼之，遂撤防赴大沽，而埋地雷于北塘。汉奸侦得以告英人，英人发之，遂陷北塘，时六月二十六日也。进陷新河，占唐儿沽。时僧格林沁守南炮台，直隶提督乐善守北炮台，大学士瑞麟以京兵万驻通州。七月五日，英兵攻北炮台，乐善败死。诏僧格林沁退守通州。僧次张家湾。七日，英兵陷天津，朝命侍郎文俊、粤海关监督恒祺至津议和，为英、法所拒，改命桂良及恒福。英人欲增兵费、开天津、入京换约，朝命严拒之。时副都统胜保自河南召回，命与贝子绵勋率旗兵万人，助瑞麟、僧格林沁守通州。时文宗驻海淀，谋幸热河，尽括京城车马，人心大震，官民皆徒行避难。六部九卿台谏侍从力请还宫，胜保亦以为言，乃命发还车马，人心少定。命怡亲王载垣赴通州议和。或告载垣，巴夏礼衷甲将袭我，载垣惧，以告僧格林沁，僧执巴夏礼送京师。英、法兵攻张家湾，僧格林沁败绩，瑞麟、胜保之兵亦皆败。八月四日，英、法兵入通州，长驱而北。八日，文宗走热河，留恭亲王奕䜣守，明日以为全权大臣。二十一日法军至海淀，据圆明园，二十三日英兵亦至焉。中国乃还巴夏礼。二十六日英人胁开安定门，以三日为限，中国不得已许之。二十九日，遂入城，时与巴夏礼同拘者死十余人，额尔金怒，焚圆明园，_{九月五日}。欲替清室代以洪秀全。俄使伊格那提也夫止之，且劝奕䜣出议和，奕䜣不敢，俄使愿以身任之，乃出。七日，革僧格林沁、瑞麟职，恤英人监毙者银五十万两，和议乃成。英约于十一日，法约于十二日签字。

时清人方与太平军剧战，八月十一日尝诏曾国藩、袁甲三各选川楚勇二三千人卫，谓其能俯身猱进，可避枪炮。曾国藩、胡林翼奏请于二人中简一人北上。山西巡抚请西巡，官文请驾陕代，俟敌兵退出大沽返跸，以和议旋就，皆未果行。其英、法占广州之兵，则于十一年（1861）三月退出。是时赔款尚未交清，其能早退者，则法使哥士耆调停之力也。见谕旨。

十三　戊午、庚申和约大要

咸丰八年、十年（1858、1860）两条约，其受亏远较《江宁条约》为巨，今撷其大要：

英约第二条，规定彼此得互派公使，法约同英约。第三条规定英使拜中国皇帝之礼，与拜泰西各国君主同，此项礼节，直至《辛丑条约》附件方行更改。

英约第七条，订明领事与道台同品，副领事、翻译官与知府同品。其后桂良等在上海复照会英、法、美三国使臣，定总领事与藩、臬同品，惟美国覆文言该国从无此制，可无庸议。其法约第四条规定，彼此大臣行文，皆用照会，二等官用申陈，中国大宪用札行，商贾仍用禀，则英《江宁条约》之旧也。

英约第八条，许传天主、耶稣教。法约第十三条但言天主教，又规定得持执照入内地。美约第二十九条，则言耶稣基督圣教，即天主教传教习教之人，当一体保护。

英约第九条，许英人持照往内地游历、通商。照由领事发给，地方官盖印。《通商章程善后条约》规定，京都不许通商。法约第七条，商人持执照可在各口往来，而不得在沿海沿江各埠，私买私卖，否则船货入官。

英约第十条，沿江自汉口以下，开放三口；后开汉口、九江、镇江。第十一条，开牛庄、登州、台湾、潮州、琼州五口。法第六条多淡水、江宁而无牛庄，然既均有最惠国条款，则此等异同，亦不足较也。

英约规定领事裁判权者，为十五、十六、十七三条；法约为二十八、三十五、三十九三条；美约为十一、二十七、二十八三条。其词句互有异同，然既皆有最惠国条款，则此等同异，亦不足较矣。

英约第二十六、二十七条，规定税则为值百抽五，又因前所定税则，物价低落，暗中加重，规定派员赴沪会议，以后满十年一改，惟须于六个月前知照，否则再行十年。法约二十六条，规定七年一改。后在上海以另款改，与英同。

英约二十八条，规定英商运货往来于内地及口岸之间，应输税项，总数由领事备文询问各关监督，关监督应即照覆，彼此出示晓谕，英商愿在首经子口及海口，一次完纳者，应给票，以为不另征之据，其额为值百抽二有五。后来《通商章程善后条约》确定在首经子口及海口完纳，用照会将移文询问，照覆出示办法撤销。

英约第五十条，规定中、英文字以英文为准，法约第三条规定以法文为准。英约第五十一条，规定公文不得称英为夷。

最惠国条款英约在五十四条，法约在第四十条，美约在第三十条，而法约第九，美约第六、第十四、第十五各条，亦有涉及。

英另立专条，订明中国偿英商欠 100 万，军费 200 万，由粤省督抚设措交清，乃还粤城。法补遗第四条，规定赔款及军费总额为 200 万两。

以上乃英、法咸丰八年(1858)条约也。上海所定《通商章程善后条约》除规定子口税外，又定洋药每百斤税 30 两，第九条所谓许英人持照往内地通商，第二十八条所定税法，均与洋药无涉，嗣后修改税则，亦不得按照别货完税。第五条。又裁向来缴费每百两加一两二钱之倾镕费，所谓火耗也。并得邀英人帮办税务。案，此项规定，盖为中国人不谙税法及海口事务而设。故其条文云：通商各口收税，如何严防偷漏，自应由中国设法办理，条约业已载明。又云任凭总理大臣总理各国通商事宜大臣。邀请英人帮办税务，并严查漏税，判定口界，派人指泊船只，及分设浮桩、号船、塔表、望楼等事，毋庸英官指荐干预。法、美二约皆同，亦非英人独有之权利也。第十条。

咸丰十年(1860)英约续增九款，废八年(1858)约之专条，改商欠为 200 万，军费为 600 万，共 800 万两，第三条。增开天津为通商口岸，第四条，法约第七条。许华民出洋做工，第五条，法约第九条。此事至同治五年(1866)，恭亲王乃与英、法使臣订立章程。割九龙司。第六条。法约亦改赔款为 800 万，以 700 万为军费，100 万赔偿法人在粤损失。第四条。

美约与英、法二约颇异。当咸丰八年(1858)谭廷襄奏陈美国所求条款时，奉谕添设贸易口岸，准于闽、粤两省酌添小口各一处，至于大臣驻扎京师，文移直达内阁礼部，赔偿焚劫船货等条，不能准行。桂良、花沙纳至津议约，美遂照此删改，故美约无赔款。第十四条订开广州、潮州、厦门、福州、台湾、宁波、上海、潮州，台湾即所谓酌添之小口。第四款规定驻使与内阁、两广、闽浙、两江督抚均属平行。而第五款规定，遇有要事，准到北京暂住，与内阁大学士或派出平行大宪酌议，但每年不得逾一次。到京后迅速定议，不得耽延，若系小事，不得因有此条，轻请到京。第四款又规定照会内阁文件，或交以上各督抚两广、闽浙、两江。照例代送，或交提塘驿站赍递。清廷当日最忌外人进京，及与中枢直接交涉，故于此曾再三饬桂良等与英使磋议，欲令照美约办理。又九年(1859)许美使换约，谕云：换约本应回至上海，念其航海远来，特将和约用宝发交恒福，即在北塘海口，与该国使臣互换，以示怀柔远人，敦崇信义。则在津换约，尚出特许，而入京无论矣。十年(1860)，英约第二款诏英使在何处居住一节，戊午年(1858)九月在沪会商所定之议，作为罢论。将来应否在京长住，抑或随时往来，仍照原约第三款明文,总候本国谕旨遵行。则当时在沪磋商,不为不力,然至此则皆成画饼矣。又法约第二款规定法使进京换约时,宜以优礼接待。则入京换约一节,前此竭力争持者,至此亦皆无效。美约第六条规定他国使臣驻京,美国即无庸更议,一律办理。十四条规定他国条约更开他口,美人亦得居住贸易,则英、法以干戈得之者,美使并不费笔舌之争,而于暗中得之,相形之下,劳逸巧拙,可谓悬殊矣。中国当时甚以美国为恭顺,故八年(1858)条约第一条云,若他国有何不公轻藐之事,一经照知,必须相助,从中善为调处,以示友谊关切。盖以美为易与,而不知其所取权利却未尝后于他国也,亦可笑矣。

以上述英、法、美三约,其俄约则受损,尤属不可思议,于下章详之。

十四　中俄咸丰戊午、庚申两约

凡事不进则退,中国自尼布楚、恰克图两约订后,于边防之地,仍恝然置之,俄人则逐渐经营,此其所以卒有咸丰八年、十年(1858、1860)割地数百万方里之事也。当尼布楚、恰克图两约订时,俄人于东方情形,亦属茫昧。道光二十七年(1847),尼古拉一世以穆拉维约夫为东部西伯利亚总督,穆拉维约夫使尼伯尔斯探察鄂霍次克海、堪察加半岛及黑龙江,始知库页之为岛。初,俄人以库页为半岛,则入黑龙江口,必航鄂霍次克海。鄂霍次克海冰冻之期甚长。今知库页为岛,则可航鞑靼海峡,鞑靼海峡不冰,且可容吃水十五英尺之汽船,则黑龙江之利益大矣。三十年(1850),俄遂定尼哥来伊佛斯克为军港。咸丰二年(1852)占德喀斯勒湾,遂占库页,而东北之危机至矣。

道光三十年(1850),俄人请在伊犁、塔尔巴哈台、喀什噶尔通商。理藩院议许伊犁、塔尔巴哈台,而拒喀什噶尔。文宗立,命伊犁将军萨迎阿与议,旋召入京,以奕山为将军,本参赞大臣。布彦泰为参赞大臣。本塔尔巴哈台大臣。八月,定《通商章程》十七条,两国贸易皆免税;第二条。我由伊犁营务处派员,彼派匡苏勒管理;第三条。俄商来者,清明后入卡,冬至停止;第八条。居住之地,由我指定;入市,必持执照;第六条、第九条、第十三条。禁止赊欠。第十二条。而严缉失物,第六条。交逃人之约,第十条。犹是乾隆以前之旧眼光也。

咸丰二年（1852），俄、土开战，英、法将援土。穆拉维约夫西归，见俄皇，极陈当占据黑龙江，于是决议与中国重行议界，而俄外务大臣尼塞劳原不以为然，乘穆拉维约夫卧病，致书中国，请协定格尔必齐河上流界标。明年，吉林将军景淳奏闻，诏派员查办，于是吉、黑、库伦同时派员会勘，此时若能迅速定议，自是中国之利，而或以冰冻难行，或以期会相左，辗转经年，事迄不集，而俄与英、法开战，尼古拉界穆拉维约夫以极东全权，得径与中国交涉矣。

于是穆拉维约夫致书中国政府，言为防守太平洋岸起见，由黑龙江运兵及饷，须与中国定界，请派员会议。使至恰克图，中国不许其入京。穆拉维约夫虑迟延，径航黑龙江，赴尼哥来伊佛等处布防。瑷珲副都统以其兵多不敢拒。咸丰五年（1855），穆拉维约夫与黑龙江委员台恒会，借口为防英、法计，黑龙江口与内地必须联络，请划江为界。台恒以咸丰三年（1853）萨那特来文示之，诏该文明认黑龙江左岸为我地，何得翻议。穆拉维约夫不能答，乃要求航行黑龙江，而境界诸缓议。时朝命景淳及黑龙江将军奕格、库伦办事大臣德勒克、多尔济照会俄人，言此次画界，止以未设界碑之地为限。会尼古拉一世卒，亚历山大二世立，俄外务部仍不以穆拉维约夫举动为然，穆拉维约夫乃再西归，觐见新皇，自请为中俄画界大使，代主东方之将，仍航行黑龙江，且在江左岸置戍，时咸丰六年（1856）四月间也。穆拉维约夫在俄都遂请合堪察加半岛、鄂霍次克海岸及黑龙江口之地，置东海滨省，江以外殆尽所占。朝廷但命景淳及黑龙江将军奕山据理折辩，并命理藩院行文萨那特衙门，请其查办而已。

咸丰七年（1857）七月，普提雅廷至天津，投文以画界为请，奉谕中俄接壤，惟乌特河一处未曾分界，从前委员会议，因该国持论未能公允，是以日久无成。今该使既系该国大臣，正可秉公查清界限，饬令折回黑龙江会办。未几，萨那特衙门来文，援恰克图约第九条，请仍令普提雅廷进京议事。廷议以所行条约，系指使臣到边界而言，并无进京明文，驳之。十二月，英、法犯广东，俄、美以调停为名，赴沪赴津，文书杂沓。理藩院行文萨那特衙门，令其毋庸干预，仍照前议，将乌特河地方会同勘定，江岸居人，速行撤去。又命普提雅廷回黑龙江，普提雅廷又投文声称实为英、法说合而来，请加沿海通商口岸。其勘界一事，穆拉维约夫已前往经理。奉旨该国既以界务为重，自应先办，其余通商各事，俟粤事了结，再行商议。八年（1858），英、法陷大沽,时局益亟。穆拉维约夫以兵万二千赴黑龙江口,使告奕山,将过瑷珲,可以就便开议。于是中国派奕山为全权大臣,与俄定约三条,割黑龙江北属俄,而以乌苏里江以东,为两国共管之地。黑龙江、松花江、乌苏里江只准中俄两国行船。而黑龙江左岸,由精奇里河以南至豁尔莫勒津屯原住之满洲人等,照旧准其居住,仍着满洲国大臣管理。案,此约汉文云"黑龙江、松花江左岸,由额尔古讷河至松花江海口作为俄罗斯国所属之地"。此松花江不知何指。中国人因谓指松花江口以下之黑龙江并下文"黑龙江、松花江、乌苏里河,此后只准中国、俄国行船"之松花江,亦欲以此说解释,谓俄人航行松花江,实与条约相背。然据钱恂《中俄界约斠注》,则谓满蒙文、俄文及英、法各文,均无上两松花江字,而下文则确有之也。

此约成后,侍讲殷兆镛劾奕山,以黑龙江外5 000余里,借称闲旷,不候谕旨,拱手让人,寸磔不足蔽辜,论者亦皆咎奕山之愚懦。然据日本稻叶君山之《清朝全史》,则奕山当日未尝不竭力争执,而俄人以开战相胁。当时情势与结《尼布楚条约》时适相反,中国断非俄敌,其屈服亦出不得不然。边备废弛,由来已久,实不能专为一人咎也。

时普提雅廷在津沽仍以添设通商海口,由陆路赴黑龙江,派员再清疆界为请。清廷诏恰克图、伊犁、塔尔巴哈台已有三口,再援五口之例,则共有八处,他国要求,无以折服,命谭廷襄于五口之中,选择两口,至多三口,嗣亦准其一律,于清理疆界,亦许派员查勘,盖欲倚俄、美,以拒英、法。及英、法兵占炮台,又先与俄、美立约,欲使俄与英、法商,将遣使驻京,改如美约。镇江通商,缓至太平军平后举行。天津互市,易以登州,事皆无效。俄人乃请馈军械,并派人教演,修筑炮台,以为见好之地。清仍以谕旨嘉奖,亦可发一噱矣。

咸丰八年(1858)《天津条约》凡十二条,其要者,以后行文,不由萨那特衙门及理藩院,而由俄外务部径行军机处或特派之大学士,彼此平行。俄使与大学士、督抚亦平行,遇有要事,得由恰克图故道或就近海口进京;第二条。开上海、宁波、福州、厦门、广州、台湾、琼州七处通商,他国再增口岸,俄亦一律照办;第三条。并得设领事;第五。陆路通商人数不加限制;第四条。俄人居京城学满、汉文者,亦不拘年份;第十条。案,乾隆十六年(1751),库伦大臣奏称俄罗斯学生已届十年,请派人前来更换,则前此以十年为限。许在海口及内地传天主教;第八条。派员查勘边界;第九条。京城、恰克图公文信函亦得附带。由台站行走,以半月为限;运送应用物件,三个月一次;台站费用,中俄各任其半第十一条。及最惠国条款第十二条。是也。英、法、美三国所得利益,俄亦皆得之,而陆路陆商之利,则又非英、法、美所及矣。

九年(1859),英、法遣使换约,俄亦遣伊格那提也夫为驻华公使。时穆拉维约夫发现彼得湾,定海参崴为海军根据地。十年(1860),伊格那提也夫又在北京订续约十五款,尽割乌苏里江以东;第一条。交界各处,准两国之人随便交易,并不纳税;第四条。西疆未定之界,应顺山岭大河,中国常驻卡伦,雍正六年(1728)所立沙宾达巴哈界牌,西至斋桑淖尔,自此西南,顺天山之特穆尔图淖尔南至浩罕边界为界;第二条。兴凯湖至图们江,订于咸丰十一年(1861)三月,会立界牌,沙宾达巴哈至浩罕,则不限日期;第三条。恰克图照旧,到京所经库伦、张家口,零星货物亦准行销;第五条。库伦设立领事;第八条。俄商来者每处不过二百人,须有本国边界官路引;第五条。中国商人亦可往俄内地通商;第五条。得在俄京或他处设立领事,开喀什噶尔,设领事;第八条。除不许赊欠之例;第七条。领事与地方官平行,犯罪争讼各归本国治罪;第八、第十条。边事向唯库伦大臣与恰克图固毕尔那托尔、伊犁将军与西悉毕尔总督行文办理,今增阿穆尔、东海滨两省。固毕尔那托尔与吉、黑将军行文均平行。恰克图事有驻恰克图部员与恰克图边界廓米萨尔行文,要事由东悉毕尔总督行文军机处或理藩院。并规定行文交送之法,第十一条。恰克图至北京书信,每月一次,限二十日,物件二月一次,限四十日。商人愿自雇人送书物者,准先报明该处长官,允行后照办。第十二条。

此约论者多只知东北割地之巨,而不知西疆亦暗伏损失之机。其余诸条,受损亦甚巨也。别于后文详之。

……①

咸丰末年陕西募回勇设防,而人民亦办团练自卫,同治元年(1862),捻党合太平军入武关,回勇溃,伐竹于华州之小张村,与汉民讧,死二人。回民相聚声言欲复仇。适云南回民赫明堂、任五至,遂起兵,与河南回勇合攻村镇,戕团练大臣张芾于临潼,围同州、西安。于是甘回马化龙、白彦虎等亦起事,据金积堡。在灵州西,后于其地设宁灵厅。朝廷命胜保攻之,逗留不进。改命多隆阿,颇致克捷。而川蓝大顺入陕,陷盩厔,多隆阿还攻之,大顺走死。多隆阿亦以伤重卒于军。左宗棠督办陕甘军务,又以追击捻党,不暇

---

① 原稿有删节。省略号为编者所加。

兼顾陕事。捻党平。十月，宗棠还西安，时延、榆、绥各属游勇到处滋扰，马化龙居金积堡，资以粮马，而阳代乞抚。白彦虎据宁州之董志原，北接庆阳，南连邠、凤，东北达鄜、延。宗棠分兵破之邠、泾、鄜、凤、庆阳之间。八年(1869)二月，白彦虎走灵州，延、榆、绥亦平。五月，陕西遂定。宗棠驻泾州，分兵一由定边进宁夏灵州，一由宁州进环庆，一由华亭规平凉，一由宝鸡趋秦州。以宁、灵之间为回众根据所在，宗棠特进驻平凉，遣兵助攻。回众复分入陕西，再入邠州，宗棠分兵攻之，十年(1871)五月，陕西再定。七月，合出宁州之兵围金积堡。十一月，克之，杀马化龙。至十一年(1872)六月，自河以东，次第平定。七月，宗棠进兵兰州，十月复西宁。明年九月，复肃州，甘肃亦平。白彦虎先已自肃州走出关矣。

陕回之起事也，使其徒四出联络，于是回酋妥得璘以同治三年(1864)据乌鲁木齐，自称清真王，遂陷吐鲁番，下南路八城。五年(1866)正月，陷伊犁，二月，陷塔尔巴哈台，将军明谊死之。初博罗尼都_{大和卓木。}之死也，其子曰萨木克奔敖罕。萨木克子张格尔，于道光六年(1826)，以敖罕兵陷西四城，_{喀什噶尔、叶尔羌、和阗、英吉沙尔。}为清提督杨芳所擒。清谕敖罕执献张格尔家属，敖罕不可，清绝其贸易。道光十年(1830)，敖罕迎张格尔兄玉晋尔，资以兵，再陷喀什噶尔、英吉沙尔、叶尔羌，清卒许其通商乃和。道光二十七年(1847)，和卓木之族加他汉复入侵，往来于喀什噶尔、叶尔羌之间，回民无应者，而伊犁兵至，乃遁去。及妥得璘起，喀什噶尔回酋金相印开敖罕，敖罕复资张格尔子布苏格以兵，入据之。同治六年(1867)，敖罕将阿古柏帕夏废布苏格自立，与妥得璘争南路八城，会汉人徐学功起兵乌鲁木齐，击妥得璘，妥得璘败死。地皆入阿古柏，阿古柏据阿克苏，白彦虎既败，走归之。徐学功内附，阿古柏介之以求封册，又遣使土耳其及英、俄，俄与订通商条约，英印度总督亦遣使报聘焉。英使威妥玛亦为代请封册，朝议以用兵费大，欲以南路封之，左宗棠不可。光绪元年(1875)三月，乃命宗棠督办新疆军务，乌鲁木齐都统全顺副之。二年(1876)三月，宗棠命全顺及提督张曜进据巴里坤、哈密以通饷道，而命刘锦棠以湘军二万进北路。六月，克古牧地，_{在乌鲁木齐东。}遂复乌鲁木齐。九月，北路平。与张曜进规南路。三年(1877)三月，克辟展、吐鲁番，扼南路之吭。阿古柏战既不利，而敖罕已于前一年为俄所灭，四月，遂仰药自杀。子海古拉负父尸西窜，其兄伯克胡里杀之，据喀什噶尔。而白彦虎据开都河西岸，锦棠进兵迭复南路诸城，伯克胡里、白彦虎皆奔俄，南路亦平。

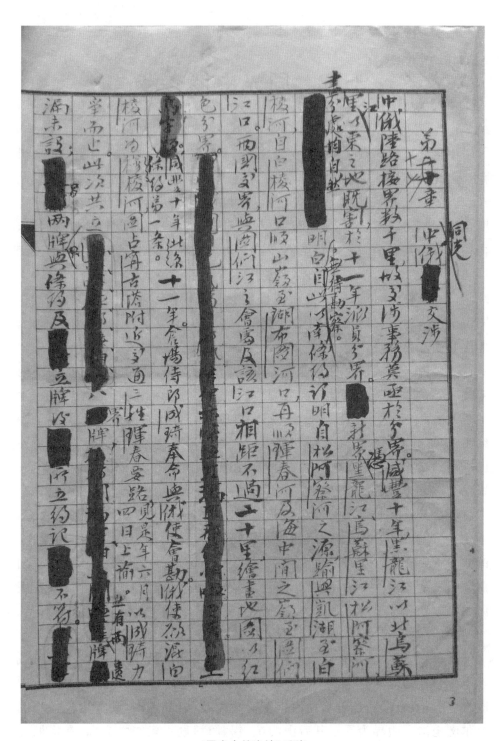

《同光中俄交涉》手稿

十五　同光中俄交涉

中俄陆路接界数千里，故交涉事务莫亟于分界。咸丰十年（1860），黑龙江以北乌苏里江以东之地既割，于十一年（1861）派员分界。新界凭黑龙江、乌苏里江、松阿察河，画分处均自然明白，无待勘察。自此以南，条约订明自松阿察河之源，逾兴凯湖至白棱河，自白棱河口顺山岭至瑚布图河口，再顺珲春河及海中间之岭至图们江口。两国交界，与图们江之会处及该江口相距不过20里，绘画地图以红色分界。咸丰十年（1860）《北京条约》第一条。十一年（1861），仓场侍郎成琦奉命与俄使会勘。俄使欲混白棱河为穆棱河，图占宁古塔附近交通三姓、珲春要路，见是年六月四日上谕。以成琦力争而止。此次共立八界牌，然有两牌遗漏未设，另两牌则与条约及立牌后所立约记不符。盖由兴凯湖以下交通艰阻，成琦与俄使仅在兴凯湖行营，将地图内未分之界，补画红线，而设立界牌，则彼此各差小官，未曾亲往故也。见是年五月成琦原奏。其后土字界牌毁失，那字界牌虽存，中、俄亦皆谓已失。至光绪十二年（1886），中国派右副都御史吴大澂及珲春副都统依克唐阿与俄使巴啦诺伏等会勘，乃重立土字界牌，展拓至沙草峰下，水路距图们江口30里，俄15里。陆路距27里俄13里半。之处《重勘珲春东界约记》第一条。添立玛萨二牌。第二条。倭字牌移设交界之地，那字牌亦经寻得。第五条。旧立八牌，除土字牌毁失外，余七木牌因其年久易坏，又乡民烧荒，易于延及，均毁之，改立石牌。第二条。条牌之间，多立封堆挖沟为记。第七条。俄人越界在我国黑顶子山地方设立卡伦民房，令其迁回。第三条。我国船只至图们江口者俄以照会申明不得拦阻。此约改正错误，一照条约办理，实为他约所不及。约文并用满文、俄文，以满文为主，亦他约所罕也。

其西疆之界，雍正六年（1728），仅定至沙宾达巴哈止。乌里雅苏台属。咸丰十年（1860），《北京条约》第二条订明西疆未定之界，应顺山岭大河。中国常驻卡伦，自沙宾达巴哈往西直至斋桑淖尔，自此西南，顺天山之特穆图淖尔南至浩罕边界为界。其后由明谊、锡霖、博勒果索与之会勘，在塔城屡议，总署亦与俄使往返诘难。同治三年（1864）回事方棘，俄又驻兵图尔根河,强占卡内之地。伊犁将军常清咨行明谊与之速诘。明谊照会俄使换约。俄使杂哈劳先派兵至塔属巴克图卡外,然后送来图志,丝毫不容商议,有"如谓不可行,立即回国派兵看守分准地界"之语。明谊不得已许之,于是年九月七日,立分界纪约十条。定自沙宾达巴哈至浩罕界上之葱岭之界。此约第六条订明换约后240日,会立界牌鄂博。其后科布多属境由奎昌与俄色布阔幅会立,定有约志三条。乌里雅苏台属由荣全与俄使穆噜木策傅会立,定有约志二条。事均在同治八年(1869)。塔尔巴哈台属由奎昌与穆噜木策傅会立,定有约志三条,事在同治九年(1870)。而伊犁属境,则未及勘定,遂启俄人占据后重大之交涉。

当同治三年(1864)伊犁危急时,将军明绪曾移文西悉毕尔衙门,以俄兵贸易圈地,为回众扰占,欲借俄兵相助,并奏请。饬下总署与俄使商办,其后迄无成议。见国史馆明绪传。明绪死,以荣全署伊犁将军。荣全奏言俄国来文,俄官不日带兵数千名,同往收复,后亦不至。其后回人与俄构衅,十年(1871)五月十七日,俄兵陷伊犁。朝廷命荣全驰往收回。俄官布呼策勒夫斯奇言当请示本国。总署以诘俄使,俄使言关内外悉定,当归还也。及回事平息,乃以崇厚为全权大臣使俄议之。时光绪五年(1879)四月。崇厚但欲收回伊犁,所定条约九月十六日。此约无全文可考。受亏甚巨,朝臣交章论劾,主战之议大炽。诏下崇厚于狱,拟斩监候。时郭嵩焘以使英大臣卧病于家,上疏言国家用兵三十年,财殚民穷,又非道、咸时比。俄环中国万里,水陆均须设防,力实有所不及,衅端一开,构患将至无穷。主战之论乃稍戢。六年(1867)二月,改使曾纪泽如俄。纪泽请贷崇厚死,并先办结边界案件,免俄有所借口,然卒本原约于七月一日立约26条。崇厚原约收回伊犁之地广200余里,长600里。此约添索南境要隘广200里,长400里。第一条。与原约比较之语,均见曾氏寄总署译稿原注。其界自别珍岛山顺霍尔果斯河至该河入伊犁河处,南至乌宗岛廓里札特村之东,自此往南,依同治三年(1864)旧界。第七条。按,原约割霍尔果斯河以西,此约未能争回。其帖克斯上流两岸之地,则经此约争回,即自伊犁河至廓里札特村界内之地也。同治三年(1864)塔城界约所定斋桑湖迆东之界,派员重定其界,系自奎峒山过黑伊尔特什河至萨乌岭画一直线。第八条。其费尔干与喀什噶尔之界,则照现管之界勘定,安设界牌。第九条。偿俄人代守伊犁及俄商民恤款900万卢布。第六条。合英金143.1664万镑2先令,见专条。崇厚原约系500万卢布。原约肃州、吐鲁番、科布多、乌里雅苏台、哈密、乌鲁木齐、古城均设领事。此约仅设肃州、吐鲁番两处,余五处订明系商务兴旺议设。第十条。领事设肃州,或嘉峪关未定。约文皆作肃州而注曰即嘉峪关。吐鲁番非通商口岸,而设领事,约文订明各海口及十八省东三省内地不得援以为例。俄领事在蒙古天山南北路往来及寄信,均可由台站行走。约中亦订明。蒙古设官未设官之处,均准贸易不纳税。伊犁、塔尔巴哈台、喀什噶尔、天山南北路各城,则暂不纳税,俟将来商务兴旺再行议定税则。第十二条。设领事处及张家口准造铺房、行栈。张家口无领事,而准造铺房行栈,他处及内地不得援以为例。第十三条。俄商往肃州贸易,至关而止,照天津办理。第十四条。黑龙江、松花江、乌苏里江行船之约,再行申明。第十八条。原约只提俄国,改约中俄并提。将来陆路商务兴旺须另定税则时,按照值百抽五之例,未定税则前,将现照上等茶纳税之下等茶之出口税酌减。由总署会同俄使于一年内商定。第十六条。另定陆路通商章程十七条,以十年为满,但须于满期前六个月照会方得修改,否则照行十年。沿海通商照各国总例办理。第十五条。

通商章程最要者,第一条,两国边界百里内准两国人民任便贸易,均不纳税。第二条,俄人往蒙古及天山南北路贸易,只能由附单指明之卡伦过界,应有本国所发中俄两国文字并译出蒙古文或回文执照。第三条,运往蒙古及天山南北路未销之货,准其运往天津、肃州或内地。第五条,俄货运至肃州者完税,照天津办理,自肃州运入内地者,照天津运入内地办理。第十条,自肃州运土货回国,亦照自天津运土货回国办理。又第三条订明由恰克图、尼布楚运货往天津,由俄边运货经科布多、归化城往天津。第十条订明由天津运土货回国,均应由张家口、东坝、通州行走。

此约第七条所言之界,光绪八年(1882)由哈密帮办大臣长顺与俄会勘,定有界约三条。据原约廓里札特村以南,应顺同治三年(1864)旧界,而此约将塔约改变,于是温都布拉克水及其所自出之格登山咸割隶俄。格登山者,乾隆二十五年(1760)奏定为伊犁镇山,立有高宗御制碑文者也。自格登山西南,旧以达喇图河为界,此次亦改以苏木拜河为界,别珍岛山口以北,约文虽未言顺旧界,而未制定新界,则应循旧界可知。乃旧以阿勒坦特布什山为界,此次改为喀尔达坂为界,而塔尔巴哈台属巴尔鲁克山外平地,遂不能尽为我有。至九年(1870)塔城之约,又割平地之半入俄焉。

第八条所言之界,光绪九年(1883)由伊犁参赞大臣升泰、科布多帮办大臣额福与俄会勘,定有界约五条。同治三年(1864)勘分界约,西北自大阿勒台山至斋桑淖尔之北，又转东南沿淖尔顺喀喇额尔齐斯河。此约自大阿勒泰<small>彼约之大阿勒台</small>。即折西南而斋桑泊全入于俄矣。<small>勘界后有记约，亦名阿勒喀别克河口约。</small>

第九条所言之界，自伊犁西南那林哈勒山口起至伊犁东喀尔达板止。光绪八年（1882）长顺所勘，其北段自那林哈勒噶至别牒里山豁为巴里坤领队大臣沙克都林札布所勘立，有光绪八年（1882）喀什噶尔西边界约四条。钱恂谓北段中木种尔特至柏斯塔格之间，未能以分水脊为界，致阿克苏河上源割入俄境。自别牒里山豁以南，至乌自别里山豁一段，亦沙克都林札布所勘，于光绪十年（1884）立有喀什噶尔续勘西边界约六条。先是阿古柏曾许俄人定界至玛里他巴山为止，曾纪泽议约时，俄人以此为请，纪泽力拒之，谓崇厚原约所无之地，断不能增。乌自别里在玛里他巴之南200余里，则较诸纪泽所未许者，反益拓而南矣。

七、八、九三条所言之界，勘定时皆失地于条约之外。其萨乌鲁与别珍岛之间，条约未言，自应循同治三年（1864）旧界，乃俄人又强援第九条迫我会勘，于光绪九年（1883），由伊犁参赞大臣升泰与彼定塔尔巴哈台界约七条，而巴尔鲁克山以外平地，遂半割入俄焉。

当曾纪泽使俄时，俄人持原议甚坚，而其舰队游弋辽海，中国亦召回左宗棠，命刘锦棠代主军务。李鸿章在天津设防。及事定，锦棠请改新疆为行省，从之，至十一年（1885）而布置乃粗定。

十六　嘉道咸同光之朝局

清代盛衰当以乾隆时为关键，前已言之。中国地大而政主放任，层累级次又多，变法革政甚难。中衰之后，往往不易振起，况又遇旷古未有之局邪？

仁宗即位之后，王杰、董诰、朱珪、戴衢亨相继秉政。杰、诰皆乾隆时与和珅并相，差能持正者，珪与衢亨，尤称名臣，然亦特老成练达者流，不足以济非常之变也。中岁后信任曹振镛，琐细不知大体。而道光一朝政治，实出其手，中枢遂益颠倒矣。

仁宗以嘉庆二十五年（1820）崩，次子旻宁立，本名绵宁。是为宣宗。宣宗在清代诸帝中，最称深于汉文，或云宣宗初即位，苦章奏之多，以问曹振镛。振镛曰，皇上几暇，但抽阅数本，摘其字迹有误者，用朱笔乙识发出。臣下见皇上于细迹尚能留心，自不敢欺慢矣。此说未知确否。要之不知大体，不能推诚布公，而为任小数，拘末节，则事实也。宣宗中叶后，相穆彰阿。五口通商之役，一意主和，论者多目为权奸。然清朝实无权臣。如穆彰阿者，亦不过坐视宣宗之颠倒而不能匡正者耳。宣宗未尝不思振作，然无康、雍之聪明，而思学其举措政令，朝更夕改，举棋不定，此其所以败也。

宣宗在位三十年死，子奕詝立，是为文宗。咸丰元年（1851），即革穆彰阿职，并罢耆英，时英舰驶至津沽，称欲吊唁。文宗谋诸穆彰阿及耆英，二人许诺之。文宗不听而英舰亦自去。文宗谓外人本未尝不可折，而疑二人之主张其势以自重而自文也，遂革穆彰阿职，降耆英为员外郎。起用林则徐、雪达洪阿、姚莹，治奕经、牛鉴、余步云之罪，又下诏求直言，倭仁、曾国藩等咸应诏有所陈列，然太平军及捻党之势已强，英、法交涉又棘，末年遂益倦怠，自号且乐主人，致为载垣等所蛊云。

载垣者，怡亲王允祥之后；端华者，郑亲王济尔哈朗太祖弟舒尔哈齐之子。之后；肃顺则端华母弟也。文宗既怠于政，三人导以游戏，而阴窃政权，机务多所参决，军机拱手而已。文宗之狩热河也，英、法兵既退，朝臣争请还跸，三人阴阻之。咸丰十一年（1861），文宗死于热河，后钮钴禄氏孝贞。无子，懿贵妃那拉氏孝钦后。生子载淳即位，是为穆宗，方6岁，遗诏以载垣、端华、肃顺及御前大臣景寿，军机大臣穆荫、匡源、杜翰、焦祐瀛为赞襄政务大臣，而尊钮钴禄氏为母后皇太后，慈安。那拉氏为圣母皇太后。御史董元醇疏请太后垂帘，派近支亲王辅政。载垣等令军机处驳之。谓清无母后训政之例，为家法所不许。恭亲王奕䜣至热河，太后欲召见，杜翰阻之，然奕䜣仍得独对，遂定返跸之议。肃顺护送梓宫，两宫及载垣、端华自间道先归。至京猝发载垣、端华罪，杀之，执肃顺于途亦杀之。襄赞政务大臣皆革职，两宫同垂帘，以奕䜣为议政大臣。

清自道光以前，猜忌汉人之心，实未尝泯，各省总督多用满人，而大征伐之将兵者无论已。咸丰时大难当前，满人实不可用，军机大臣文庆首创重用汉人之议。肃顺等虽专恣，亦能力守斯旨。胡林翼之督两湖，曾国藩之督两江，皆肃顺所荐举。左宗棠在湘抚骆秉章幕任用颇专，为人所劾，几至不测，亦肃顺保全之。故肃顺等虽败，于清室之中兴，实未尝无功也。孝钦、奕䜣虽倾肃顺等,于此旨亦守之不变。奕䜣当国,于汉人之为枢臣者,如沈桂芬、李棠阶等,皆能推心委任。故湘淮诸将,用克奋其全力于外也。

孝贞性庸懦,故虽以母后垂帘,实权皆入孝钦之手。内乱定后,稍以骄侈。同治十一年(1872),穆宗将大婚,孝贞欲立尚书崇绮女阿鲁特氏,孝钦欲立侍郎凤秀女富察氏,相持不能决,命穆宗自择。穆宗如孝贞旨,孝钦怒,禁不使与后同居。穆宗郁郁,遂为微行致疾而死。时同治十三年(1874),亲政甫一年耳。孝钦欲为太后以专大权,而醇亲王奕𫍽之福晋,孝钦女弟也,实生德宗载湉,遂立焉。方4岁,两宫再垂帘。穆宗后旋饮药死。时懿旨言以德宗嗣文宗,生子即承大行皇帝。内阁侍读学士广安上疏,援宋太宗故事为言,请颁铁券,奉旨申饬。御史潘敦让请表彰穆宗皇后,革职。穆宗及后既葬,吏部主事吴可读自杀,遗疏请长官代奏,请再下明文,将来大统,必归承继大行皇帝之子。奉懿旨,皇帝将来诞生皇子,自能慎选贤良,缵承统绪,继大统者,即为穆宗毅皇帝嗣子,皇帝必能善体是意也。

孝钦虽有才,而性非恭俭,同治时已宠太监安德海,<small>七年(1868)使如山东,为巡抚丁宝桢所诛</small>。然时内乱未大定,尚未敢十分纵恣也。德宗时,荒淫益甚。光绪七年(1881),孝贞死,孝钦益无所忌,复宠太监李莲英,罢奕䜣,而命军机有事与醇亲王商办。光绪十七年(1891),德宗大婚亲政,然实权仍在孝钦之手,遂为戊戌政变之原云。

```
宣宗 ┬ 文宗 ─────── 穆宗
     └ 醇亲王奕𫍽 ┬ 德宗
                  └ 醇亲王载沣 ─ 溥仪
```

以上为清中叶后朝局。与外人相接后内政亦稍有变革,别详于后。

十七　各国立约交涉

中国以条约许外国通商,实以五口通商之约为始,而其丧失利权,则以咸丰戊午、庚申之约为尤甚。自有五口通商之约,各国纷纷援例,而闭关之局,遂不复能守。自有戊午、庚申之约,续订各国,辗转引用,而利权益不可问矣。今叙述此两约以后,各国与中国立约之大要如下。英、法等国侵略中国之举，别为专章详之。

五口通商而后，法、美之外，订约者当以瑞典为最早。瑞典之来粤互市，远在雍正九年（1731）。道光二十七年（1847），遣使赴粤，请援英例，在五口通商。耆英与之订约，凡三十三款。其第二款规定出入口税，俱照现定税册，不得多于各国。此语第五款中又提及。一切规费，全行革除。日后欲将税例变更，须与瑞、挪领事等官议允。如另有利益及于各国，瑞、挪国人应一体均沾。第三款许五口通商。第四款许设领事。第十六款裁洋行，准与中国商民任便贸易。二十四、五两款，规定领事裁判权。此约与英《天津条约》极相类，与美《天津条约》则更有全款相同者。盖道光二十三年（1843），耆英曾在虎门定《善后条约通商章程》二十一款。二十六年（1846），又在虎门定续约五款。瑞约及英、法、俄、美《天津条约》，实同以此二约为据，观英约第一款，谓广东善后旧约并入新约中可知也。虎门两约，今无华文本，观于瑞约，而知《天津条约》之丧失利权，有由来矣。瑞约十七款云，瑞、挪国人在五口贸易，或久居，或暂住，均准其租赁民房，或租地自行建楼，并设立医馆、礼拜堂及殡葬之处。必须由中国地方官会同领事等官，体察民情，择地基，听瑞、挪国人与内民公平议定租息。瑞、挪国人泊船寄居处所，商民水手人等，只准在近地行走，不准远赴内地乡村任意远游，尤不得赴市镇私行贸易，应由五港口地方官各就民情地势，与领事官议定界址，不许逾越，以期永久彼此相安。颇可考见租界之所由来。又二十三款云，瑞、挪国人携带鸦片及别项违禁货物至中国者，听中国地方官自行办理治罪。则是时烟尚有禁，领判权之庇护，并不及于携带鸦片及违禁货物之人。此条若亦以虎门两约为本，咸丰《天津条约》，何不一并声明？疑当时洋药，业经纷纷抽厘，实利其税而自愿弛其禁矣。二十一款云，瑞、挪国以后或有国书递达中国朝廷者，应由中国办理事务之钦差大臣，或两广、闽浙总督等大臣，将原书代奏。观此条规定，不过如此，亦可知后来争执驻使之由也。

《天津条约》立后，首来上海，请援英、法例立约者，为西班牙及葡萄牙。桂良据奏，未许。十年（1860），苏抚薛焕署理钦差，督办江浙闽粤五口。及内江各口通商事务，诸国多以为请。上谕仍令严拒。并令晓谕英、法、美三国，帮同阻止。有"如各小国不遵理谕，径赴天津，惟薛焕是问"之语。十一年（1861），普鲁士在上海请立约，薛焕拒之。其使艾林波径赴天津，请于三口通商大臣崇厚，又入京，请法使代请。总署请派仓场侍郎崇伦赴天津办理。是年七月八日，议定条约四十二款，专条一款，别附《通商章程善后条约》十条，另款一条。此约开广州、潮州、厦门、福州、宁波、上海、芝罘、天津、牛庄、镇江、九江、汉口、琼州、台湾、淡水十五口；第六条。彼此均得遣使；第二条。普国得派领事，亦可托他国领事代办。第四条。光绪六年（1880）续约，乃定中国亦得派领事赴德。其领事裁判权，见第三十五、三十八、三十九款。最惠国条款，见第四十款。税则订明照《通商章程》办理。第十五款、第二十四款。所附《通商章程》十款，与咸丰八年（1858）与英、法、美所定者同。订约之初，普鲁士欲以彼国文字为准，亦援英、法例也，中国不许。后以法使调停，另备法文一份，如有辩论，援以为证，谓法文为欧人所通习也。此约以十年为限。期满德使提出大孤山开港，长江添辟口岸，鄱阳湖行轮，德船入内江内河，德商入内地办货各条，屡议无成。至光绪六年（1880），乃由沈桂芬、景廉与德使巴兰德议定续约十条，章程九条。续约第一款，除宜昌、芜湖、温州、北海前已添开口岸，及大通、安庆、湖口、武穴、陆溪口、沙市前已作为上下客货之处外，案，此系光绪二年（1876）《中英烟台条约》，见后。又允吴淞口停泊，上下客商货物。第二款，订明德国欲享最惠国利益，则中国与他国所订章程，亦须遵守。第八款，中外官员审办交涉案件，以及商人运洋货入内地，洋商入内地买土货，如何科征，又中外官员如何往来，一切事宜，应归另议。今先订明，彼此均允妥商。此条意重在第二端。巴兰德原议洋货入内地，应征厘金，另议归并抽收。并请总署具照会，声明洋货入内地，应否免厘，与各国会商订办。总署拒之。巴兰德遂出京。时光绪三年（1877）五月也。旋由李鸿章与商，告以如议免厘，必于正子两税外，再加若干。巴兰德乃复入京，往复商榷，订为此条，实为加税免厘之议所自始。又议土货改造别货，经总署咨商李鸿章驳覆，实亦《马关条约》之张本云。

荷兰定约，事在同治二年（1863）。由三口通商大臣崇厚奏闻，约凡十六款，多与他国同。第一款，订设使领；第二款，准在已开口岸贸易；第三款，内地游历通商；第四款，传教；第六款，领事裁判；第十款，纳税以税则为准，不得与他国不均；第十五款，最惠。另款声明，各国税则，届重修年份，荷国亦一体办理，不另立年限。

丹麦即嗹国。使拉斯勒福，亦作拉斯喇弗。于同治二年（1863）来求通商，径入京。署三口通商大臣董均函知总署，饬城门拦阻。英使威妥玛称系其宾客，请勿拦阻。又援法为德、葡代请之例，为之代请立约。朝命折回天津，向三口通商大臣崇厚递照会，乃派侍郎恒祺，令同崇厚办理。总署奏称事与法使哥士耆认大西洋葡萄牙。使为朋友，由哥士耆出面商议相同，应仿葡萄牙成案办理，条约亦照葡萄牙商办。而丹使所拟，系以英约为蓝本，恒祺驳之，令与葡萄牙一律。威妥玛又言，丹与英为姻娅之国，拉斯勒福又托己代办，条约应仿英。旋定约五十五款。第二、三、四款，规定彼此各得遣使，丹使有要务，准赴京会议，与泰西各使臣同一优待；第九款规定设领；第八款规定传教；第十款规定游历通商；第十一、十二款规定各国通商口岸，均可通市居住；第十五、十六款规定领事裁判权；第二十三款规定输税照税则为准，内地税或过卡完纳，或在海关一次完纳，各听其便，如一次完纳，准照续定税则完百分之二十五；第五十四为最惠国条款；第五十一款规定公文等不得称彼国为夷云。

　　西班牙日斯巴尼亚。于咸丰八年(1858)桂良赴沪议税则时，与葡萄牙先后求通商，桂良坚拒之。同治三年(1864)西班牙使玛斯援丹麦、荷兰例，请于三口通商大臣。命候补京堂薛焕会同崇厚办理，英新旧使威妥玛、卜鲁斯先后来津见崇厚，称奉本国之命，相助为理。总署亦接英、法、俄、美四使函称相同。玛斯遂托病，由驻京各使向总署代请入京立约，又欲援丹麦、葡萄牙之例。中国以两使仍赴天津填写定约日期，且其托英、法及到京在未奉谕旨之前，今在既奉谕旨之后，万难允准，驳之。玛斯乃允在津商议。其所开送条款，请增开漳州，该国人犯，欲寄中国监狱，使臣驻京，须载明长住或久住字样，且欲立约后即行驻京。各使纷向总署代为说项，威妥玛尤力。属照美约第六款订立，嗣后再有别国钦差驻京，方准一体照办。彼仍持久驻之议，又求订期限为三年，以便与布使同时进京，又再三辩论，乃肯删去云。西班牙约凡五十二款，又专条一款，其第二款云："大日斯巴尼亚国即西班牙。大君主欲派秉权大臣一员至中国京师，亦无不可。"而专条规定议约后本应进京居住，惟因为翻译官缺少，议定画押后三年，方派使来京，限内仍准每年一次抵京。前此苦禁外使不许入京之举，几几不能维持矣。第四款定设领，有云："所派之员，必须日斯巴尼亚国真正职官，不得派商人做领事官，一面又兼贸易。若系小口，贸易不多，可暂令别国真正领事官料理，仍不得托商人代办。"此则咸丰八年(1858)桂良在沪，照会英、法、美使，即以是为言。原照会云："各国领事皆系商人，本是无权管束，且己亦走私作弊，岂惟不能服众，反使众商效尤。本大臣等商议，如各国欲设领事，必须特放一员，方准管事，不得以商人充领事，致有名无实。"而至此始见诸条约者也。第十款订明准华民至日属各处承工。四十七款订明："中国商船，不论多寡，均准前往小吕宋地方贸易，必按最好之国,一律相待。日斯巴尼亚国嗣后有何优待别国商人之处,应照最优之国,以待中国商人,用昭平允。"亦为前此条约所无。此外各条,均与各国略同。五条规定通商,六条规定传教,廿一、廿四条规定纳税,十二、十三、十四条规定领事裁判权,五十为最惠条款。

比利时商船,初尝至粤,后久绝。道光季年,法人为请通商,未得许。同治二年(1863),其使包礼士至上海,薛焕奏言,德已不遵理谕,径赴天津,若再严拒,必至效尤,当令在沪核议,许之。焕与议定,而未互换。四年(1865),比使金贝至天津,谒崇厚,以前约未将通商章程叙明,请再议。命侍郎董恂赴津,定约四十七款。规定使臣有要务得入京;第二款。税则照所附章程与他国同。办理。三十款。余亦与他国略同。第七款规定设领。第十、十一款规定游历通商及通商口岸。第十五款规定传教。第十六、十九、二十款规定领事裁判权。

意大利于同治五年(1866)遣使阿尔明雍来京,由法翻译官李梅代请议约,并经阿尔明雍照会三口大臣崇厚,由崇厚奏闻。派谭廷襄会同崇厚办理。定约五十五款。使臣或长行居住,或随时往来,订明总候本国谕旨遵行。第三款。领事不得用商人,别以照会申明。第二十一款云:"将来中国遇有与别国用兵,除敌国布告堵口,不能前进外,中国不为禁阻意国贸易,及与用兵之国交易,凡意国船从中国口驶往敌国口,所有出口进口各样货物,并无妨碍,如常贸易无异。"为他约所无。第五十四条为最惠国条款,有云:"各国如有与大清国有利益之事,与意国民人无碍,意国亦出力行办,以昭睦谊。"亦略有相互之意云。余与他国略同。第二款定遣使,第七款定设领,第八款定传教,第九款定内地游历通商,第十一款定通商口岸,第十五、十六、十七款定领事裁判权,第二十四款定税则,照通商章程办理。所附通商章程,亦与他国同。第二十六款,定条约未满期,列国议改税则,则意国亦更改云。

奥斯马加①于同治八年(1869)遣使毕慈来京,由英使阿礼士代请,毕慈亦照会崇厚。派户部尚书董均会同崇厚办理,定约四十五款。此约所异者,无传教之条。又奥斯马加商人运货赴各处贸易,单照等件,照各国章程,由各关监督发给,其不携货物,专为游历者,执照由领事馆发给,地方官盖印。第十一款。第四十三款为最惠国条款,有云:"中国商民如赴奥国贸易应与奥国最优待之国商民一律。"实各约中最具互惠之意者也。第二款定遣使,或住京,或随时往来,各听其便。第六款定设领,不得用商人兼充一节,亦别以照会申明。第

---

① 编者按:当为奥匈帝国。

八款定通商口岸。第九款定税则，照所附章程办理，附章亦与各国同；又定未至修约年限，而税则有增减，各国一律通行，奥亦遵守。第三十八、三十九、四十款定领事裁判权。

自咸丰戊午、庚申之后，各国来求通商，中国已不复能拒，其中略有顿挫者，惟秘鲁与葡萄牙。秘鲁以华工事，葡以澳门界务也。欧美之招华人出洋也，商舶皆在澳门，因就设招工公所。其初趋之者若鹜，后闻往者被虐，多死亡，乃稍稍瞻顾。外人则重其募，奸民因以为利，谋诱价买，无所不至，而所谓"贩猪仔"之事起焉。同治五年（1866），总署与英、法使议定招工出洋章程二十二条，订明澳门不得招工。八年（1869），申明前章，照会各使，英、法二使均覆称，此项章程在彼未曾允认，然十一年（1872）英领事在粤设招工公所，粤省大吏执五年（1866）章程为难，彼乃闭歇，盖公理主权所在，终有所不能违也。华工出洋者，实以往秘鲁、古巴、旧金山三处为多。同治八年、十年（1869、1871），驻京美使两次代递秘鲁华工公禀，陈诉被虐情状。十二年（1873），秘使葛尔西耶来，请立约，未至，美公使先为代请。总署照会各使，言必秘鲁先将所招华工全数送回，并声明不准招工，方能商议立约。及葛尔西耶至津，北洋大臣李鸿章与之交涉。葛尔西耶言实无虐待情事，并言华工在彼，亦有身家，断难送回。议不谐，遂停顿。十三年（1874）三月，葛尔西耶复来。派李鸿章为全权，谕令将虐待华工之事，先行辩论明晰，订立专条，再议通商条约。五月，先立专条，订明中国派员查察在秘华民情形，秘国以全力相助。华工合同已满，愿归国者，如合同订明雇主应资送回国，秘国当严催雇主照办，如未订明者，由秘国送回。合同年限未满而被虐者，由查办华员开单照会秘国，雇主不承，由地方官讯断，不服上告者，秘国应派大员复查。旋立条约十九款。初议约时，葛尔西耶拟送五十一款，李鸿章不受，别拟二十款。中一款云："此次先行商订往来通商条款，俟中国委员查办事竣回国后，如照所议办理妥洽，始可会议永修和约，倘或未尽照办，并此次所订条款，亦作罢论。"葛坚持不可。又拟删利益均沾一款，葛亦未允行。此约删传教之条，遣使、第二条。派领、第四条。游历、第五条。通商、第八、九两条。兵船停泊修理、第十条。商船遭险救护第十一条。均彼此并列，与他约之专指一面者不同。设领一条，秘国申明不得用商人。虽领事裁判之权，仍为彼所独有，第十二、十三、十四三条。而华民在秘呈控，得与秘国商民及待各国商民之例一律，亦径订立一条。第十五条。第十六条云："今后中国如有恩施利益之处，举凡通商事务，别国一经获其美善，秘国官民亦无不一体均沾实惠。中国官民在秘国亦应与秘国最为优待之国官民一律。"虽语意微有轻重,亦非他约专言一面者比矣。华工之事,第六款云:"除两国人民自愿往来居住外,别有招致之法,均非所准。""不得在澳门及各口岸诱骗华人,违者,其人各照本国例从严惩治。载运之船,一并按例罚办。"第七款云:"秘国各府,凡有华民居住,即在该衙门外,设一汉文翻译官。以便通晓华民语言,随时保护。"约既立,鸿章派容闳赴秘鲁,华工20余万,情状具如公禀所言。光绪元年(1875),秘使爱勒谟尔来津,由苏抚丁日昌在上海与之换约。日昌诘责爱勒谟尔,爱勒谟尔乃别具照会,申明钦差大臣前往商办,定必实力会商,以期尽除一切弊端云。

先是同治十三年(1874),中国曾派陈兰彬为委员,查访华人在外洋承工情形。拟分致各国使臣,请其公断。光绪元年(1875)十一月,总署又奏派兰彬使美、日斯巴尼亚、即西班牙。秘三国交涉,时秘国条约已由李鸿章议立,日斯巴尼亚国则由总署拟订保护华工条款,与各使会晤数次,各次亦拟具条款,参酌合一。适英翻译官马嘉理在云南被戕,英使威妥玛声明此案不结,与日斯巴尼亚商办各议论,概不相预。旋即出京,事遂中止。至光绪三年(1877)十月,乃由总署与日斯巴尼亚议定华工条款十六款,订明彼此往来,皆出自愿,不许在中国各口或他处,用勉强之法,施诡谲之计,诱华民前往,违者严办。中国人已在古巴时为西班牙殖民地。及嗣后前往者,均照最优待之国相待。第三款。华民自愿前往者,先赴关道报名,请领执照,送日斯巴尼亚领事画押盖印。船到古巴后,送中华领事查验。通商各口载客出洋之船,由关道领事委员查察。第五款。中国派领事驻扎古巴夏湾拿。此外日斯巴尼亚许各国驻领事处,中国亦均可派领。第六款。在古巴之华工,如有读书做官者,及此项人之亲属,又年老体衰,孤寡妇女,均由日斯巴尼亚出资送回。第十一款。雇工合同订明雇主资送回国者,督令照行,无此语而无力回国者,由地方官与中国领事设法送回。第十二款。华民在岛准随便往来立业。第七款。惟古巴地方官察某处聚人过多,恐滋事端,得一面禁止中国人前往,一面照会领事。第十二款。古巴华工交涉,大略如此。

英、法、俄、美四国,同与咸丰戊午、庚申之役。事后交涉,当以美为最和平,以远隔重洋,利害关涉者希也。惟招用华工之事,亦颇滋纠纷耳。同治六年(1867),总署奏派章京记名海关道志刚、候选知府孙家谷前往有约各国,办理交涉。以美人蒲安臣同领使事,英人柏卓安、法人德善充协理。

是为中国遣使出洋之始。七年（1868）六月在美议定续约八条：（一）申明通商口岸及水路洋面贸易行走之处，并未将管辖地方水面之权给予，美与他国失和，不得在此争战，夺货劫人。凡中国已经及续有指准美国或别国人居住贸易之地，除约文内指明归某国官管辖外，皆仍归中国地方官管辖。（二）嗣后与美另开贸易行船利益之路，皆由中国做主，自定章程。惟不得与原约之议相背。（三）中国可在美国各通商口岸设立领事。（四）美人在中国不因异教稍有凌虐，中国人在美，亦不得因异教稍有屈抑苛待。两国人坟墓当一体保护。（五）两国人往来居住，须出自愿，不许别有招致之法，其勉强带往或运往别国者，照例治罪。（六）华民至美，美民至华，不论经历常住，均照最优之国相待。（七）华人入美，美人入华，大小官学者亦然。美在华，华在美，均许在住地设学。（八）襄理制造。美国愿指熟练工师前往，并劝别国一体相助，惟中国内治，美国并无干预催问之意，于何时照何法办理，总由中国自主酌度。约既定，又历英、法、普、俄、瑞典、丹麦、荷兰等国。九年（1870）正月，蒲安臣卒于俄都。志刚等又历比、意、日斯巴尼亚三国，于是年十月归国。在他国均未修约，惟与文牍讨论，大致谓彼此交涉，当以和平公正为主，不可挟兵恫吓，约外要求。此次遣使，颇有更新外交之意。或曰文祥实主持之，惜后来未能继此而行也。美约八款，宜垕《初使泰西记》附有注释，盖出蒲安臣之意。注谓第三、第四、第五、第六各款，均为华侨而发云。时华人在美，词讼不许作证。又人头税各国皆免，华人独否，皆以不奉耶教也。时华人在旧金山者，已十数万矣。

旧金山者，美国加里福尼亚州滨海之都会也。于咸丰季年，始属美，美人急图开拓，而欧洲及东方工人，苦其遥远，至者不多，资本家苦之。及得金矿，议筑铁路，尤苦乏工，乃在香港设招工公司。同治初年，华人至者，凡万余人，及三、四年（1864、1865）间，其数骤增。或谓洪、杨亡，余党以海外为逋逃薮，故三合会盛于美云。光绪初年，华人在美者，凡30余万。时加里福尼亚日益繁盛，美东部及欧洲工人争趋之。华人工勤佣薄，遂为所嫉。光绪三年（1877），加里福尼亚工商亏折，佣资骤贬，华人执业如故，疾忌益深。有埃里士者一作哥亚尼。以投机丧其资，乃学演说，欲从事于政治，及是，集众在旧金山港沙地演说，痛诋华人，一部分人附之。政府捕之入狱，旋释之。埃里士名益高。光绪五年（1879），选举获胜，加里福尼亚政权，操于沙地党之手，遂议改本省宪法，立限制华人之例。华民所居唐人街，大遭暴民攻击，久之，美人以其横暴，亦厌焉。光绪六年（1880），沙地党选举失败，遂亡。然限制华人之说，自此遂不可歇。是年，美使安吉立至京，请续商条约，中国派宝鋆、李鸿藻为全权，美派帅菲德及笛锐克为全权。十月，立续约四款，许美限制华工人数、年数；第一款。传教、学习、游历及其随带雇用之人，兼在美华工，仍听往来自便。第二款。美所立章程，须知照中国，如有未洽，可由总署与美使，中国驻美公使与美外部商议。七年（1881），又立约四款，规定彼此均可观审，均不得贩运洋药。不以利益均沾之条为解，第二款。彼此船税，皆照他国一律。八年（1882），美人始立新例，以禁华工：华工在美必有资产债务千元以上者，乃许报名居住；归国者由税关发给执照，许其复来，而禁新工之至。然华工回国者，执照多转售于人，于是苛例益新，往者皆拘诸港口之木屋，以待审问，其审问，既迟延，有至二三十日者。又非由司法官而由关员，问时不许旁听，口供不许宣布，上控仍由关员以达工商部，限以三日，审问之外，且用巴连太器法人巴连太所创，欧美用以量囚徒者。量其身，其苛酷，万国所未有也。华人在美，多业酒食肆、卷烟、织帚、缝衣，资本皆绝巨，美皆不认为商，认为商者，又只限一肆主，置约文随带雇用字样于不顾，而学生之兼作工者无论矣。总署不得已，乃有自禁之议。十四年（1888）二月，驻美公使张荫桓与美外部议限华工之约，稿成而未克订定。是年八月美国复立新例，华工一离美境，即不许再往，从前所给执照，亦均作废。中国驻美使臣与美外部辩驳，凡数十次，迄未转圜。十九年（1893），美人复命华人注册，以绝顶名、影射之途。华人延律师讼之，不胜。时杨儒驻美，总署就十四年（1888）约稿与美磋议，又命寓华美人亦注册以抵制之。卒于二十年（1894）二月，订约六款。华工除有父母、正妻、子女及财产账目在美者，均不许留，其许留者，如因事离美，由税务司发给执照，以一年为期。疾病或别有要事，得展限一年。第一、第二款。来往他国，仍准假道，惟须遵守美政府随时所定章程。第三款。华工仍须注册，而以美工在中国者亦注册，美国他项人民，包括教士在内，由美政府每年造册一次，报告中国政府。第五款。为敷衍中国面子之计，亦可笑矣。此约以十年为期。光绪二十四年（1898），檀香山属美，二十八年（1902），菲律宾属美，咸推行禁例。二十九年（1903），又将先后各例，汇列增订颁行，是时美于留美华民，复有查册之举，以无册被逐者，岁以千计。三十年（1904）续订之期既届，留美华民10余万，上书中国政府，请以加关税为抵制。檀香山《新中国报》总撰述陈仪侃议由人民拒用美货,以为抵制。其后政府交涉,未能有效,抵制美货,自上海创始,曾一行之。是为中国抵制外货之始,久之乃罢。

巴西于同治季年,始至上海。光绪六年(1880),使谒北洋大臣李鸿章,求立约,即授李全权,定条约十七款。此约驻使、第二款。设领、第三款。游历、第四款。兵船修理、第七款。商船收口,第八款。亦均两国并言。设领一条,除订明不得用商人,虽请别国领事代办亦然外,又加"如领事官办事不合,彼此均可按照公例,即将批准文凭追回"一语。按,此项办法,自此约为始。光绪二十五年(1899)韩、墨两约准之。二十九年(1903)中美商约第二款则云由外务部按照公例,认许该领事,并准其办事。两国民人准赴别国通商各处,往来贸易,见第五款。第四款中,则两国均无通商字样,巴人游历执照,由领事照会关道发给,亦与他约不同。第五款又云:"嗣后两国优待他国,如立有专条,互相酬报者,彼此须遵守专条,或互订之专章,方准同沾利益。"亦较前此互惠之约为明显。领判权仍为彼所独享,第九至第十三款。惟皆订明专由被告所属官员审理,以免会审之烦。中国人在巴人公馆寓所、行栈、商船隐匿者,一面知照领事,一面即可派差协同设法拘拿,亦与各约待彼交出者有别。又有"将来中国与各国另行议立中西交涉公律,巴西亦应照办"一语。第十四条彼此禁运洋药,订明不得引利益均沾之例自解。当时华民在巴西者2 000余人,恐其续行广招,成为秘鲁之续,故第一款订明彼此皆可前往侨居,又声明须由本人自愿也。第十款原议人犯由中国径行拘捕,巴使喀拉多力争,乃改如今约。画押后,喀拉多言奉本国训令,请以商人充领事,游历执照,仍由领事发给,地方官盖印。鸿章拒之。

墨西哥于光绪十年(1884)来,请立约招工,久无成议。其南部地沃,急须招人垦辟。中国驻美公使郑藻如、杨儒,屡欲与之立约,亦未有成。二十五年(1899),使美、日、秘大臣伍廷芳始与墨驻美公使卢美路及阿斯比罗斯,在华盛顿立约二十款。此约以同治十三年(1874)秘鲁约、光绪七年(1881)巴西约及墨与英、法、美所立条约,参酌而成。第三款,领事必奉列所驻之国认准文凭,方得视事,如办事不合,违背地方条例,彼此可将认准文凭收回。第八款,进出口货,各国一律,不得禁止限制,惟防疫、防荒、军务,不在此例。第十款,不得勒令华侨充兵,或出资捐免,以及军需名目,勒借强派,惟按产抽捐,不在此例。供军用之物,亦不得征收。此款系仿英、墨约。十一款,不得于国内各口岸往来贸易,申明此为"本国子民独享之利"。如此国将此利施于别国,彼国自应一律均沾,惟须立互相酬报章程。十五款,将来中国与各国议立中外交涉公律，以治侨居中国之外国人，墨国亦应照办。十六款，船到口岸，船上诸色人等，如有上岸滋事者，在二十四点钟内，准由地方官惩办，惟只照该口常例罚锾或监禁。皆能注意收回权利，与前此各约不同。又第五款订明不准引诱中国人出洋，则以墨亦须工垦拓，虑其为日、美、秘鲁之续也。

又刚果自由国于光绪二十四年（1898），使余式尔来求立约。总署言不必如欧美各国之繁冗，与订简明专款二条。<small>主持之议者亦李鸿章。</small>（一）中国与各国约内所载身家财产与审案之权，其待遇各国者，亦可施诸刚果。（二）中国人可随意迁往刚果，一切动静财产，皆可购买执业，并能更易业主。至行船、经商、工艺等事，其待华民与最优国人相同。此亦条约中之别开生面者也。

葡萄牙占据澳门，事已见前。康熙九年（1670）、十七年（1678），乾隆十八年（1753），《东华录》载大西洋国入贡，皆即葡国也。道光二十九年（1849），葡目哑吗嘞为澳民所杀，葡人借端占澳地，抗不交租，莲花茎以内，悉为所占。粤大吏置诸不问。<small>莲花茎，明万历中设关闸之处。</small>咸丰八年（1858），桂良赴沪议税则，葡请立约，未许。同治元年（1862），葡使基玛良士赴京，时无约各国，必先至津谒三口通商大臣，不许径入京师。法使哥士耆为葡使代请，奕䜣不可，乃由哥士耆代办，而葡使则作为法使宾客。我仍派侍郎恒祺至津，会同崇厚办理。哥士耆偕基玛良士至津，立约五十四款，而未互换。<small>此约今无可考。</small>七年（1868）五月，总署复加删改，议以澳门仍归中国，而价其炮台道路之费百万两。使日斯巴尼亚人玛斯往议，仍未定。光绪十一年（1885），法越事起，葡人称无约国，可以不守局外中立之例。中国虑其引法兵由澳门入，颇羁縻之。十二年（1886），与英人订立洋药税厘并征专条，派邵友濂、赫德往香港商办法。英人言澳门如不缉私，香港亦难会办，而葡仍以无约为难，赫德乃拟草约四款，派税务司金登干在葡京画押，并允其遣使来华订约。草约第二款允葡永居管理澳门。第三款，非经中国允许，葡人不得将澳门让与他国。乃成割澳门以易其缉私之局矣。十三年（1887）五月，葡使罗沙抵京，命庆亲王奕劻、侍郎孙毓汶主其事。彼所开通商各款，与同治元年（1862）未换之约无甚悬殊，而粤督、<small>张之洞。</small>抚吴<small>大澂。</small>奏言，澳界辖太多，条约尚宜缓定，且言洋药来华，皆径到香港，分运各口，从无径运澳门之船，稽察关键，在港而不在澳。然中朝卒与葡立条约五十四款，缉私专款三条。申明草约第二、三款彼此均无异议。界址俟将来派员会订,未订以前,一切照现在情形,不得增减改变。第二、第三款。葡人协助中国,收由澳门出口运往中国各口岸洋药税厘,另定专约。第四款。派使或常住或往来,候本国谕旨遵行。第五、第六款。设领不得用商人。第九款。其余通商、十一款。税则、十二款。游历、十七款。领事裁判权、四十七、四十八、五十一款。传教五十二款。等款,与他国条约无甚出入。最惠国条款,申明如与他国立有专章者,葡国欲同沾利益,专章亦允一体遵守。第十款。又第十四条,许其任便雇用华人,而订明不得违例雇觅前往外洋,以澳门本为欧美人招募华工之地也。光绪二十八年(1902),葡使白朗谷请画界,求割澳门西之对面山岛名。及西南之大小横琴二岛。外务部拒之。葡以上年切实值百抽五之议,葡人未与相要挟,乃停勘界议,而立增改条款九款。各国公约增税,葡允遵照。第二款。于澳门设分关,助中国征收洋药税饷。第三至第六款。别用照会,许葡筑造澳门至广州铁路。迨三十年(1904)议商约,乃将此条款声明作废焉。

十八　革新之渐

中国自明代即知外人科学技艺之长,而引用之。然其渐改旧法,实自咸、同以后,则因迫于战败而然。物之静者,非加之以力则不动,物理固然,无足怪也。

中国借用西洋兵力,实始清初之借荷兰以攻郑氏,然其关系甚浅也。至洪、杨军起,而其关系乃稍深。当太平军入湖南,即有创守江之议者,谓宁波、上海等处,外人驻有舟师以防海盗,可与商派,入江助剿,未果行。及江宁陷,向荣以长江水师不备,檄苏松太道吴健彰与外人商议。领事答以两不相助,事乃已。吴健彰者,粤人,尝为洋行帮办,后援例得官。而匕首党刘丽川香山人。亦在洋行,与之相识。咸丰三年(1853),丽川谋起事,托领事温那治先容于太平军,温那治许之。使轮船二,溯江西上,至镇江,为清巡船所获,得温那治与太平军书,并洋枪火药及刘丽川奏折。温那治书言:三月间在南京,蒙相待优厚,并为照顾贸易之事。我兄弟同在教中,决不帮助官兵，与众兄弟为仇。今寄来火器若干件、火药若干斤，即祈早为脱售云云。则当时领事与太平军，确有往来。惜乎太平军不知世界大势，不能善用外人，而转使其为清人所用也。时两江总督为怡良，咨粤督穷治此案，卒亦未果，而丽川起兵陷上海，杀知县，劫道库，方露刃以胁健彰，领馆中人挟之去，健彰遂居领馆，诡称公出，规脱处分。言官劾其通夷养贼，擅将关税银两运回原籍。奉旨交督抚严讯。奏言无其事。惟以与本管洋行商伙，往来酬酢，不知引嫌，避居洋行，捏报公出，遣戍新疆。而向荣请留之效力赎罪。《中西纪事》谓其钱可通神云。《纪事》又云，上海自通商以来，莅事者率以和番称胜任，盖民心虽排外，巧宦已从而媚之矣。然丽川踞上海，亦不能有所为。至咸丰四年（1854），而英、法助清军平之。丽川居上海，官兵碍租界，不能攻。是年冬，英、法让出陈家木桥一带，由官兵筑墙，丽川来扑，洋兵合力败之，于是官兵攻其东南，洋兵攻其北，又派船截其由江入海之路。五年（1855）一月一日，上海陷，丽川亡走，被擒杀。

当太平军初起时，外人厌恶清廷殊甚，使能据公理，与立约束，外人之承认，指顾间事耳。然太平军固见不及此，此亦时会为之，未足为太平咎也。戊午、庚申两役，外人所获权利甚多，乃有助攻太平之议。换约后，法使噶罗干首称愿售船炮，如欲仿造，亦可派匠役前来，并请在海口助剿。王大臣等奏闻，不许。迨俄人换约，俄使伊格那提也夫亦言愿派水兵数百，与清陆军夹攻，又言明年南漕有无阻碍未可知，在上海时，有粤商及美商愿采台米洋米运京。如由伊寄信领事，将来沙船钓船均可装载，用俄、美旗，即可无事。诏江浙督抚及漕督议奏。漕督袁甲三、苏抚薛焕皆言不可听。曾国藩请温诏答之，而缓其出师之期。总署奏亦谓然。而谓初与换约，拒绝过甚，又恐转生叵测，宜设法牢笼，诱以小利。法夷贪利最甚，或筹款销其枪炮船只，使有利可图，冀其昵就为用。请令曾国藩酌量办理。代运漕米一节，由薛焕招商运津，华夷一体，无须预与该夷会商。十一年（1861）夏，又据赫德议，请购小火轮，又称法如必欲代购，亦请援例照许，其后曾否购到无可考，然攻太平军则未尝用也。《中西纪事》卷二十。

是时苏、松、常、太相继为太平军所据。苏抚薛焕驻上海，布政使吴煦及苏松太道杨坊募印度人防守，以美人华尔为将，白齐文副之。又欲募吕宋人。苏州王韬献策，言募洋兵费巨，不如募中国壮勇，用洋人统带，教练火器，从之。于是华尔、白齐文以募勇500守松江，称常胜军。华尔、白齐文愿易服入中国籍，苏抚以闻，诏赏华尔四品衔，后加至三品，以副将补用。白齐文以战功亦赏四品衔。时李鸿章募淮勇于安徽。同治元年（1862），上海官绅筹银18万两，雇汽船七，迎之。三月杪，毕至，诏授鸿章苏抚，常胜军属焉。薛焕为通商大臣，专办交涉，于是外兵颇助清军，而饷项亦出沪税。外国水陆队及经理税务商人，时传旨嘉奖。常胜军会英、法兵陷嘉定、青浦，守松江，又随淮军入浙，陷慈溪，华尔伤死，遗命以中国衣冠敛。诏优恤，于松江、宁波建专祠。白齐文代将其军，通于李秀成，谋据松江以应。又至上海索饷，不得，殴伤杨坊，劫银4万两去。鸿章共美领事，替之，代以英人戈登，定军额为3 000人。白齐文降秀成，劝其弃江浙，据秦晋齐豫，清水师之力所不及也。时避难上海者数十万人，苏州诸生王畹亦献策，以水军出通泰，掠商船，使物不入上海，避难者必汹惧，夷必求好，不则以精卒数千，伪为避难者，入租界中，夜起焚劫，夷必走海舶，我乃抚之归，夷必为我矣。秀成皆不能用。戈登从程学启陷太仓、昆山，又从攻苏州。纳王郜永宽等人约降，戈登为之保任。秀成微闻之，走，永宽等杀谭绍光，叛降清。学启杀永宽等，戈登怒，袖短铳索鸿章，鸿章避之，数日乃已。常州既陷，裁常胜军，戈登加提督衔，洋弁之受宝星者，六十有四人。淮军勇悍，而火器不精，其战胜，得常胜军之力实不鲜也。白齐文为淮军所俘，致之美领事，美领事使归国，约毋再来。白走日本，入漳州，与英人克令细仔俱投太平军，后为左宗棠所获。福州美领事庆乐索之，宗棠不与，致之苏州，及兰溪，舟覆而死。

中国初与外国交涉，恒不愿其直达政府，一则沿袭旧见，以示体制之严，一亦以交涉每多棘手，多其层次，可为延宕转圜之计，并可掩耳盗铃，以全体面也。迨咸丰八年（1858）戊午英约，第五款订明，特简内阁大学士尚书中一员，与英国钦差大臣文移会晤，商办各事，乃不得不一变旧习。十年（1860）十月，设总署各国通商事务衙门。命恭亲王奕䜣、大学士桂良、户部左侍郎文祥管理。司员于内阁部院军机处挑取八员。又以崇厚办理三口通商大臣，驻扎天津，管理牛庄、天津、登州通商事务。其广州、福州、厦门、宁波、上海及内江三口，潮州、琼州、台湾、淡水各口，命江苏巡抚薛焕办理。新立各口，惟牛庄归山海关监督经管，其余各口，由各督抚会同崇厚、薛焕，派员管理。各国照会，随时奏报，并将原照会一并呈览。吉、黑边界事件，由将军等据实奏报，一面咨礼部，转致总理衙门。各将军督抚，仍互相知照。案，咸丰八年(1858)，钦差大臣关防，由粤督接管，此时归诸苏抚者，以英人要免黄宗汉也。及同治四年(1865)，乃以此职归诸两江总督，谓之南洋大臣，拨江海关税二成，粤海、山海、闽海、沪尾、打狗各关税四成。江浙厘金20万，湖北、广东、福建、江西各15万，为筹办海防，添制船炮军械之用。九年(1870)，天津教案既结，署三口通商大臣毛昶熙以为徒挠督臣之权，奏请并归直督办理，命李鸿章议复。鸿章赞之，于是以直督兼北洋大臣，冰泮移驻天津，冰合仍回保定，增设海关道一，管理交涉。光绪二十四年(1898)十一月谕，向来沿海沿江通商省份，交涉事务本繁，及内地各省，亦时有教案，应行核办。各省将军、督抚，往往因事隶总理衙门，不免意存诿卸。总理衙门亦以事难悬断，未便径行，以致往还转折，不无延误。嗣后各省将军督抚，均着兼总理各国事务大臣，仍随时与总理衙门王大臣，和衷商办，以期中外一气相生，遇事悉臻妥洽。及二十七年(1901)六月，改总理衙门为外务部，乃谕该衙门已改为外务部，各将军督抚即着毋庸兼衔，惟交涉一切，关系繁重，皆地方大吏分内应办之事，该将军督抚仍当加意讲求，持平商办，用副委任云。

咸丰庚申条约既定，各国均遣公使驻京。同治十年(1871)，日本来议约，曾国藩、李鸿章请立约后遣使日本，未报。十三年(1874)，台湾之案既结，李鸿章再以为请，并请公使到后，再于长崎、箱馆各处，酌设领事，以理赋讼。并请派员出驻泰西各国，总署乃议许之。

总理衙门之立，奏请饬广东、上海，挑选专习英、法、美三国文字语言之人，来京差委，挑选八旗子弟学习。除俄罗斯章程由该馆遵旨酌议外，其英、法、美教习及学习之人，薪水奖励，应仿照俄罗斯馆议定之例办理。此特以备翻译而已。同治元年(1862)，李鸿章抚苏，奏设广方言馆于上海。后移并制造局，译出西书颇多。三年(1864)，又在上海设制造局，五、六年(1866、1867)间，左宗棠奏请在福建设船厂，命沈葆桢时丁忧在籍司其事。六年(1867)，设同文馆于京师。十年(1871)，曾国藩、李鸿章始派学生赴美国游学。十一年(1872)，设轮船招商局，筹办铁甲兵船。光绪二年(1876)，设船政学堂于福州。六年(1880)，设水师学堂于天津，设南北洋电报。七年(1881)，设开平矿务局。十三年(1887)，又开漠河金矿。十五年(1889)，总署请造铁路，张之洞请先筑卢汉线，迨二十二年(1896)，乃以盛宣怀督办其事。是年又设邮政局，此戊戌以前所办新政之大略也。皆一支一节，无与大计,然反对者犹甚多,主持其事者,必几费笔舌心力,乃克排众议而底于成。此以见图新之不易矣。李鸿章要筑津沽铁路,难者纷然,谓京通大道,自此无险可守。鸿章驳之曰,敌兵至,并拆毁铁轨而无其人,虽无铁路,又何守焉。同文馆之设也,御史张盛藻请毋庸招集正途。奉批:天文算学,为儒者所当知,不得目为机巧。大学士倭仁上疏曰:"天文算学为益甚微;西人教习正途,所损甚大。立国之道,尚礼义不尚权谋;根本之图,在人心不在技艺。今求之一艺之末,而又奉夷人为师,无论夷人诡谲,未必传其精巧,即使教者诚教,学者诚学,所成就者,不过术数之士。古今来未闻有恃术数而能起衰弱者也。天下之大,不患无才,如以天文算学必须讲习,博采旁求,必有精其术者,何必夷人?何必师事夷人?且夷人,吾仇也。咸丰十年(1860),称兵犯顺,冯陵我畿甸,震惊我宗社,焚毁我园囿,戕害我臣民,此我朝二百年来未有之辱,学士大夫,无不痛心疾首,饮憾至今,朝廷亦不得已而与之和耳,能一日忘此仇耻哉?议和以来,耶稣之教盛行,无识愚民,半为煽惑,所恃读书之士,讲明义理,或可维持人心。今复举聪明隽秀,国家所培养而储以有用者,变而从夷,正气为之不伸,邪气因而弥炽,数年以后,不尽驱中国之众,咸归于夷不止。伏读圣祖仁皇帝御制文集,谕大学士九卿科道云,西洋各国,千百年后,中国必受其累。仰见圣虑深远,虽用其法,实恶其人。今天下已受其害矣,复扬其波而张其焰邪?闻夷人传教,常以读书人不肯习教为恨,今令正途学习,恐所学未必能精,而读书人已为所惑,适堕其术中耳。"当时守旧大臣,其见解如此。

十九　日本立约及台湾生番事件

　　中国当明代,受倭患甚深,故康熙时,虽开海禁,仍只准我国商船前往,而禁日本船之来,且所以防之者颇密。康熙时风闻日人将为边患,尝遣织造马林达麦尔森,改扮商人往探,归报,极言其懦弱恭顺,遂不介意。雍正六年(1728),苏州洋商余姓,言日本将军出重聘,请内地人教演弓箭藤牌,偷买盔甲式样。初有福州王应如,受其万金,为教阵法。复荐广东年满千总,每年受倭数千金,为钉造战舰二百余号,习学水师。又洋商钟觐天、沈顺昌,久领倭照贸易,钟复带去杭城武举张灿若,教习弓箭,每年得银数千。沈亦带去苏州兽医宋姓,疗治马匹。又商人费赞侯,荐一绍兴革退书办,在倭讲解律例,复因不能通晓,逐归。浙督李卫,请严边备,密饬沿海文武,各口税关,借盘诘米谷甲器,严查出洋包箱,悉令开验。水手、舵工、商人、奴仆、附客,俱着落牙行,查明籍贯年貌,取具保结,限期回籍,返棹进口,点验人数,阙少者拿究。命卫兼辖江南沿海,卫请密饬闽、广、山东、天津、锦州访察,嗣访得别无狡谋,且与天主教世仇,备乃稍弛。卫又奏,会同江南督抚范时绎、尹继善,于各商中择身家殷实者,立为商总。内地往贩之船,责令保结,各船人货,即令稽查夹带违禁货物,及到彼通同作奸,令其首报,于出入口岸密拿,徇隐一体连坐。以上见《柔远记》。广东年满千总,后查明为沈大成,杭州武举,后审出名张恒晬。同治中,日本既维新,乃于九年(1870)遣使至上海请立约,并致书总署,总署议驳。十年(1871),复遣柳原前光至天津,谒三口通商大臣成林、直隶总督李鸿章,请立约。前光上书成林,略言:"泰西各国,皆有公使领事,驻日本保护商民,中国独无,西人竟令华民归其管辖,外务卿函致上海道,请将华民暂归地方官约束,得覆允行,然终不免西人横议者,以未立约故也。日商至上海,亦无约故,依荷兰领事介绍,中东两国利权,均为西人侵占。特先遣员通款,为派使换约之地。"成林等闻于朝,总署令其另派大臣,再与商议。疆臣或以明代倭寇为辞,奏请拒绝。朝命曾国藩、李鸿章筹议。国藩言:"道光间,与西人立约,皆因战守无功,隐忍息事。厥后屡次换约,亦多在兵戎扰攘之际,动虑决裂,故所缔条约,未能熟思审处。日本与我无嫌,今见泰西各国,皆与中国立约通商,援例而来,其理甚顺。若拒之太甚,无论彼或转求西国介绍,势难终却,且使外国前后参观,疑我中国交际之道,遂而胁之则易,顺而求之则难,既令其特派大员再商,岂可复加拒绝?惟约中不可载明比照泰西各国通例办理,尤不可载'恩施利益,一体均沾'等语。逐条备载,每国详书,有何不可?"鸿章奏略同。并请定议后,由南洋大臣就近遴员,往驻该国京师,借以侦探动静,设法联络。是年六月,日派伊达宗城为使,前光副之,诣津订约。以李鸿章为全权大臣。鸿章奏江苏按察使应宝时、津海关道陈钦随同议订。凡立修好条规十八条、通商章程三十三款。第一款载明两国所属邦土不可稍有侵越。据原奏,系隐为朝鲜等国预留地步。内地通商一条,于通商章程第十四、十五条,明定禁止。十四款云:"中国商货进日本国通商各口,在海关完清税项后,中国人不准运入日本国内地;其日本国商货,进中国通商各口,在海关完清税项后,任凭中国人转运中国内地各处售卖,逢关纳税,遇卡抽厘,日本人不准运入中国内地。违者货均入官,并将该商交理事官惩办。"十五款云:"两国商民,准在彼此通商各口,购买各土产,及别国货物,报关查验完税,装运出口。不准赴各内地买货物,如有入各内地自行买货者,货均入官,并将该商交理事官惩办。"以上两款,系因两国各有指定口岸,故须明定限制。原奏云:"此条为洋人必争之利,而实我内地受病之深,是以论从前通商之弊,此为最重。名为指定口岸,而洋商运洋货入内地,暨赴内地买土货,条约既有明文,逮后定子口税章,由海关给领单照前往,沿途免再征收税厘,经过内地关卡验放,又只以有无完过税单为凭,不问其人之是华是洋。由此而内地各处,皆可以为通商之地,内地商民皆可以冒洋商之名,流弊滋多。然西洋之成局,无如何矣。内外通商及地方衙门,且互相维持,思所以补救于万一。今安得又听日本之无端滥于耶?其人贫而多贪,诈而鲜信,其国与中土相近,往还便捷,其形貌文字,悉与华同。以此攫取我内地之利,浸移我内地之民,操术愈工,滋害必愈甚,更非西洋比也。臣故知此次议约,以杜绝内地通商为最要,只以相习既久,相形见绌,能否独为禁阻,实未敢预期有何把握。兹经明定限制,尤望各海关临时办理,妥设范围,将来或值修改章程,仍须重申界限耳。"领事裁判权,彼此皆有。《修好条规》第八、第九、第十三。《修好条规》第十五条:"两国与别国用兵,应防各口岸,一经布知,便应暂停贸易及船只出入。平时日本人在中国,中国人在日本,指定口岸及附近洋面,均不准与不和之国,互相争斗抢劫。"第十六条:"两国理事官均不得兼作贸易,亦不准兼摄无约各国理事。如办事不合众心,确有实据,彼此均可行文知照秉权大臣,查明撤回。"《通商章程》第一款,彼此列举通商口岸。第十一款,彼此货物进口,均照海关税则完纳,税则未载之物,彼此值百抽五,皆与他约不同者也。十一年(1872)二月,日使柳原前光来议改约,鸿章不许。一以彼方议撤销领事裁判权,欲中国改约,一以《修好条规》第十一条,两国商民,在指定各口,不得携带刀械,违者议罚,刀械入官。谓佩刀乃日本礼制,由理事官检束则可,不便明禁。一谓《通商章程》所载进出口税各条,当由日本海关按照成规抽收,不必指明税则。鸿章以约未换而议改,失信诒笑拒之。十二年(1873),副岛种臣来换约,适值穆宗亲政,各使咸请觐见。六月,见于紫光阁。种臣以头等全权大臣,班俄、美、英、法诸使之上,是为中国皇帝许外使觐见之始。日人颇以居班首为夸耀云。先是,十年(1871)。琉球民船遇飓风漂至台湾,为生番劫杀。是岁,日小田县民漂往,又见杀。种臣命副使柳原前光,以台湾疆界询问总署。总署言琉球亦我属土,属土民相杀,于日本何预。小田人遇害,则未之闻。又言生番为化外之民,不能负责。前光争琉球素属日本,且言日本将问罪生番。议不决,前光遽归。十三年(1874)五月,日兵攻台湾诸番,复遣前光至京师,言问罪于中国化外之地,中国声教所及,秋毫不犯。朝命船政大臣沈葆桢巡视台湾,又命福建布政使潘霨赴台会商。时福州将军为文煜,巡抚为李鹤年。葆桢率洋将日意格、斯恭塞格二人前往。旋命斯恭塞格赴上海,募洋匠,筑安平炮台,招洋将教练洋枪,从北洋大臣处借洋枪队三千,南洋二千,请命水师提督彭楚汉率之前往。又以前署台湾镇曾元福甚得民心,命倡练乡团,并募土勇500人。前烟台税务司博郎教练,裁班兵,由内地派往戍台者。以其费招当地精壮。李鸿章又命提督唐定奎率驻徐州之淮军十三营往助。葆桢命黎兆索,中路。罗大春,北路。袁闻柝南路。伐木开山,招降诸番。先是潘霨与台湾兵备道夏献纶往日本营,日统将西乡从道拒不见,驻兵屯田,示将久据。已见中国兵日集,其兵又遇疫,乃稍馁。八月,其全权大久保利通至都,由英使威妥玛调停,立专约三款,恤遇害难民家属银10万两,偿日修道建房之费40万两。事定,李鸿章再请饬总署遴员驻日。公使到后,再行酌设领事,自理讼赋,并请遣使驻泰西各国,朝旨始报可云。

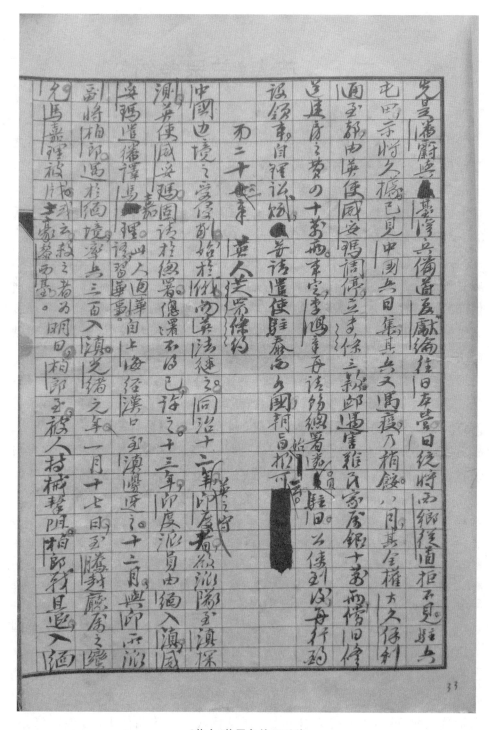

《英人〈芝罘条约〉》手稿

二十　英人《芝罘条约》

　　中国边境之受侵削,始于俄,而英、法继之。同治十二年(1873),英之守印度者,欲派队至滇探测,英使威妥玛固请于总署。总署不得已,许之。十三年(1874),印度派员由缅入滇,威妥玛遣翻译马嘉理_{此人通华语,习华事。}自上海经汉口至滇边迎之。十二月,与印度所派副将柏郎遇于缅境,率兵300入滇。光绪元年(1875)一月十七日,至腾越厅属之蛮允,马嘉理被戕。_{或云杀之者土豪黎西台。}明日,柏郎至,被人持械击阻。柏郎战且退,入缅境。威妥玛赴上海,派人往查,谓系官吏主使,坚求惩治。朝命鄂督李瀚章、前侍郎薛焕驰往查办。威妥玛使参赞格维讷赴滇观审。瀚章奏,戕马嘉理者为野匪,阻柏郎事,南甸都司李珍国实为主谋。英使谓难称信谳,必欲归狱疆吏。_{滇抚岑毓英。}二年(1876),自沪入都,以七事相要,旋以议不谐,六月,出居烟台。直督李鸿章请赴烟会商,奉旨便宜行事。七月二十六日,立约,凡三端十六节、专条一款。其有关系者,滇缅通商章程。饬云南督抚,派员商订。_{一端三节。}许英派员驻大理,或他相宜之处五年,_{自1877年1月1日始。}察看通商情形,俾商定章程时,得有把握。关系英国官民之事,即由此官与该省官员,随时商办。或五年之内,或俟期满之时,由英国斟酌,订期开办通商。_{一端四节。}申明咸丰八年(1858)条约第十六款,允商办通商口岸承审章程。_{二端二节,}约文云:"查原约内英文所载,系英国民人,有犯事者,由英国领事官或他项奉派干员承办等字样。汉文以英国两字包括,前经英国议有详细章程,并添派按察使等员,在上海设立承审公堂,以便遵照和约条款办理。目下英国适将前定章程,酌量修正,以归尽善。中国亦在上海设有会审衙门,办理中外交涉案件,惟所派委员,审断案件,或因事权不一,或因怕遭嫌怨,往往未能认真审讯。兹议由总理衙门照会各国驻京大臣,请将通商口岸,应如何会同总署议定承审章程,妥为商办,以昭公允。"内地或通商口岸,有关系英人命盗案件,由英国大臣派员前往观审,观审之员,以为办理未妥,可以逐细辩论。_{二端三节,}约文云:"此即条约第十六款所载'会同'两字本意。"各口租界,免收洋货厘金。宜昌、芜湖、温州、北海添开通商口岸。重庆可由英驻员查看川省英商事宜。轮船未抵重庆前,英商民不得在彼居住,开设行栈。俟轮船能上驶,再行议办。_{光绪十三年(1887),英商立德自置小火轮,欲驶重庆。英使华尔身照会总署,请给准单。总署覆}

以川江路曲而窄，石多水急，轮船驶行，民船必遭碰损，必须妥议章程，方可试行。咨行四川总督派员前赴宜昌，与英领会商。委员议轮船每月准行二日，碰损民船，船货须全赔。英领不可，请在京会商。光绪十六年（1890），我以12万两买立德之船栈，定续增专条六款。第一款开重庆，英商自宜昌至重庆，或雇用华船，或自备华式之船，均听其便。第五款，俟中国轮船往来重庆时，亦准英轮一律驶往该口。大通、安庆、湖口、武穴、陆溪口、沙市均准上下客商货物。除洋货半税单，照章查验免厘。其报单之土货，只准上船，不准卸卖外，其余应定税厘。由地方官自行一律妥办。外国商民不准在该处居住及开设行栈。三端一节。新旧各口岸，除已定租界外，其未定各处，应由英领事会商各国领事官，与地方官商议划定界址。三端二节。三端第一、第二两节，光绪十一年（1885）专条第一款，声明日后再行商酌。英商贩洋药入口，由新关派人稽查封存。栈房或趸船。俟售卖时，洋商照则完税，并令买客输纳厘税。即在新关输纳。其应抽厘税之数，由各省察勘情形酌办。三端三节。洋货运入内地半税单照，由总署核定划一款式，不分华洋商人，均可请领。英商所买土货，完纳子口半税，即可运往口岸。非英商自置，及非往海关出口者，不得援照。所有应定章程，即由英使与总署商办。其《通商善后章程》第七款所载，洋货运入内地，及内地置买土货等，系指不通商口岸言，应由中国自行设法防弊。三端四节。咸丰八年（1858）条约四十五款，已纳税洋货，复运外国，由海关监督发给存票，可作已纳税饷之据。原约未定年限，今订明以三年为期。三端五节。另定专条，许英派员，由北京，或历甘肃、青海，或自四川入藏抵印，探访路程。或另由藏印交界派员前往。光绪十二年（1886）缅约第四条，声明将此专条所订办法停止。至边界通商，由中国体察情形，设法劝导，如果可行，再行妥议章程，倘多窒碍，英国亦不催问。此约以一英参赞之死，所获权利，亦不菲也。

洋药，当咸丰五、六年（1855、1856）间，东南各省，即奏请抽厘助饷，上海每箱抽银24两，厦门40元，外加费8元，宁波、河口、屯溪等厘金，皆以此为大宗。时则有内地分抽之厘，而无海关进口之税。八年（1858），议定税则，每百斤税银30两，并于善后条约第五款声明："进口商只准在口销卖，运入内地，专属华商，如何征税，凭中国办理。嗣后修改税则，仍不得按照别货定税。"是冬，王大臣会同户部议奏，各海口及内江河面，均照上海一律。崇文门及各省由旱路转运者，减10两，然各省于应征税项外，仍自抽厘，其办法亦不一律。此约三端三节，订明厘金在海关并征。总署屡与威妥玛商议，威妥玛总以咨报本国为辞。于是北洋大臣李鸿章议于正税外加征80两。统计110两，威妥玛仅许加至百两。使英大臣郭嵩焘与英外部商议，拟加征60两。合正税90两。英坚不允。直督张树声与英商沙苗商承揽之法，税厘合计百两。总署议驳，英亦不以为然。既不以承揽为然,亦不认百两之数。大学士左宗棠又奏请加至并征百五十两，迄无成议。光绪九年（1883），总署请饬出使大臣曾纪泽。商办，时威妥玛已归国。许之。上谕云："洋药流毒多年，自应设法禁止。英国现有禁烟善会，颇以洋药害人为耻。该大臣如能乘机利导，联络会绅，与英外部酌议洋药进口，分年递减专条，期于逐渐设法禁止，尤属正本清源之至计，并着酌量筹办。"正月十二日。是年六月七日，订立《烟台条约续增专条》。原奏谓："逐年递减之说，印度部尚书坚执不允，印度部侍郎配德尔密告参赞马格里，谓印度种烟之地，未尽属英，中国欲陆续禁减，惟有将来续议加税，不能与英廷预商递减之法。"故此次专条，但于开端申明："行销洋药之事，须有限制约束之意。"每百斤完正税30两，厘金80两，即可拆改包装，请凭单运往内地。货包未拆，不再完税捐，开拆者所纳税捐，不较土烟加增，亦不别立税课。运货凭单，只准华民持用。此专条以4年为期，如欲废弃，彼此皆可先期12个月声明。如内地不免税捐，则无论何时，英有废弃专条之权。专条废弃，则仍照《天津条约》所附章程办理云。

二十一　法越之役

安南本中国郡县，五代时，始自立为国。明成祖后取之，立交阯布政司，旋乱，宣宗弃其地，黎氏有之。世宗时，为其臣莫氏所篡，中国以为讨，莫氏请为内藩。乃削国号，立都统司，以莫氏为使。时黎氏之臣阮氏，仍以黎氏之裔据西京，清华。入东京，并莫氏，明以为内臣，又以为讨，且立莫氏于高平。黎氏亦如莫氏，受都统使之职，乃听其并立。三藩之乱，黎氏乘机并莫氏，以任外戚郑氏，与阮氏不协。阮氏南据顺化，形同独立。乾隆时，西山豪族阮文惠与其兄文岳、文虑，皆骁勇知兵，是为新阮，入顺化，灭旧阮，遂入东京灭郑氏，留将贡整成之。整助黎氏拒新阮，文惠攻杀之。黎氏之臣阮辉宿来告难，高宗使两广总督孙士毅出师，败新阮于富良江，立维祈，复为文惠所袭破。维祈来奔，文惠请和，高宗因而封之。旧阮之败也，其主定，走下交阯。至定侄福映，下交阯亦陷，福映奔暹罗，于是阮文岳据广南，称帝。文惠称泰德王。上表中国称阮光平。受封册者，即文惠也。福映子景叡，与法教士比纽赴法，立同盟草约，法许阮氏复国，阮氏割化南岛，租康道耳岛于法，许法人来往，居住自由。法旋革命，约未签字，而法将校数十人，愿助越，率二舰以往。法印度总督亦许为出兵。时暹罗与新阮隙，以兵助福映。复下交阯大半。乾隆五十三年（1788）法兵至，进攻顺化。时文惠死，子弘瑞，废文岳，杀文虑，兵势遂衰。嘉庆四年（1799），福映取顺化。弘瑞守东京。七年（1802），灭之。弘瑞者，中国所谓阮光瓒也。福映上言本黎氏甥，封于农耐。农耐古越裳，不忘世守，请以越南为国号。诏封为越南国王。是为越南嘉隆帝。嘉隆帝以嘉庆二十五年（1820）卒，子明命帝福皎立。道光二十一年（1841）卒，子绍治帝福璇立。二十七年（1847）卒，子嗣德帝福埘立。嘉隆之复国也，许法教士传教，而未酬以土地，且遗言当慎防法人。明命、绍治、嗣德皆仇教，拒法驻使，法及西班牙教士有见杀者。咸丰八年（1858），法、西合兵入广南港。明年，陷下交阯。同治元年（1862）陷边和、嘉定、定祥，遂陷永隆，占康道耳群岛。越南不得已，定约西贡，割边和、定祥、嘉定及康道耳于法，偿法、西军费 2 000 万法郎，法商船军舰，得自由来往湄公河，越南非得法允许，不得割地于他国。先是黎氏之裔兴，以咸丰七年（1857）起兵，举南定、兴定、广安、海东、北宁、宣光、太原等地，亦求援于法，越南所以急与法和者，惧法之助黎氏也。约既定，法人屯兵永隆，约黎氏平乃撤，及黎氏平，卒不践约。同治六年（1867），柬埔寨有乱，法人取永隆、安江、河仙、下交阯六州，遂为法有。法人求水道通中国，知湄公河不足用，舍之而求富良江。时云南回事方炽，提督马如龙使法商秋毕伊运械。同治十年（1871）三月，秋毕伊知富良江可通云南，明年强行焉，遂欲运盐至云南，越东京总督阮知方不许，使告法下交阯总督驻西贡。秋布列，秋布列命秋毕伊退出，而其海军大尉加尔尼请往援秋毕伊，秋布列又许之。盖胜则居其功，败则诿诸加尔尼。越南复国后，建都顺化，东京兵备不充。太平天国亡后，余党吴琨据越边境。后分为二，曰黄旗兵，据兴安，曰黑旗兵，据劳开，而黑旗兵较强。刘义即刘永福。为之魁，招徕边民，辟地至六七百里。加尔尼之北也，黄旗党附之，陷河内，遂陷北宁、海阳、南定、兴安诸镇。越南驸马黄维炎结黑旗兵守山西，加尔尼攻之，败死。秋毕伊退守河内。时秋布列使其书记希腊特尔赴东京，希不主用兵，乃尽撤东京之兵，而与越结约。声明越南为独立之国，外交由法监督，越有内乱外患，法人尽力援助。

割下交阯六州畀法,开河内、东京、宁海通商,自红河至中国之蒙自,法得自由航行。商港得设领事,驻兵百名以下,领事有裁判权。时西历 1874 年 3 月 15 日,清同治十三年也。明年驻华法使以约文照会总署,总署不认越南为独立国,法人置不理,仍与越结通商条约。

光绪八年(1882),法人欲筑垒红河上流,越南拒之。法陷河内,越南始来乞援。是冬,法使宝海至天津。时中国亦派兵入越南。李鸿章与宝海议,各撤兵,划河内为界,北归中国,南归法保护,红河许万国通航。中设税关于劳开,法无异议。鸿章命曾纪泽与法外交部定约,而法内阁更迭,撤回宝海,代以脱里古。本驻日使。求中国偿军费 530 万佛郎,与鸿章在上海磋议,不决。法派大兵至河内,时光绪九年(1883)也。朝命李鸿章节制两广、云、贵军务,鸿章主和,而左宗棠、彭玉麟主战,朝旨不定。旋改任鸿章直隶总督。时滇督岑毓英遣提督黄桂兰率兵 5 000 至安南,安南政府益以 3 万人,与刘义协力。法以赫尔曼本驻暹罗领事。为东京领事。波也将陆军,本驻西贡。孤拔将海军,攻山西,为刘义所败。会嗣德殂,无子,母弟瑞国公立,越南大臣废之,立朗国公。亦嗣德弟。法兵攻顺化,越与立约,越承认受法保护,与中国交涉,亦必由法介绍,割平顺属法,法于越要地得驻兵,红河沿岸置营哨,顺化江口筑港,并筑堡垒。顺化置高等理事,统理外交,外交、关税事务,均归理事处分。繁盛地方警察税务及各府州官吏,归理事官监督。归仁、广南、修安升为万国商港。河内至西贡,两国共同出资,敷设铁路、电线。此约越南不啻仅存空名而已。

时中国更命彭玉麟督办广东军务,诏滇、粤出兵,越南阮文祥亦弑朗国,立建福帝,名福昊,建福其年号。不认前所结约。先是顺化自立约后,战事即停,而东京一带,战事如故。法人连陷兴安、山西。时波也归国,孤拔兼统海陆军。旋以宓约继波也之任。法兵在东京者 1.65 万,中国则广西巡抚徐延旭、云南巡抚唐炯以 3 000 人合黑旗兵守北宁。总兵王德榜以 5 000 人守太原,滇督岑毓英以 1.2 万人合安南黑旗兵守兴化。法兵进攻,诸镇皆陷。于是褫徐延旭、唐炯、黄桂兰职,以潘鼎新抚桂,张凯嵩抚滇。以李鸿章为全权大臣与法福禄诺议和。在天津定草约五条,中许撤兵,认法、越前后条约,惟不得碍及中朝体制。法允不索兵费。时光绪十年(1884)四月十七日也。彭玉麟疏劾鸿章,法议会亦以越约不碍中朝体制一语迟疑不能决。旋以出兵期误会,法云三星期,中国云三个月。中、法兵冲突于北黎,五月二十八日。

法求偿金1 000万镑。闰五月九日,中国批准草约,而此议仍不能决。时由江督曾国荃,以全权与法使巴特纳在上海磋议。法政府电命法使巴特纳,占中国一要地,为谈判之地。于是法军攻基隆,六月十五日。而命其代理公使斯美告总署,偿金减为320万镑。承认与否,限48小时答覆。我亦命曾国荃停止商议。六月十九日。时闽浙总督为何璟,而何如璋以船政大臣督办沿海军务,张佩纶以侍读学士会办海防,刘铭传督办台北军务。孤拔攻福州,毁船政局及马尾炮台,我舰沉者九,幸免者二而已,七月初六至初八。中国乃宣战。八月十三日,法陷基隆炮台,攻淡水,我军败之。明年,正月一日,孤拔入黄海,击沉我"驭远""镜清"两舰。封宁波口,破镇海炮台。二十五日南陷澎湖,其在台湾之兵,亦猛攻基隆、淡水。时桂抚潘鼎新自统大军驻谅山,苏元春、陈嘉守中路,杨玉科、方友升守西路,王德榜守东路。于光绪十年(1884)十二月三十日失陷。明年一月九日,法军陷镇南关,杨玉科中炮死。旋仍退谅山。广西按察使李秉衡、提督冯子材、总兵王孝祺至,攻谅山,大破法兵。二月十三日克之。先是,二月八日。岑毓英亦破法兵于临洮,克广威、承祥,至二十三日,进逼兴化,法势大蹙。会和议成,兵乃罢。

时法内阁又更迭,由英使调停,巴特纳与李鸿章在天津立约十条。四月二十七日。法越条约,中国悉行承认,中越往来,必不致有碍中国威望体面,亦不致有违此次之约。第二款。画押后6个月勘界。第三款。中国边界,指定两处通商,一在保胜以上,一在谅山以北。中国亦得在北圻各大城镇拣派领事。第五款。北圻与云南、广西、广东陆路通商章程,画押后三个月内会议。所运货物,进出云南、广西边界,照现在税则较减。广东不得援以为例,洋药应另定专条。第六款。法在北圻开辟道路,鼓励建设铁路,中国拟造铁路,自向法国业此之人商办,惟不得视此条为法一国独享之利益。第七款。此次战事,中国业已获胜,而仍如法意结束,论者多咎李鸿章之失策,然是时海陆军力,实皆不足恃,似亦不当狃于小胜也。条约既定,法立阮氏幼子成泰,予以空名,守府而已。

条约既定,于是年七月,派周德润、邓承修至两广、云南会勘边界。八月,李鸿章与法使戈可当议商约。法要求两处之外,增辟商埠,滇、桂省城,许设领事。进出口洋土货税均减半,许彼在滇、粤开矿,制造土货,运销越南食盐。十二年(1886)三月,立通商章程十九款,勘界俟后再定。第一款。中国在河内、海防设领,北圻及他处大城随后商酌。第二款。越南各地听中国人置地建屋,开设行栈,其身家财产,俱得保护安稳,决不待拘束,与最优待西国之人一律。时华人以征身税为苦,法使许电告本国,从宽办理,而未载入约。原奏云:以此款及第十六款,为将来辩论之地。第四款。法人、法国保护之人及别国人住居北圻者,入中国,请中国边界官发给护照。中国内地人民,从陆路入越南者,请法国官发给护照,路过土司苗蛮地方,先在照上写明,该处无中国官,不能保护。按,此项办法,为前此各约所无。侨越华人由北圻回中国者,只由中国官发护照,边界及通商处所,法人游历,在五十里内者,毋庸请照。第五款。洋货入云南、广西,照关税五分减一,如愿运入内地,须再报关,照通商各海关税则收内地子口税,不得援五分减一之正税折半。第六款。土货运出云南、广西者,税三分减一。法入云南、广西,中国入北圻之车辆牲口,免收钞银。进关水路通舟楫处,可照关例收船钞。以上六、七两款,日后他国在中国西南各陆路边界通商,另有互订税则,法亦可一体办理。第七款。光绪十三年(1887)续议商务专约第三条,进口货改为减税十分之三,出口货减为十分之四。土货在此边关完过子口税出口正税,转往彼边关者,照原纳正税之数,收复进口半税。但须照各口定章,不准洋商贩入内地,其转往海口者,一律另征正税。土货出中国海口,进越南海口,复往中国边界入关,应照洋货一律征收正税,入内地仍完子口税。第九款。中国土货由陆路运入北圻者,照法关税则完纳进口税,若系出口,一概免税。十三年(1887)专条第四条,增如系前往他国,仍纳出口税。第十一条。运土货,由中国此边关过北圻至彼边关,或由两边关运出越南海口回中国者,过北圻时,完纳过境税,不过值百抽二。出海关,入越南海口,过北圻进边关者同。第十二款。洋药土药均不准贩卖。第十四条。十三年(1887)专约第五条,规定土药出口征税而未及洋药,时闻法欲于越南广种罂粟,兼恐从缅甸输入也。法有领事裁判权,华人侨越,命案赋税词讼,与最优待国无异。第十六。此约法议院未批准。云南、周德润与法狄隆。广西邓承修与法浦理燮。后浦理燮有疾,狄隆代之。亦多争执。十二年(1886)法使恭思当到京,求改商约。十三年(1887)五月订界约续约四条,商务续约十条。广西开龙州,云南开蒙自,又开蛮耗。以为保胜至蒙自水道所必由也。许驻蒙自法领事属官一员。第二款。中国土药,许入北圻,每百斤正税20两。内地厘金等费,亦不过此数。法人及法保护之人只能在龙州、蒙自、蛮耗三处购买,不许由陆路边界、通商海口再入中国,作为复进口之物。第五款。日后中国南境西南境,与友国立定和约条款章程,所有益处及通商利益,一经施行,法国无不一体照办,无庸再议。第七款。以照会声明,中国在北圻等处缓设领事,中国在河内、海防设领后,法国始可在滇、桂省城设领,龙州、蒙自、蛮耗系陆路通商处所,不得仿照上海等处设立租界。光绪十九年(1893),法割暹罗湄公河东岸之地,车里土司辖境亦大半在湄公河以东。法以分界为请,二十一年(1895)五月定《续议商务专条附章》九条、《界务专条附章》五条,界约法多侵占,江洪界内,地亦被割。又引起英国交涉。其商务附章许法领于广东东兴街,与越南芒街相对之处,以利捕务也。第一条。改蛮耗为河口,第二条。添开云南思茅。第三款。改十二年(1886)约之第九款,土货经越南出入龙州、蒙自、思茅、河口者,税皆十分减四,专发凭单,进口时免税。其往沿江沿海通商口岸者,入口时完复进口半税。沿江沿海口岸,运土货经越南往龙州等四处者,征十成正税,而进口时按十分减四,收复进口半税。第四条。云南、广东、广西开矿,先向法厂商及矿务人员商办,越南铁路已成或日后拟添者,可商订办法,接至中国境内。第五款。思茅至孟阿营即下猛岩,在越南莱州与两啪邦之间。电局互相接线。第六条。法越交涉之始末,大略如此。

二十二 英缅之役

明初西南土司,本包伊洛瓦底江流域,其时诸土司中,以平缅、麓川为最强,后为明兵所破,而缅甸坐大,潞江以外,悉为所据。清时,木梳土司雍籍牙据缅甸,尝犯云南。高宗发兵攻之,缅请降,然是役中国所失实甚大也。雍籍牙幼子孟云,以乾隆四十六年(1781)嗣位,东服马尔达般、地那悉林,西取阿剌干,后阿剌干谋自立,缅人破之,其魁走孟加拉,缅人求之,英以为国事犯,不与,而使至阿瓦缅都。通聘,缅人亦拒之,又争岛屿,几至决裂。嘉庆二十四年(1819),孟云卒,孟继立,阿萨密内乱。道光二年(1822),缅据其地,兵侵入英境。阿萨密亦求援于英。四年(1824),印度总督攻缅,败其兵,陷仰光,声言逼阿瓦。缅惧乞和。六年与英结约,1826年2月24日。偿军费百万镑,割阿萨密、阿拉干、地那悉林,并许英另订通商条约,设领事。十七年(1837),孟继为弟孟坑所弑,迁都阿马拉普拉。二十五年(1845),亦见弑。长子巴干麦立。孟坑拒英使驻国都。咸丰元年(1851),仰光英商又以受虐诉于印度总督,印督与缅交涉,缅许易知事,而所易知事，又慢英使，英使要其谢罪，知事炮击英舰。印督闻之，遣兵陷仰光。时缅王又见弑，弟墨多默立，请和，立约仰光，割摆古。缅由是无南出之海口。伊洛瓦底江两岸贸易日减，国用大蹙，屡图恢复，终不克。光绪八年（1882），法人遣使如缅，与结密约，法代拘缅王之兄觊觎王位者，缅许割湄公河以东。九年（1883），法人宣布其约，英人大惊。十一年（1885）秋，借缅王判英木商歇业，发兵陷蒲甘，连陷阿瓦、旧都。蛮得，缅都。俘其王，羁诸麻打拉萨。明年，并上下缅甸入印度，缅甸遂亡。

缅甸之亡，适值我有事于越，英人盖有意乘我之危也。总署以缅为我藩属，电曾纪泽与英外部争辩，又与英署使欧格讷辩论，要英人立孟氏后。英人言缅史但称馈送中国礼物，无入贡明文，不认为我藩属，议遂停顿。后英请行《烟台专约》，所派麻葛瑞将由印入藏。英使又云，缅与法立有条约，若立缅王，则约不能废，愿照缅例，每十年，由缅甸总督派员来华，并请勘定滇缅边界，设关通商。中国欲乘机杜其入藏，乃于十二年（1886）六月，与立会议缅甸条款五款：（一）每届十年，由缅甸最大大臣，选缅人呈进方物；（二）中国认英在缅所秉一切政权；（三）会勘中缅边界，边界通商事宜，另立专章；（四）停止派员入藏。

当英人初占缅甸，颇有让中国展拓边界之意，其外部侍郎克雷称，愿将潞江以东，自云南南界，南抵暹罗，西滨潞江，即萨尔温江。东抵澜沧江下游，其北有南掌，南有掸人，或留为属国，或收为属地，悉听中国之便。曾纪泽咨总署，请均收为属国。将上邦之权，明告天下，而总署未果。纪泽又向求八莫，即蛮暮之新街。蛮暮本亦土司，后为缅所并。新街向为通商巨镇。英未许，而允饬驻缅英官，勘验一地，由中国立埠，设关收税。据参赞马格里言，八莫东二三十里旧八莫，似肯让与中国。且允将大金沙江作为两国公共之江。纪泽与英外部互书节略存卷。旋交卸回华。皆十一年（1885）事。见薛福成十六年（1890）奏。十六年（1890），薛福成奏，此事英人未尝催问，中国亦暂置不理，似应豫行筹备，不使英人独占先着。又奏，南掌即老挝，似已属暹罗，徒受英人虚惠，恐终不能有其地。南掌、掸人本各判为数小国，分附缅、暹，似宜查明南掌是否尚有自立之国，以定受与不受。其向附缅甸之掸人，则宜收为已属，请饬云贵总督王文韶，派员侦察南掌之存亡，掸人之强弱，腾越关外之地势、民风，而自请向英催问。十八年（1892）六月，派福成商办滇缅界线商务，福成使马格里赴英外部申前议。英外部谓议在约前，不肯认。福成求以大金沙江为界,包野人山在内。英亦坚不肯,惟于滇省东南,许我少展边界。福成十九年(1893)奏,谓"英人并缅之始,深虑缅民不服及缅属诸土司起与相抗,中国阴为掣肘,不敢不少分余利,以示联络。是时英已勘定土寇,复稍用兵威胁,收野人山全土,藩篱已固,故于初许纪泽者而忽靳之。前议既不可恃,则展拓边界之举,毫无把握。且滇边土司,乾隆后有私贡缅甸者,英人执此为辞,且可指为两属"。则其形势,已迥非纪泽与英辩论时比矣。十七年(1891)秋冬后,英兵数百,常游弋滇边,阑入界内,而常驻于神护关外之昔重,铁壁关外之汉董。福成先与力争,英兵乃不复入界。又照会英外部,请以大金沙江为界。英人坚拒,乃就滇东南,许我少展边界。所展者,据薛氏原奏,谓(一)孟定橄榄坡西南边,让我一地,曰科干,在南丁河南与潞江中间,盖即孟艮土司旧壤,计750英方里。又起孟卯土司边外,包括汉龙关在内,作一直线,东抵潞江麻栗坝之对岸止,悉划归中国。约计800英方里。(二)本里、孟连,旧尝入贡于缅,新设镇边厅,系从孟连境内分出,英并厅争为两属,今愿以让我。(三)滇西老界与野人山地毗连之处,允我酌量展出。昔重大寨不让,而以穆雷江北,现驻英兵之昔马归我。其地南起坪陇峰,北抵萨伯坪,西逾南障而至新陌,计300英方里。又自穆雷江以南,既阳江以东,有一地约计七八十英方里,是彼于野人山地,亦稍让矣。其余悉照滇省原图界线划分。汉董亦愿退让,南掌尽归暹罗。掸人各种,惟康东土司最大,英欲据以遮隔法暹,未肯舍也。腾越八关,四在太平江以北,皆在老界内,在太平江南者,曰汉龙、天马、铁壁、虎踞。汉龙明已沦于缅,天马久为野人所占,皆可归中国。铁壁、虎踞,滇省地图,皆在界内,英遂许照原界分画。既闻二关早为缅占,英人复屡加工程,绸缪稳固。英所守界,越虎踞而东已数十里,越铁壁亦六七十里。英渐觉之,争论始起。后允将铁壁让还,以库弄河为界。滇省派人寻觅,则虎踞在盆干西10里,距八莫50余里,距南椀河边英人所指为中国界者80里。天马则在西南,居猛密、邦欠两山间。英兵从关内山坡修路一条,以通缅属之南坎,英人云:"属缅已百余年,若索此,则缅应索于中国者甚多。"乃与订明汉龙、天马仍归中国,惟汉龙尚须查勘,如未深入缅境,自可通融归还。天马关内所筑路,议以新路归中国,而于稍北一大路,许其借用改筑。见约文第二条。虎踞不可得,少划地以偿中国。一为龙川江中大洲,一为蛮秀土司全境。于二十年(1894)一月成《续议滇缅界务商务条款》二十条。其中第(一)(二)(三)三条,皆定边界。(四)订北纬二十五度三十五分以北之界,俟将来再定。(五)中国所索永昌、腾越界外之地,英将北丹尼、即木邦。科干,照以上所划之界,让与中国外,又允将两属孟连、江洪、上邦之权,均归中国。唯未与英议定,不得让给他国。(六)勘界官于换约后12个月相会。自首次相会之日起,限三年内,将界线勘定,次查勘汉龙关。倘查得在英国境内,当审量可否归还中国。案,(一)(二)(三)条之界,光绪二十三年(1897)约,多有改动。(五)条则北丹尼、科干均归英。(六)条查勘汉龙关一节删去。(八)中国自旱道入缅之货除盐,英缅由旱道入中之货除米,概不收税。盐米之税,仍不得多于出入海口之税,以六年为期。(九)中缅往来,由蛮允、盏西两路行走。入中国者,减关税十分之三,出者减十分之四。在路外行走者，可充公。(十一)食盐不准由缅入华，铜铁、米豆五谷不准运缅，鸦片及酒不准贩运。(十二)运货及运矿产之船，得在厄勒瓦谛江_{即大金沙江。}行走，税钞及一切事例，与英船同。(十三)中国领事驻仰光，英国领事驻蛮允。(十七)英民在华，华民在英，一切权利，现在所有，或日后所添，均与最优待国一律。

光绪二十一年(1895)夏，法使施可兰诣总署，以猛乌乌得界暹、越之交，请以其地归法。_{以调停倭事也。}五月，许之。其地属江洪，英外部与法使会商，弃江洪而结湄公河上游悬案。在川、滇之权利，两国平等。是为1896年1月15日《英法协约》。英使欧格讷乃与中国交涉，欲将八莫以北野人山地，由萨伯坪起，东南到盏达，西南顺南椀河，折向瑞丽江，循江至猛卯，向南至工隆，八关、科干皆在内，让归英国。九月，英使来言，西江若允设埠，界事即可通融。英外部亦以是告驻使龚照瑗，中国许之。即命照瑗与英商办。英人求于肇庆、梧州、桂林、浔州、南宁设领，佛山、高要、封川、南新墟停轮，轮船得于广州、澳门出入。地界自萨伯坪起，偏向西南，以昔马归缅，循线至椀河之西，斜向西南，稍曲处地曰南坎，亦划入缅界，又自西而东，地曰北丹尼，曰科干。两地本缅门户，误划与华，亦欲索回。英使窦纳乐来华，又要求缅甸现有及将来续开铁路，接入中国。腾越、顺宁、思茅三处设领。光绪二十一年(1895)五月中法条约利益，一概给与英国。新疆设领，通省任便游历，并照光绪七年(1881)俄约，许英民在新疆各处贸易，无限制，亦不纳税，否则决废缅约。二十三年(1897)正月，立《中缅条约》附款十九条，(一)(二)(三)条地界，均有改动。(四)订明"无所增改"。(五)未与英议定时，不得将现在仍归中国之湄江左岸江洪之地，以及孟连与湄江右岸江洪之地，让与他国。(九)勘界查明另辟他路，准照原约所载，一律开通行走。(十二)添中国允将来审量，在云南修建铁路，与贸易有无裨益。如果修建，即允与缅甸铁路相接。(十三)驻蛮允领事，改驻腾越或顺宁，并准在思茅设领。专条开梧州、三水、江根墟，许设领事。轮船由香港、广州至三水、梧州，由海关各定一路。江门、甘竹滩、肇庆、德庆开为停泊上下客商货物之口，按照停泊长江口岸章程，一律办理云。

暹罗本亦我藩属，缅甸盛时，尝为所并。乾隆四十三年(1778)，宰相郑昭复国自立。昭，中国潮州人也。后见弑。养子华策格里，复国时战功第一，昭以女妻之，袭位，受封于中国，_{表文称郑华，盖袭前王之姓。}嘉庆十四年

(1809)卒。子禄德拉立,道光四年(1824)卒。子摩诃芒克立,始拓地湄江东岸。咸丰元年(1851),与英、法、美立约通商。卒,子库隆腊昆立,务输入西方文化。越南既亡,法人言湄江东岸,旧属越南,要暹割让。暹人不许。法遂进兵河上,逐暹戍兵,又封湄南河口,欲逼曼谷。暹人不得已,行成。割湄江左岸及江中诸岛,右岸25公里内,及拔但邦、安哥尔两州,不置戍兵。时光绪十九年(1893)也。英与法协商,以湄公河为界,湄南河城中立地,萨尔温江以东,马来半岛北部,为英势力范围;诸小国仍各有君长,惟政权尽入于英。拔但邦、安哥尔、哥赖脱为法势力范围。二十年(1894)又订约,以湄南河为两国势力范围之界云。

二十三 英谋西藏

英人谋通西藏,始于乾隆时。《曾惠敏集》译英人记载云,乾隆四十五年(1780),英印度总督使博格尔至藏求互市。时班禅将入觐,谓之曰:"此事我不能自主,请由水路赴广东,我当面奏皇帝,求召足下入京共议。"班禅入奏,有旨召博格尔入京。而班禅出痘,殁于京,博格尔亦染瘴,没于粤。遂未能议。当时驻藏大臣曾谷班禅不应交通英使,后印督复使坦纳入藏,藏中待之遂不甚亲密云。是时自印入藏,道经哲孟雄,中隔大山,极为险阻。哲孟雄本属藏,嘉、道时,始与英立约往来。咸丰十一年(1861),与英启衅,为英所败,后遂沦为英保护之国,大山亦为英据,西藏之藩篱失矣。商旅往来,多取道于此,印度洋药,并有自此入川者。缅约虽将派员入藏之事停止,而麻葛瑞之众,未即折回。藏人于边外隆吐山修炮台,派兵驻守。英使以地属哲孟雄,要求撤退。总署行文驻藏大臣开导,藏人不听。光绪十四年(1888)三月,为印兵逐回。四月,藏兵3 000攻日纳宗_{亦哲孟雄地}。英寨,败归。英兵势将入藏。总署与英使再三辩论,乃罢兵。由驻藏大臣升泰携带税务司赫政,与英使保尔会议。光绪十六年(1890),在孟加腊与印督兰士丹立《藏印条约》八款。认哲孟雄归英保护。_{第二款}。自布坦交界之支莫挚山起,至廓尔喀边界止,以哲属梯斯塔及近山南流诸小河,藏属莫竹及近山北流诸小河之分水山顶为界。_{第一款}。藏哲通商,哲孟雄界内游牧,印藏官员交涉,于此约批准后,以六个月为限,由驻藏大臣与印督各派委员会商。

第三至第七款。是年七月在伦敦换约。十七年（1891）正月，升泰派黄绍勋、张肪、赫政，兰士丹派保尔，在大吉岭会议。保尔欲在仁进冈入藏150余里之法利城，即帕克哩设关，10年之后，再定入口税。中国虑藏人性执，兼虑川茶销路为印茶所夺，坚执十二年（1886）条约印藏边界通商由中国体察情形之说以拒之，相持颇久。升泰去职，奎焕继之。十九年（1893）十月，乃成《接议藏印条款》九款、《续款》三款。亚东订于光绪二十年（1894）三月二十六日开关，地在藏印交界咱利山下。由印度派员驻扎。第一款。英商至亚东为止，自交界至亚东，期间朗热、打钧等处，由商人建造房舍，凭商人作尖宿之所。第二款。五年内进出口税皆免。五年后，由两国查看情形酌定。印茶俟免税限满，方可入藏。应纳之税，不过华茶入英纳税之数。第四款。英商民与中藏商民争执，由中国边界官与哲孟雄办事大员商办。官员意见不合，各按本国律例办理。第六款。从亚东开关之日起，一年后，藏人尚在哲游牧者，应照英在哲随时所立游牧章程办理。第九款。此约以五年为期。续第二款。然藏人于通商之举，仍拒不肯行，遂有光绪三十年（1904）之役。

二十四　中日之战与马关条约

日本自同治十三年（1874）台湾之役后，又县琉球，我国弗能争。《各国立约始末记》卷十七云：同治十一年（1872），琉球王尚泰朝于日本，受册命而归。日本令以前与他国缔约，呈于外务省，任免三司官，必具状待命。尚泰不怿，时入贡我朝如常例。光绪元年（1875），日本遣使至琉球，命易正朔，更法律，改官制，罢职贡。琉球谢不从，告警于我。日本遂废琉球为冲绳县。征尚泰，置之日都。琉球亡。总理衙门行文诘责，日本坚执前言，谓本为所属。五年（1879），美前总统格兰德来游，复往日本。恭亲王、李鸿章皆属从中调停。日本乃议分琉球宫古、八重山二岛归我，而请于条规增入内地通商、一体均沾二条。鸿章以为二岛贫瘠，复封尚氏，不足自存。若由中国设官置防，徒足增累，以实惠易荒岛，于义奚取？议久不决。八年（1882），日本驻津领事竹添进一谒鸿章，申前论。鸿章议日本还中山旧都，仍以尚民主其祀，日本卒未允。光绪二年（1876），日本与朝鲜立约，开釜山、仁川、元山三港。认为自主之国。先是朝鲜王李熙幼，其本生父昰应当国，深恶西人。西人来求通商，辄拒之。西人以告中国，中国辄答以向不干预朝鲜内政。及是，李鸿章复劝朝鲜与各国立约，以牵制俄、日。八年（1882），朝鲜与美立约，鸿章使马建忠、丁汝昌莅之。建忠旋介英、法、德与朝鲜订约,如美例。时李熙已亲政,其妃闵氏之族专权。是年六月,朝鲜兵有叛者,昰应复摄政。朝鲜外戚专权,起自清嘉庆之世。时朝鲜纯祖立,方11岁,太后金氏临朝。纯祖晚年,使子昊摄国务,昊妃赵氏亦与政。金、赵二氏始争权。昊先纯祖卒,昊子奂继纯祖立,是为宪宗,金后仍垂帘,已为赵氏所排,实权颇归于赵。宪宗无子,其殂也,金氏定策,迎立哲宗,纯祖从子也。金氏复盛,哲宗亦无子,谋建储,金氏族中意见不一,久之不能决。同治二年(1863),哲宗殂,赵氏欲立其从子熙。朝鲜国王之父称大院君,向来无生存者。金氏以为言,赵后不听,卒立之。赵后临朝,使昰应协赞大政。昰应有才气,而知识锢蔽。朝鲜党论,以书院为根据,党人子孙,虽目不识丁,亦称士族,横行乡里,书院以一纸墨印,征钱于民,谓之祭需,民无敢抗者,狡黠者投身为院仆,则可以免役。民疾之如仇。大院君执政,封闭书院千余。居院中者,皆勒归乡里,民大悦。论其才气,实足有为,然不知世界情势,坚持闭关,又任气独断,与权要多不协,则其致祸之根也。朝鲜之知西学,始于明末,自中国传入。朝鲜人信其学而恶其教,亦如中国。朝鲜孝宗,当清康熙时,已用西洋历法,正祖时,严禁自中国往之天主教书籍。纯祖、宪宗时,诛戮教民,然不能绝也。哲宗时,睹咸丰戊午、庚申两役,大惧,闭关之念始坚。乱作时,日本使馆被毁,日本公使花房义质返国请兵。中国驻日公使黎庶昌闻状,驰报署直督张树声。树声遣提督丁汝昌、道员马建忠督兵船赴仁川。总署又奏派提督吴长庆率师继进,执昰应以归。幽诸保定,至十一年(1872)乃释之。日本兵后至,义质谒朝鲜王,多所要求。朝鲜王不应。义质即归国,次济物浦。朝鲜王乃遣使就议,偿日兵费50万元,抚恤遇害官吏5万元。许日本驻兵汉城,防卫使馆。议既定,长庆留驻朝鲜。日本以竹添进一为使。时朝鲜新进之士,多不满朝右旧人,于是有事大、独立两党。光绪十年(1884)十月,新党首领金玉均等作乱,攻王宫,弑闵妃,日本使馆驻兵与焉。长庆败之。中国闻警,遣左副都御史吴大澂、两淮盐运使续昌驰往。日本遣井上馨赴朝鲜。朝鲜以金宏集为全权大臣,初议不谐,馨使人说宏集,卒定约。给抚恤11万元,重建使馆工费2万元,仍驻兵护馆如故。十一年(1885)春,日本遣伊藤博文来,西乡从道为副。中国以李鸿章为全权,及大澂、续昌,与议于天津。定约凡三款:(一)两国均撤兵;(二)两国均勿派员在朝鲜教练兵士;(三)朝鲜有变乱重大事件,两国派兵,均先行文知照,事定仍即撤回,不再留防。初议时,日人要我惩处统将,偿恤难民,李鸿章不许。后以驻朝庆军系鸿章部属,由鸿章行文戒饬,查明如有弑掠日本人情事,定按中国军法从严拿办,而偿恤则未许云。鸿章原奏云:"该使臣要求三事,一撤回华军,二议处统将,三偿恤难民。臣维三事之中,惟撤兵一层,尚可酌量允许。我军隔海远役,将士苦累异常,本非久计。朝鲜通商以后,各国官商,毕集王城,口舌滋多,又与倭军逼处,带兵官刚柔操纵,恐难一一合宜,最易生事。本拟俟朝乱略定,奏请撤回,而日兵驻扎汉城,名为护卫使馆,实则鼾睡卧榻,蟠踞把持,用心殊为叵测。今乘其来请,正可趁此机会,令彼撤兵,以杜其并吞之计。但日本久认朝鲜为自主之国,不欲中国干预,其所注意,不在暂时之撤防,而在永远之辍戍。若彼此永不派兵驻朝,无事时固可相安,万一倭人唆朝叛华,或朝人内乱,或俄邻有侵夺土地之事,中国即不复能过问,此又不可不熟虑审处者也。伊藤于二十七日自拟五条,给臣阅看。第一条声明嗣后两国,均不得在朝鲜国内派兵设营,乃该使臣着重之笔,余尚无甚关系。臣于其第二条内添注,若他国与朝鲜或有战争,或朝鲜有叛乱情事,不在前条之列。伊使于叛乱一语,坚持不允,遂各不怿而散。旋奉三月初一日电旨,撤兵可允,永不派兵不可允,万不得已,或于第二条内无干句下,添叙两国遇有朝鲜重大事变,各可派兵,互相知照等语,尚属可行。至教练兵士一节,亦须言定两国均不派员为要。臣复恪遵旨意,与伊滕再四磋磨,始将前议五条,改为三条云云。夫朝廷眷念东藩,日人潜师袭朝,疾雷不及掩耳,故不惜縻饷劳师,越疆远戍,今既有先互知照之约,若日本用兵,我得随时为备,即西国侵夺朝鲜土地,我亦可会商派兵,互相援照,此皆无碍中国字小之体,而有益于朝鲜大局者也。"

  天津会议后,朝鲜屯军遂罢归,以道员袁世凯留总商务,而日谋朝如故。十二年(1886),出使英、法、德、俄大臣刘瑞芬建议,与英、美、俄诸国立约保护朝鲜。李鸿章颇善之,而总署不可。二十年(1894),朝鲜东学党作乱,以兴东学排西学为名,起咸丰、同治间,徒党遍庆尚、全罗、忠清诸道,其魁曰崔时亨。全罗道乞援于我。鸿章奏派直隶提督叶志超率兵往,驻牙山。而日兵水陆大至。日使大岛圭介挟众入汉城。要我共派员,改革朝鲜内政。总署命驻日使臣汪凤藻拒之。日持益坚,复遣重兵往,屯据要害。世凯、志超屡请济师。鸿章重言战,告英、俄、德、法、美诸国,冀调停,终无成议。大岛圭介责朝鲜独立,毋事中国,又责以合攻志超,朝鲜不可。圭介入王宫,诛逐闵氏,起昰应摄政。世凯还天津,鸿章赁英商轮运兵,为日所击沉。七月朔,中国遂宣战。鸿章遣马玉昆、左宝贵、卫汝贵、丰升阿自陆路赴援,时叶志超退公州,聂士成屯牙山。日军袭士成,败之。士成走公州,就志超,志超亦弃公州,走平壤,与续至诸军合。八月,日兵陷平壤,左宝贵死之,余军退出朝鲜。是月,海军亦败绩于大东沟。入旅顺修理,九月十八修竣,二十入威海卫,自此蛰伏不能出矣。日兵渡鸭绿江,第一军山县有朋。宋庆总诸军守辽东,累败。九连、安东皆陷。庆退守摩天岭。十月,日兵陷凤凰城、宽甸、岫岩。别一军第二军大山岩。自貔子窝登陆,十月陷金州,进陷大连湾,攻旅顺。宋庆以摩天岭之防委聂士成,自往援之,不克,旅顺陷。时我以重兵塞山海关至锦州,时聂士成入卫畿辅,摩天岭之防由东边道张锡銮任之,吴大澂、魏光焘率湘军出关,与宋庆兵合。日兵乃分扰山东,自成山登陆,陷荣城,十二月。攻威海,海军提督丁汝昌以战舰降敌,自仰药死。山东巡抚李秉衡时驻芝罘,弃之,退守莱州。日兵复陷文登、宁海,二月,并力攻辽东,陷营口、盖平、海城、辽阳、奉天,声援俱绝。其舰队又陷澎湖,逼台湾,于是中国势穷力竭,而和议起矣。

当旅顺之将陷也,鸿章请于总署,遣津海关税务司德璀琳赴日议款,日以其未奉敕书,且西员不当专使事,谢不与通。旋命户侍张荫桓、湘抚邵友濂为全权,以二十一年(1895)正月至日,日以其内阁大臣伊藤博文、外务卿陆奥宗光为全权,会荫桓等议款。又以敕书未载便宜行事,不足为全权拒之。乃改命李鸿章,以二月二十三日至马关,二十五日会议,博文请驻兵大沽、天津、山海关乃停战,鸿章不许,而博文执之甚坚。鸿章乃请缓停战,先议和。二十八日鸿章为刺客所伤,日人渐惧。三月三日,乃允停战,于五日订约。以二十五日为限。后又展二十一日。七日,博文出议和约稿十款,于二十三日定议。其中第一、三、五、七、九、十均照原稿定约云。

《马关条约》十条:(一)中国认朝鲜自主。(二)割奉天南部、台湾、澎湖。约文云:"中国将管理下开地方之权,并将该地方所有堡垒、军器、工厂及一切属公物件,永远让与日本。一、下开画界以内之奉天省南边地方,从鸭绿江口溯该江以抵安平河口,又从该河口画至凤凰城、海城及营口而止,画成折线。以南地方,所有前开各城市邑,皆包括在画界线内。该线抵营口之辽河后,即顺流至海口止,彼此以河中心为分界。辽东湾东岸及黄海北岸,在奉天省所属诸岛屿,亦一并在所让境内。二、台湾全岛及所有附属各岛屿。三、澎湖列岛,即英国格林尼次东经百十九度起至百二十度止,及北纬二十三度起至二十四度之间诸岛屿。"(四)赔款两万万两,分八次交清,未交之款,按年加息百五。(六)本约批准互换后,订立通商行船条约。陆路通商章程,以中国与泰西各国现行约章为本,未经实行以前,与最优待国无异。添开沙市、重庆、苏州、杭州,以便日本人民往来侨寓,从事工艺制作。日轮得从宜昌溯江至重庆,从上海溯吴淞江及运河至苏、杭。日人在内地买生熟货,及进口货运往内地,得暂租栈房存货,不输税钞。日本臣民得在中国通商口岸城邑从事各项工艺制造。又得将各项机器,任便装运进口。其内地运送税、内地税钞课,杂派、寄存栈房,均照日人运入中国之货物,一体办理,优例豁除亦同。(七)日本军队现驻中国境内者,于本约批准互换后三个月内撤回。(八)暂占威海,俟一二次赔款缴清,通商行船约章批准互换,并将通商口岸关税作为余款并息之抵押方撤。另约第一款,威海驻军之费,由中国年贴四分之一,计库平银50万两。第二款,以刘公岛、威海卫口湾沿岸5日里_{约合中国40里}以内地方,作为日军驻地。第三款,治理仍归中国,惟日司令官因军队事出示,中国官员亦当遵守，有涉军务之罪，均归日军务官审断。

约既定，台湾人推巡抚唐景崧为总统，总兵刘永福主军政，谋自立。未几，抚标兵变，景崧走，日人入台北，永福据台南苦战，卒不敌，内渡，台南亦亡。

其奉天南部之地，则因俄、法、德三国之干涉而还我。三国驻日公使，照会日外务省，事在四月朔日。日人不得已，许之。其后条约既换，四月十四日。日兵仍据辽东，三国复以为言，日本索偿款一万万两，徐减至5 000万两。迁延至八月，三国会议定为3 000万两，日本亦许之。而要以交款后三个月乃撤兵。于是复派李鸿章与日使林董议还辽约。林董请于约内声明俄、法、德不得占东三省，中国亦不割让。大连湾通商，大东沟、大孤山均开埠。鸿章不许。九月，三国又促日本退兵，乃以四日定议。约凡六款，又专条款，中国输银3 000万两，第二款。而将《马关条约》第三款，及拟订陆路通商章程之事作罢云。第一款。

通商行船条约，初由李鸿章与日使林权助会议。光绪二十二年（1896）二月，鸿章使俄，改由侍郎张荫桓与议。于六月十一日立约，凡二十九条：驻使，第二款。设领，第三款。游历、通商，第六款。进出口税则，子口税，第九至十三款。领事裁判权，第二十至二十二款，约文言日本官员。最惠国条款，第二十五款。均与泰西各国之约无异。又特订明，在日本之中国人，由日本衙署审判。第三款。而日人在通商口岸，得从事商业工艺制作。第四款。由此通商口至彼通商口，税赋、课钞、厘金、杂派全免。第十款。运中国土产出洋，除纳子口税外亦然。第十二款。许在通商口岸，设立关栈。第十四款。则其权利，并有超出西国各约之外者，皆以《马关条约》第六条为本也。

议约之初，中国要求华民在日一律优待。举美、奥二约为证。日言美非欧洲，奥远华，华民鲜到，日与欧美改约，数年内拟开放全国，中国通商，仍限口岸，且中国与他国立约，彼国虽有优待之文，亦终立限制之条云。机器所造之货，日人欲免抽厘，中国谓《马关条约》只免内地运送税、内地税、钞课、杂派，制造货离厂等税未提。日不肯订入约内，卒如其意。后许中国定机器制造税，见下。旋因津、沪、厦、汉四租界，及苏、杭、沪通商章程，又于是年九月，公立文凭四款。（一）添设通商口岸，专为日本商民，妥定租界。其管道路及稽查地面之权，专属于日领事。（二）光绪二十二年（1896）八月三日，江海关所颁苏、沪、杭通商章程，内行船之事，当与日本妥商而定。

（三）许中国课机器制造货物税饷，但不得比中国臣民所纳加多或有殊异。（四）中政府在沪、津、汉、厦等处，设立日本专管租界。

中国与朝鲜订约，始于光绪八年（1882）八月，与各国之约迥异。此约由李鸿章与朝鲜来使赵宁夏所立，谓之《会定水陆贸易章程》，凡八条。（一）互派商务委员，驻扎口岸。（二）中国商民在朝鲜，朝鲜商民在中国，所有案件，均由中国官主政审断。（三）两国商船，听在通商口岸交易。朝鲜平安、黄海道，与山东、奉天滨海地方，听两国渔船往来捕鱼。（四）商民应纳税钞，悉照彼此通行章程，并准中国北京交易，朝鲜汉城设栈。又准两国商民入内地采办土货。（五）陆路交易，定于鸭绿江对岸栅门与义州二处，图们江对岸珲春与会宁二处。（六）鸦片不准售卖。红参入中国，抽税百分之十五。（七）两国往来，向由驿路，听改海道。（八）有须增损之处，随时咨商。甲午战后，朝鲜改国号曰韩。光绪二十三年（1897）九月。中国以太仆寺卿徐寿朋为驻使，重与立约，则除彼此皆有领事裁判权外，与他约无甚异同云。约立于光绪二十五年（1899）八月，凡十五条。（二）驻使设领，须得本国承认。（三）（四）（八）通商征税，游历通商，皆属相互。（五）彼此互有领事裁判权，而许将来收回云。第四条订明，在租界者，须依租界章程，第八条订明游历通商，不许坐肆卖买。第九条中国运洋药入韩，及潜买韩国红参出口者有罚。第十二条两国陆路交界处所，边民向来互市，此次定约后，应重订陆路通商章程税则。边民已经越垦者，听其安业，以后越界，彼此均应禁止。此数条约中韩独有之关系，故亦与他国之约不同。

二十五　港湾之租借

中日战时，内外臣僚与舆论，多欲联俄拒日者。其后干涉还辽，亦颇赖三国之力。光绪二十二年（1896）二月，李鸿章使俄，与订《中俄密约》。明年冬，德占胶州，成租借之约。于是威海卫、广州湾相继租借。铁路、矿山之要索，随之而盛，形势益危急矣。

先是光绪十二年（1886），出使大臣许景澄奏陈海军事宜，言西人测量中国海岸，靡所不至，皆艳称胶州湾，请渐次经营。期以十年成巨镇。二十年（1894），中国拟创修船坞于此，然卒未果。二十三年（1897）十月，巨野杀德两教士，游勇所为。德人袭据胶州湾，分兵略地，直窥即墨。德皇又派其弟率兵船来华。德使海靖照会总署，要求六款，又请山东巡抚李秉衡革职，永不叙用。德主教安治泰在济宁所建教堂,敕赐天主堂匾额,给工料银6.6万两,被杀教士,无家属领恤,请在曹州及巨野张家庄各建教堂一所,官给地段,不逾10亩,各给银6.6万两,并敕赐天主堂匾额。巨野、菏泽、郓城、单县、武陟、曹县、鱼台七处,为教士各建住房一所,共给工料银2.4万两,作为偿恤之用。又请筑造山东铁路,铁路旁近矿务,先尽德商估办。总署与之磋商,请删永不叙用四字,铁路许先造胶济一段。会曹州复有逐教民杀洋人之说,海靖复翻前议,要求李秉衡永不叙用。奉谕将曹州镇总兵万本华撤职,海靖乃许先结教案。胶济租约,由海靖送来五款,于十二月中议定,而又有德兵在即墨被杀,德教士在南雄被劫之事。海靖复增索胶至沂、沂至济铁路,嗣后山西路矿,均须先向德国商办。二十四年(1898)二月,订约三端。胶州湾租借以99年为期。一端二款。租期未满,德人自愿归还中国,应偿其在胶费用,另将较此相宜之处,让与德国。德所租地,永不转租于别国。一端五款。胶济、胶沂济铁路,由德承造,其由济往山东界,与中国自办干路相接,应俟造至济南后再商。二端一款。铁路附近30里内煤矿,许德开采。二端四款。山东各项事务,如用外国人或外国资本、外国物料,均先问德商。三端。二十五年(1899)三月,会订青岛设关征税办法。德许中国于青岛设关云。

德租胶州湾后,俄人遂租借旅顺大连湾。其租约立于光绪二十四年(1898)三月六日,凡九条。李鸿章、张荫桓与俄巴布罗福所立。租期为25年。限满后由两国相商,亦可展限,见第三条。限内调度水陆各军,并治理地方大吏,全归俄官责成一人办理,但不得有总督巡抚名目。中国无论何项陆军,不得驻此界内。界内华民犯罪送交就近中国官按律治罪,见第四条。租借地界由许大臣在圣彼得堡商订,见第二条。租地之北留一隙地,其界由许大臣在圣彼得堡与俄外部商定。此隙地之内,一切吏治全归中国,惟非与俄官商明,中国兵仍不得至,见第五条。许大臣者,驻俄公使许景澄也。旅顺仅准华、俄船只停泊,大连口内,一港专供华、俄军舰之用,其余地方作为通商口岸,见第六条。《中俄密约》允许俄人筑造东省铁路,此约又准其展筑支线。第八条,光绪二十二年(1896)所准东方铁路公司建造铁路,许自某一站至大连湾或营口、鸭绿江间沿海地方筑一支路。是年闰三月十七日,出使大臣许景澄、杨儒与俄外部莫拉维诺夫增立条款六条。定租地及隙地之界。第一、第二条俄外部原议海城、凤凰城、大孤山三城在内,经中国争执,画出金州归中国治理,得设警察。中国兵退出,代以俄兵,居民有权往来金州至租地北界各道路,并用附近之水,但无权兼用海岸。见第四条。别以照会申明,俄兵屯扎城外,非有乱事及攻击俄兵之事,不得入城。又隙地不得让与别国。其东西海岸,不与别国通商。工商利益,非经俄允许,亦不得让与别国。见第五条。此项境界后由奉天委员与俄会定,于光绪二十五年(1899)正月,立专条八款,共立界碑三十一,小界碑八。**铁路东端定在旅大海口**。不在沿海别处。此路经过地方,不将铁路利益给与别国人。中国自造从山海关接长之路,则俄不干预。见第三条。**五月十八日,又与俄东省铁路公司订立合同七款**。(一)定名为东省铁路南满洲支路。(二)为运料故,许俄船航行辽河及其支流及营口,并腹地内各海口。(三)暂筑支路至营口及隙地海口。惟自勘定路线,拨给地段日起算,于八年内拆去。(四)以路用故,许开采官地树林及煤矿。(五)俄可在租地内自定税则,中国可在交界处,征收经铁路从租地入内地,从内地入租地之税。照海关进出口税则,无增减。又可商允俄国自开埠日起,在大连设关,委公司代为收税,而中国另派文官为委员。(六)许公司照各国通商行船章程,自备航海商船。此事与铁路无涉,其期自无限制,无庸按照光绪二十二年(1896)中政府与华俄银行合同第十二条价买及归还期限办理。(七)路线由总监工勘定,由公司与铁路总办商定。第五条原合同第十款,中国在交界设关,照通商税则,三分减一,此时以大连系海口,恐牛庄、天津受碍,内地租地亦非国界,议改。第七条定后,又与俄商,路线须绕避陵寝30里,俄亦允许。**而英以俄故,租借威海卫,租期如旅顺**。俄租旅大后,英使窦乐纳请租威海卫,光绪二十四年(1898)五月十三日,与立专条。租借威海卫及附近海面,租期照俄租旅顺,英可驻兵,设防护之法,凿井开泉,修筑道路,建设医院。中国管辖治理,英国并不干预,惟除中英两国兵丁之外,不准他国兵丁擅入。威海中国官员仍可驻扎城内,惟不得与保卫租界之武备有妨。租与英国之水面,中国之兵船,不论在局内局外,仍可享用。**法以德故,租借广州湾,租期亦如胶州**。遂溪、吴川县属海湾,并东海、硇洲两岛,租约立于光绪二十五年(1899)十二月,因遂溪杀法武官、教士而起,法兵入据广州湾,立约七款。其第二款,并许法造赤坎至安铺铁路旱电线。**英又立展拓香港界址专条,租借香港后面九龙地方,亦以99年为期**。租约立于光绪二十四年(1898)四月二十一日,九龙官员仍可驻扎城内,惟不得与保卫香港之武备有妨。九龙向通新安陆路,中国官民照常行走。留九龙城附近码头一区,以便中国兵商船渡艇停泊。将来中国建造铁路至九龙英管辖之界,临时商办。大鹏湾、深圳湾水面,中国兵轮无论在局内局外,仍可享用。**外人势力,布列海口,并借筑路开矿,侵入腹地,几于卧榻之旁,任人鼾睡矣**。

二十六　戊戌政变及庚子义和团

清廷之变法,始于戊戌。先是德宗亲政后,大权仍在孝钦后手中。德宗颇有图治之意,而为后所尼。新进之臣,首被擢用者为文廷式,自编修擢为侍读学士。廷式者,德宗所宠珍、瑾二妃之师也。妃兄志锐亦擢为侍郎。孝钦杖二妃,谪志锐于乌里雅苏台。廷式托病去，后亦被褫职。时光绪二十年（1894）也。明年，德宗密令翁同龢拟变法诏十二道，孝钦知之，撤同龢毓庆宫行走。侍郎汪鸣銮、长麟亦坐是革职。光绪二十二年（1896），恭亲王死，孙毓汶亦罢，翁同龢以师傅旧恩，颇赞维新之议。是时时局亦益棘，而革新之机渐熟。

中国与外人之接触，以广东为最早，人民之通知外情，亦以广东为最。故变法之议及革命之举，皆起于是焉。康有为者，南海人，早主变法之议，初以荫生上书，不达。甲午之战，有为令各省举人入都会试者上书，请迁都续战，并陈变法之计，亦不达。嗣后有为又上书者二，胶州事起，又上书陈救急之计，前后上书凡五，得达者惟一。德宗颇善之。公车上书之后，有为设强学会于京师，为御史杨崇伊所劾，封禁。其徒梁启超，设《时务报》于上海，大唱变法维新之论，举国耸动，风气骤变。是年四月，德宗始擢用有为、启超等，行新政。朝臣之守旧者，倚孝钦以尼之。有为等乃有围颐和园，劫迁太后之谋。时袁世凯继胡燏棻练新兵于天津，谭嗣同说之，世凯泄其事于荣禄。八月六日，后再临朝，幽帝于瀛台。杀有为弟广仁及谭嗣同、刘光第、杨深秀、杨锐、林旭，有为、启超走海外，新政尽废。后欲捕有为、启超，外人以为国事犯，弗听。后立端郡王载漪之子傅俊为大阿哥，_{继穆宗后}。欲图废立，而有为立保皇党于海外，诸华侨时电请圣安，以阻其谋。后使人以废立意讽示各公使，各公使亦反之。经元善等在上海合绅民电争废立，后欲捕之。元善走澳门，报馆在租界者多诋后，后欲禁之，又不得，于是后积怒外人，排外之心渐炽。

义和团者，原亦邪教余孽，《各国立约始末记》云："嘉庆十三年（1808），仁宗谕饬江南、安徽、河南、山东诸省，严惩聚众设会，即有义和团名目。"而揭"扶清灭洋"为帜，自称有神术，可避枪炮，盖利用社会心理之弱点而起者也。大臣之顽旧者颇信之，毓贤抚山东，尤加奖励，德使迫总署开其缺，代以袁世凯。世凯知其不足恃，痛剿之。义和团入畿甸。光绪二十六年（1900）夏，大盛，焚教堂、杀教士、毁铁路、断电线，京津交通为之中断。各国皆征兵自卫，而朝廷竟下宣战之诏，与各国同时启衅。_{事在五月二十五日。}有云："朕今涕泪以告宗庙，慷慨以誓师徒，与其苟且图存，贻羞万古，孰若大张挞伐，一决雌雄。彼尚诈谋，我恃天理，彼凭悍力，我恃人心。无论我国忠信甲胄，礼义干橹，人人敢死，即土地广有二十余省，人民多至四百余兆，何难翦彼凶焰，张国之威。"云云。命董福祥以甘军并义和团攻使馆，有阴令缓攻者，故未破，而德公使克林德、日本书记官杉山彬被戕。又命各省速杀洋人。湖广总督张之洞、两江总督刘坤一联合东南督抚，不奉诏，与各国领事订保护东南，不与战事之约。战区乃得缩小。英、俄、法、德、美、日、意、奥联军，以五月二十一日抵大沽，进攻天津，提督聂士成死之。天津陷。直督裕禄兵溃，自杀。李秉衡 长江巡阅大臣。入援，兵溃，亦死之。联军北陷通州，七月二十日攻京城，翌日，德宗及孝钦后走太原，旋幸西安。甘肃布政使岑春煊迎驾，以为陕西巡抚，而以荣禄长枢垣。命庆亲王奕劻、大学士李鸿章与各国议和，鸿章卒，以王文韶代之。

和议成于光绪二十七年（1901）七月二十五日，与者凡十一国。德、奥、比、西、美、法、英、意、日、荷、俄。（一）克林德被戕，派醇亲王载沣赴德，致惋惜之意，遇害处立碑。（二）惩办首祸诸臣，端郡王载漪、辅国公载澜，发往新疆，永远监禁。庄亲王载勋、都察院左都御史英年、刑部尚书赵舒翘，赐自尽。山西巡抚毓贤、礼部尚书启秀、刑部左侍郎徐承煜正法。协办大学士吏部尚书刚毅、大学士徐桐、前四川总督李秉衡，均已身故，追夺原官。开复被害诸臣原官，兵部尚书徐用仪、户部尚书立山、吏部左侍郎许景澄、内阁学士兼礼部侍郎衔联元、太常寺卿袁昶，均以直谏被杀。诸国人民遇害被虐城镇，停止考试五年。（三）杉山彬被害，派户部侍郎那桐赴日，表示惋惜之意。（四）诸国被污渎挖掘坟茔，建涤垢雪侮之碑。（五）军火暨制造军火之物，禁止进口两年。诸国如谓应续禁，亦可展限。（六）赔款总数，海关银450兆两，照市价易为金款，年息4厘，分39年偿还。1902至1940年，一切事宜，均在上海办理。诸国各派银行董事一名，会同收存分给。以（一）新关、（二）通商口岸常关，均归新关管理。（三）盐政各进项为担保。进口货税许增至切实值百抽五，惟（一）从价之法，可改者均改为从量。（二）北河、黄埔两水道，须即改善。（七）定使馆境界，独由使馆管理，亦可自行防守。中国人概不准在界内居住，诸国得常留兵队，分保使馆。（八）大沽及有碍京师至海通道之各炮台，一律削平。（九）许诸国驻兵黄村、廊坊、杨村、天津、军粮城、塘沽、芦台、唐山、滦州、昌黎、秦皇岛、山海关，以保京师至海通道。（十）禁止仇外，停止考试。责成官吏保护外人之上谕，当在各府厅州县，张帖两年。（十一）许改订通商行船各条约，改善北河水道。中国应付海关银年6万两。黄埔河道局，预估后20年，年46万两，半由中国付给。（十二）改总署为外务部，事已前行于六月九日。变通觐见礼节。

通商条约英、美、日、葡四国皆曾订立。英约订于光绪二十八年（1902），其中重要者，中国厘定国币，英人应在中国境内遵用。惟关税仍用关平计算，见第二款。美约在十三款，日约六款，葡约十一款，又日约第七款，言中国改定度量衡之事。裁厘加税。第八款。裁厘常关不在其列，惟常关以《户工部则例》及《会典》所载为限。

洋药并征之税厘,仍照约章办理,以后即将该厘金作为加税。盐厘之名,改为盐税,现征厘金及别项征捐,均加入税内。进口税加一倍半,即值百抽十二又五。出口税加半倍,即值百抽七又五。不出洋之土货,得征销场税,但不得在租界征收。出口货中,惟丝斤不逾值百抽五,内销不出洋之丝斤,则纳销场税。洋商在通商口岸,华商在中国各处用机器纺织之棉纱棉布,完纳出厂税,其额照进口正税加倍,即值百抽十。其棉花自外洋运来者,退还进口正税全数,及加税之半;土产者已征各税及销场税均全还。完过出厂后,出口正税、加税、复进口半税、销场税均免。洋商在通商口岸制造之他货,及华商在各处用机器仿造之洋货,均与纱布同。惟汉阳大冶铁厂、中国现有免税各厂、嗣后设立之制造局船澳等,不在其列。督抚应在海关人员中,选定一人或数人,派充每省监察常关销场税、盐务、土药征收事宜。如有不合例之需索留难,该员禀报督抚,督抚应即除去。其为商人告发者,由中国派员一人,会同英员及海关人员各一人查办。过半数以为确系需索留难,其损失由最近海关在加税项下,拨款赔偿。舞弊之员,由该省大员从严参办,开去其缺。裁厘加税之事,美约在第四条,日约在第一条,葡约在第九条。案,洋药当咸丰五、六年(1855、1856)间,东南各省即奏请抽厘助饷。上海每箱抽银24两,厦门40元,外加费8元。宁波、河口、屯溪等厘金,皆以此为大宗。时则有内地分抽之厘,而无海关进口之税。八年(1858),议定税则,每百斤税银30两,并于善后条约第五款声明,进口商只准在口销卖,运入内地,专属华商,如何征税,凭中国办理。嗣后修改税则,仍不得按照别货定税。是冬,王大臣会同户部议奏,各海口及内江河面,均照上海一律。崇文门及各省由旱路转运者,减10两,然各省于应征税项外,仍自抽厘,其办法亦不一律。《芝罘条约》三端三节,订明厘金在海关并征,所征之数,由各省察勘情形酌办。光绪九年(1883),《芝罘条约》续增专条,订明每百斤完正税30两,厘金80两云。**中国许修改矿务章程,招致外洋资财,**第九款。美约在第七款,葡约在第十三款。**及修改内江行轮章程。**第十款。美约在十二款。内河本不准行驶轮船,苏、杭开埠后,总署乃奏准,通商省份内河,无论华洋商,均准行驶小轮,饬总税务司赫德议立章程九条,时光绪二十四年(1898)三月三日也。此年又修改章程十条,作为中英商约附件,日约同。葡约第五款,许照两国订定专章,自澳门往来广州府各处。**英允除药用外,禁烟进口。**唯须有约各国应允照行,乃可举办。**中国亦禁本国铺户制炼。**第十一款。美约第十六,葡约第十二款。**英如查悉中国律例、审断及一切相关事宜,皆臻妥善,允弃治外法权。**第十三款。美约第十五款,日约第十一款,葡约第十六款。**中国如与各国派员会查教务,妥筹办法,英国亦允派员。**十三款。美约十四款,申明中国保护教士教民,教士不得干涉中国官治理之权,教民犯法,不因入教免究。除酬神赛会,与教旨不合者外,他种捐税,皆不因入教而免。葡约十七款,兼英约十三、美约十四两款之意。美日两约,立于二十九年(1903),葡约立于三十年(1904),大旨相同。又英约许开长沙、万县、安庆、惠州、江门。惟除江门外,若裁厘加税不施行,不得索开。第八款。其白土口、罗定口、都城许停轮上下客货,容奇、马宁、九江、古劳、永安、后沥、禄步、悦城、陆都、封川十处,许停轮上下搭客。第十款。美约许开奉天、安东。十二款。

日约许开北京、长沙、奉天、安东。十款。葡约许自澳门往来。光绪二十三年（1897）英缅约专款，二十八年（1902）中英商约十款，西江上下客货及搭客之处。五款。四约皆盛宣怀、吕海寰所订也。

二十七　俄占东三省及日俄之战

当庚子义和团起事时，东南各省，未奉政府命令与外开战，而吉、黑两省，则出兵向俄人攻击。于是俄自阿穆尔及旅顺出兵，攻陷东三省各地。俄阿穆尔之兵分为四道：（一）（二）两军陷墨尔根、齐齐哈尔；（三）军陷哈尔滨、三姓；（四）军陷珲春、宁古塔，合陷呼兰、吉林。旅顺之兵分为两道：（一）军西陷锦州；（二）军北陷牛庄、辽阳、奉天，又陷铁岭、新民、安东。挟奉天将军增祺，以号令所属。奕劻、李鸿章之与各国议和也，俄人借口特别关系，欲别议。朝廷以驻俄公使杨儒为全权，与俄外部磋议。仍与奕劻、鸿章电商。时俄迫增祺订《奉天交地暂行章程》。杨儒与外部力辩，作废。议别订正约。俄人要求甚烈。俄人所拟约稿：（一）东省沿铁路驻兵，房屋粮食由我供给。（二）我国在东三省只设警察，不设兵，并不得运军火。（三）东三省铁道，缘长城直抵北京北境。（四）水师不得用他国人训练。（五）满蒙及新疆之塔城、伊犁、喀什噶尔、叶尔羌、于阗等处路矿及他种利益，不得让给他国人等条。日、英、美、德、奥、意等均警告中国，不得与俄订立密约，交涉遂停顿。各国和约，既大致议定，乃由李鸿章与俄磋议。鸿章卒，王文韶代之。二十八年（1902）三月，奕劻、文韶与俄使雷萨尔订立《交收东三省条约》。（一）俄人交还所占之地。（二）中国许保护铁路。俄分三期撤兵。以六个月为一期。第一期自是年九月十五起，撤盛京西南段至辽河之兵，第二期撤盛京其余各段及吉林之兵，第三期撤黑龙江之兵。（三）将军会同俄官，订定俄兵未退前三省驻兵之数，及其驻扎之地，不得增添，撤退后如有增减，随时知照俄人。（四）俄人交还山海关、营口、新民屯各路，中国不许他国人占据，并不得借他国兵护路。第一期俄兵如约撤退，第二期则不但不撤，反要求别订新约，俄所提者：（一）东三省不得割让或租借与他国。（二）俄撤兵之地，不得开作商埠。（三）东三省政治军事，不得聘用他国人。（四）（五）牛庄公务，任用俄人，税关归道胜银行经理。（六）东三省卫生事务，聘用俄人。（七）俄得使用东三省电线。日、英、美皆向清政府警告，俄乃撤回。后又改易提出。且续调水陆军。是年六月，合阿穆尔、关东旅大租地。设极东大都督府,以亚历山大为总督。九月,俄兵复占奉天,而日俄两国喋血于我境内之祸至矣。

自各国要求我某某地方,不得割让他国,又以租借之名,占我海口,因而攫夺铁路矿山,而势力范围之说起。其中铁路尤为重要之一端。甲午后,我国有建造南北干线之议,津镇、芦汉遂为各国所竞逐。是时英、德、美为一派,俄、法、比为一派。俄使比人出面,于光绪二十四年(1898)五月,得芦汉建造之权。英乃要求(一)津镇、(二)河南到山西、(三)九广、(四)浦信、(五)苏杭甬五路,以为抵制。俄因求山海关以北铁路全由俄国承造,英汇丰银行即求得牛庄至北京造路之权。二十五年(1899)三月十九日英、俄在圣彼得堡换文,英认长城以北铁路归俄,俄认长江流域铁路归英。《交收东三省条约》第四条,规定交还山海关、营口各铁路。又云:"修完并养各该铁路各节,必确照俄国与英国1899年4月16日,即光绪二十五年三月七日所定和约办理。"即俄强迫中国承认英、俄此项换文也。同时英德银行团又在伦敦立约,英认除(一)山西、(二)山西铁路与正定以南之京汉路相接,并得再展一线,入于长江流域外,山东及黄河流域,为德国势力范围,德认长江流域为英势力范围。而津镇所改之津浦线,遂由英、德分段承造。此外胶济路归德,滇缅路归英,滇越路及自越南至龙州、南宁、百色之路归法,则已先有成议。福建全省,亦先允日人,不割让他国矣。于是美人有开放门户之议,开放门户之议,起于1898年,英国旅华商人要求政府与在中国有利益各国立约,维持在中国商务上之机会均等。时美海约翰氏为驻英大使,后归为国务卿。于光绪二十五年(1899)七月二十八日,通牒英、德、俄、法、意、日,要求三端:(一)各国对中国所获利益范围,或租借地域,或他项既得权利,彼此不相干涉。(二)各国范围内各港,对他国入港商品,皆遵中国现行海关税率课税,由中国征收。(三)各国范围内各港,对他国船舶所课入口税,不得较其本国船舶为高。各国范围内各铁道,对他国所课运费亦然。此所以维持其在条约上既得之利益;欲维持其条约上既得之利益,必先维持其条约,故既提开放门户,必又联及保全领土也。六国覆牒,皆承认之。各国皆承认之。庚子以后,俄人在东三省之行动,殊与此议相违,故为各国所不满。而其相关尤密者,则日本也。俄之占东三省也,英方有事南非,独力不能制俄,乃与德立协约,申明对中国开放门户,保全领土之旨,通知俄、日、美、法、意、奥六国。五国皆复牒承认,惟俄主该协约之效力,仅及于英、德势力范围,东三省不在其内。德于东方关系较浅,承认俄之主张,英则宣言否认。日本赞成英议。光绪二十八年(1902),日、英在伦敦成立同盟,约中申明承认中、韩两国之独立。英在中国,日在中、韩之利益,被他国侵略时,各得执行必要之手段。因此与一国开战,同盟国须严守中立。若敌方有一国或数国加入,同盟国即当出兵援助。于是俄人向各国发表,俄、法在极东之利益受侵犯时,两国政府得取防卫手段。

盖将俄、法同盟之效力,扩至远东,以抗英、日也。

满、韩形势,相关最切。日人既图并吞朝鲜,自不能置东三省于度外,而干涉还辽之后,俄人之声势大张。韩人又背而亲俄,俄人在韩之势力,且寖寖凌驾日人,而在东三省无论矣。日本舆论,乃多主与俄开战者,其政府为审慎起见,仍主张满、韩交换之论,然终于无成。日、俄因韩事,曾两次订立协商,第一次在光绪二十一年(1895),时闵妃遇弑,韩王走俄使馆。协商之旨,俄许劝王还宫,而规定两国在韩驻兵之数。第二次在光绪二十四年(1898),俄认日在韩工商业上有较优之地位,而两国均不得干涉其内政,军事教练及财政顾问,非先商妥,不得擅行处置。及二十九年(1903)六月,日本又命驻俄使臣,对俄提出协约草案。(一)尊重中、韩两国之独立,保全其领土,商工业上守机会均等主义。(二)俄认日对韩之卓越利益,日认俄对满洲经营铁道之特殊利益。(三)韩国铁路延长至满洲南部,与中东路及山海关、牛庄铁路相接时,俄不阻碍。(四)为保护第二条利益起见,日对韩,俄对满洲派兵时,不得超过实际必要之数,事定即撤。(五)俄认日对韩国之改革,有与助言及助力,并含军事上援助之权。俄于韩国方面,答覆不能满日本之意,于东三省,则欲置之约外,议遂决裂。光绪二十九年(1903)十二月,日、俄遂开战。日俄之战,日本海军舰队先袭败俄海军于旅顺及仁川,其陆军第一军由义州渡鸭绿江,陷九连、凤凰,北据摩天岭。第二军自貔子窝登陆,陷金州,后别以第三军攻旅顺。一、二两军合向辽阳,又益以自大孤山登陆之第四军。至光绪三十年(1904)七月二十五日,而辽阳陷。俄人之调兵,不如日人之捷,辽阳陷后,西方精锐,始集于奉天。八月,攻辽阳,不克。时气候渐寒,两国乃夹浑河休军。而日于其时,以全力攻旅顺,十一月二十六日下之。时俄西方之兵益至,日亦续调兵。三十一年(1905)正月,日兵35万,俄兵43万,大战几二旬,俄兵败绩。二月五日,日兵陷奉天,北取开原。俄波罗的海舰队东来,四月二十四日,日人邀击,破之于对马海峡。战局于此告终,俄师败绩。至三十一年(1905)七月,日、俄议和于美国之朴次茅斯,而我国之权利,坐受处分矣。

《朴次茅斯条约》凡十五条,其重要者,俄承认日本对韩有政治上、军事上及经济上之卓绝利益。日本对韩行指导保护及监理之必要处置时,俄不阻碍干涉,惟俄国臣民在韩国者,受最惠国臣民之待遇。第二条。租借地外,日、俄在满洲之军队,尽数撤退,以其地还交中国。俄在满洲,不得有侵害中国主权,妨碍机会均等主义之领土上利益,暨优先及专属之让与权利。第三条。中国为发达满洲之工商业,谋各国公共利益时,日、俄两国,皆不阻碍。第四条。俄以中国政府之承认,将旅大租借地,及长春、旅顺间之铁路,让与日本。第五、六条。库页岛自北纬五十度以南,让与日本。第九条。日人在日本海、鄂霍次克海、白令海峡俄领沿岸,有渔业权。第十一条。

当日、俄未开战时,有主张我国当加入日本方面者,然非日人所欲,兼受欧美各国牵制,议未能行,卒于两国战时,宣告中立。光绪三十年(1904)正月二日。后以美国劝告,划辽河以东为战区。俄攻辽阳失利,犯中立地,自辽西攻日,我国不能维持,遂以沟帮子至新民屯之铁道为中立地与战区之界。民国三年(1914),日攻青岛,我守中立,而划龙口以东为战区。其恶例实自此开之也。及战役将终,又有主乘机废弃俄约,并向英交涉,收回威海,而与日人自立新约者;外论则欲以满洲为永世中立之地,我国亦有主以满洲为一王国,由中国皇帝兼王之,如奥匈、瑞挪之例,于其地试办宪政者,皆不能行。仅于日、俄议和时,照会二国,谓和约条件有涉及中国者,非得我之承认,不能有效而已。是冬,日使小村寿太郎来,与我结《满洲善后协约》。中国政府承认日俄和约第五条第六条,而日本政府承认遵行中俄租借地及筑路诸约,别结附约:(一)中国政府于日、俄撤兵后,开凤凰城、辽阳、新民屯、铁岭、通江子、法库门、长春、吉林、哈尔滨、宁古塔、三姓、齐齐哈尔、海拉尔、瑷珲、满洲里为商埠。第一条。如俄允撤铁路护兵,或中俄两国另商别项办法,日本南满护路兵,亦一律照办。又如满洲地方平静,中国能周密保护外人生命财产时,日本亦可与俄国同将护路兵撤退。第二条。许将安奉军用铁路,由日本政府接续经营,改为商运铁路。除运兵归国十二个月不计外,以二年为改良竣工之期。自竣工之日起,以十五年为限,至光绪四十九年(1923)止。届期,请他国评价人一名,妥定价格,售与中国。第六条。许设一中日合办材木公司,采伐鸭绿江右岸森林。第十条。满韩交界陆路通商,彼此以最惠国之例待遇。第十一条。光绪三十二年(1906)五月,日人设南满铁道株式会社,资本二万万元,半出于日政府,即以铁路及其附属财产充之。又其半名为听中、日两国人入股,实则中国无一入股者。七月,又设关东都督府,于是东北一隅,成为日、俄两国划定范围,各肆攘夺之局,不仅介居两国之间而已。日俄和议定后,日人设统监府于韩,清亡之岁,两国遂订合并之约。

二十八　清末外交情势

当清室盛时,葱岭以前诸国,服属于我者颇多。咸、同以降,乃皆折而入于英、俄。哈萨克、布鲁特,道、咸时即已入俄,布哈尔、基华,同治十二年(1873)夷为俄之保护国。浩罕于光绪二年(1876)为俄所灭。帕米尔高原,旧译作博罗尔,即《唐书》之波谜罗,尝置羁縻州,曰巴密者也。本中、英、俄间隙地。光绪二十一年(1895),英、俄派员划定界线,遂为所占。其南巴达克山、克什米尔,皆尝入贡。英人既占印度,克什米尔亦为所据。巴达克山曾属阿富汗,光绪三年(1877),阿富汗属英保护,遂亦入英。而西南亚之间,英、俄形势,复生冲突。俄人颇借尊崇黄教,以笼络蒙、藏。光绪二十八年(1902),达赖十三世遣使入俄,俄人厚礼之。英人忌之,三十年(1904),日、俄开战,英遂派兵入藏,以藏人不实行条约为口实。直逼拉萨,达赖走青海。英人与班禅订立和约。开江孜、噶大克、亚东为商埠。偿英军费50万镑,撤自印度至江孜、拉萨之炮台山塞。西藏土地不得租卖与外国人。铁路、道路、电线、矿产及其他权利,不得许给外国或外国人。西藏一切进款以及银钱货物,不得抵押与外国或外国人。外务部命驻藏大臣有泰不得签字,命唐绍仪、张荫棠等先后与英磋商,不决。三十二年(1906),移其交涉于北京,卒与英使萨道义立《藏印续约》六条,以英藏约为附约。但声明"英国不占西藏土地,不干涉西藏政治,中国亦不许他国占据西藏土地,干涉西藏政治。附约中所谓外国及外国人,中国不在其内"而已。赔款本定75年还清,未还清时,英得驻兵春丕,后印督声明:"减为250万卢布,50万镑,本合750万卢布。分25年还清,前三年付清,且商埠开办满三年后,英兵即可撤退。"约既立,中国将偿款代为付清,英兵亦即于是年十二月撤退。

日、俄战后,东北之风云似少缓而实益棘。《满洲善后协约》立于光绪三十一年(1905)十一月二十六日,约中订明安奉铁路除运兵归国十二个月外,以两年为改良工事之期,则其兴工,应在三十二年(1906)十一月二十七日以后。而其完工,则应在三十四年(1908)十一月二十六日之前。乃日人至宣统元年(1909),方要求派员会勘线路。邮传部命交涉使与之会勘,既竣,日人求收买土地,东督锡良忽云路线不能改动,日人遂自行兴工。中国无如何,与补结协约,承认之。而所谓满洲五悬案者,亦皆如日意解决。

满洲五悬案者,(一)抚顺、烟台煤矿,许日人开采。(二)图们江北之延吉厅,多韩民越垦,日人强名其地曰间岛,于其地设官。及是,仍认为中国之地,日所派理事官撤退。惟仍准韩民居住耕种。而中国又开龙井村、局子街、头道沟、百草沟为商埠。(三)中国拟借英款筑新法铁路,日人指为南满之并行线。及是,许建筑时,先与日本商议。(四)东省铁路营口支路,照中国与俄公司所订合同,自拨给地段满八年后,本应撤去。日人抗不肯撤。至是,许于南满路限满之日,一律交还。(五)满铁会社要求建筑新奉、吉长两路,于光绪三十三年(1907)订立契约,该会社又求将吉长路延至延吉,与朝鲜会宁府铁路相接。及是,许由中国斟酌情形,至应开办时,与日商议。

关东为未辟之地,外人皆热心投资。当第三问题解决时,中国要求筑造锦齐由锦州经洮南至齐齐哈尔。铁路,日不反对。日亦要求昌洮归其承造。彼此记入会议录中。悬案既决,中国欲借英、美款,将锦齐路延至瑷珲,改称锦瑷。日嗾俄人出而抗议。是冬,美提议满洲铁路中立。由各国共同出资,借与中国,俾中国将满洲铁路赎回。此项借款未还清前,由出资各国共同管理,禁止政治上、军事上之使用。此项通牒向中、英、法、德、俄、日六国提出。明年,日、俄共提抗议。是年,日俄新协约成。1910年7月4日,宣统二年五月二十八日。约中明言维持满洲现状,现状被迫时,二国得互相商议,盖联合以抗英、美也。或云,此新约别有密约,俄认日并韩,日认俄在蒙、新方面之行动云。是年七月十九日,西历8月23日。日遂并韩。宣统三年(1911)正月,俄人对蒙、新方面提出强硬之要求,至二月十八日 1911年3月18日。以最后通牒致我,以 28 日为限。迫我承认焉。是年为中俄条约满期之岁。中国提出修改,俄人遂有此要求。其条件为(一)国境百里内,仍为无税贸易。(二)俄人得移住蒙、新,并得无税贸易。(三)科布多、哈密、古城设领。(四)伊犁、塔城、乌里雅苏台、库伦、喀什噶尔、乌鲁木齐、张家口亦得设领,且可购地建屋。

二十九　改革政体之动机

维新立宪之议,皆发自康有为;而革命之业,则肇自孙文:此二人者,实中国现代史上之先觉者也。孙文者,广东香山人,少即有志于革命,1892年赴檀岛美洲，合同志立兴中会，1895年谋袭广州，不克，同志陆皓东死焉。文走海外，自日至美，自美至英。驻英公使龚照屿，诱而拘之使馆。文使使馆之仆告其友，其友告诸警署，警署及英外部皆向龚使抗议，乃得释。戊戌政变后，康有为立保皇党于海外，其徒梁启超刊《清议报》于横滨，力诋西太后，主扶德宗亲政。有为又使唐才常运动哥老会党，设自立会。1900年唐才常、容闳设国会总会于上海，分会于汉口。才常及林述唐居汉口，黄兴居湖南，吴禄贞居大通，联合长江上下游哥老会党，广发富有会票，以招徒众。定七月中在武昌、汉阳、汉口举事，湖南、安徽为之应。未及期，事泄。才常就义。江督刘坤一、鄂督张之洞、皖抚王之春、湘抚俞廉三严捕余党，杀戮颇多。张之洞尝致一书于国会总会，劝勿行革命。国会总会亦有书答之，力伸民主之义，为时所传诵焉。唐才常之设自立会也，孙文亦使其党毕永年，合哥老会、三合会，设兴汉会于香港。兴中会亦预焉。才常举事之岁，文使永年及郑弼臣、杨飞鸿，以三合会众围博罗，以外援不至而败。同党史坚如谋举事广州，以炸弹击粤督署，时粤督为德寿。毁墙数丈，坚如死之。自戊戌政变后，海内舆论多依违缄默，唯上海之《苏报》，谠言无所忌。后数年，蔡元培、吴敬恒等立爱国学社于上海，革命之论渐昌。1903年，章炳麟著《訄书》，邹容著《革命军》，革命之焰益炽。清人控诸会审公廨，《苏报》被封，炳麟及容皆监禁上海西牢。初炳麟与徐锡麟等设光复会于上海。黄兴、宋教仁、刘揆一、胡瑛等亦立华兴会于湖南，与哥老会通谋。是岁，广西哥老会首陆亚发，举事柳州。兴等与湖南哥老会首马福益，谋起长沙应之，不克，福益死之。亚发亦旋败。兴、教仁走日本，刊杂志曰《二十世纪之新支那》，以鼓吹革命。1906年瑛及李燮和，复与福益之党，举事萍、醴，矿工多应之。清人合苏、赣、湘、鄂四省兵破之。1907年，孙文复举兵饶平、惠州，不克。时徐锡麟以资为候补道，赴安徽，巡抚恩铭委为巡警学堂会办。锡麟尝设大通学堂于绍兴，女侠秋瑾与掌教事。锡麟乃运动安徽军警，使陶成章合武义、永康、东阳会党，秋瑾、竺绍康、王金发合绍兴、嵊、仙居会党，图大举。武义之党有被获者，事寖泄，锡麟等谋速发，锡麟趁巡警学堂毕业，集皖大吏，将诛之而举事，不克。杀巡抚恩铭，锡麟率学生据军械局。清兵围攻之，党人陈伯平战死，锡麟被执，就义。清人剖其心以祭恩铭。又围大通学堂，杀秋瑾。是岁，孙文至日本，于是兴中会、光复会、华兴会合并，改组中国同盟会。改《二十世纪之新支那》曰《民报》。梁启超之设《清议报》也,百期而止,后又刊《新民丛报》,颇主张革命。而康有为鉴于法国革命杀戮之惨,及中南美诸国争夺相杀无已时,力主君主立宪,诒书与之辩。启超折而从之,于是《新民丛报》改主君宪,与《民报》相对峙,为立宪、革命两派舆论之代表,以公开运动,立宪较革命为便故,是时在国内,立宪论之势力,亦较革命为盛焉。

　　清孝钦后之回銮也,复貌行新政,以敷衍人民,然绝无诚意。人民知其终不足与有为也,而立宪、革命之论乃渐盛。日俄之战,舆论谓日以立宪而胜,俄以专制而败,宪政之鼓吹,尤盛极一时。清廷知其势不可抗,乃有预备立宪之举。官僚之中,首以立宪请者,为驻法使臣孙宝琦,而江督周馥、鄂督张之洞、粤督岑春煊继之。1905年,直督袁世凯请简派亲贵,分赴各国考察政治,以为改革之本。诏派载泽、戴鸿慈、徐世昌、端方、绍英前往,将发,革命党吴樾炸之车站,载泽、绍英皆伤,樾死之。后以李盛铎、尚其亨代徐世昌、绍英,分赴欧美、日本,旋驻英公使汪大燮、驻美公使梁诚、尚书张百熙、侍郎唐景崇、粤督岑春煊、黔抚林绍年又相继以立宪请。明年六月,考察政治诸臣先后回国,皆陈请立宪。清廷开御前会议,亦多数赞同。七月十三日,遂下放行立宪之诏。上谕云:"前将官制分别议定,次第更张;并将各项法律,详慎厘订;而又广兴教育,清厘财政,整顿武备,普设巡警,使绅民明悉国政,以备立宪基础。俟数年后,规模粗具,查看情形,参用各国成法,妥议立宪实行期限,再行宣布天下,视进步迟速,定期限远近。"云云。于是改内外官制,设资政院、谘议局,以为国会及省会之基,颁布城镇乡自治章程,立审计院,颁《法院编制法》,设省城及商埠检察审判厅,发布《新刑律》,又改考察政治馆为宪政编查馆,以为举行宪政之总汇。看似百废俱举,实多格不能行;或行之而名不副实,转以滋扰。于是朝廷谓非预备完毕,不能立宪;而人民则谓非立开国会,实行宪政,无以善庶政之进行,预备必不能善。"即行立宪"与"从事预备",遂为朝野之争点。1907年,袁世凯以日、法约成,奏请实行立宪。荷兰保和会专使陆征祥亦以为言。明年,江苏预备立宪公会、湖北宪政筹备会、湖南宪政公会、广东自治会及直隶、山东、山西、河南、安徽、浙江、四川、贵州各省人士,请愿速开国会。八月二十七日,诏定以九年为实行之期。是岁,十月二十一日,德宗殂。孝钦立醇亲王载沣之子溥仪,年四岁,以载沣为摄政王。明日,孝钦亦死。1909年九月一日,各省谘议局开会,直隶、江苏、江西、浙江、福建、山东、山西、河南、湖南、湖北、广东、广西、东三省谘议局各举代表三人，组织国会请愿同志会。以明年一月，入都请愿，诏不许。诸代表乃举常驻委员六人，设请愿机关于北京。会革命党汪兆铭谋炸载沣，清廷震动，代表乘机联合各省政团、商会及华侨代表，分为十起，上书请愿，亦不许。是岁十月三日，资政院开会。二十二日，通过国会速开请愿案，上奏。十一月三日，许缩短期限为三年，于宣统五年，开设国会，而令民政部将各处代表驱散。然人民之请即开国会者仍不绝。十一日，东三省代表十余人，再至京师。命民政部、步军统领衙门送回原籍。各地有唱言请愿者，并命京、外各官，弹压拿办。天津请愿同志会代表温世霖，唱议全国罢学，直督拘之，请惩，诏发往新疆，诡诡之声音颜色，固予人以共见矣。

　　清室之亡，固由种种失政，而其灭亡之速，则其末年外强中干之政策，实亦有以促成之。载沣之摄政也，奕劻以皇族老臣，仍持政柄，而载沣弟载洵、载涛，亦皆预政，朝局紊乱，民益失望。1911年四月，颁布内阁官制，设立责任内阁，以奕劻为总理，阁员亦以满族占多数。内阁总理奕劻，协理世续、徐世昌，外务部大臣邹嘉来，民政部桂春，陆军部荫昌，海军部载洵，军谘府载涛，度支部载泽，学部唐景崇，法部廷杰，农工商部溥伦，邮传部盛宣怀，理藩部善耆。人民以皇族内阁，不合立宪公例，上书请愿，谘议局亦联合上书，不听。七月，谘议局复以为请，朝旨严斥之。时论者愤政府之阘茸，多唱集权之论，朝议亦颇主之。顾所作所为，无一不使人失望；不能制疆臣之尾大，而指人民之奔走国事者，为有妨朝廷之大权，务摧抑之。于是民心愈愤，而一朝之祸，遂爆发而不可遏矣。是时自筑铁路，以抵制外人及收回已许外人筑造之路之议方盛。粤汉铁路，初由张之洞主持，与美国合兴公司订立借款草约。旋以该公司逾期未办，废约收回。朝廷以之洞为粤汉、川汉铁路督办，与英、美、德、法银行订立借款草约，预定借款600万镑，以偿旧欠及筑路。正约未定而之洞卒，盛宣怀为邮传部尚书，成之。时民间筑路之议虽盛，而实力薄弱，往往不能有成；而是时大筑铁路，以便交通，而图行政敏活之论又极盛；遂生铁路国有民有之争，朝廷方图集权，颇倾向国有论。1911年四月二十二日，下铁路干线国有之谕。取消商办公司，接收川路，提取商办股本700余万。湘、鄂、川、粤四省人士，群起争持。朝廷以铁路干线国有，业经定为政策拒之。湘抚杨文鼎、川督王人文，代人民奏请收回成命，奉旨严饬。又以王人文为软弱，命赵尔丰代之。尔丰拘保路同志会会长罗纶、股东会正会长颜楷、谘议局议长蒲殿俊、路董彭兰芬等九人,川人大哗。成都停课罢市,各州县亦有罢市者,朝命端方带兵入川查办。七月十五日,川民聚众数千,诣督署求阻端方兵。尔丰捕杀绅士数人,并命骑兵向群众冲击,人民死者尤多。时成都、郫、灌、温江、崇庆、华阳、双流、新津、蒲江、大邑、邛州民团,纷集省城外,尔丰指为谋叛。自十六日起,纵兵屠戮者七日,死者甚众,人心益愤。而武昌城头,突树汉帜,雄鸡一声天下白矣。

三十　清之亡及民国成立

同盟会之成立也,党员多归国运动,革命之进行益急。其年七月,钦州张得清、廉州刘恩裕起兵,克防城,围钦州、灵山,以无援而败。孙文谋自广西、云南两道并举。十月三日,遣党人数十,由越南攻镇南关,夺炮台三。文居越南,为之策应。清政府与法交涉,迫文离越南。十一月,台兵以无援退越境。时党军以青天白日旗为国徽,高树镇南关山巅。既退,清兵将至,一童子年十四,谓国徽不可辱于虏,冒万险,盘旋登山,卒奉国徽以降。明年三月二十九日,革党之起云南者占河口,分兵三路,进攻蛮耗、开化、蒙自,黄兴居河口督师,亦以无后继而退。是岁十月,湖北两江陆军,在安徽太湖会操。安徽马炮营队官熊成基乘之起义。攻安庆,不克,退走桐城、庐州,陆续解散其众。成基由河南、山东走东三省,明年,以谋刺载涛被执,不屈死。1909年正月,倪映典运动广州标兵起事,不克,死之。1911年,孙文、黄兴谋以四月朔举事广州,未及期,事泄,黄兴等以三月二十九日攻督署,烈士之死者72人,皆葬于黄花岗。党人之在省外者,走顺德,据乐戎墟,攻佛山,不胜而退。倪映典之役,水师提督李准,实抗义师。是役,李准搜捕党人尤力,阅数月,党人陈敬岳炸伤之。

是时举义虽屡不克,而党人之从事运动者,初不少怠;尤注意于军队。川汉事起,人心惶惶,革党乘之,运动湖北陆军,将以八月十五日举事。旋改期二十五日,十七日事泄,机关多处被破。宪兵彭楚藩、刘汝夔、杨宏胜就义。十九日,即阳历10月10日,夜九时,义师遂起,先占火药局,次扑督署。清鄂督瑞澂、统制张彪皆逃。众推黎元洪 时为混成协统。为中华民国军政府鄂军都督,汤化龙为民政长。二十三、二十四日,连克汉口、汉阳。照会各国领事:以前所订条约,军政府皆承认其有效。各国既得权利,亦一律承认。人民财产,在军政府领域内者,皆尽力保护。赔款外债,仍由各省如数摊还。惟此后与清政府所立条约,概不承认。助清战事用品,一概没收。有助清者,军政府即以敌人视之。请其转呈各国政府,恪守局外中立。于是各国皆宣告中立。旋承认我为交战团体。

九月初一日,浏阳会党焦大章、亦作焦达峰。陈作新,合新军起义长沙,湘抚余诚格遁走。众推大章、作新为正副都督。旋为新军所杀,谭延闿继之。十日。二日,新军标统马毓宝起义,复九江。西安新军起义,克满城。四日,推张凤翔为都督。是日,革命党人炸击广东将军凤山,毙之。九日,太原新军起义,清巡抚陆钟琦死。推阎锡山为都督。十日,新军协统吴介璋起义,复南昌。赣抚冯汝骙走。后彭程万称奉孙文命,为赣军都督,介璋让之。马毓宝不服,程万旋去,毓宝入南昌为都督。安徽标兵起义,攻安庆,不克。云南新军协统蔡锷、统带罗佩金、唐继尧起义,复云南。推蔡锷为都督。十三日,革命党人与商团、巡警复上海,推陈其美为都督。十四日占制造局。是日,江苏巡抚程德全反正,众推为都督。革命党人及新军起义,复杭州,推汤寿潜为都督。后任交通总长,蒋尊簋代之。贵州谘议局宣布独立,推杨尽诚、即杨柏舟。赵德全为正副都督。十六日,广西谘议局宣布独立,推巡抚沈秉堃为都督。秉堃旋去,陆荣廷代之。十七日,镇江新军推林述庆为都督。十八日,福州新军及革命党起义。清总督松寿自杀,将军朴寿,初宣言与全城汉民同尽,及是伏诛。众推孙道仁为都督。安徽谘议局宣布独立,推巡抚朱家宝为都督。家宝旋走,众推孙毓筠代之。时苏、镇虽复,而清总督张人骏、将军铁良、提督张勋,尚负固南京。是日,新军统制徐绍桢起义,攻之,以军火不继,十九日,退据镇江。是日,广东谘议局宣布独立,举巡抚张鸣歧为都督。鸣歧旋去,众举胡汉民、陈炯明为正副都督继之。二十三日,清江独立,推蒋雁行为都督。四川自川汉路事起,民军屡攻省城,不克,乃先收外县。十月二日,重庆独立,推张培爵为司令。七日,成都反正,举蒲殿俊为都督。十八日,改举尹昌衡,罗伦副之。赵尔丰以十一月三日被杀,端方死于资州。甘肃、西宁、固原、巩昌先后起义。十一月十八日,新军三标一营起义,复兰州。新疆于十九日独立。驻泊镇江、九江各军舰,于九月二十二、二十五两日反正。其余各舰也先后来归,海军尽为民军所有。惟直隶滦州军队,于十一月初,发电赞成共和,为清兵所解散。山东巡抚孙宝琦,于九月二十三日,徇众意宣布独立。十月四日,又取消。河南军队,于十月初谋起义,事泄,司令张钟瑞被杀。王天纵起义,仅据宜阳、永宁。奉天于九月二十三日立保安会,推总督赵尔巽为会长,谘议局议长吴景濂副之。民党蓝天蔚等谋举事,未就,吉、黑两省,亦未宣布独立。

　　清廷闻武昌之变,即命军谘府、陆军部派陆军两镇,萨镇冰率海军,程允和以长江水师赴鄂。命荫昌督师。八月二十一日。初,光绪二十一年(1895),袁世凯接统胡燏棻所编武定军十营,加募足 7 000 人,驻于天津之新丰镇,其地又名小站。是为袁世凯练兵之始。戊戌政变后直督荣禄入京,朝命世凯护理。旋擢山东巡抚,辛丑和议定后,任直督。世凯在直督任内,练新兵凡成六镇。光绪二十九年(1903),设练兵处,世凯为会办大臣。光绪三十二年(1906),练兵处裁,除第二、第四两镇仍归世凯督练外,其一、三、五、六镇,改归陆军部直辖,称近畿陆军,以凤山为督练大臣。明年,世凯入军机。载沣摄政,以足疾罢世凯,世凯退居彰德。武昌民军既起,近畿兵两镇南下。二十三日,起世凯为湖广总督。命赴鄂,海陆军及长江水师,并受节制。九月初六日,命荫昌:袁世凯到后,即行回京。以冯国璋统第一军,段祺瑞统第二军,并受世凯节制。九月五日罢盛宣怀。九日,下罪己诏。开党禁。以宪法交资政院协赞。十一日,罢奕劻等,以袁世凯为内阁总理。十三日,宣布十九信条。其第八条曰:"总理大臣,由国会公举,皇帝任命。"十九条曰:"国会未开以前,资政院适用之。"于是载沣辞摄政之职。十八日,资政院举世凯为内阁总理。二十三日就职。阁员:外交梁敦彦,胡维德,民政赵秉钧、乌珍,度支严修,陈锦涛,陆军王士珍、田文烈,海军萨镇冰、谭学衡,学部唐景崇、杨度,法部沈家本、梁启超,邮传唐绍仪、梁如浩,农工商张謇、熙彦,理藩达寿,荣勋。敦彦、修、锦涛、士珍、镇冰、启超、绍仪、謇皆未就职。

　　清兵以九月七日陷汉口。焚市街,火三日不灭。民军以黄兴为总司令,守汉阳。十月七日,清兵又陷汉阳。民军守武昌。十二日,苏、杭、沪、镇联军复南京,张勋等走徐州。先是武昌民军,与汉口清军以英领事介绍,于初十日起,停战三日。三日期满后,又续停三日。十五日,袁世凯电汉口清军:停战期满后,再续十五日。派唐绍仪为代表,与黎都督或其他代表人讨论大局。民军以伍廷芳为代表。先议定,北于山、陕,南于四川,皆不增加兵力与军火。陆钟琦之死,清以吴禄贞为山西巡抚。禄贞屯兵石家庄,与山西民军妥协,而以民军就抚闻。又以前敌北军焚汉口市街,扣留其军火。九月十七日,盗杀禄贞。清以张锡銮抚山西。锡銮使曹锟、卢永祥陷娘子关。民军自太原退驻平阳。清又袭击潼关民军,欲使河南、甘肃夹攻陕西。乃定以十月十九至十一月五日,为停战期间,以汉口为议和地点。旋以伍廷芳在上海任外交代表,不能到汉,改以上海为议和地点。于二十八日开议。后又展停战之期七日。议定开国民会议,解决国体。以每一省为一处,内外蒙古为一处,前后藏为一处。每处各选代表三人,每人一票,若某处到会代表不及三人者,仍有投三票之权。到会代表有四分之三,即可开议。

辛亥十一月十三日,为阳历1912年1月1日。先三日,十七省代表,举孙文为临时大总统。于是通电全国,改用阳历;即以是日为中华民国元年元月元日,民军起义之初,文告称黄帝纪元四千六百有九年。孙文即于是日就职。

于是唐绍仪以交涉失败,电北京辞职。袁世凯电伍廷芳,谓:"唐代表权限所在,只以切实讨论为范围。兹会议各条约,均未与本大臣商明,遽行签字,其中实有碍难实行各节,嗣后应商事件,即由本大臣与贵代表直接电商。"廷芳复电:不认签订各约,因代表辞职而有变动。且云:往返电商不便,请清内阁总理,亲至上海面商。于是和议停顿。民国元年(1912)一月十六日,清开御前会议。袁世凯赴会,中途,为黄士鹏、张先培、杨禹昌等所狙击,不中。时亲贵中反对共和最力者,为军谘使良弼。二十六日,彭家珍掷炸弹击杀之。段祺瑞复合北方将士47人、兵士14万人,电请改建共和。且云:将率队入京,为各亲贵剖陈利害。隆裕太后乃以决定大计之权,授之内阁总理。于是由袁世凯与民国议定优待满、蒙、回、藏暨清室条件,而清帝于二月十二日退位焉。

三十一　民国以来之政局

清帝退位,袁世凯表示赞成共和。于是孙文辞职,推荐袁世凯于参议院。参议院即举袁为临时大总统,派员迎其南下。袁借口北京兵变,改在北京就职。袁世凯就职后,参议院修改《临时政府组织大纲》为《临时约法》,根据之以召集国会。明年四月八日,国会开会于北京。袁氏嗣有野心,于是有赣宁之役,民党失败。国会乃有先举总统,后定宪法之议。是年十月六日,袁世凯威逼国会,选己为正式大总统。袁旋解散国民党,取消国民党党员议员资格。国会因之不足法定人数。袁遂下令停止议员职务,而召集约法会议,将《临时约法》加以修正。

四年(1915)八月,袁党发起筹安会于京师。通电各省,以从学理上研究政体为名。旋以所谓国民代表大会决定改变国体,并推戴袁世凯为皇帝。十二月二十五日,护国军起于云南。明年三月,袁氏取消帝制。南方迫令袁氏退位,以副总统黎元洪为大总统。旋袁氏忧愤愧悔而死。黎氏入京继任。护国之役,告一段落。

而国会以对德宣战之事,与政府龃龉。黎元洪以命令免国务总理段祺瑞职。各省督军宣言与中央脱离关系,并在天津组织总参谋处。黎氏召安徽督军张勋入京,张勋要求黎解散国会而后入。六年(1917)七月一日,张勋以溥仪复辟。段祺瑞起兵马厂,讨平之。黎元洪宣言不与政治,由副总统冯国璋入京代理。

当国会解散时,两广宣言:不受非法内阁干涉。冯氏入京后,有人主张民国业已中断,可仿先年之例,召集临时参议院。于是海军第一舰队南下。两广、云、贵,在孙文指导下同时宣言护法,要求恢复《临时约法》和国会。南北因此致起战端。这一年八月,国会议员开非常会议于广州。议决《军政府组织大纲》,举孙文为大元帅。旋改设总裁七人,以政务员_{各部总长}。组织政务院,赞襄总裁会议,行使行政权。举孙文等为总裁。北方则召集参议院,修改《国会组织法》《两院选举法》,据以召集新国会。举徐世昌为总统。徐以七年(1918)十月十日就职。下令停战。南北各派代表在上海议和,至八年(1919)五月而决裂。

孙文被举为总裁后,未遑正式就职。九年(1920),驻漳、泉的粤军回粤。政务总裁,有宣言取消自主的。孙文等在上海,通电否认。旋回粤,再开政务会议。十年(1921),两院联合会开会于广州,议决《政府组织大纲》,举孙文为大总统,于是年五月五日就职。

北方当九年(1920)四五月间,有皖、直之战。十一年(1922)四五月间,又有直、奉之战。六月二日,徐世昌辞职。黎元洪入京,补足任期。取消六年(1917)解散国会之令。八月国会开会于北京。十二年(1923)六月,北京军警围总统府索饷。黎元洪走天津。十月,国会贿选曹锟为大总统。十三年(1924)九月,江、浙、直、奉俱起战争。十一月,曹锟辞职,段祺瑞入京,为临时执政。

孙文就总统职后,派兵平定广西,即在桂林筹备北伐。十一年(1922),大本营移设韶关。因陈炯明以粤军叛变,再走上海。这一年十二月,在广东的滇桂军攻粤军,粤军退据东江。明年二月,孙文再还广州,履行大元帅职权,主持南方政府。段祺瑞任执政后,邀请孙文北上,商议国是。十四年(1925)三月十二日,中国国民革命之领袖孙中山先生卒于北京。

先是孙文于民国三年(1914)组织中华革命党,宣扬三民主义,唤醒国人。九年(1920),改为中国国民党。及回广州后,又将国民党改组。共产党有愿加入的,听其以个人名义介入。十三年(1924),始开第一次全国代表大会于广州,组织党治下的国民政府。又立军官学校于黄埔,以为革命武力的基本。孙文逝世后,国民革命军进平东江,统一广东。北方复有战事,段祺瑞去职。十五年(1926)一月,二次代表大会议决出师北伐,以蒋中正为北伐军总司令。七月十五日誓师,连克武汉、江西,别一军自福建入浙江,两军同克南京。国民政府迁都于此。这时候,北方山西、陕、甘等省,亦均加入国民革命。十七年(1928),国民政府分四军继续北伐,东三省亦接受三民主义,赞成革命。全国遂告统一。

三十二　民国以来之外交

讲起民国以来的外交,却是很惊心动魄的。从清末,美人提议开放门户,保全领土,而均势之局渐成。其后日、俄在东北,英在西南,各肆侵略,而均势之局,又渐破坏。民国以来,还是继续着这种趋势。蒙古活佛于清末被诱,竟在库伦宣布独立。西藏的达赖喇嘛亦同时叛变。清廷革其封号,派兵进讨。达赖遂出走印度。民国成立,俄人引诱蒙古,许代它抗中国,不置官,不驻兵,不殖民,而和蒙古订立《商务专条》,攫取广大的权利。我国再三交涉,到底承认了外蒙的自治权,并承认《俄蒙商务专条》,而俄人仅给我一个宗主权的空名。英人亦和俄人取同样态度,代外藏要求自治权。而所谓内外藏,又没有明确的界限。我国拒绝签约,迄今遂成悬案。

欧战起后,各国都无暇东顾。日本的势力,因此大为伸张。民国三年(1914)八月,借口与英同盟,攻击青岛。十一月,陷之。其攻击青岛,从龙口上陆。又轶出范围之外，占据胶济铁路。事后又延不撤兵。我国要求撤退，日人反向我提出五号二十一条的要求。其后略加修改，竟于五年（1916）四月七日，以最后通牒致我，逼我承认。

六年（1917）三月十四日，我国因德国宣布无限制潜艇战争，和他绝交。八月四日，又进而与德宣战。日人暗中和英、俄、法、意交涉，许其继承德国在山东的权利，他才承认中国参战。旋我国要求日人撤退在山东所设之民政署。日人又要挟我国公使，许其合办胶济铁路，承认济顺、高徐两路借款，并于覆文中附以"欣然同意"字样。后来巴黎和会，我国要求青岛由德人直接交还，毕竟以此失败。

七年（1918）二月，俄国革命，和德国讲和。德、奥俘虏，在俄国大为得势。反对新俄的捷克军，为其所制。协约各国，因有共同出兵西伯利亚之议。日人遂与我订《海陆军事协定》，订明得由北满进兵。北满因此大受扰累。后来俄国渐渐统一。各国的兵，从九年（1920）一月以后，都陆续撤退。而日兵直至十一年（1922）十月，始行撤尽。当俄国内乱时，蒙人大受其兵匪的蹂躏。因此请愿中央，自愿取消自治。这是八年（1919）十一月间的事。俄旧党失败后，败将谢米诺夫匿迹大连，遣其余党攻陷库伦。中国兵未能进剿。十年（1921）七月，为新俄兵所克。外蒙自此又入俄人的势力范围。十三年（1924）五月，活佛死后，竟连政治的组织都改变了。

当巴黎和会开会时，我国曾提出多种提案，希望国际上平等的待遇。和会说非其权限所及，未允置议。十年（1921），美国因远东问题邀集各国，在华盛顿会议。我国又提出多案，其结果有具体办法的很少。美国提出四大原则，通过，仍是维持均势的原意。山东问题，我国在巴黎和会失败后，舆论主张提交国际联盟，日人则要求直接交涉。至此，乃由英、美调停，在会外谈判。我开胶澳为商埠，胶济铁路由我于五年至十五年之间赎还，而日人将青岛交还。

清末的四国借款，本有引进外资，牵制日、俄的意思。民国成立，四国银行团知道撇开日、俄，终难妥洽，请其加入，到底承认它所要求"借款以不妨碍满、蒙的利益为前提"的条件。后来美国退出，六国又变为五国。承受善后大借款2 500万镑，以关、盐两税作抵。因此，在北京设立盐务署，其下设稽核所，会办协理，必用外人。欧战起后，银团无款可借。

中国近世史前编

一　论中国近世史的性质

转变，伟大的转变！

世界上的民族国家为什么会有盛衰兴亡之事？

人必有其所处之境，与其所处之境适宜则兴盛，不适宜则衰亡，这是很容易明白的。然则人与环境，为什么有适宜不适宜之分呢？我们知道：动物适应环境的力量，是很小的，它所谓适应，无非是改变自己，以求与所处之境相合，如此，则非待诸遗传上的改变不可，这是何等艰难的事！人则不然，不但能改变自己，还能改变环境，使与自己适合。所以人类不但能适应环境，还能控制环境。人类控制环境的行为，为之文化。人类，很难说有无文化的，即在最古的时代，亦是如此。人类的进化，纯粹是文化进化。我们现在的社会，和汉唐时代，已经大不相同了，而我们的身体，则和地底下掘出来的几十万年以前的人，并无不同。<small>欧洲考古学家证明古埃及人的体格和现代并无不同。</small>不论如何野蛮社会里的人，倘使移而置之文明社会之中，都可以全学会文明社会中人之所能，而无愧色，就是一个确切的证据。所以民族国家的盛衰兴亡，全是判之于其文化的优劣。

文化为什么会有优劣呢？文化本是控制环境的工具，不同的环境，自然需要不同的控制方法，就会造成不同的文化。文化既经造成以后，就又成为人们最亲切的环境，人们在不同的文化中进化，其结果，自然更其差异了。文化是无所谓优劣的，各种不同的文化，各适宜于对付各种不同的环境。但是环境不能无变迁，而人们控制环境的方法，却变迁得没有这么快。人们控制环境的方法，为什么变迁得不会有环境这么快呢？那是由于，（一）大多数人，总只会蹈常习故。审察环境的变迁，而知道控制的方法，不可不随之而变迁的，总只有少数人。（二）而我们现在社会的组织，没有能划出一部分人，且拣出一部分最适宜的人来，使之研究环境变迁的情形，制定人类控制的方法，而大家遵而行之，而只是蹈常习故。<small>古希腊人有一种理想，以为君主宜以最大的哲学家为之，中国古代亦系如此。《公羊》隐公元年《何注》，说"元年春王正</small>

月公即位"之义道:"《春秋》以元之气,正天之端,以天之端,正王之政,以王之政,正诸侯之即位,以诸侯之即位,正境内之治。诸侯不上奉王之政,则不得即位,故先言正月而后言即位,政不由王出,则不得为政,故先言王而后言正月也。王者不承天以制号令则无法,故先言春而后言王,天不深正其元,则不能成其化,故先言元而后言春,五者同日并见,相须成体,乃天人之大本,万物之所系,不可不察也。"此谓王者应根据最高的原理,制为定法,以治天下,其说原无误缪。但在小国寡民之世,事务简单,庸或能事事措置妥帖。在广土众民之世,就断无法悉知悉见了,悉知尚且不能,何况加以研究,而制定适当的处置方法?所以古人希望有一个圣人出来,对于一切事情,无不明白,因而能指示众人以适当处置的方法,事实上是不可能的。但一人之智不及此,合众人而共同研究,则不能谓其智不及此,我们的误缪在于,(一)迷信世界上有一个万古不变之道,此道昔人业已发现,我们只要遵而行之,遂不复从事于研究。(二)处事之时,亦不肯注重于研究。即或迫于事势,不得不加以研究,而研究的人数,既苦于不足,其人选又不适宜。所以社会科学的道理,迄今多黯然不明。现代科学的研究,不合理想的地方还很多,因其规模比较大,研究的人数比较多,人选亦比较适宜,其成绩就非前此所可同日而语了。所以治世的方法,并非不可发现的,不过人们现在的所为,不足以语于此。于是环境变迁了,人还是茫然不觉。(三)虽然没有能够推出一部分人来,使之从事于研究环境的情形,以定众人行为的方针,然事实上总有处于领导地位的人。这种人,往往头脑顽固,而且其利益,往往和大众及全体冲突,以全体的利益论,在某时代,适宜于改行新制度,制度二字,旧时多就政治方面言,此处所用,兼该社会的规则。所谓环境,实有两方面:一为自然,一即社会,可谓人类的自身。制度即人类所以控制自己的。而这种人的私利,都是借旧制度为护持的。因为和其私利冲突,新制度,即适宜于控制环境的方法,往往为此等人所反对。甚至知识为利欲所蔽,连此等新制度的适宜,他也不知道了,而真以旧制度为适宜,遂至尽力以反对新制度,保存旧制度。因为此等人,在社会上是有力分子,人们要改变控制环境的方法,就成为非常艰难的事,因为先要对付反对改变的人。如此,人们改变控制环境的方法,就往往要成为革命行为,这是何等艰难的事!

  文化的兴起,本是所以应付自然的。在最初的一刹那间,所谓环境,其中本只包含自然的成分。此系就理论上言,勿泥。但是到文化兴起以后,文化就成为环境中的一个因素了。而且较诸自然的因素,更为重要。因为自然的变迁,是缓慢的。在短期内,不会使人们有大变其控制方法的必要。人为的因素则不然。其变迁往往甚剧,迫令人们非改变其方法不可。能改变则更臻兴盛,不能改变则日就衰亡,大概都是这种因素。文化是有传播性质的,即甲社会控制环境的方法,可以为乙社会所仿效,乙社会之方法,可为甲社会所仿效亦然。此其相互之间,较优的社会,往往欣然愿意指导较劣的社会，而较劣的社会，亦恒欣然乐于接受。此等现象的由来，我们除掉说：人是生而有仁智之心的，别无解释的方法。人心之不可改变，等于人体之不可改变。_{心理是根于生理的，其实二者原系一事。}要使人不爱人，人不求善，正和不许人直立而使之倒悬一样的难。如此，世界上各地方各种不同的文化，就应当迅速的互相传播，各地方很快的风同道一；而全人类的文化，也因之日进无疆了。然而不能不为前述的原因所阻碍。因此，各民族国家的文化，就不能无适宜与不适宜之分，因而生出盛衰兴亡之事。

当盛衰兴亡迫于眉睫，非大改变其文化不能控制环境，以谋兴盛而避衰亡之时，其能否改变，改变之速度，能否与环境的变迁相应，_{所谓能否改变，其实就是速度能否相应的问题。若不为环境所迫而至于衰亡，时间尽着延长，是没有什么民族，能断言其不会改变的。}仍看其本来文化的高低。

因为自然的环境不会急变，急变的总是人造出来的环境。所以一个民族、一个国家，环境的剧变，恒在与一个向不交通的区域交通之时。这所谓交通，非普通所谓往来之义。世界上无论如何隔绝的区域，和别一区域直接或间接的往来，怕总是有的，但是此等偶尔的往来，并不能使该区域中的文化发生需要改变的情形，便非我在此地所说的交通。我在此地所说的交通，乃指因两造的往来，使其中的两造或一造所处的环境为之改变，达于非改变控制方法不可的程度而言。不达于此程度，虽日日往来，亦不相干。准此以谈，则中国的文化，可以划分为三大时期，即：

1. 中国文化独立发展时期。
2. 中国文化受印度影响时期。
3. 中国文化受欧洲影响时期。

第一时期的界限，截至新室灭亡以前，寻常都以秦的统一，为古今的大界，其实这是表面上的事情。若从根本上讲，则社会组织的关系，实远较政治组织为大。中国在古代，本有一种部族公产的组织，其部族的内部，及其相互之间，都极为安和，此种文化，因交通范围的扩大，各部族的互相合并而破坏了。但其和亲康乐的情形，永为后世所追慕，而想要恢复它，因为昔人不明于社会组织的原理，所走的是一条错误的路，因此，自东周至前汉之末，此种运动，垂六七百年，_{此不过约略之辞，实际上，此等运动或更早于此，亦未可知。不过在西周以前，史料缺乏，无可征信罢了。}而终于无成。自新室的革命失败以后，我们遂认现社会的组织是天经地义而不可变。不以为社会的组织，能影响于人心，反以为人心的观念，实造成社会的组织，遂专向人的观念上去求改良。在这种情形之下，印度的哲学思想，是颇为精深的；其宗教感情，亦极浓厚；适合我们此时的脾胃，遂先后输入，与中国固有的哲学宗教，合同而化，而成为中国的所谓佛教。发达到后来，离现实太远了，于是有宋朝的理学，欲起而矫其弊。然其第一时期以观念为根本，第二时期承认现社会的组织为天经地义，还是一样的。所以理学代佛学，在社会上，并不起什么变化。近几百年来，欧洲人因为生产的方法改变了，使经济的情形大为改变。其结果，连社会的组织，亦受其影响，而引起大改革的动机。其影响亦及于中国。中国在受印度影响的时代，因其影响专于学术思想方面，和民族国家的盛衰兴亡，没有什么直接的紧迫的关系。到现在，就大不相同了。交通是无法可以阻止的，最小的部族为什么要进为统一的大国，统一以后，为什么还要与域外之国相往来，都是受这一个原理的支配。既和异国异族相交通，决没有法子使环境不改变，环境既改变，非改变控制的方法，断无以求兴盛而避衰亡。所以在所谓近世期中，我们实有改变其文化的必要。而我国在受着此新影响之后，亦时时在改变之中，迄于今而犹未已。

　　转变，伟大的转变！

二　入近世期以前中国的情形

　　要讲中国的近世史，必先知道入近世期以前中国的情形，现在从政治社会两方面，说其大略。

　　中国的政治，是取放任主义的。从前的政治家，有一句老话，说"治天下不如安天下，安天下不如与天下安"。只这一句话，便表明了中国政治的消极性。中国的政治，为什么取这种消极主义呢？原来政治总是随阶级而兴起的。既有阶级，彼此的利害，决不能相同。中国政治上的治者阶级，是什么呢？在封建时代，为世袭的贵族。封建既废，则代之以官僚。所谓官僚，是合（一）官；（二）士，即官的预备军；（三）辅助官的人，又分为（甲）幕友，（乙）吏胥，（丙）差役；（四）与官相结托的人，亦分为（子）绅士，（丑）豪民。此等人，其利害都和被治者相反，都是要剥削被治者以自利的。固然，官僚阶级中，未尝无好人，视被治阶级的利害，即为自己的利害。然而总只是少数。这是因为生物学上的公例，好的和坏的，都是反常的现象，只有中庸是常态。中庸之人，是不会以他人之利为己利，亦不会以他人之害为己害的，总是以自己的利益为本位。社会的组织，使其利害与某一部分共同，他就是个利他者。使其利害和某一部分人相对立，就不免要损人以自利了。所以官僚阶级，决不能废督责。督责二字，为先秦时代法家所用的术语。其义与现在所谓监察有些相似，似乎还要积极些。然中国地大人众，政治上的等级，不得不多，等级多则监督难。任办何事，官僚阶级都可借此机会，以剥民而自利。既监督之不胜其监督，倒不如少办事，不办事，来得稳妥些。在中国历史上，行放任政策，总还可以苟安，行干涉政策，就不免弊余于利，就是为此。因此，造成了中国政治的消极性。

试看政治上的制度：中国是世界上最大的大国，皇帝的尊严，可谓并时无二，然其与臣下的隔绝亦特甚。现在世界上，固有版图更大于中国的国家，然合最古和最大两条件言之，则中国实为世界第一。康有为《欧洲十一国游记》曾说：中国人所见外国有君主，往往臆想，以为亦和中国的皇帝一样，其实全不是这么一回事。欧洲小国的君主，时常步行出宫，人民见之，脱帽鞠躬，他亦含笑答礼，较之中国州县官，出有仪卫的，还觉得平易近人得多呢。中国君主的尊严，乃由其地大人众，而政治上的等级，不得不多，等级多，则不得不隔绝，隔绝得厉害，自然觉得其尊严了。再加历史上的制度和事实，都是向这一方面进行的。所以历时愈久，尊严愈甚，而其隔绝亦愈甚。秦汉时的宰相，是有相当的权力，而地位亦颇尊严的。然自武帝以后，其权已渐移于尚书。曹魏以后，又移于中书。刘宋以后，又参以门下。至唐代，遂以此三省长官为相职，而中书、门下，尤为机要。后来两省长官，不复除人，但就他官加一同平章事等名目，即为宰相。其事务，则合议于政事堂。政事堂初在门下省，后移于中书省。宋元之世，遂以中书省为相职。中书、门下等官，其初起，虽是天子的私人，至此其权力又渐大，地位又渐尊了。明世，乃又废之而代以殿阁学士，清代，内阁之权，又渐移于军机处。总而言之，政治上正式的机关，其权恒日削，而皇帝的秘书和清客一类的人，其权恒日张。内阁至清代，已成为政治上正式的机关。军机处则不过是一个差事，和末年的练兵处、学务处一样。外官：秦汉时的县，实为古代的一国，此乃自然发达而成的一个政治单位。五等之封，在经学上，今古文立说不同。今文之说，见于《孟子·万章下篇》和《礼记·王制》，大国百里，次国七十里，小国五十里，此乃自然的趋势所发达而成政治单位。《汉书·百官公卿表》说：汉承秦制，县大率方百里，即是将此等政治区域，改建而成的。古文之说，见《周官·职方氏》，公之地方五百里，侯、伯、子、男，递减百里，乃根据东周以来的事实立说的。如《孟子·告子下篇》说：今鲁，方百里者五，就是《周官》所说的公国了。此等国中，实包含许多政治单位，而其自身并非一个政治单位。更大的国，如晋、楚、齐、秦等，就更不必说了。大率方百里为一政治单位，实从春秋以后，直到现在，未曾有根本变更。因为县这一个区域，从来没变动过。郡本是设在边陲之地，以御外侮的。与县各自独立，不相统属，后来大约因其兵备充足，县须仰赖其保护，乃使之隶属于郡，然仍只是边陲之地。战国时，楚之巫、黔中，燕之上谷、渔阳、右北平、辽西、辽东，赵之云中、雁门、代郡等，均在沿边之地。秦始皇灭六国，因其民未心服，觉得到处有用兵力镇压的必要，乃分天下为三十六郡，而以郡统县，始成为普遍的制度。此时距封建之世近，郡守的威权，又怕其太大，乃设监察御史，汉朝则遣刺史监察之。汉朝的刺史，一年一任，没有一定的驻所；其人的资格和官位，都远较太守为低。所察以诏书所列举的六条为限，不外乎太守的（一）失职，（二）滥用威权，（三）依附豪强。其他概非所问，真是一个纯粹的监察官。唐宋以后的监司官，就不能如此了。然即使把它算做行政官，也还只有三级。至元代，乃又于其上设一中书行省。明虽废之而改设布政、按察两司，其区域则仍元行省之旧。至清代，督抚又成为常设的官，而布政司的参政、参议，分守各道，按察使的副使、佥事，分巡各道的，又渐失其原来的性质，而俨若在司府之间，自成一级。于是合（一）督抚，（二）司，（三）道，（四）府、直隶州厅，（五）县、散州厅。秦并天下，立郡县二级之制。汉时刺史，本非行政官。每一刺史，所分察的区域，政治上并无名称，当时言语，则称之为州。后来改刺史为州牧，即沿用其称谓。州字至此，始成为行政区划之名。东晋以后，疆域缩小，而侨置的州郡日多。州之疆域，寖至与郡无异，隋时乃并为一级。自此州郡二字，异名实同，实系秦汉时的所谓郡。其监司官所管的区域，于唐称为道，宋称为路。元时于路之上又置行中书省。明虽废省设监司，其区域则仍元之旧，其名称遂亦相沿不变。府之称，唐时唯长安、洛阳为然。后梁州以为德宗所巡幸，亦升为兴元府。宋代大州多升为府。于是秦汉时所谓郡的一级，或称为府，或称为州。此为明代府与直隶州并立的由来。其直隶厅，则系清代同知、通判另有驻地，而直隶于布政司者之称。又元时因省冗官，令知州兼理附郭县事，明初遂并县入州，所以凡直隶州都无附郭县，其不领县的，称为散州，就与县无异了。散厅则是同知、通判有驻地而仍属于府的。总之，近代的地方制度，颇为错杂不整。几乎成为五级了。等级愈多，则下级受压制愈甚，而不能有所作为。上级的威权愈大，而驯致尾大不掉，清中叶以后，此等弊害，是十分显著的。县既是古代的一国，县令即等于国君，是不能直接办事的，只能指挥监督其下。真正周详纤悉的民政，是要靠乡镇以下的自治机关举行的。此等机关，实即周时比长、闾胥、族师、党正、州长、乡大夫等职；汉世的三老、啬夫、游徼，尚有相当的权力，而位置亦颇高。魏晋以后，自治废弛，此等乡职，非为官吏所诛求压迫，等于厮役，即为土豪劣绅所盘踞，借以虐民，民政乃无不废弛。总而言之，中国政治上的制度，是务集威权于一人，但求其便于统驭，而事务因之废弛，则置诸不问，这是历代政治进化一贯的趋势，所以愈到后世，治官的官愈多，治民的官愈少，这是怪不得什么一个人的。政治的进化，自有一个隐然的趋势在前领导着，在这趋势未变以前，是没有法子违逆他的。即使有一两个人，要硬把他拗转来，亦不旋踵而即复其旧，甚而至于加甚其程度。

因为政治上有这但求防弊的趋势，就造成了一种官僚的习气。官僚政治的情态是（一）不办事，（二）但求免于督责，（三）督责所不及，便要作弊。不办事的方法，是（甲）推诿，（乙）延宕。推诿是干脆不办。延宕是姑且缓办，希冀其事或者自行消灭，或可留给别人办。官场的办事，所以迟缓，就是为此。但求免于督责，则最好用俗话所谓"说官话"的手段。表面上丝毫无可指摘，实际上却全不是这么一回事。官场的办事，所以有名无实，即由于此。作弊乃所以求自利，求自利，是一切阶级本来的性质，与其阶级同生，亦必随其阶级而后能同灭的。官僚既成为一阶级，自亦不能违此公例。所以官僚阶级的营私舞弊，侵削国与民以自利，是只能随监督力量的强弱，而深浅其程度的，性质则不能改变，这是古今中外所同然的。作事的但求卸责，及监督不及，便要作弊，外国的官僚政治，亦和中国相同，但其官制受过资本主义的洗礼，组织要灵活些，监督也要严密些，所以作弊要难些，办事也要敏捷些，然其本质则无异。

以上所说的是立法，至于用人，则向来视为拔取人才之途的，是学校与科举。学校在官办的情形下，自然不会认真。倒不如科举，还有一日之短长可凭。科举遂成积重之势，流俗看重它，朝廷亦特优其出身。然科举则所学非所用。从前的科举，取中之后，是要给他官做的，实在是一种文官考试，然其所考的，则唐朝为诗赋和帖经、墨义，宋朝则废帖经而改墨义为大义，帖经、墨义之式，见于《文献通考·选举考》。帖经是责人默写经文，墨义则责人背诵注语，和现在学校中旧式考试，专重记忆一般。此乃受当时治学方法的影响。因为当时人的治经，本是以记忆为贵的。都是和做官无干的。自宋以前，诗赋及经义，迄分为两科，元以后复合为一。元、明时首场试四书五经义，次场试古赋、诏、诰、表等，均系辞章性质。清朝虽去之，将四书五经义于头二场分试，然头场试诗一首，仍须懂得辞章。其事实非普通人所能为。明清以来，遂专注重于几篇四书义，而其余都不过敷衍了事。而四书义的格式，又经明太祖和刘基制定，是要代圣贤立言的。因此，遂生出不许用后世事的条件。明清两代，科场所试的经义，体制相同。以其本为明太祖所制定，所以称为制义，又称为制艺，其体制颇为特别。中国的对偶文字，是句与句相对，此则段与段相对。其严整的格式：除起处先以两句总括题旨,谓之破题,又以数语续加申说,谓之承题,再以一段总括题义,谓之起讲外,以下的文字,须分作八段。第一段与第二段,第三段与第四段,第五段与第六段,第七段与第八段相对。除起讲之后,有数单语,谓之入手;每两段之后,可以有数单语,谓之出落;结笔又可用数单语,谓之落下外,其余都须两两相对。后来虽有变通,大体相去总不甚远。此种文体,本已特别,非专门学习不可。后来出题目的,又务求其难,如其所谓虚小题。虚题,有专取两个虚字,以为题目的。如以《孟子·告子下篇》"必先苦其心志,劳其筋骨,饿其体肤,空乏其身,行拂乱其所为"之"必先"二字为题。小题中的截上,将上文截去;截下则将下文截去;截搭则上一句系截上,下一句系截下,此等题目,本非连上下文不可解,而文字的表面上,却不许涉及上下文,谓之犯上、犯下。截搭题则做六股,前两股说上句,其中须隐藏下句的意义,或硬嵌入其字面,谓之钓。后二股做下句,对于上句亦然,谓之挽。中间两股,则从上句说到下句,谓之渡。大题有出至十余章的,根本不是一句话,而文中不许各章分说,硬要想出一个法子来,把它联成一片,谓之串做。诸如此类,都是非法之法,单明白事理的人,不会就懂得的,所以非专门学习不可。此等非法之法,是很多的。以上所举,不过大略。所以学之颇费时间。天资中等的人,就可以穷老尽气了。以上所说的,系属后来的流弊。其(一)段与段相对,(二)不准自己说话,而要代书中的人立言,则初立法时已然,此二者可谓八股文的特色,为此种文体所由成,即此已与普通事理不合,非专门学习,不会懂得了。应科举的人,本来是不讲学问,只求会做应试文字的。应试文字,当其立法之初,虽亦想借此以觇所试的人的学识,然其结果,往往另成为一种文字。无学识的人,经过一定的学习,亦可以写得出来,有学识的人,没有学习,亦觉无从下手,应举文字至此,遂全与学识无干。而况加以这一种限制,使其更便于空疏呢?近世学子之所以一物不知,和科举制度,不能不说有很大的关系。人的气质,是多少和其所从事的职业有些关系的。唐朝的进士试诗赋,其性质多近于浮华。明清的科举重四书义,四书注则采用朱注,所以其士子的性质,多近于迂腐。空疏则不知官吏的职责,迂腐则成为改革的阻力。清朝后来所以政治上绝无可用之才,而所谓绅士,多成为顽固守旧之魁,即由于此。但此等人,究竟还有些方正的性质,总还有所不为,虽不懂得世务,还有些空泛的忠君爱民、顾惜名节等观念。而清朝从中叶以后,又大开其实官捐,出了钱的人，都可以买官做。于是官场的流品益杂，其人的道德观念和智识程度，又在科举中人之下。而仕途的拥挤，又逼着他无所不为，官方之坏，就不可收拾了。就一般国民之中，拔擢出一部分人来，算他有做官的资格，谓之取士。就已有做官资格的人，授之以官缺，谓之铨选。铨选有两法：一种是畀用人之人以选择之权的，是为注重衡鉴；一种则专守成法，不许以意出入，是为注意资格。以人批评人，固然很难得当，较之全不问其好坏，总要好些。所以就理论言，注重衡鉴之法，实较专凭资格为合理。但这是以操铨选之权者大公无私为限。若其不然，则势必衡鉴其名，徇私舞弊其实，还不如资格用人，可以较为安静了。从注重衡鉴，变为专守资格，亦是从前政治进化自然的趋势。政治主义不变，是无法可以遏止的。但在非常之时，亦必有非常之法，以济其穷。清朝却始终没有，一切又是循资按格。所以始终不能擢用有才有志的人，以振作士气，鼓舞民心，浮升至大僚的人，大都年已六七十，衰迟不振，惟利是图。这是清朝的政治所以绝无生气的原因。

在朝的政治，既无生气，所希望的，就是在野的人。在野的人，就是所谓士。不在其位的士大夫，都慷慨喜言政治，有时亦可影响于朝局。而且在野的人，喜谈政治，则留心政治的人必多，其中自多可用之才。苟得严明的君主以用之，自易有振敝起衰之望。党祸的根源，就政治上言之，实由上无严明之主，历代的党祸，其中的首领，也总有几个公忠体国的人，但大多数附和的人，则均系为名为利。加以惩治，适足使其名愈高，名高而利即随之，彼正私心得计，所以党争必不可以力胜。只要有严明的政治，持之以久，而不为其所摇动，久则是非自见，彼将无所借以鼓动群众，其技即将穷而自止，而党祸也就消灭了。清朝承明代党争之后，防止立社结党甚严。又清以异族入主中原，对于汉人，较之前朝，猜忌尤甚。所以士大夫都不敢谈政治，而萃其心力于辞章考据。清儒的学问，亦自有其特色，然就政治方面论，则大都是无用的。又承宋明理学盛极而衰之会，只致力于博闻而不讲究做人的道理。所以其人的立身行己，多无足观。既无以自足于内，则必将浮慕乎外，而嗜利却不重名节，遂成为士大夫阶级一般的风气。

凡百政事，总是有了钱，才能够举办的。所以财政实为庶政的命脉。要想积极地整顿政治，理财之法，是不能不讲的。中国的政治，既是放任主义，所以其财政亦极窳敝。全国最重要的赋税是地丁。地即田税，丁乃身税，本指力役而言。责民应役，其弊甚多，乃改为折纳钱而免其役。而所谓折纳钱者，又不是真向应役的人征收，而是将全县丁额，设法摊派于有田之家,谓之丁随粮行。名为丁税,其实还是田税。清朝所谓编审,就是将丁税之额,设法改派一番,和清查户口,了不相干。所以各县丁税,略有定额,并不会随人口而增加。清圣祖明知其然,乃于康熙五十一年(1712)下诏:令后此滋生人丁,永不加赋。新生人丁,概不出赋,而旧有丁赋之额,仍要维持,就不得不将丁银摊入地粮了。至此,地、丁两税,乃正式合并为一。所以昔时租税的基本部分,全为农民所负担,其伸缩之力极小。财政困难时,加赋往往召乱。但不加赋,又无以应付事情,这亦是从前政治难于措置的一端。

国家最重要的职务,是维持国内的秩序,抵御外来的侵略。为达到这两项目的起见,于是乎有兵刑。中国从前的情势,在承平时代,是无所谓兵的,所谓兵,只是有一种人名为兵而吃饷,其实并无战斗力。这是由于承平时代,并无对立的外敌,亦无必须预防的内乱。处此情形之下,当兵的人,和带兵的人,自然不会预期着要打仗,而军政就因之腐败了。兵可百年不用,不可一日无备,私天下的人,何尝不想维持强大的军队,以保守一己的产业?然有强兵而无目标,其兵锋往往会转而内向,这亦是私天下者之所惧,因此不敢十分加以整顿。而且在政治腐败之时,亦不知道要整顿,即使想整顿,亦复不能整顿。所以在历史上,往往内乱猝起,外患猝至,国家竟无一兵可用。要经过相当时间,新的可用的军队,才能从一面打仗,一面训练中,发生成长起来。这亦是为政情所规定,而无可如何的。

至于刑法,则向来维持秩序的,是习惯而非法律。换言之,即是社会制裁,而非法律制裁。其所由然:(一)因政治取放任主义而软弱无力。(二)因疆域广大,各地方风俗不同,实不能实行同一的法律。于是法律之为用微,而习惯之为用广。(三)因社会上的恶势力,并没有能够根本铲除。如家法处置等事,到现在还有存留于社会的。(四)因官僚阶级中人,以剥削平民为衣食饭碗,诉讼事件,正是一个剥削的好机会。此项弊窦,既为官僚阶级的本质,则虽良吏亦无如之何。不得已,乃惟有劝民息讼。以国家所设的官,本以听讼为职的,而至于劝民息讼,细想起来,真堪失笑。然在事实上,却亦不得不然。五口通商以后,西人借口于我国司法的黑暗,而推行其领事裁判权,固不免心存侵略,然在我,亦不能说是没有召侮的原因。

中国的人民,百分之八十是农民,农民的知识,大概是从经验得来的。其种植的方法,颇有足称。但各地方的情形,亦不一律,如李兆洛做《凤台县志》,说当地的人,一人种田16亩,穷苦异常。有一个人,唤做郑念祖,雇一兖州人种园。两亩大面积,要雇一个人帮忙。所用的肥料,要 2 000 个铜钱。而凤台本地人,却种 10 亩地,只用 1 000 个铜钱的肥料。其结果,兖州人所种园地,大获其利,而凤台当地人,则往往不够本。于此,可见凤台人耕作之法,远不如兖州。李兆洛是常州人。常州是江南之地,江南的耕作法,是号称全国最精的,李氏因而主张,雇江南的农师,到凤台去教耕,兼教之以各种副业。他说:如此,一人 16 亩之地,必可温饱而有余。举此一例,可见各地方的农民,其智识的高低,并不一律。这是因地利之不同,历史之有异,如遭兵荒而技术因之退步等。所以其情形如此。但以大体论,中国的农民是困苦的。这因(一)水利的不修,森林的滥伐,时而不免于天灾。(二)因田主及高利贷的剥削,商人的操纵。(三)沃土的人口,易于增加。所种的田,因分析而面积变小。所以农民的生活,大多数在困苦之中。设遇天灾人祸,即遭流离死亡之惨,抑或成为乱源。工业:大抵是手工。有极精巧的,然真正全国闻名的工业品并不多。即使有,其销场实亦仍限于一区域中。流行全国的,数实有限。如湖笔、徽墨,其实并未推行全国,各处都有制造笔墨的人。此因制造的规模不大,产量不多,又运输费贵,受购买力的限制之故。普通用品,大抵各有行销的区域。工人无甚智识,一切都照老样子做,所以改良进步颇迟;而各地方的出品,形式亦不一律。商人在闭关时代,可谓最活跃的阶级,这因为社会的经济,既进于分工合作,即非交换不能生存。而生产者要找消费者,消费者要找生产者极难,商人居其间,却尽可找有利的条件买进,又可尽找有利的条件卖出。他买进的条件,是只要生产者肯忍痛卖;卖出的条件,是只要消费者能勉力买。所以他给与生产者的,在原则上,只有最低限度;取诸消费者的,在原则上,却达于最高限度。又且他们手中,握有较多的流动资本。所以商人与非商人的交易,商人总是处于有利地位的。在他们之中,专以流通资本为业的,是钱庄和票号,亦占有相当势力。当铺则是专与贫民做交易的,这可说是放债者的组织。中国的商业,虽有相当的发达,但受交通及货币、度量衡等制度发达不甚完美的影响,所以国内商业,还饶有发展的余地。商人经营的天才,亦有足称。但欲以之与现代资本雄厚、组织精密的外国商人为敌,自然是不够的。加以他们(一)向来是习于国内商业的,对于国外商业的经营,不甚习熟;(二)资本又不够雄厚;(三)外国机器制品输入,在中国饶有展拓之地,即居间亦有厚利可图。所以海通以来,遂发达而成为买办阶级。

农、工、商三种人，都是直接生利的，士则否。士人：（一）最得意的，自然做官去了。（二）次之则游幕，亦是与官相辅而行的。（三）因做官的人，生活宽裕，往往可以支持数代，又读书，从前算做高尚的职业，所以农工商中，生活宽裕的，以及无一定职业，而生活宽裕的，抑或以读书为业。此等读书人，纯粹成为有闲阶级。（四）大多数无产的，则以教馆为生，握有全国文字教育之权。从前的读书人，知识大体是浅陋的。这因（一）中国人的读书，一部分系受科举制度的奖励。（二）又一部分，则因实际应用的需要，如写信、记账等。志在科举而读书的，自然专以应举为目的。从前人读书，所以入手即读四书，即因考试专重四书文之故。读到相当程度，即教以作应举之文，应举之文，如前述，是可以穷老尽气的。教者既除此之外，一无所知，学者的天资，在中等以下的，自亦限于此而不能自拔。所以一部分生计较裕，愿望较大的人，读了书，往往成为浅陋顽固之士。至于其读书，系为识得几个字，以便应用的，则教之之人，亦更为浅陋。大抵乡间的蒙馆，做老师的人，亦多数是不通科举之学的，他们本亦只能教人识几个字，记记账。此等识字之书，编成韵语，使人且识字且诵读的。如《急就篇》等是。但在近代，此等书久未编纂，于是改而教人识方字。既已认识方字，此等编成韵语的书本可不读，因为方字便是其代用品。然此等闾里书师，四字见《汉书·艺文志》，可见现在村馆蒙师，历代都有。是只知道相沿的事实，而不知其原理的，既识方字之后，乃教之以《三字经》《千字文》《百家姓》《千家诗》等。再进一步，就惟有仍教之以四书了，其结果，于此等人的生活，全不适切，应用的技能，亦所得有限。士人向来自以为有领导的责任，特别是理学昌明时代，因为理学家以天下为己任，而他们所谓治天下，并不是专做政治上的事情，改良社会，在他们看得是很要紧的。他们在乡里之间，往往能提倡兴修水利，举办社仓等公益事业。又或能改良冠婚丧祭之礼，行之于家，以为民模范。做官的，亦多能留意于此等教养之政。他们所提倡的，为非为是，姑置勿论，要之不是与社会绝缘的。入清代以后，理学衰落，全国高才的人，集中其心力的是考据。考据之学，是与社会无关系的。次之，则有少数真通古典主义文学的人，其为数较多的，则有略知文字，会做几篇文章，几首诗，写几个字，画几笔画的人。其和社会无关系，亦与科举之士相等。总而言之，近代的读书人，是不甚留意于政治和社会的事务的，所以海通以来，处从古未有的变局，而其反应的力量并不大，若在宋明之世，士子慷慨好言天下事之时,则处士横议,早已风起云涌了。

士子而外,还有一种不事生产的人。此等人,在乡里则称为无赖,称为地痞,称为棍徒,出外则称为江湖上人,即现在上海所谓白相人,亦即古代所谓豪杰、恶少年等。此等人大抵不事生产,其生活却较一般平民为优裕。其进款的来源,则全靠其一种结合,因而成为一种势力。于是(一)或者遇事生风,向人敲诈。(二)则做犯法的事,如贩卖私盐等。(三)或且为盗为贼。此等人和吏役大抵有勾结,吏役又有些怕他,所以在政治上,很难尽法惩治。在秩序安定之时,不过是一种游食之人,在秩序不安定之时,即可起而为乱,小之则盘踞山泽,大之则就要攻劫州县,成为叛徒了。历代的乱事,其扩大,往往由于多数农民的加入,其初起,往往是由此等人发动的。中国的平民是无组织的,此等人却有组织,所以英雄豪杰,有志举事的,亦往往想利用他们,尤其是在异族入据之世。但此等人的组织,根本是为解决自己的生活问题的。其组织虽亦有相当的精严,乃所谓盗亦有道。盗虽有道,其道究只可以为盗,真要靠他举行革命事业是不够的。

一般的风气,家族主义颇为发达。人类在较早的时代,其团结大概是依据血统的。当这时代,治理之权,和相生相养之道,都由血缘团体来担负,是为氏族时代。后来交通渐广,交易日繁,一团体的自给自足,不如广大的分工合作来得有利,于是氏族破坏,家族代兴。中国的家族,大体以"一夫上父母下妻子"为范围,较诸西洋的小家庭,多出上父母一代,间有超过于此的,如兄弟几房同居等,其为数实不多,此等组织,观念论者多以为其原因在伦理上,说中国人的团结,胜于欧美人。其实不然,其原因仍在经济上。(一)因有些财产,不能分析,如兄弟数人,有一所大屋子,因而不能分居。(二)而其最重要的原因,则小家庭中,人口太少,在经济上不足自立。譬如一夫一妻,有一个害了病,一个要看护他,其余事情就都没人做了。若在较大的家庭中,则多少可借些旁人的力,须知在平民的家庭中,老年的父母,亦不是坐食的,多少帮着照顾孩子,做些轻易的事情。(三)慕累世同居等美名以为伦理上的美谈,因而不肯分析的,容或有之,怕究居少数,但亦未必能持久。凡人总有一件尽力经营的事情,对于它总是十分爱护的。中国人从前对于国家的关系,本不甚密切,社会虽互相联结,然自分配变为交易,明明互相倚赖之事,必以互相剥削之道行之,于是除财产共同的团体以内的人,大率处于半敌对的地位。个人所恃以为保障的,只有家族,普通人的精力,自然聚集于此了。因此,家族自私之情,亦特别发达。(一)为要保持血统的纯洁,则排斥螟蛉子,重视妇女的贞操。(二)为要维持家族,使之不绝,则人人以无后为大戚。因而奖励早婚,奖励多丁,致经济上的负担加重,教养都不能达到相当的程度。(三)公益事情,有一部分亦以家族为范围,如族内的义田、义学等是。(四)因此而有害于更大的公益。如官吏的贪污,社会上经手公共事业的人的不清白,均系剥削广大的社会,以利其家族。(五)一部分人,被家族主义所吞噬,失其独立,而人格不能发展。尤其是妇女,如说女子无才便是德,因而不施以教育,反加以抑压锢蔽之类。总而言之,家族制度和资本制度,是现代社会的两根支柱,把这两根支柱拉倒了,而代以他种支柱,社会的情形就大变了。

乡土观念亦是习惯所重的。(一)因交通不便,各地方的风俗,不能齐一,尤其言语不能尽通。(二)而家族主义,亦本来重视乡土的。因为家族的根据,总在一定地方,而习俗重视坟墓,尤属难于迁移之故。因此离开本乡,辄有凄凉之念,虽在外数十年,立有事业,仍抱着"树高千丈,叶落归根"的思想,总想要归老故乡,而尸棺在千里之外,亦要运归埋葬。此于远适异域,建立功业,从事拓殖,颇有些阻碍。羁旅之人,遇见同乡,亦觉得特别亲近,只看各地会馆的林立,便可知道,此于国族的大团结,亦颇有妨碍。后来旅外的华侨,虽在异国,仍因乡贯分帮,即其一证。

中国人是现实主义的,不甚迷信宗教。其故:因自汉以后,儒教盛行,儒教的宗旨,系将已往的时代,分为三阶段:(一)在部族公产之世,社会内部,绝无矛盾,对外亦无争斗,谓之大同。(二)及封建时代,此等美妙的文化,业经过去了,然大同时代的规制,仍有存留。社会内部的矛盾,还不甚深刻,是为小康。大同、小康之名,见于《礼记·礼运》。(三)其第三个时期,没有提及,我们只得借《春秋》中的名词,称之为乱世了。《春秋》二百四十二年,分为三世:(一)据乱而作,(二)进于升平,(三)再进于太平,明是要把世运逆挽至小康,再挽之大同的。太平大同的意义,后世已无人能解,小康之义,儒书传者较详,后人都奉为治化的极则。其实儒家的高义,并不止此。其说法,还是注重于社会组织的。想把事务件件处置得妥帖,使人养生送死无憾。儒教盛行,大家所希望的,都在现世,都可以人力致之。所以别种宗教,所希望的未来世界,或别一世界,靠他力致之的,在中国不能甚占势力。虽然如此,人对现世的觖望,总是不能无有的,于是有道、佛二教,以弥补其空隙。

（一）儒教的善恶报应，是限于现世的，延长之则及于子孙，这往往没有应验，不能使求报的人满足。佛教乃延长其时间而说轮回，另辟一空间而说净土，使人不致失望。（二）高深的哲学，在中国是不甚发达的，佛教则极为发达，可以满足一部分人的求知欲。（三）其随时随地，各有一神以临之，或则系属善性，而可以使人祈求；或则系属恶性，而可以使人畏怖。则自古以来，此等迷信的对象本甚多，即后来亦有因事而发生的，都并入于道教之中。前者如各地方的土地山川之神；后者如后世货币用弘，则发生财神，天痘传染，则发生痘神等是。中国宗教发达至此，已完全具足，所以再有新宗教输入，便不易盛行。

以上所说，系就通常情形立论。若在社会秩序特别不安定之时，亦有借宗教以资煽惑的，则其宗教，迷信的色彩，必较浓厚，而其性质，亦不如平时的宗教的平和，历代丧乱时所谓邪教者都是。

以上是中国政治和社会的轮廓。总而言之：

（一）当时中国的政治，是消极性的，在闭关时代，可以苟安，以应付近世列国并立的局面则不足。

（二）当时中国的人民和国家的关系是疏阔的，社会的规则都靠相沿的习惯维持，所以中国人民无其爱国观念，要到真有外族侵入时，才能奋起而与国家一致。

（三）中国社会的风俗习惯，都是中国社会的生活情形所规定的，入近世期以后，生活情形变，风俗习惯亦不得不变。但中国疆域广大，各地方的生活，所受新的影响不一致，所以其变的迟速，亦不能一致，而积习既深，变起来自然也有相当的困难。

三　中西的初期交涉

近代西人的东来及中西通商

旧世界之地，文明的中心点，共有三处：（一）为亚洲东部的中国。（二）为亚洲南部的印度。（三）在亚、欧、非三洲之交，即所谓西洋文明。印度人在历史上，未曾充分发挥过政治上的势力，所以讲历史的人，大抵把它分做东洋、西洋两部。东西洋的文明，中以亚洲中部的高原为之间隔，不甚读史的人，往往误以欧、亚二洲为东西洋的界限，其实不然，水本不足为交通的障碍。乌拉尔岭虽长而低，高加索虽高而短，亦不足以为交通的障碍的。所以为历史上东西洋文化的间隔的，实在是亚洲中央的高原。自亚洲的东方到欧洲，有三条路：（一）为北道，经西伯利亚逾乌拉尔岭入欧俄，其地太觉荒凉，从古无甚往来。（二）为中道，自蒙古经天山北路，历咸海、里海地带至欧洲，亦是常受侵掠的路。（三）为南道，自天山南路逾葱岭入西亚，则系文明发达之地。但其地太艰险，所以交通不能大盛。所以其相通，必于海而不于陆。中国和欧洲的交通，是自古就有的，但其互相灌输，不过是枝节的技术问题，罗盘针、印刷术、火药等，至近世虽能令社会文明焕然改观，然在当时，实不过如此。未能使社会焕然改观。社会向外发展之力，既尚不大，亦未能使东西两洋发生亲密的关系。所以历史上的中、欧交通，握其枢纽的，实在多是印度、阿拉伯及其他西亚诸国人。中国人到欧洲，欧洲人到中国的，究竟不多。这种情形，在未入近世史之前，始终没有改变。中、欧的大通既不于陆而于海，则起着先鞭的，必然是长于航海的人。以地理形势论，必属于欧洲而不属于亚洲的东部。欧洲海岸线最长，内地的每一关，距海岸皆较近。且其文明发达，自古即在地中海沿岸，其国家的富厚繁荣，实与海有甚深的关系。与中国以陆为中心，视海路的发展无甚关系的，大不相同。这是自然形势所支配，无足为异的。

近世欧人的东来，起于15世纪，即明朝的中叶。其时君士坦丁堡为土耳其所据，事在公元1453年，即明景帝景泰四年。欧人出波斯湾东航之路绝。其自亚历山大里亚溯尼罗河入红海的路，则因中经沙漠，颇觉不便，欧人乃想别觅新路。其首先崛起的，当推葡萄牙，公元1486年，即明宪宗成化二十二年，通过好望角。1498年，即明孝宗弘治十一年，达到印度，又占领锡兰、麻六甲、爪哇诸岛屿。诸岛屿中，麻六甲最称重要。1511年，即明武宗正德六年，葡人取之，建为重要的军商港。至1641年，即明思宗崇祯十四年，乃为荷兰人所夺。西班牙人继之，其所遣的哥伦布（Colombo）即以1493年，即明孝宗弘治六年发现美洲。麦哲伦（Ferdinand Magellan）又以1519年，即明武宗正德十四年环绕地球航行。麦哲伦本葡萄牙军官，以不满葡人待遇，改投西班牙。1519年，即明武宗正德十四年，以五舟西航南美。明年，越麦哲伦海峡入太平洋，又明年，至菲律宾，以助土酋作战而死。五舟逐渐损失，仅余一舟，以1522年，即明世宗嘉靖元年西归。西班牙于是征服墨西哥、秘鲁，东占菲律宾群岛，时在1565年，即明世宗嘉靖四十四年。菲律宾群岛距西班牙颇远。好望角航路既为葡萄牙所据，航行麦哲伦海峡，则太觉回远，所以其与本国的关系颇疏,然中国商船,聚集其地的颇多。至葡萄牙都城里斯本,则在欧洲,为东洋货物聚集之地。1581年,即明神宗万历九年,荷兰叛西班牙,时西班牙王兼王葡萄牙,乃禁止荷人出入里斯本。1599年,即明神宗万历二十七年,英人自设东印度公司,越二年,1602年,即万历三十年。荷人继之,葡萄牙航业遂渐为荷人所夺。荷人立巴达维亚,事在1619年,即明神宗万历四十七年。英国在印度,亦逐渐得势。而中国与欧洲各国的交通,亦于是乎开始。

中国和西洋的交通,由来甚早,历代西方的估客,梯山航海而来的不少。近世欧人东来,自然犹以敌意遇之。然(一)历代东西交通,所贩卖的,大概是珍奇之品,不见可欲,使心不乱,见之自然适得其反。而且交广之地,天高皇帝远,肆意诛求,究难发觉。所以通商地方,或专司通商事务的官吏,特别容易贪污。(二)商人惟利是图,自更无所不至。主人畏客,乃五口通商以后的特别的情形。客子畏人,则千古一辙。在外商无力争持,中国官吏不能秉公判断的情形下,中国商人,自然要极其力之所能至,以榨取外商。(三)班超对任尚说,能来西域的吏士,必非孝子顺孙,何况远越重洋的冒险家?此辈从其一方面说,自然是个英雄,从其又一方面说,究竟是怎样一种人,却很难下个断语。怀抱大志的首领如此,何况其余附随的人呢?当时各商船的水手等,甚有类于海盗的行为。因此,很足以引起大多数对通商没有利害关系的人民的反感。(四)中国历代不甚奖励人民向海上发展。因为海上的情形,不甚熟悉,对于海盗不易犁庭扫穴,遂觉其较诸陆上的盗贼,可怕得多。明朝承倭寇之后,此等恐怖心尤甚。又加当时的欧洲人,船炮的坚利,已非中国所及,《明史·外国传》:和兰"舟长三十丈,广六丈,厚二尺余,树五桅,后为三层楼。旁设小窗,置铜炮;桅下置二丈巨铁炮,发之,可洞裂石城,震数十里,世所称红夷炮,即其制也"。所以对于他尤为畏恶,积此四端,遂酿成近世中西交通之始一种隔阂的情形。

唐宋以降,中国在沿海各口岸多设有市舶司,明朝在广州亦然。外国商船来的,本来停泊在今中山县南虎跳门外的浪白洋中,就船交易。武宗正德年间(1506—1521),移于高州的电白。世宗嘉靖十四年(1535),又移于现在的澳门。见《明史·外国佛郎机传》,称为壕境。后来诸国商人,率多离去,惟葡萄牙于穆宗隆庆年间(1567—1572),按年纳银500两,租地造屋。自此葡人在中国,遂独在陆上得有根据地。英人以思宗崇祯十年(1637)来澳门,为葡人所阻。自谒中国官吏求通商。至虎门,又遭炮击。英人还击,毁其炮台,旋复送还俘掠,中国亦许其通商。然其时已迫明末,未几,广东军事起,英人商务遂绝。荷兰于明熹宗天启四年(1624),据台湾、澎湖,至清世祖顺治十七年(1660),为郑成功所夺,清朝曾约荷兰夹击台湾,所以许其每隔八年,到广东来通商一次,船数以四只为限。

清初因防郑氏,海禁甚严,然通商本系两利之事,所以台湾平后,海禁即开。当时广东海禁虽弛,福建人仍禁出海,清世宗雍正五年(1727),闽督高其倬奏:福建地狭人稠,宜广开其谋生之路,如能许其入海,则富者为船主、商人,贫者为舵工、水手,一船所养,几及百人云云。廷议许之。福建出海之禁始解,观此即知通商之利。康熙二十四年(1685),在澳门、漳州、宁波、云台山设立海关。二十七年(1688),又于舟山设定海县,将宁波海关移设其地。外商以习惯,仍趋重于广东。时税制既不整饬,官吏又私收规礼,买卖则为特设的行商所专。行商入行时,取费颇重,有至二三十万两的,其事业既系专利,并不靠才能经营,所以其人率多骄奢淫逸,亏累之后,则取偿于外商,税收规礼之数,既由其决定,出入口的货价,亦由其专断,外商多恶其垄断。而中国官吏,把收税和管束外人之事,都交托他,所以行商不能取消,外商无可控诉,乃改趋浙江。高宗乾隆二十二年(1757),因虎门、黄埔,在设有官兵,较之宁波可扬帆直至者不同,又命明年驱归粤海。时英商务业已盛大,乃于乾隆五十七年(1792),遣马甘尼(George Macartney)前来,要求改良通商章程。所要求的为在北京设使,开放宁波、天津,于舟山及广州附近,给与居住之地,并减轻税项等。时值高宗八旬万寿,清人指其为祝寿而来,赐以筵宴礼物,给其国王敕谕两道,于其所请求之事,一概驳斥不准。乾隆末年,东南海盗大起,至嘉庆时尤甚。其时拿破仑方图独霸欧陆,发布《大陆条例》以困英。葡萄牙人不听,为法所破。英人怕其侵入东洋,要派兵代葡国保守澳门,乃以保护中、英、葡三国贸易,助中国剿办海盗为词,向中国陈请。中国听了,自然觉得诧异,严词拒绝。嘉庆十三年(1808),英人以兵船闯入澳门,并派兵300人登岸。时粤督为吴熊光,巡抚为孙玉庭,遣洋行挟大班往谕。东印度公司的代理人,中国称为大班。英人不听熊光命,禁其贸易,断其接济。英人遂闯入虎门,声言索还茶价和商欠。仁宗谕吴熊光:严饬英人退兵,抗延即行剿办。熊光知兵力不足恃,始终不肯决裂。乃以退兵为先决条件,许其贸易而去。仁宗怒其畏葸,把熊光、玉庭都革职,代以百龄和韩葑,管理外人愈严。二十一年(1816),再遣阿姆哈司（Amhenrst）来聘，仁宗遣使往迎，其人挟之，一昼夜自通州驰至圆明园，国书衣装都落后，明日，仁宗御殿召见。英人不得已，以疾辞。仁宗疑其傲慢，大怒，命将其押赴广东，旋知咎在迎迓的人，乃命粤督加以慰谕，酌收贡品，仍赐英王敕谕，赏以礼物。然英人所要求，则一概无从说起了。总而言之，当时通商之局，积弊甚深，而中外之间，隔碍殊甚，断非寻常交涉所能加以调整。道光季年兵祸，业已隐伏于此时了。

近代基督教的输入

通商的交涉，隔阂如此，而传教一事，尤为引起纠纷之端。中国历代，外教输入的不少，就是基督教，当唐朝及元朝，亦曾两度输入，然皆无甚影响。到近代，其情形乃大不相同。此由其（一）则挟科学以俱来，（二）则有国力为后盾。以国力为后盾，乃是五口通商以后的事，自此以前，仍系纯粹的宗教事件。

首先到中国来传布基督教的，是旧派中的耶稣会，中国人称为天主教。耶稣会以1552年，即明世宗嘉靖三十一年成立。著名的教士利玛窦（Matteo），以1580年，即明神宗万历八年到澳门，久居广东的肇庆，至1598年，即万历二十六年，乃至南京，结交士大夫，旋入北京，朝见神宗。1600年，即万历二十八年，神宗赐以住宅，并许其在北京建造天主堂。当时徐光启、李之藻等，佩服其科学，因亦相信其宗教。而南京礼部侍郎沈㴶、给事中徐如珂等攻之，神宗初不听。万历三十八年（1610），利玛窦死，攻击者愈烈，四十四年（1616），其教卒被禁。教士都勒归澳门。是年，清太祖叛明，四十六年（1618），召其人制造枪炮，教禁亦解。时历法疏舛，而深通天文的汤若望（Adam Schaal）来华。思宗崇祯二年（1629），徐光启荐其在历局服务。十四年（1641），新历成，未及行而明亡。清人入关以后，汤若望上书自陈，诏将其历颁行，定名为时宪书。汤若望和南怀仁（Ferdinand Verbiest）并任职钦天监。此时的天主教，虽亦有人信其教理，然得以推行顺利的，实在还是靠科学之力。

宗教是富有排外性的，虽然借科学为辅助，得以传播，究竟免不了一番剧烈攻击。当时攻击西教最力的，是习回回历法的杨光先。但光先所攻击的，并不是其历法。据他所著的《不得已书》，他所怀疑的，是教士不婚不宦,不远万里而来,疑其必别有所图。他说:制器精者,其军械亦精。任其出入无禁,各省的山川形势,兵马钱粮,无一不为所深悉,异日必成中国的大患。所以他主张宁可中国无好历法,不可使中国有西洋人。此等主张,在今日看起来,似乎可笑。然在当时,实是应有的疑忌,并不足以为怪的。清圣祖康熙三年(1664),他的攻击得胜了。汤若望等均遭罢斥。即以光先为钦天监监正。光先自陈:知历理而不知历法。再三辞谢,当局者不听。反对西教的人说:这是当局者有意陷害他的。到六年(1667),到底因推闰失实,获罪遣戍,不久就死在路上。反对西教的人,又疑其为教中人所谋杀。此等推测之辞,固难据为信史,然亦可见教中人和教外人隔阂之深了。

杨光先既得罪,南怀仁再为监正。清圣祖是个爱好学问的人,对于科学,亦颇有兴趣,生平任用西教士尤多。然其文集中,论及西洋各国,亦说千百年后,中国必受其累。后来同治年间,倭仁上书谏净,引用此语,谓圣祖的用其法而实恶其人,这不能算是倭仁的曲解,可见圣祖的用意,实与杨光先相去无几,不过不取激烈的措置罢了。此可见西教与中国人之间隔阂仍在,仅因技术上的需要而见缓和。一旦教理上的争辩发生,自然终不免决裂了。

利玛窦等的传教,不禁教徒拜天,亦不禁教徒拜祖宗,拜孔子。他说:中国人的拜天,乃敬其为万物之本;拜祖宗,系出于孝爱之诚;拜孔子,则敬仰其人格,并非崇拜偶像。其人皆习华语,通华文,饮食起居,亦都改照华人的样子。所以中国人对他,不生异教畏恶之感。然他派的教士,颇有不以为然的,讦之于教皇。1704年,康熙四十三年。教皇派多罗(Tonrmou)到中国来禁止。圣祖与之辩论,多罗不服,圣祖大怒,将其押赴澳门,交葡萄牙人看管,多罗忧愤而死。1454年,即明景帝景泰五年,教皇命葡萄牙王保护到中国传教的教士。嗣后教士东来的,必得葡王的允许,虽非葡国人亦然。1683年,即清圣祖康熙二十二年,法人始自设教会于巴黎。明年,遂派教士东来。西班牙的教士,则先以1630年,即明思宗崇祯三年到中国,后来向教皇攻击利玛窦一派教士的,就是西班牙人。法国教士也附和他,多罗被派到中国来时,知道和中国人交涉无益,乃自请为总教,希冀教士听他的话,然仍无益。圣祖把多罗送到澳门,命葡人监视,葡人因其为教皇所派,又以主教自居,和他的保护权有妨碍,所以拘禁之甚严。1713年,康熙五十二年。教皇解散耶稣会。1718年,康熙五十七年。又命处不听的教士以破门之罚。于是教士不复能顺从中国的习俗,隔阂愈深了。先一年,康熙五十六年(1717)。碣石镇总兵陈昂奏天主教在各省开堂聚众,广州城内外尤多,恐滋事端,请依旧例严禁,许之。世宗雍正元年

(1723)，闽浙总督满保请除送京效力人员外，概行安置澳门。各省天主堂，一律改为公廨，明年，两广总督孔毓珣，因澳门地窄难容，奏请容其暂居广州城内的天主堂，而禁其出外行走。许之。亦见听许。自此至五口通商以后，教禁解除之前，天主教遂变为秘密传布的宗教。

著《中西纪事》的夏燮于教禁解除以后，服官赣省。先是高安县有育婴会，由教中人胡姓掌管，诸生吴姓将女送入会中，长成后赎取。会例：女婴赎回，须立约，载明仍由教士做主，指配信教之家。胡姓欲以女配己族中信教之人，吴姓欲自行择配，遂至涉讼。其时夏氏奉委办理教案。教士托其代求大府，迅饬瑞州府审结。夏氏诘以收养之女，定要指配教内人，江省安得有此从教相当的男女？又岂能以从教之故，令其远适异域？教士笑道："江省何县何乡，无我教中人，君不知邪？"观此，可知所谓教禁的有名无实。此节所引《中西纪事》，见《江楚黜教篇》。此篇又谓教禁未解时，抚州城外，有法人，在义冢旁赁屋一区，常以黑夜传教。又谓抚、建、袁、瑞、临、吉等处，亦多似此。吴城东菜园教堂，直至道光时，乃为新建知县所毁。又于望湖楼下改设。咸丰五年（1855），为水师统领彭玉麟所毁。然究不能公然传布，遂起教外人揣测之辞。夏氏引时人的记载，谓佃民有归教者，必先自斧其祖先神主及五祀神位。又谓归教者有疾病，不得如常医药，必其教中人来施针灸，妇人亦裸体受治，死时，主者遣人来殓，尽驱死者血属，无一人在前，方扃门行殓，殓毕，以膏药二纸掩尸目，后裹以红布囊，曰衣胞，刜其顶以入棺。或曰：借殓事以剜死人睛，作炼银药。又谓其能制物为裸妇人，肌肤骸骨、耳目、齿舌、阴窍无一不具。初折叠如衣物，以气吹之，则柔软温暖如美人，可拥以交接如人道，其巧而丧心如此。夏氏亦谓其男女共宿一堂，本师预目其妇人之白皙者，授以药饵，能令有女怀春，雌鸣求牡。又谓近传其有取婴儿脑髓、室女红丸之事。道家修炼，其下者流入采补，固邪教所必有。案，采补炼金等事，本中国邪教中所谓邪术淫乱之事，秘密的宗教中，亦往往有之，此皆其古时代之留遗，古人不知生殖之理，以为"生人之质"，能摄取之，必极补养，所以有采补之术。又以为金之质最坚，倘使构成人身的质料亦和金一般坚，则必能历久不坏，所以方士炼丹的，都很看重黄金。《抱朴子·内篇》中，即充满此等思想。男女禁防之严，乃在家族主义成立之后，然当家族主义初成立时，妇女之专属于某男子，只在平时为然，至公众集会时，则仍回复其得与一切男子自由交接之旧。宗教上的圣地，总是公众集会之所，宗教上的节日，亦是公众集会之时，所以历史学家，推论卖淫制度的起源，都以为最早的是宗教卖淫。其实这并不是卖淫，不过是原始的两性关系未曾破坏的罢了。此项习惯，亦遗留甚久。所以所谓邪教中，恒有男女混乱之事。天主教实无其事。然众不可理喻，而秘密的事，亦不能禁人之揣测。天主教秘密传播，既经过相当的时间，自然会造成此等诬罔附会之辞。信之者既众，其说遂卒不可破，成为后来闹教的一个因素了。

康雍乾时的中俄关系

旧一些的书籍，说起当时所谓洋务来，总把通商、传教并举。诚然中西初期的交涉，不外乎这四个字。但俄罗斯却不然，它和中国的交涉，是最初便有政治关系的。

中国历史上，侵掠的北族，大率来自蒙古方面。更北的西伯利亚，因其地太荒凉，不能有甚影响。到近世，欧洲的俄罗斯发达了，转向东方侵略，而西伯利亚之地，遂成为亚洲诸国的一个威胁。这也是历史上的大变局。

俄罗斯的起源，在西洋历史上，亦不甚清楚。据说：他们当唐末，居于今列宁格勒之南，莫斯科之北，北邻瑞典、挪威，有唤做柳利哥的，兄弟三人，始收抚种人，立为部落。柳利哥旧居之地，有遏而罗斯之称，遂以为其部落之名。又说：遏而罗斯是橹声。古时瑞、挪国人，专事钞掠，驾舟四出，柳利哥亦盗魁，故其地有此名。据《元史译文证补》。此说系属附会，显而易见。据《唐书·四裔传》：突厥之北，有国名驳马，又称弊剌，又称曷罗支。《唐书》谓驳马之称，由其"马色皆驳"，当系中国人称之之辞。曷罗支当系其本名。其地北极于海，人貌多似结骨，而语不相通。结骨，又称黠戛斯，即汉时的坚昆，元时的吉利吉思。《唐书》称其牙在青山。青山之东，有水名剑河，剑河即《元史》的谦河，为今叶尼塞上源的华克穆河。亦据《元史译文证补》。《唐书》说结骨"人皆长大赤发，皙面，绿瞳"，正是高加索人的样子。其北，似即俄旧居之地。此说如确，则俄人本是亚洲部族，移殖欧洲，到近代，才转向亚洲侵略的了。俄罗斯，《元秘史》作斡鲁速。《元史》作阿罗思，亦作斡罗思。蒙古西征时，为其所征服。属拔都之后统辖。元太祖长子术赤之子。西北诸部，本多其所平定。其后拔都后裔分裂。15世纪中，俄人叛蒙古自立。至葡萄牙人通过好望角时，蒙古诸部，几于尽为所灭。此时的吉利吉思人，亦称为可萨克（Kazak），中国旧称为哈萨克。其酋长月马克（Yermak）附俄，为之东略。征服鄂毕河城的失必儿（Sibir），献其地于俄国。时在1580年，即明神宗万历八年。其后托波儿斯克、托穆斯克、叶尼塞斯克、雅库次克、鄂霍次克等，次第建立。

1639年，即明思宗崇祯十二年，遂达到鄂霍次克海。欧洲人开拓殖民地，从没有如此容易的。1649年，即清世祖顺治六年，俄人建雅克萨城于黑龙江外。1658年，即清顺治十五年，又于其西筑尼布楚城。可萨克的远征队，屡次剽掠黑龙江流域的土人。

清朝的先世，辗转于今依兰、长白之间。依兰旧三姓，长白旧兴京。其地本不过今辽、吉一隅。黑龙江下流，清朝称其地为东海部，实在到太宗时代，才渐次征服的。然清朝对于黑龙江流域的实力，自较俄国为强。特因中原未定，无暇顾及东北，俄国的探险队，遂得乘机侵略。清圣祖康熙九年（1670），尝致书尼布楚守将，请其约束边人，并交还逃酋罕帖木儿。什勒喀河外土酋。因俄人侵掠来降，怨清人待遇薄，复奔俄。尼布楚守将许之，然不能实行。1675年，即康熙十四年，俄皇遣使到中国来，议通商画界。圣祖答之以书。又因俄人不通中国文字，未有结果。康熙二十年（1681），三藩既平，圣祖乃决意用兵，命户部尚书伊桑阿赴宁古塔造大船，并筑齐齐哈尔、墨尔根两城，置十驿以通饷。二十四年（1685），命都统彭春以陆军1万、水军5 000围雅克萨。俄将奔尼布楚，清兵毁其城而还。俄将途遇援兵，复还其地，筑垒以守。明年，圣祖又命黑龙江将军萨布素，以兵8 000围之，未下。先是圣祖因荷兰人致书俄皇，及是，俄皇的覆书适到，允许约束边人，画定疆界，请先释雅克萨之围，圣祖亦许之。乃派内大臣索额图等，和俄使费耀多罗会议于尼布楚。时清使从兵甚多，而俄使从兵颇为单薄，会议决裂，势将启衅。俄人知不能与清敌，乃如清人之意以和。议定条约：西以额尔古讷河，东以格尔必齐河以东，以外兴安岭为界，岭南诸川，入黑龙江的，都属中国，岭以北属俄。再毁雅克萨城而还。此时俄人的侵略东方，全是可萨克人所为，俄国国家，因鞭长莫及，不能为其后援，故其势不能与中国敌。画界问题，虽已告一段落，通商问题，尚未解决。康熙三十二年（1693），俄使伊德斯（Ides）来，圣祖许俄商三年一至北京，人数以200为限，留住北京的俄罗斯馆，以80日为限，而免其税。旋因俄人请派学生，学习中国语言文字，又为之设立俄罗斯教习馆。

内蒙古在明末，即被清人征服。外蒙古喀尔喀部，则到康熙年间，还不过羁縻。康熙二十七年（1688），准噶尔噶尔丹侵喀尔喀，喀尔喀三汗溃走漠南，车臣、土谢图、札萨克图三汗。三音诺颜汗本隶札萨克汗，后来清朝嘉其功，因使独立为一部，喀尔喀自此始为四部。圣祖命科尔沁部假以牧地，为之出兵击破噶尔丹。

三十六年（1697），噶尔丹自杀，三汗还治漠北。自经此次战争后，外蒙古全然服属于清。蒙俄疆界，亦即成为中俄疆界问题。雍正五年（1727），两国在恰克图订立条约。自额尔古讷河以西，至齐克达奇兰，以楚库河为界。自此以西，以博木沙奈岭为界，而以乌带河地方，为两国间瓯脱之地。以恰克图、尼布楚为互市之地。高宗乾隆二年（1737），命停止北京互市，专在恰克图，恰克图更形重要了。乾隆二十年（1755），准噶尔为清廷所破，天山北路，全入版图。二十四年（1759），又平天山南路，葱岭西北诸国，朝贡服属的很多，于是中国西北境，亦生与俄国交界的问题，然迄未从事划分。直到咸丰年间，黑龙江外割让以后，才渐次订约。

四　鸦片战争和咸丰戊午、庚申之役

鸦片战争和五口通商

鸦片战争是近世史上中西冲突的第一件事，这件事从表面上看来，是因通商上的隔阂深了，借烧烟而爆发的，论其实，则是中西的文化，差异得甚了，自塞而趋于通，不可免的冲突的初步。

通商之事，为官与商大利之所在，而于普通人民则无利，上章已经说过了，因此，官吏既惧外商与人民冲突，引起事端，又溺于利而不能绝。又是时的西人，颇为强悍，倘使严行拒绝，也是要惹起事端的。而又不懂事，习惯于不办事，不能持平处理外人的事件，乃悉将其责委之于商人。商人则乘机图利，剥削外商，而通商上的隔阂，遂成非有大变动，不能改革之局。

英国的对华贸易，本为东印度公司所专。1834年，即清宣宗道光十四年，其专利权才被取消。先是英商和中国的交涉，都由东印度公司的代表人负责，中国谓之大班。公行知公司的专利权将被取消，请于总督，说散商不便制驭，请知照英国，再派大班来粤。英人却派了一个商务监督来，其人为律劳卑（William John Lord Napier），既到中国之后，即入居广州的商馆，_{行商为英商所备居住之处。}要求会见总督。总督卢坤以旧无此例，命其在请旨得许之先，住居澳门。律劳卑不肯，卢坤以停止贸易相迫胁。律劳卑不得已，退还澳门，旋因患疟而死。律劳卑东来时，英政府训令其和中国官员交涉，须要和善，勿得惹起中国人民的恶感；英民当守中国的法律，其宗旨还很和平。律劳卑深受刺激，才说和中国交涉，非用武力不可。恶化的形势，渐渐的开始了。律劳卑死后，德庇时（John Francis Davis）、罗白生（Sir George Robinson）相继为商务监督，和中国交涉，都很软弱。德庇时时，英商曾联名上书国王，请求改派大员，以武力改良待遇，英政府仍未采用。1836年，即道光十六年，甲必丹·义律（Captain Elliot）代为监督，由行商为之转递禀帖，称其为英国在华最高的长官。明年，总督邓廷桢，奏请许其如大班之例，到省照料，不得逾期逗留。朝议许之。四月，义律始至广州，报告英政府，英政府令其不得再用禀帖。而其时禁烟事起，中国命其禁止商人贩运鸦片，形势颇为严重。义律遂回澳门，建议英政府说：非用武力，不能得平等的待遇。禁烟形势严重，将引起战祸。于是英政府训令东方舰队，保护在华英人的利益。1838年，即道光十八年，英国舰队来粤示威，交涉渐次恶化了。

鸦片输入，远起唐末，然其时系作药用。直至明代，西班牙人将美洲的烟草移植菲律宾，后遂输入中国。吸食烟草时，有一种将鸦片加入同熬，谓之鸦片烟。罂粟之名，初见于《开宝本草》。开宝系宋太祖年号，自西历969至975年。其物一名阿夫容。据近人说，即阿拉伯语Afon的音译，故知其为大食人所输入。清世宗《雍正朱批谕旨》七年（1729），有漳州知府李国治，拿得行户陈远私贩鸦片34斤，拟以军罪。巡抚刘世明亲讯，传药商认验。佥称此系药材，为治痢必须之品，惟加入烟草同熬，始成鸦片烟。刘世明以李国治故入人罪，具本题参。可见当时鸦片尚不能离烟草而单独吸食。后又变为单独吸食，诒害颇巨。雍正时已有禁例。然其时鸦片由葡萄牙人输入，为数并不多，至东印度公司在印度奖励种植，而输入始日增月盛。高宗乾隆末年，粤督奏请禁止。仁宗嘉庆初，又申明禁令。鸦片遂变为无税的货，输入转难制驭。道光时输入达3万箱，烟箱之重量不同，以100斤的为多，价约四五百元。国民吸食者日多。刘韵珂写给人家的信，说黄岩一邑，白昼无人，竟成鬼市，虽或言之过甚，然吸食者必不少。而中国是时，没有这许多出口货与之相抵，只得输出银两，银是清代用为货币的，官吏征收钱粮，盐商卖盐，所收的都是铜钱，及其解交国库，则都须换成银两。银钱相易，前此都有盈余，此时则不克赔累，影响于财政颇巨。于是严禁之议复起。

私运为大利之所在，能否用快刀斩乱麻的手段，一切禁绝，颇成问题。当时鸦片趸船，都停泊外洋，而其行销之畅如故，包买的谓之窑口，传递的谓之快蟹，关汛都受其贿赂，为之包庇。道光六年(1826)，粤督李鸿宾专设水师巡缉，巡船所受规银，日且逾万。十三年(1833)，卢坤督粤，把它裁掉。至十七年(1837)，邓廷桢又行恢复，巡船之受贿如故，而且更立新陋规，每烟1万箱，须另进他们数百箱。不但置诸不问，并有代运进口的。而对外方面，通商上的症结深了，能否一切不顾，专办禁烟，亦成问题。做《中西纪事》的夏燮，眼光是很旧的，然而他论禁烟之事，亦说不宜同时断绝通商。且说晁错策七国，削之反速而祸小，不削反迟而祸大，当时情事，适当其反。西人万里而来，不过图利，若使其有利可得，战祸或竟可消弭于无形。可见当时战事，烧烟其名，争通商之利其实，为众所共知。所以当时太常寺少卿许乃济一奏，颇主缓和。乃济仍主开禁收税，但只准以货物交易，不许用银，官员、士子、兵丁禁吸，余不问，且许栽种。然积弊须以渐除，固是一理，要用迅雷疾风的手段，加以震慑扫荡，然后爬罗剔抉的工作，乃得继之而进行，亦是一理。林则徐在当时，大约是主张后者的，至于对外的关系，则非当时所知，总以为前此办理的不善，由于官吏的畏葸不负责任。于是严厉的行动，就开始了。

　　当时朝臣的议论，多数主张激烈，宣宗命疆臣筹议，亦都主张严厉，而湖广总督林则徐，言之尤激。乃派则徐为钦差大臣，赴粤查办。道光十九年，即1839年，则徐到广州，强迫英商交出鸦片20 280箱，把它悉数焚毁。当时销毁之法，系于海滩筑成二池，前设涵洞，后通水沟，先由沟道引水入池，撒盐其中，次投箱中烟土，再抛石炭煮之，烟炭汤沸，颗粒悉尽，潮退，开放涵洞，随浪入海，然后刷涤池底，不留涓滴。历23日始尽。外人观者，皆叹其公正无私。又布告外商：入口贸易的，要具"夹带鸦片，船货充公，人即正法"的甘结。别国商人都遵令，惟英商不可。旋又有外国水兵，在九龙尖沙村杀死中国人林维喜。则徐命英人交出凶犯。义律许悬赏缉凶，抚恤死者家属。则徐不许，下令断绝英人接济，并令葡萄牙人逐出英人，不得留居澳门，英人遂退居船上。时英政府尚未决意用兵，而印度总督，派船二艘来华，义律乃率之入九龙，强买食物而去。是役也，中国兵死者3人，伤者6人。英商因相持久，损失不赀，意见分歧，义律乃托葡萄牙人转圜，请删甘结中"人即正法"一语，余愿照办。则徐仍不许，而命水师提督关天培，以兵船强迫英人交出杀林维喜的凶手，战斗之下，中国兵船多伤，退入虎门。则徐遂下令，停止英人贸易。

　　时英国政府亦倾向用兵，议会中虽分强硬、缓和两派，毕竟以9票的多数通过，对前此的损害，要求赔偿，后此的安全，要求保障。乃调印度、好望角的兵1.5万，命伯麦（Colonel Sir Gordon Bremer）统率前来，以乔治·懿律（George Elliot）为议和专使，甲必丹·义律为副使。共有军舰16、大炮540尊、武装汽船4、运输船27。船皆高大，<small>裕谦言英船宽三四五丈，长二三四十丈，厚尺余，较国内兵船及闽广大号商船，均大至倍蓰。</small>炮之射程亦远。中国则尚用旧式的炮和鸟枪，兵士亦乏训练，胜负之数，不待战而可见了。

时英政府以在粤交涉，难得结束，命懿律等北上。伯麦乃先封锁广州。至厦门，递送英政府致中国政府的公函。时朝廷因粤省烟禁严，私销者改而趋闽，调邓廷桢为闽督，厦门兵拒英人。英人遂去，北陷定海。至宁波，再送公函于浙抚乌尔恭额，亦为所拒。乃北至天津，投函于直督琦善。琦善许代奏，宣宗亦谕令羁縻。案，此时中国兵力的不足恃，政府亦非不自知，但初不料中外强弱相去如此之远。到英船直抵天津，则情见势绌，无可支吾，政策就不得不变了。后来御史高人鉴奏参琦善，说他夸称英夷之强，断非中国所能敌，若非设法善遇，夷船早已直抵通州。此等语，在当时认为别有用心，自今日观之，则不能不承认其系事实。处此情势之下，试问有何办法？朝旨转变，职此之由，当时论者，多归咎于琦善及军机大臣穆彰阿。又说疆臣怕多事，有造作谣言，以动摇朝意的。即使有之，怕也不是当时政策转变的真原因。其时林则徐已署粤督，旋与邓廷桢俱革职，而命琦善以钦差大臣赴粤。

英政府公函中所要求的共六条：（一）偿货价。（二）开广州、厦门、福州、定海、上海五口通商。（三）中英官交际用平行礼。（四）偿军费。（五）不以英船夹带鸦片，累及岸商。（六）尽裁经手华商浮费。琦善至广州，乔治·懿律患病，甲必丹·义律代之谈判，要求赔偿烟价。琦善许以银300万两。先是英人想在珠江口占一小岛，以为根据地。至是，乃要求割让香港。琦善不敢许。英人遂进兵陷大角、沙角两炮台。琦善不得已，许开广州，割香港，英兵乃退去。宣宗闻之，再主战议，以奕山为靖逆将军，杨芳、隆文为参赞大臣，调湖南、湖北、云、贵、四川之兵进剿，英人闻之，再进兵，陷横当、虎门炮台，关天培战死。明年二月，杨芳至，芳系当时名将，亦束手无策。五月，奕山、隆文皆至，进攻英船，不克。英人尽陷城外各炮台。广州形势，已落敌手，不得已，乃命广州知府余葆纯缒城出，与英人议和。许于五日内偿英军费600万，将军率兵退至离城60里之处，英兵乃退出虎门。奕山奏称大捷，英人穷蹙乞抚，但求照旧通商，永不敢再售鸦片。朝廷以为无事了。而英政府得义律与琦善所定草约，嫌其于军费、商欠、行商诸端未有切实办法，英人后此的安全亦无保障，乃撤去义律，代以璞鼎查（Henry Pottinger），续调海军前来。七月，陷厦门。八月，再陷定海。葛云飞、王锡朋、郑国鸿三总兵同日战死。英兵登陆陷镇海。提督余步云遁走，江督裕谦在浙江视师，兵溃自杀，英人遂陷宁波。朝廷以奕经为扬威将军，赴浙进剿。明年二月至杭州，分兵同时进攻，不克。四月英人陷乍浦，五月撤兵北上，攻吴淞口。两江总督牛鉴亲往督战，因英人炮火猛烈，知不能敌，退走。提督陈化成战死。英人陷宝山、上海。六月入长江，陷镇江，七月逼江宁。于是朝廷知不能再战，而和议起。

当英人初陷定海时，两江总督伊里布奉令赴浙视师。旋琦善接受英国公函，朝旨中变，命事羁縻。伊里布遂与英人定浙江休战之约。后以遣家人张喜往来洋船，被参革职。当时通知外情者太少，此举实亦不得不然。伊里布起用后，张喜仍参与交涉之事。《中西纪事》言其闻英人索赔款，拂衣而起，则亦非坏人。及奕经进攻不克，浙抚刘韵珂知不能战，奏请起用伊里布。朝命前往浙江军营效力。时耆英以广州将军前往广东，在浙，亦奉旨办理羁縻事宜。至是，乃以二人为全权大臣，与英人议和于江宁。立约凡十三款。其中重要的：（一）割让香港。（二）开广州、厦门、福州、宁波、上海五口通商。英人得携眷居住。英国得派遣领事官驻扎。（三）英商得任意和华人贸易，无庸拘定额设行商。（四）进出口税，则秉公议定，由部颁发晓示。英商按例纳税后，其货物得由中国商人遍行天下。除照估价则例，酌收若干分外，所过税关，不得加重税则。（五）英国驻在中国的总管大员，与京内外大臣文书往来称照会，属员称申陈，大臣批复称札行。两国属员往来，亦用照会。惟商贾上达官宪仍称禀。（六）偿英军费1 200万两，商欠300万两，烟价600万两。限道光二十五年，即1845年交清。英兵驻扎定海、鼓浪屿，俟款项交清，五口开放后撤退。此约大体依照英政府要求。其立意，乃所以破除前此（一）英人在陆上无根据地。（二）通商口岸随意开闭。（三）税则无定。（四）贸易限于行商。（五）官员待遇不平等之局的。是为道光二十二年七月二十四日，即西历1842年8月29日。

中、英交战之时，英船尝三犯台湾。第一次在鸡笼，第二次在大安港，都搁浅，中国拘获白夷、红夷、黑夷及汉奸160余人。台湾本属福建，时以隔海，许总兵达洪阿、兵备道姚莹专折奏事。二人奏言俘获的人解省既不可，久羁亦非计,如夷船大帮猝至,惟有先行正法,以绝后患。报可,于是除英酋颠林等九人,及汉奸黄某、张某等奉旨监禁外,余均正法。及和议成后,订明被禁的英人,及因英事被禁的华人,一律释放。于是颠林等都送厦门省释。英人迫江、浙、闽、粤大吏入奏,说台湾所杀,都是遭风的难夷。诏闽督怡良渡海查办。由达洪阿、姚莹自认冒功,革职了事。当时舆论,很替二人抱不平,说怡良忌其得专折奏事,有意陷害。这也未必其然,当时的情形,非如此如何了结呢?尽杀俘虏,在今日看起来,未免野蛮。当时的心理,则异于是。如裕谦杀英人二名,奏称先将两手大指,连两臂及肩背之皮筋,剥取一条,留作奴才马缰,再行凌迟枭示。自今日观之,何解于野蛮之讥?然裕谦在当日,亦系正人,姚莹写给刘韵珂的信,说镇道天朝大臣,不能与夷对质辱国。诸文武即不以为功,岂可更使获咎,失忠义之心?惟有镇道引咎而已。亦殊有大臣的风度。民族隔阂之深,致有此等变态的心理,此岂可以常理论,亦惟有归诸异文化接触时,应有的现象而已。

当姚莹等捕获英人时,廷寄命其将该国地方,周围几许?所属之国,共有若干?其最为强大,不受该国约束者,共有若干人?英吉利至回疆各部,有无旱路可通?平素有无往来?俄罗斯是否接壤,有无贸易相通?逐层密讯,译取明确供词,切实具奏。林则徐在广州时,奏称震于英吉利之名者,以其船坚炮利而称其强,以其奢靡挥霍而艳其富。不知该夷兵船笨重,吃水深数丈,仅能取胜外洋,至口内则运棹不灵,一遇水浅沙胶,万难转动。是以货船进口,亦必以重资请土人导引,而兵船更不待言矣。从前律劳卑冒昧,一进虎门,旋即惊吓破胆,回澳身死,是其明证。且夷人除枪炮以外,击刺步伐,俱非所娴,而其腿足缠束紧密,屈伸皆所不便,若至岸上,便无能为,是其强非不可制也。又其陛辞时,奏称内地茶叶、大黄,禁不出口,已足制诸夷之命。至广州,又奏茶叶、大黄两项,臣等悉心访察,实为外夷所必需。其隔膜至于如此,岂在短时期中,能有知己知彼之望?中国当承平时,政治是放任的,兵备是废弛的,上章业经述及。当时广东按察使王廷兰写给刘韵珂的信,说各处调到的兵,纷扰喧呶,全无纪律,互斗杀人,校场中积尸不知凡几。甚至夷兵抢夺十三行,官兵杂入其中,肩挑背负,千百成群,竟行遁去,点兵册中,从不闻清查一二。又说:林则徐查办烟案,兵怨之,夷怨之,私贩怨之,莠民亦怨之,反恐逆夷不胜,前辙不能复蹈。刘韵珂写给人家的信,亦说除寻常受雇,持刀放火各犯外,其为逆主谋,以及荷戈相从者,何止万人？英兵所至,到处官逃民散,论者称其为入无人之境,而非如入无人之境,社会的情形,积重如此,又岂一日所能转变？然而从五口通商,到民国二十六年(1937)的崛起抗战,亦还不满百年,我们的转变,也不可谓之迟了。

咸丰戊午英法交涉

阴翳蔽天之局,断非片时的微风,所能扫荡,于是鸦片战争之后,事势相激相乘,又演成戊午、庚申之役。戊午系咸丰八年,1858年；庚申系咸丰十年,即1860年。

中英和议成后,中国以伊里布为广州将军,以钦差大臣名义,办理广东交涉事宜。道光二十三年(1843),伊里布病死,耆英代为钦差大臣,于是美、法、瑞、挪先后和中国成立通商条约。惟俄国援例要求,仍未获许。见第三节。美、法之约,都定于道光二十四年(1844)。瑞、挪之约,则定于道光二十七年(1847)。其中美约最早,除领事裁判权外,又规定税例变更,须与领事议允,而关税协定,遂于是乎开始。又规定外商运来货物,如未全销,得运往别口,免征船钞,如系原包、原货,并得免其重税,而外商遂得在我国各口岸间,将货物运载往来。又规定外国兵船,巡查到中国各口的,中国须以礼相待,并许采办食物,汲取淡水,修补损坏,而外国兵舰,遂得出入我国港口。后来长江沿岸开放,并因此扩及内河。法、瑞条约,都模仿美约,咸丰八年(1858)、十年(1860)的英、法条约,除战胜所得权利外,又都以此等条约为蓝本。诸约又都有最惠国条款,得以互相援引,条文即有异同详略,亦无碍于其权利的享受。中国则丧失权利给一国,即系丧失权利给各国。不平等条约,渐次根深蒂固了。

英人既得香港,以璞鼎查为总督,旋代以德庇时。先是乾隆五十八年(1793),清高宗曾有西洋各国商人不得擅入广东省城之谕。此时国交情形既已大变,旧例自难固执,而粤民排外方甚,仍执此谕以拒英人,嫌官吏办事软弱,动辄与官龃龉,此等积久的隔阂,既非旦夕所能化除,外人又战胜恃强,无可商洽,官吏办事,甚觉为难。二十六年(1846)中国赔款既清,耆英要求英撤舟山之兵,德庇时与耆英乃再定约于虎门。申明入城的事可以延缓,而不能废止。并订明中国永远不以舟山群岛让给别国。若遇他国侵伐，英国应为保护，无庸中国给与兵费，此为中国声明领土不割让之始，后来所谓势力范围，多系以此表示。二十七年（1847）英人往游佛山的，被镇人掷石击伤。德庇时以兵船闯入黄埔，声势汹汹，要求于两年后开放广州。耆英不得已许之。是年耆英内召，徐广缙代为总督，叶名琛为巡抚，二人都是有些虚骄之气的，不知外情，而好徼名，交涉就更要恶化了。

道光二十九年（1849），港督文翰（Samuel George Bonham）以入城之期已届，要求实行，徐广缙亲自登舟劝阻。粤人疑文翰将劫广缙为质，民团数万，聚集两岸，呼声震天，文翰惧，乃罢入城之议。广缙奏闻，朝意大悦。诏封广缙一等子，名琛一等男，均世袭。其余文武官员，均照军功例从优议叙，并着嘉奖粤民。英政府闻其事，谓粤人排外，实由中央政府主持，感情愈恶。明年，宣宗死，子文宗立。时中国舆论，本不以和议为然。文宗初立，颇有图治之志，自然要受其影响。于是革穆彰阿职，永不叙用；耆英降五品顶戴，以六品员外郎候补；并昭雪达洪阿、姚莹。中国的政情也一变了。

咸丰元年（1851），徐广缙移督湖广，叶名琛代为粤督。时太平军渐盛，清朝不愿对外多生枝节，亦饬其交涉慎重。然名琛负虚气，以为西人不过虚声恐吓，置之不理，即无他技。凡事辄以傲慢态度出之，而又不设防备。先是英约无修改期限，而美、法之约，则定以12年为修改之期。其时税则，系据五口开放前物价订定，大体为值百抽五。开放后物价减低而税则如故，外人都想改约。咸丰四年（1854），英国条约已届12年之期，乃援美、法条约，请求修改，美、法条约尚未期满，亦遣使助之。函告叶名琛，名琛不许。英、美二使乃求见两江总督怡良，怡良为之奏闻。上谕不许。二使北上，至大沽，时怡良正移督直隶，赴津与之交涉，英使提出条件。所需求的为：公使驻京，英人得在内地居住置产，开放天津，修改税则，准许鸦片进口，免除厘金，使用各式洋钱等。上谕谓其荒谬已极，所议遂无结果。二使报告本国，谓非用兵力，修约难望成功。咸丰六年（1856），英、法、美三国再向叶名琛要求，名琛仍不许。美使又至上海交涉，亦无结果。而是年适又有亚罗船（Arrow）事件发生。是时中国沿海船户，颇有借外国旗号为非的。桂良等在上海，曾照会英、美、法三使，说"上海近有船户，由各国领事发给旗号，此等船户向系不安分，今恃外国旗号为护符，地方官欲加之罪，踌躇不决，遂至无所不为，犯案累累。上海如此，各口谅均不免。拟请贵大臣即饬各口领事：嗣后永不准以贵国旗号，发给中国船户；从前已给者，一概撤销"云云。可知此时确有依靠外国旗号，为非作歹之事。亚罗号亦系华船，在香港注册，业已期满，而仍扯英国旗号,停泊省河。中国水师巡缉,拔下其旗,捕去12人。英领事巴夏礼(H. S. Parkes)商于港督包令(John Bowring),要求道歉送还。叶名琛初以其中3人实系海盗,许还9人,巴夏礼不可,提出最后通牒,名琛乃遣员将12人送还,巴夏礼以其未曾道歉,不受。遂炮击广州,包令谓名琛必然让步,自至广州,预备交涉,而名琛不屈如故。包令大失望。因未奉政府命令,不能作战,乃复退兵。粤民遂烧英、法、美商馆,冲突之事时起。时法国教士马赖(Pere Auguste Chapdelaine)在广西西林被杀,英国方商于美国,欲共同出兵,迫胁中国改约。及亚罗事件报至,下议院反对用兵。英政府将其解散,改选后,遂通过向中国要求改约及赔偿,不得则开战。于是英以额尔金(Lord Elgin),法以葛罗(Baron Gros)为使,率兵前来。英政府之意,原令专使北上,与中国政府交涉。而香港英人力言粤人之暴横,请攻取广州,以挫其气。二使乃对叶名琛提出开放广州、赔偿损失的要求。名琛不许,广州遂为英、法所陷,名琛被虏,_{咸丰九年,即1859年,死于加尔各答。}时为咸丰七年(1857)九月。清朝闻之,革名琛职,代以黄宗汉。

　　时俄使普提雅廷(Count Putiatin)以在天津与中国交涉,不得要领,亦至香港。_{见下节。}美国亦遣列卫廉(William B. Reed)来华。四使乃同致照会于中国大学士裕诚,请派全权至上海会议。请两江总督何桂清代递。裕诚覆英、法、美,令至广东听候查办。覆俄使,申明不得在海口通商,令赴黑龙江与该处办事大臣妥议。四使不听,相偕北上。咸丰八年(1858)三月至天津,直督谭廷襄奏闻。清朝遣使往议,以非全权见拒。四月,英、法兵遂陷大沽炮台,旋以俄、美居间,以大学士桂良、吏部尚书花沙纳为全权往议,与四国各定条约。是为咸丰八年(1858)的《天津条约》。英、法两约订明:(一)彼此互派公使。英约并订明由大学士、尚书中特简一员,与英国钦差大臣文移会晤,商办各事,此为总理各国事务衙门所由设立。(二)英约开牛庄、登州、_{后因水浅,改开芝罘。}台湾、潮州、琼州。沿江自汉口以下,开放三口。_{后开汉口、九江、镇江。}法约多淡水、江宁,而无牛庄。(三)税则定值百抽五。英约十年估价一次,_{须在满期前6个月知照,否则再行10年。}法约七年,后在上海,以另款改与英同。(四)英商运货往来于内地及口岸间的,应输税项总数,由领事备文询问各关监督,关监督应即照覆。彼此出示晓谕。英商愿在首经子口及海口一次完纳者听。其额为值百抽二点五。(五)许英人持照往内地游历通商。(六)英、法、美约并许传教,而法约中又有许往内地之文。英约第八款许传天主耶稣教。法约第十三款但言天主教。美约云"耶稣教即天主教"。(七)英另定专条,由中国赔偿商亏100万、军费200万,付清后乃将广州交还。后于咸丰十一年(1861)三月交还,其时赔款实尚未清。据上谕,系法使调停之力。法于《补遗条款》中定赔款军费总额为200万。美约与英、法有异。当谭廷襄将美国条款奏闻时,上谕:贸易口岸,准于闽、粤两省酌添小口各一处。至于大臣驻扎京师,文移直达内阁礼部,赔款焚劫船货等,不能准行。议约时,美使遂将此等条款删去,所以美约无赔款,通商口岸只有台湾、潮州两处。驻使有要事,方准到北京暂住,与内阁大学士或派出平行大宪酌议。每年仍不得逾一次,到京后须迅速定议,不得耽延。虽有此款,仍不得因小事轻请。但英、法、美三约,既有最惠国条款;而美约又订明,他国条约更开他口,美人亦得居住贸易;他国使臣驻京,美国即无庸更议,一体办理;则英、法费干戈而得之的,美国并不烦兵力,而坐享其成了。

改订税则会议,因物价记录都在上海,约定于上海举行。乃派桂良、花沙纳至沪,与何桂清共议。这一年,广东人民在佛山设团练局,在籍侍郎罗惇衍、翰林院编修龙元禧、给事中苏廷魁主持其事。令耆老通饬民间:受雇于外人的,限一月内辞职,否则收其家属,无家属的系其亲属。辞归的共2万余人。团练尝袭击广州,不克。和议成后,罗惇衍托言巡缉土匪,请缓撤团练。桂良等至沪,英人要求撤黄宗汉职,惩办惇衍等三人。时广东有人伪造廷寄,说英、法心怀叵测,已密饬罗惇衍相机剿办。乃发上谕,严拿伪造廷寄的人,夺黄宗汉钦差大臣关防,以授何桂清,后遂以桂清为五口通商大臣。事在咸丰九年(1859)三月。自此中外交涉,渐自广东移于江苏了。是年十月议定《通商章程》,英、法相同。规定外商运货,往来内地及口岸间的,均在首经子口及海口完纳。用照会将移文询问的办法取消。又规定中国得邀请英人帮办税务,任凭中国总理大臣邀请,毋庸英官指荐干预。法、美二约亦同。鸦片:当着英在江宁议和时,曾请英人严禁,到广东后,又以为言。璞鼎查说不如收税。道光二十四年(1844)的中美条约,曾订明美人向不开辟的港口私行贸易,或走私漏税,或携带鸦片及别项违禁货物的,听中国地方官员自行办理治罪。美国官民均不得稍有袒护。二十七年(1847)的瑞、挪条约同。然虽有此等条约,中国烟禁,在表面上亦且加严,实际均无效力。鸦片输入,战前不过二三万箱者,战后反增至6万余箱。1855年,即咸丰五年,英人公正的,曾上书英王,请禁英船英商贩运鸦片来华,为英国政府所驳斥。列卫廉来华时,美政府命其助中国禁烟。列卫廉到华后,调查情形,遂未遵办。当咸丰五、六年(1855、1856)间,东南各省,已纷纷抽厘助饷。此年的《通商章程》,乃称鸦片为洋药,定每百斤税银30两。且订明条约中的税法,及许英人往内地通商,均与洋药无涉。嗣后修改税则,亦不得按照别货定税。从此鸦片就变成合法进口之物了。

咸丰庚申英法交涉

《天津条约》虽经订定,实在是很勉强的,当时台谏部寺连衔谏止,而侍讲殷兆镛一疏,言之尤激。论者所最忌的,为京师驻使、长江通商、内地传教、游历各条。桂良等在沪议通商章程,上谕屡命其设法挽回。且以营口逼近京畿,又为东三省货物出入总汇,意欲将其取消。这自然是办不到的。英、法二约,均订明在北京交换,此时又欲令其在沪。至咸丰九年(1859),乃许其入京换约,但仍须限定随从人数。时英国亦颇意存挑衅,其使普鲁斯(Frederick W. A. Bruce)来换约,英政府命其必须进京,且必须航行白河。适僧格林沁在大沽设防,请其改走北塘。不听,闯入白河,开炮攻击炮台,为守兵所败。诏诘其开炮之由,然仍许在北塘换约。时法、美二使,皆与英偕,英、法二使均不听,折回上海。惟美使遵命,在北塘换约而去。这大约因为美约本未规定换约地点之故。上谕言"换约本应回至上海,念其航海远来,许即在北塘海口互换",欲以此风示英、法,那又是隔膜的了。

此时中外兵力的不敌,清朝亦明知之,况值太平天国军事正在吃紧之际,所以仍留北塘为款使之地,以图转圜。

上海华商杨芳,亦阴与英商接洽和平办法。英商提出(一)津约仍旧,(二)增加兵费100万两,(三)许外兵一二千到天津,(四)撤去大沽防兵等条件。这无疑两国商人都是受意于官宪的。上海道又与法国翻译官磋商:减少兵费,免除撤防。由何桂清奏闻。而清朝见英兵败后,无所动作,以为其技止此,又图乘机挽回威望。上谕遂言:普鲁斯先行背约,咎由自取。若果悔罪求和,应将《津约》听任桂清裁减,仍在上海定议。惟许援美国之例,减从入京换约。于是上海方面的接洽,又成画饼。

时英人议论,亦以英使强航白河为非。而英政府主张强硬,仍以额尔金,法亦以葛罗为使,率兵前来。照会中国政府:(一)道歉,(二)公使驻京,

(三)赔偿兵费,(四)入京换约。仍由何桂清代递,上谕将其驳斥。咸丰十年(1860),英、法兵北上,过舟山,见其无备,陷之,以储军备。时僧格林沁误听人言,谓洋兵登陆,可以马队蹙而歼之,撤去北塘防兵。六月,英、法兵自此登陆,僧格林沁驻守新河。英、法兵进攻,僧军大败。七月,大沽口南北炮台俱陷。诏僧格林沁退守通州。僧兵驻张家湾,大学士瑞麟以京旗兵守通州。都统胜保自河南召回,亦助瑞麟驻守。英兵进陷天津。朝命桂良和直督恒福至津议和,英、法二使派员与议。巴夏礼亦在其中。提出(一)开放天津,(二)增加赔款,(三)带兵入京换约等条件。议不谐,二使声言径往通州。清朝再派怡亲王载垣往议,照会二使回津,二使不听。诏将其羁留在通,毋令折回。既会议,载垣许其开放天津,入京换约。二使又欲觐见皇帝。载垣以其不肯行三跪九叩首礼,不敢许。而又有人言其欲逃,载垣遽命僧王捕拿。僧王遂将巴夏礼执送京城,监在刑部监里。此时被拘的,英人26,法人13。及释出时,英人还剩13,法人只有5名,余均死亡了。英、法兵进攻,僧兵大败。胜保出战,又败。八月,英、法兵遂陷通州。文宗以恭亲王奕䜣为全权大臣议和,仍不谐。文宗遂逃往热河。英、法兵据圆明园。胁北京守臣,释放巴夏礼,开放永定门。英、法兵于二十九日入城,九月五日,英兵焚毁圆明园,奕䜣避匿不敢出。旋因俄使伊格那提也夫(Ignatief)居间,且力任保护,乃出面议和,与英、法各订条约:(一)开放天津。(二)许华人出洋做工。(三)割九龙司与英。(四)英约改商欠为200万,军费为600万两。法约改赔款为800万两。中以700万为兵费,100万赔偿在粤损失。(五)英约言英使在何处居住一节,戊午年(1858)九月在沪会商定之议,作为罢论,将来应否在京长住,抑或随时往来,仍照原约第三款明文,总候本国谕旨遵行。公使驻京一节,中国所竭力争持的,都归于无效了。

长江通商后,镇江、江汉、九江各关,次第设立。总署遂与英使议订《长江通商章程》十二款,《纳税章程》五款。穆宗同治元年(1862)又续订《长江通商章程》为七款。洋商由上海运洋货进长江的,在上海纳进口正税。至江口后,如完一子口税,则发给税单,离江口入内地,不再另征。否则逢关纳税,遇卡抽厘。其运土货进长江的,在上海纳出口正税,及长江复进口半税。如系别口来的土货,已在该处完出口税,上海交复进口税的,则出口正税及长江复进口半税皆免,而均须逢关纳税,遇卡抽厘,不能援洋货完一子口税不再另征之例,洋商在长江口岸入内地买土货的,或本商自去,或用其本国人，或用内地人均可。惟须向海关请领买货报单。单内注明该货某日到某子口，应运通商某口，并填注本商姓名，或本行字号。其自长江口岸运至上海：如系洋商自贩之货，在江口完一子税，即可过卡。其货若已由内地人交过各内地税，则长江各口皆不税，俟进上海时，乃完长江出口正税。并存一半税于银号。如三月内原包原货 原包谓无拆动，原货谓无抽换。运往外国，则将所存半税发还。如在沪销卖，或逾限未出口，即将所存半税入账，作为复进口税。或限内出口，而有拆动抽换情形，除将半税入账外，仍须另纳出口正税。以上章程，除长江应收出口正税及复进口半税，均在上海完纳，与别海口不同外，其余办法，南北各海口，均照长江一律办理。英商船只准在镇江、九江、汉口之处贸易，沿途不准私自起下货物。英船分为两项：（一）为由镇江上江，暂做长江买卖的大洋船，以及各项划艇、风篷船只，须将船牌呈领事官，由领事官行文江关，由关发给护照。（二）为由上海入江，常做长江买卖的内江轮船。则领事官转请江海关发给江照，以六个月为期。其装载土货，亦先完正税半税。到上海后，如在三个月内出口，则半税发给存票，以抵日后所完之税。此项章程，直至德宗光绪二十五年（1899）方行改订。许有约各国商船，在镇江、南京、芜湖、九江、汉口、沙市、宜昌、重庆八处，往来贸易。并准在不通商的大通、安庆、湖口、陆溪口、武穴起下货物。其往来搭船之处，则只准搭客暨随带之行李上下。商船分为三项：（一）由镇江上江，暂作贸易的出海大洋船。（二）由长江此口赴长江彼口，或由上海赴长江各口常川贸易的江轮船。（三）为划艇、钓船及华式船只，大轮船过镇江以上，及江轮船、划艇、钓船，均须请领长江专照。雇用华式船只，则须请领专牌，均由税务司发给。出口税在装货之口，进口税复进口税在起货之口完纳。诸船均须于出口之关，请领总单。若进口时所卸之货，不及总单所载之数，惟该船主是问。这是中国内河航权丧失的历史。

自欧人东航以来，中西之间种种隔阂，至五口通商之役而爆发，经过咸丰戊午、庚申两役，而作一小结束，短短的20年间，中国权利丧失的，不知凡几，这真是可以痛惜的事。但亦是无可如何的。因为此时，中西的文化，隔阂太深了，冲突终不可免。中西文化的隔阂，关系最大的：（一）为国际法上见解的悬殊。（二）则人民骤与异文化接触，而又激于累败之辱，不免发生褊狭的排外心理。（三）中国和外国交涉，向守厚往薄来之戒，对于利益，不甚注意，于此时的局势，亦不相宜。此时的要务在于（一）消除妄自尊大之念,(二)消除盲目排外的感情,(三)而对外则不丧失权利。此非深知此时的局面,为旷古所未有,一切旧见解、旧手段都不适用不可行,在当时如何可能呢?所以交涉的失败,只是文化要转变而尚未能转变当然的结果,并不能归咎于任何一个人。圆明园为清世宗在藩邸时赐园。即位后,亦于其中听政。累朝继续经营,法人称其建筑之精,珍奇之富,为欧洲之所无。一旦化为劫灰,实为我国有关文化的建筑古物遭受损失之始。此后战事之所破坏、古董商人之所贩卖,以及各地愚民,因外人收买之所毁损,更不知凡几。此次抗战以来,沦陷区域整批的毁坏、抢劫、盗窃,更其无从说起了。几世几年的菁英,一朝化为乌有,言之岂不可痛?但须知:(一)文化的进退,视乎其社会的情状,是否安和,物质所表现的文明,实在其次。(二)即舍此弗论,以现在文化的状态,虽有宝物,亦必不能终守。此岂独今日为然?此岂独中国为然?(三)所谓有关文化的建筑品物,一方面固然代表学术技艺,一方面也代表奢侈的生活。后者固绝不足取,即前者,就已往的社会论,并不过一部分人能参与此等工作,大多数人,都是被摈于其外的。今后社会的组织,果能改变,合全社会人而从事于此,已往的成绩,又何足道?所以有关文化的建筑品物等,能保存固当尽力保存,如其失之,亦无足深惜。敢以此为国民进一解。

咸丰戊午、庚申中俄条约

中国历代对于属地,系取羁縻政策的。政府或设官以管理其通路,如汉朝的西域都护是;又或驻扎于几个要点,如唐朝的都督府是。此等官吏对于服属的部族,加以管理,有违命或互相攻击或内乱之事,则加以制止。防患于未然,使其事不致扩大而成为边陲之患,此即所谓守在四夷。但中国的政情,是以安静为主的。不但向外开拓,即对于边疆的维持,亦不能费多大的国力。所以到服属的部族真个强盛时,中国所设的管理机关,就只得撤退。再进一步,就患仍中于边陲了。历代的武功,除西汉一朝,去封建时代近,其君主及人民,都略有侵略的性质外,其余如唐朝及清朝,实都不过如此。看似武功煊赫,拓土万里,实则都是被征服者的衰乱,并不是中国的兵怎样的强。总而言之,开疆拓土,甚至于防守边陲,在中国政治上,实向不视为要务。在如此情形之下,驾驭未开化的蛮族,尚且不足,何况抵御现代西方国家的侵略？所以中西交通之后，中国的属地和属国，必要有一度的被侵削。这也是前此的政情所限定的，并非任何一个人或一件事的失策。

历代对西北的发展，实力所及，在天山北路略以伊犁河流域、在天山南路略以葱岭为限。自此以外，则因道里弯远，山川阻深，实力不能及，仅为声威所至了。清高宗乾隆二十二年（1757）荡平准部，平定天山北路。二十四年（1759）翦除大小和卓木，平定天山南路。其时葱岭以西，以及伊犁河域以外之国，如哈萨克、即吉利吉思。布鲁特、浩罕、布哈尔、基华、阿富汗等，都来归附，是为清朝极盛之时。清朝对于此等地方，自然仍沿历代羁縻之策，不过遣满洲大臣驻防而已。而俄国的势力，却向亚洲西北部逐渐发展。至道光三十年（1850），遂叩我西北的门户，要求在伊犁、塔尔巴哈台、喀什噶尔三处通商。俄国的交涉，在清朝是归理藩院办理的，此时理藩院议许伊犁、塔尔巴哈台，而拒绝喀什噶尔。遂由伊犁将军奕山，和俄国订定通商章程，两国贸易都免税，严禁赊欠及缉失物、交逃人之约。还是乾隆以前在满、蒙方面交涉的旧眼光，然而东北的风云，已日益紧急了。

清朝对于东三省，是看做他们的发祥地，将其地封锁起来，不许汉人移殖。然徒从事于封锁，却不能尽力经营。要经营不得不用汉人，一用汉人，封锁的计划就破坏了。所以当西力东侵时，东北一隅，实力格外不充足。这也是历代以无动为大，加上清朝自私政策的结果。当尼布楚、恰克图两约订立时，俄人对于东方的情形，亦不甚深悉。道光二十七年（1847）穆拉维约夫（Muravieff）为东部西伯利亚总督，派员探察，才知道库页是岛，前此俄人误以为是半岛，则航行黑龙江，必经鄂霍次克海，鄂霍次克海冰期甚长，今知库页之为岛，则可由鞑靼海峡，鞑靼海峡是不冻的，而且可容吃水15英尺的大汽船，黑龙江价值倍增了。伊犁、塔城通商之年，俄人遂定尼科来伊佛斯克为军港。即庙街。越二年1852年，清文宗咸丰二年。占据德克斯勒湾，又进占库页岛。东北的风云益紧了。明年，俄人和土耳其开战，英、法将援助土国。穆拉维约夫要在东方设防，乃西归觐见俄皇，极陈当占据黑龙江。当《尼布楚条约》订定时，俄人本以为出于迫胁，心怀不服。至此，遂议定和中国重行划界。而俄国的外交部，不以穆拉维约夫的举动为然。行文中国，请协定格尔必齐河上流边界。明年，吉林将军将其奏闻。上谕派员查办，于是吉、黑、库伦，同时派员会勘。此时若能迅速定议，自是中国之利。无如所派之员，或以冰冻难行为辞，或以约会相左为解，辗转经年，卒无成就。而俄与英、法开战，俄皇遂以极东全权授穆拉维约夫，得径与中国交涉。穆拉维约夫乃行文中国政府，说因防守太平洋岸起见，要由黑龙江中运兵，请求派员会议，画定边界。使者至恰克图，中国不许其进京，穆拉维约夫就径由黑龙江航行。瑷珲副都统见其兵多，不敢拒绝。咸丰五年（1855），穆拉维约夫和黑龙江委员台恒会见，借口为防英、法起见，黑龙江口和内地必须联络，请划江为界。台恒示以俄国外交部来文，说该文明认黑龙江左岸为中国之地，何得翻议？穆拉维约夫语塞，乃要求航行黑龙江，而境界置诸缓议。时朝命吉、黑两将军及库伦办事大臣照会俄人，说此次划界，只以未设界牌地方为限。然实际上黑龙江北之地，逐渐为俄所占，清朝仍不过命吉、黑两将军据理折辩，并由理藩院行文俄国，请其查办而已。

　　五口通商以后，俄人亦援例要求，而清朝不许其在海口通商。咸丰七年（1857），俄使普提雅廷（Putiatine）到天津，请求划界。朝命折回黑龙江办理。《上谕》："中俄接壤，惟乌特河一处未曾分界，从前委员会议，因该国持论未能公允，是以日久无成。今该使既系该国大臣，正可秉公查清界限。"云云。中国此次交涉，是全然依据条约办理的，但其时实力太薄，条约已无从维持了。时俄已以界务任穆拉维约夫。普提雅廷遂南行，与英、法、美使臣会合。明年，英、法兵陷大沽，穆拉维约夫乘机照会黑龙江将军奕山，约其在瑷珲会晤。于是奕山为全权大臣，和穆拉维约夫定约于瑷珲，割黑龙江北属俄，而以乌苏里江以东为两国共管之地，黑龙江、松花江、乌苏里江，只准中俄两国行船。此约汉文云："黑龙江、松花江左岸，由额尔古讷河至松花江海口，作为俄罗斯国所属之地。"此松花江三字，明系注语，即指黑龙江而言，中国人因谓下文"黑龙江、松花江、乌苏里江，此后只准中国、俄国行船"的松花江，亦系指松花江口以下的黑龙江。说依据条约，俄人实无在松花江中行船的权利。然据钱恂《中俄界约斠注》，则谓满、蒙文，俄文和英、法文各本，均无上两松花江字，而下文确有之。**黑龙江左岸，由精奇里河以南至豁尔莫勒津克，原住的满洲人等，照旧准其居住，仍着满洲国大臣管理。**此即所谓江东六十四屯。咸丰十年（1860）《北京条约》，亦申明黑龙江左岸中国人住的地方，及中国人所占渔猎的地方，俄国均不得占据。仍准中国照常渔猎，重立界牌，以后永无更改，并不得侵占附近各地。嗣以华、俄居民垦田交错，互起争端，曾于光绪六年即1880年，八年即1882年两次会立封堆，确立界址。清朝复以平原界堆容易迁移，于光绪十三年即1887年，派李金镛去和俄国交涉，重画界址，掘濠为界，纵约200余里，横约七八十里不等。光绪二十六年，即1900年，义和团事起，俄人驱逐各屯居民，聚在大屋中，多被烧死。幸免的百余人，都凫水逃归江右。二十八年，即1902年，俄国所立《东三省撤兵条约》，虽有"允将东三省各地交还中国治理，一如未占据之先"之语，然其地迄未交还。此注略据葛绥成《中国近代边疆沿革考》，中华书局本。此约既定，侍讲殷兆镛参奏奕山，以黑龙江外五千里之地，借称闲旷，不候谕旨，拱手让人，寸磔不足蔽辜。就条约观之，诚如殷氏所论。然据稻叶君山《清朝全史》，则奕山当日未尝不竭力争执，而俄人以开战相胁。当时的形势，是万不能和俄人开战的，边备废弛，兵力衰颓，由来已久，断不能令身当交涉之冲的一个人独尸其咎。

普提雅廷南行后，旋与英、法、美三使俱至天津，仍请添设通商口岸。清朝称，恰克图和伊犁、塔城，已有三口，若再在五口通商，则共有八口。他国要求，无以折服。命谭廷襄在五口之中，选择两口，至多三口，旋亦许其一律。及桂良到津，遂与俄国定约。其中重要条款：（一）以后行文，由俄国外交部径达军机处或特派的大学士，彼此平行。俄使与大学士、督抚亦平行。遇有要事，得自恰克图或就近海口进京。（二）开上海、宁波、福州、厦门、广州、台湾、琼州七处通商，人数不加限制，俄人居京城学习满汉文的，亦不拘年份。按，乾隆十六年，即1751年，库伦大臣奏称：俄罗斯学生，已届10年，请派人前来更换云云。则前此以10年为期。（四）许在海口及内地传天主教。（五）派员查勘边界。（六）京城、恰克图公文，由台站行走。以半月为限，信函亦得附带。运送应用物件，三个月一次，台站费用，中俄各任其半。（七）又有最惠条款。咸丰十年（1860），伊格那提也夫又在北京续订条约：（一）尽割乌苏里江以东。（二）交界各处，准两国人民随便交易，都不纳税。（三）西疆未定之界，应顺山岭大河，中国常驻卡伦，钱恂《中俄界约斠注》云："按，《新疆识略》，边徼卡伦向分三等：历年不移，而设有定地者，是谓常设卡伦；驻卡官兵，有时在此处安设，有时移向彼处，或春秋两季递移，或春冬两季递移，或春夏秋三季递移者，是谓移设之卡伦；有其地虽有卡伦，而有时过时则撤者，是谓添设之卡伦。卡伦之设，本只游牧人私行出入，初无关于界址。故常设之卡伦，至近者距城或不过数十里。咸丰十年（1860）之约，指明以常驻卡伦为界。同治初元，将军明谊与彼官勘界。彼坚执常驻二字。明将军再四辩论，总署亦与争持，谓中国卡伦，向无常驻不常驻之分，必当以最外卡伦为界。无如边徼规制，彼中习见习闻，竟不克挽回。而乌里雅苏台以西之界遂蹙。"按，此约立后，乌里雅苏台、科布多所属大阿勒台山迤北，塔尔巴哈台所属塔尔巴哈台山、阿拉套山迤北，及伊犁所属卡伦，均有向内移徙的，见第四条。又塔尔巴哈台所属民庄五处，则限10年内徙，见第十条。雍正六年（1728）所立沙宾达巴哈界牌，西至斋桑淖尔。自此西南，顺天山的特穆尔图淖尔南至浩罕边界为界。（四）兴凯湖至图们江，订于咸丰十一年（1861）三月会立界牌。沙宾达巴哈至浩罕，则不限日期。（五）恰克图照旧到京。所经库伦、张家口，零星货物,亦准行销。(六)库伦设立领事。(七)俄商来的,每处不过 200 人,须有本国边界官路引。(八)中国商人,亦可往俄国内地通商,并得在俄京或他处设立领事。(九)开喀什噶尔,设立领事。除不许赊欠之例,领事和地方官平行。(十)犯罪争讼,各归本国治罪。(十一)边事向惟库伦大臣和恰克图固毕尔那托尔、伊犁将军和西悉毕尔总督行文办理。今增阿穆尔、东海滨两省固毕尔那托尔和吉林、黑龙江将军行文,均平行。恰克图事,由驻恰克图部员和恰克图边界廓米萨尔行文。要事由东悉毕尔总督行文军机处或理藩院。(十二)恰克图到北京书信,每月一次,限 20 日。物件二月一次,限 40 日。商人愿自行雇人送书信物件的,准先报明该处长官,允行后照办。此两约失地数百万平方里,自《尼布楚条约》订立至此,共历 170 年。

咸丰十年(1860)条约定后,东北疆界,中国依约,于其明年派仓场侍郎成琦,德宗光绪十二年(1886)又派右副都御史吴大澂、珲春副都统依克唐阿,和俄人勘定界址,都立有界约。其西疆之界,则穆宗同治三年(1864),由伊犁将军明谊和俄订立界约,划定沙宾达巴哈至浩罕界上的葱岭的疆界。其后科布多、乌里雅苏台属境于同治八年(1869),塔尔巴哈台属境于九年(1870),由荣春、奎昌与俄人勘定,亦都立有勘界记,惟伊犁属境,未及勘定而为俄人所据,遂启回事定后的重大交涉。

咸丰十年(1860)条约中,由恰克图照旧到京一语,意自不谓京城得行销货物。而俄人曲解条文,要求在北京通商。恰克图、库伦、张家口、通州等处,又借口陆路费重,定税不能照海口一律,又要在蒙古各地随意通商。张家口设立行栈领事。经过关隘,概免稽查。总署力与辩论,卒于同治元年(1862)定《陆路通商章程》二十一款。(一)两国边界百里内贸易,均不纳税。(二)中国设官的蒙古地方,及该官所属各盟,亦不纳税。不设官处,须有该国边界官执照,乃可前往。(三)赴天津的,须有俄边界官并恰克图部员盖印执照,限 6 个月在天津缴销。仍只准由张家口、东坝、通州径行抵津。(四)张家口不设行栈,而准留货物十分之二销售。税皆三分减一。留张之货,不销的准其运赴天津,不纳税,如在津由水路至南北各口的,所减三分之一税,仍须补足。由津及他口运入内地的,亦照纳子税,在他口贩土货运津回国的,除在他口按例纳税外,在津纳一复进口税,在天津、通州贩土货回国的,完一子税。贩别国货的,如已完过正税、子税,则不重征。如未完过子税的,亦应照补。亦均限 6 个月销照。此章订明试行三年。四年

(1865)，俄人提议改订。五年(1866)，许其天津免纳复进口半税，余展至二年后再商。至八年(1869)乃改订二十二款。(一)俄欲删原约中张家口不得设立行栈一语，中国不可。许将货物酌留十分之二，改为酌留若干。而更添不得设立领事一语。酌留张家口的货，仍交正税，不销的运赴天津、通州时，还以三分之一。(二)原约俄商赴蒙古贸易的，有"小本营生"四字，许其删除。原约但云"无执照者罚办"，此改为"行抵中国一边卡时呈验"，其绕越偷漏的罚则，亦均减轻。(三)在津贩卖复进口土货，由陆路回国的，如在原口已完清全税，一年之内不再重征。并将暂存天津的复进口半税，给还存票。_{嗣后天津复进口税，中国与各国一行拟改，俄亦一律改定。}其余悉同原约。此约以五年为期。中国当日对于商务的盈亏，不甚注意，税入尤所不计，所怕的是俄人遍历各地，窥我虚实。直到后来伊犁交涉时，所斤斤顾虑的，还在这一点。然其时情见势绌更甚，并此时所订定的，亦不能维持了。

教禁的解除

咸丰八年、十年(1858、1860)两条约，把传教事项，明文规定，这也是中外交通以来的一件大事，自此至光绪庚子，_{光绪二十六年(1900)。}教案常为中国的大患，前后共历 40 年。今略述教禁解除的经过和教案中最严重的同治九年(1870)天津一案如下。

自雍正元年(1723)将各省天主堂一律改为公廨以后，教士在中国已无复开堂传教的权利。道光二十四年(1844)中美条约，许美人在五口设立礼拜堂。然这只是许其自行礼拜，并非许其传布。是时法人屡向耆英请开教禁。二十五年(1845)耆英为之奏陈。部议准其在海口设立天主堂，华人入教者听之。法人仍不满足，耆英奏请许其要求，以资笼络。二十六年(1846)上谕，令"设立供奉处所，会同礼拜，供十字架图像，诵经讲说，毋庸查禁。康熙年间，各省旧建之天主堂，除改为庙宇民居，毋庸查办外，其原旧房屋，准其给还该处奉教之人"。自此教禁遂算解除。然尚无外国教士得入内地传教的明文。而法国神甫马赖(Auguste Chapdelaine)遽往广西西林传教。咸丰六年(1856)为知县张鸣凤所杀，成为法国用兵的一因，已见第二节。八年(1858)条约，既许各国传教，法约补遗条款中，又规定张鸣凤革职，革职后须照会法使，并须将革职事由，载明京报。是为中国因教案处分官吏之始。十年(1860)法约，又规定赔还前天主堂、学堂、坟茔、田土、房廊等件，交法使转交该处奉教之人。并任法国传教士在各省租买田地，建造自便。自此外国传教士往内地传教才有条约上的根据，并且得置产业。教会在内地置产，同治四年，即1865年，总署与法使议定章程。光绪二十一年，即1895年，续有厘定，其中主要的条件，为内地的教产属于教会，私人不得购置。以后欧洲来华的教士，遂都由法国保护，往内地的执照，亦由法公使发给，有教案亦由法公使独当交涉之冲。直至光绪十七年(1891)德人谋破坏法国保护教士之权，才照会总署，说德国在华教士，由德国自行保护。旋因教案启衅，占据胶州湾。中国人说外人的传教带有侵略性质，也无怪其然了。

教禁甫开，而教案即起。其事在同治元年(1862)。是时法国人分遣教士，游行各省，将至湖南，长沙、湘潭一带的教民，相与夸耀，以为扬眉吐气，复见天日。因此激动湖南士绅的公愤，撰成公檄，流传入赣。赣省的士绅，又从而传布之，遂至酿成两省的教案。其事详见《中西纪事》的《江楚黜教》篇中。他省亦时有教案，连绵不绝，至同治九年(1870)的天津教案，其严重达于极点。

此案因当时天津有迷拐小孩之事而引起。先是，法国教士在天津的三叉河建立教堂，谓之仁慈堂。其中的女教士，出钱收养贫儿。及是，拐匪武兰珍被捕，供称教民王三将迷药给他。而是时仁慈堂孩童适患疫病，死的颇多。民间遂谣言教堂迷拐孩童，剖心挖眼，并义冢上尸骸暴露的，亦指为教堂所弃。崇厚时为三口通商大臣，和天津道周家勋等会同法国领事丰大业(M. Foutanier)带武兰珍到堂调查。兰珍语多支离，和原供不符，事已明白。崇厚允即出示辟谣。而其回署时，人民观看的，和教堂中人言语龃龉，互把砖石相击，人民遂集众围困教堂，势将滋事。丰大业跑到崇厚署中，咆哮忿詈。崇厚抚慰他，不听，拔枪射击崇厚，不中，把器物毁坏。崇厚初时避去，后因丰大业要走，又自己出来留他，劝他不必冒险。丰大业不听，走出，路遇天津知县刘杰，又拔枪射击，把刘杰的仆人打伤。人民见之大怒，将丰大业打死。又鸣锣聚众，把教堂焚毁，教民教士，死者数十人。其时江苏等省，亦有教案。外使遂认津案为外人全体的安全问题，共同提出抗议，形势严重。清朝命署理直隶总督曾国藩赴天津查办。法国代理公使罗淑亚(Comte de Rochechouart)要求将刘杰和天津知府张光藻、提督陈国瑞议抵。法国调兵船到津。中国亦命督办陕西军务李鸿章带兵驰赴京畿，起刘铭传统带铭军,并命沿海沿江督抚戒备。添派丁日昌赴津会办,未到时,先令兵部尚书毛昶熙赴津。旋崇厚使法,即以昶熙署三口通商大臣。未几,两江总督马新贻遇刺,曾国藩回两江本任,仍命将津案奏结后起行。当国藩到津时,士大夫间议论蜂起:有劝其劾崇厚以伸民气的;有要鼓励天津人民,驱除洋人的;有要联英、俄以攻法的。国藩力持镇定,奏称"自道光庚子以来道光二十年(1840)。办理洋务,失在朝和夕战,无一定之至计,遂使外患渐深,不可收拾"。此时如其开战,"今年即能幸胜,明年彼必复来;天津即可支持,沿海势难尽备"。乃将张光藻、刘杰,按刁民滋事,地方文武不能弹压镇抚例革职,发往黑龙江效力。滋事的人民,正法的15人,定军流之罪的4人,徒刑的17人,共出赔偿抚恤之费46万两,派崇厚赴法道歉,作为了结。曾国藩办理此案,在当时很为舆论所不满,然其气概自有足多的。当其疏劾天津府县时,都中士大夫多诒书相责,国藩惟自引咎而已。其致总署书,自言"外惭清议,内疚神明"。其实当时的情势,何能因此与法国开衅?他写给朋友的信,说"宁可得罪于清议,不敢诒忧于君父",这正是他忍辱负重之处。他虽看似软弱,然崇厚要徇外人的要求,将府县议抵,他却坚持不可,说"外国论强弱不论是非。如其立意决裂,虽百请百从,仍难保其无事"。亦可见其审慎之自有限度。当他到天津去时,写信给两个儿子,说"外国性情凶悍,津民习气浮嚣,俱难和协,将来构怨兴兵,恐致激成大变。余此行反复筹思,殊无良策。余自咸丰三年(1853)募勇以来,即自誓效命疆场,今年老病躯,危难之际,断不肯吝于一死,以自负其初心。恐遭近及难,而尔等诸事无所禀承,兹略示一二,以备不虞"云云。这实在是一张遗嘱。其办理津案时,亦奏称"臣自带兵以来,早矢效命疆场之志,今事虽急,病虽深,此心毫无顾畏。断不肯因外国要挟,尽变常度"。其致崇厚书,则言"祸则同当,谤则同分"。均可见其浩然之气,名誉生死,都置度外,而惟行其心之所安。办事者必有此等精神,才可以担当大事。畏首畏尾,视私人的利害重于国家的安危,其究也,必致事败坏而身名亦随之决裂。古人有言:"一心可以事百君,二心不可以事一君。"吾人的办事,亦正是如此。事君也是要办事的,并不是事奉一个人。这一年,恰值普、法开战,法兵大败,所以此案得以如此了结,否则还有更严重的可能性的。

教案的起源,固由于天主教被禁止后,秘密传播者若干年,有以引起教外人的猜测,见第三章第二节。然其间实有一更深远的原因,伏于其后。剖心挖眼等谣言,我小时候尚听到过,然其时谣言虽盛,实亦无人深信。上层社会的士大夫,到底不是毫无凭证的言语所能使其深信不疑的。下层社会中人,则素无组织,可以为一哄之市,而不能坚决有所作为。倘使当其聚哄之时,有人从旁劝谕,官吏再略加禁遏,风潮也就平息了。从前的教案,所以每由极细微的事情,甚或是全无根据的谣言,扩大而成为聚众滋事的案件,实由于发动之时,只有从旁鼓动的人,绝无劝谕禁止的人。亦有少数明白的人,知其事之无益有损。然在此等情形之下,无从开口,即开口亦无效力。其所由然,则因对于洋人,对于西教,先存一憎恶之念,此等心理之养成,由于(一)世界未交通时,每一民族,都有以本族为中心,而厌恶卑视外人的心理。(二)又宗教本有排外性质,中国人虽说信教不甚,排斥异教亦不甚,究亦不能全免。(三)合此两因,加以败北的耻辱,西人东来后,如杨光先辈的疑忌,至此不啻以事实为之证明。于是群怀怨恨之心,剖心挖眼等谣言,就易于流行了。(四)而自教禁解除之后,教中人的举动,亦有以激之。西人来传教的,只知道物质上的施惠,向中国的愚民,加以劝导,而不知道民族心理上此等深奥的原因。及其激成教案之后,则又一味靠强力压迫,以为如此,必可以使中国人畏惧,而不再滋闹,如津案,后来威妥玛(Thomas Francis Wade)对李鸿章述当时英使之言,说倘将天津地方全行焚毁,即可保后来无事。直至庚子拳乱,和约中要规定闹教地方停止考试,还是此等见解。而不知事实适得其反。佛教的输入,其初或亦系施诸愚民,然不久即行于士大夫之间。信奉佛教,见于正史最早的,是后汉光武帝的儿子楚王英,稍后的则是后汉末年的笮融,事见《后汉书·光武十三王传》及《陶谦传》,其迷信的色彩都很深。基督教之初输入,亦颇有此情势。士大夫是社会的表率,一切举动,实行虽多由于平民,而其发纵指示,则恒出于士大夫。倘使咸、同以后,传教之士仍能守明代的遗规,注意于士大夫方面,则其成功必可较多,冲突必可较少。无如此时西人来传教的,已不能如前此的教士久居中国,有一番预备工夫,通华语的已少,通华文的更少,亦不能深悉中国的风俗。虽亦有译书及设立学校等工作,然其学校所教的,实无甚深意。所译的书,亦不足引起华人的兴味。西教在士大夫之间,遂绝无地位,平民信教的,则多数是社会上落伍之徒。须知沿袭闭关时代的旧习,见了外国人,即起一种莫名其妙的憎恶之念,固非开通人士之所为,然人总是中材居多数,中材总是为一时风气所囿的,超出乎风气之上,而不为其所囿,固然难能可贵,够不上风气,而不为其所囿,则是不足贵,而且是可鄙贱的。此二者毫厘之差,千里之谬,断不容混为一谈。即如同治初年的教案,长沙、湘潭的教民,当国蹙师熸之日,不怀愧忿之念,反有欣喜之情,此等人,如何够得上做国家民族的一分子?在当时,如何不要激起一般人的反感?所以基督教在中国的传播,其遭遇反对,其太注意于下层社会,以致招致了一班民族性较为缺乏的人,亦不能不尸其咎。《中庸》说"不诚无物",而倚势凌人,尤足以引起人家的反感。《中西纪事·猾夏之渐》篇说：嘉庆中叶，缉拿白莲教徒，两江总督百龄，缉得教次方荣升等，令从其教者，但跨十字架，吃猪肉，便可免死。荣升及一女尼朱二姑娘竟不肯。这决不是什么纯粹的基督教，然其中亦必含有基督教的分子无疑。此时的教徒，其信教是真诚的，果有此等真诚，则其教虽为法令所禁，仍能见谅于社会。历代有许多被禁之教，仍能延续若干年的，这必是其中重要的一个因素。到基督教得以公然传播之后，教士只知道以多收教徒为功，而不计来者的动机如何。且如不祀祖先等，在我们的见解，原未必遂以为非。然在当日，能接受此等条件的人，则非极高而有独见之士，即系落伍而够不上吸收水平线以上的中国文化的人。极高而有独见之士，社会上能有多少？何况即有此等人士，其行为还往往履蹈中庸，而不能与其理想相副呢！当时奉教的人，其多文化上落伍的人，更无疑义了。当时入教的人，（一）以讼案希冀教士为之说项。（二）及欲倚势凌人者实多。如乡间酬神演戏及修庙等事，教徒都不肯参与。论者指为民、教不和的一原因。其实所以招致教外人反对的，并不因其谨守教规，而由于其傲慢，甚至强横而又带有刁狡的态度，这也是我所亲见亲闻的事。古语说：骄、谄只是一事。此言确有至理，因为惟不自重其人格，才会蔑视他人的人格，所以此等恶劣的教徒，见了西教士，其态度格外驯谨。教士不知，就误信为好人了。这也是西教士对于中国社会，似了解而实不了解之处。天主、耶稣两教，天主教教规较严，和中国人民隔绝亦较甚，而教案亦以对天主教为较烈，即其明证。至于教士遇有词讼及其他案件，动辄袒护教民，干涉地方官的行政，那更是令人民身受其祸，而觉其为切肤之痛的了。自光绪庚子（1900）以前，教案的时起，中国士大夫的顽固，平民的愚昧而易盲动，官吏办事的糊涂敷衍，是万不能不负责任的，此层我亦无异议。但在今日，知此义者已多，无待论列。至于教案的背后，更有一种深远的原因，则知者较少，所以略抒其说如下。我们试看，当日曾国藩赴津时，孝钦皇后面谕他，说百姓焚毁教堂时，得有人心人眼，呈交崇厚，而崇厚将其销毁，命曾国藩密查。《中西纪事·猾夏之渐》篇云：道光二十五年（1845），部议准海口设立天主堂，华人入教者听之，惟不许奸诱妇女，及诳骗病人眼睛，违者仍治罪。可见此说一时甚流行，孝钦皇后亦系为此等见解所惑。曾国藩奏称："仁慈堂查出男女，讯无被掳情事。至挖眼剖心，则全系谣传，毫无实据。焚毁教堂之日，众目昭彰，若有人心人眼等物，岂崇厚一人所能消灭？"又称："津民所以生愤者，则亦有故。教堂终年扃闭，莫能窥测，其可疑者一。中国人民至仁慈堂治病，恒久留不出，其可疑者二。仁慈堂死人，有洗尸封眼之事，其可疑者三。仁慈堂所医病人，虽亲属在内，不得相见，其可疑者四。堂中掩埋死人，有一棺而两三尸者，其可疑者五。"可见与大众隔绝之事，易启疑窦了。张之洞著《劝学篇》，已在光绪戊戌（1898）之岁，尚对挖眼剖心等谣言，加以辩驳，可见其时尚有流传。然此时距庚子（1900）不过数年。庚子以后，教案就几乎绝迹了。倘使大众真以此等说为真实，哪有如此容易之理？可见谣言虽有，不过是一种鼓动的资料，真以为确实而因此坚决行动的，并无其人。当同治元年（1862）江西闹教时，巡抚沈葆桢自愿挺身任之，且称此为国家二百年养士之报。其时中国预备修订条约,命中外大臣筹议。崇厚覆奏,有天主教无异释、道之语,醇亲王奕譞深恶其言,奏称"没齿鄙之"。奕譞固然顽固,也是身当政局之冲的人,并不是什么住居乡僻、不通世事的乡愚。孝钦后、沈葆桢更不必论了,而其见解如此。这就可见当日中西的隔阂,别有一民族上深远的原因,而知识的锢蔽只是其浅焉者。而知识亦正由此等心理为之障碍,以至于锢蔽。天下风起云涌之事,断没有在短时间之内,能够烟消火灭的。然自光绪庚子(1900)以后,教案竟不大听见了,真个给外国人的兵威惩创了,惧怕了吗?夫岂其然!中国人的知识,到此忽然开通了吗?哪有这么容易的事!不过经此次变乱之后,知道盲动的无益,民族心理,转向别一条路上去发挥罢了。这也可见得从前的教案,并不专是宗教问题,而别有一民族的精神潜伏在内了。同治元年(1862)江楚黜教时,郭嵩焘致书曾国藩,谓唱之者为无识的儒生,附和之者,则愚民乘势钞掠为利。这诚然是不可否认的事。后来教案连绵不绝,乘势钞掠,怕总是其中一个重要的因素。然有三点,亦须辨明的:(一)乘机钞掠的,只是少数奸民,与多数人民无涉。(二)奸民有时是事后加入的。初发动时,群众的动机,实系纯洁。(三)其始终纯洁,并无钞掠行为的,亦未尝无有。吾幼居武进,武进城内之有教堂,似在光绪二十四年,即戊戌变法之年,1898年以后。自此以前,已有一次,教民想到城里来建筑教堂,给一个姓穆,或者是姓莫的聚众阻止。武进城中,此两姓俱有,而武进人读此两字音相同。吾于此事,仅得诸传闻,故不能知为何字。这个人本亦是武断乡曲,不为乡里所齿的。然此次之事,却动机纯洁,行为亦极有秩序。他是在法律上得到一个据点,即寻到了一点教中人的错处,然后发动的。所以教徒竟无如之何,而在城内建造教堂之事,为之迟延者若干年。此人因此颇为乡里所称许,他亦竟因舆论的称许,而从此改邪归正了。此次之事,即始终无钞掠等举动,武进先辈,多能道之。

因教案的时起,总署议定管理教士章程,凡八条:(一)停止收养孤儿,或严行限制。(二)教堂祈祷,不得男女混杂。(三)教士不得干预官吏行政,侵犯中国有司之权。(四)教民滋事,曲直须凭地方官做主,不得有所包庇。(五)教士护照须载明经行地方,不得任意邀游。(六)奉教的须查明身家来历。(七)教士与有司往来,应有一定礼节,不得妄自尊大。(八)从前教堂基址,已成民居的,不得任意索取。将其照会驻京公使,英、美赞成其原则,而不尽同意其细则,事不果行。

五　汉族的光复运动

太平天国以前诸秘密结社的活动

民族主义,总是要经过相当的期间,遂能光昌的。中国的受异族压制,实起于五胡乱华之时。其时距民国纪元业已1 600余年,然此时的异族,都是久经附塞,或入居塞内的降夷,濡染中国的文化已久,所以其人颇思攀附汉族以为荣,亦有能诚心接受汉族的文化的。其民族意识不显著。至北宋之末,女真兴起而其情势一变,读《金世宗本纪》可见。自辽以前的异族,无不自托于汉族胄裔的。如拓跋氏自称黄帝之后,宇文氏自称炎帝之后,金以后就无此事了。又如后魏孝文帝,模仿汉族的文化,不能谓其无诚意。金世宗却竭力保存女真的旧风。两两对照,殊有趣味。此全由其前此与汉族交接的多少,受汉族文化熏陶的深浅而异。此时距民国纪元亦已800余年。因(一)中国素以平天下为最高的理想。(二)又此等异族的文化,远低于中国,入据中原以后,治法文化,都不能不采用中国之旧。所以还不能十分激起我们的民族主义。然中国人的思想亦渐非昔比了。试看南宋以后,攘夷之论之昌盛,便可见得其后元、清两代,相继入据中原,沦陷的范围,又较女真入据时为广。清朝对待汉人的手段,尤为阴鸷。中国人的民族主义,亦即随之而潜滋暗长,日益发达。此中有两种迹象可见,其(一)为士大夫的誓死不屈,如宋末的郑思肖,明末的顾炎武、王夫之等是。其(二)为民间的秘密结社。士大夫只能指挥谋划,而不能为直接的行动,所以轰轰烈烈的行为,转多出于下层社会中人。

宗教本为结合下层社会,以谋革命的工具。历代借此号召的,都不过与恶政治反抗,或者带些均贫富的思想。如宋代的杨幺。见朱希祖《杨幺事迹考证》,商务印书馆本。到异族入据后,就含有民族主义的成分了,如元末的白莲教便是。专制时代,以君主为国家的代表,而前代的国家,大抵是一个民族的结合。所以白莲教徒所推戴的韩山童,要冒充宋徽宗的八世孙。明朝熹宗天启年间,白莲教徒亦曾起而为乱,就没有这等话头了。到清朝却又和元朝一样。清世宗雍正七年（1729）上谕云："从前康熙年间，各处奸徒窃发，动辄以朱三太子为名，如一念和尚、朱一贵者，指不胜屈。近日尚有山东人张玉，假称朱姓，托于明之后裔，遇星士推算，有帝王之命，以此希冀鼓惑愚民。现被步军统领衙门拿获究问。从来异姓先后继统，前朝之宗姓，臣服于后代者甚多。否则，隐匿姓名，伏处草野。从未有如本朝奸民，假称朱姓，摇惑人心，若此之众者。似此蔓延不息，则中国人君之子孙，遇继统之君，必至于无噍类而后已。岂非奸民迫之使然乎？"不自责其以异族入据中原，反责起义图光复者，将累及前朝之子孙，其立说可谓甚巧。然设使汉族反抗者多，世宗便要把明朝子孙杀尽，这话也就是自写供招了。这不是冤诬他，试看历代帝王诏令中，有这样的话吗？雍正七年（1729），为亡清入关后之86年，汉人仍有起而反抗的，世宗上谕，且承认自康熙以来，图谋光复者指不胜屈，历代从未若此之众。可见中国民族主义的进步，而一班遗老，妄称康雍之治，歌功颂德，以为汉人就从此屈服的厚诬了。世宗这一道上谕，是因曾静之事而发的。曾静是湖南人。先是浙江人吕留良也是志存光复的。曾静使人求其遗书。此时静使其徒张熙说岳钟琪，钟琪将其事举发，遂遭逮治。连吕留良也剖棺戮尸。可见得士大夫阶级中，民族主义亦未尝绝，不过直接行动，不如平民阶级的容易罢了。

白莲教在北方，是一个很大的秘密结社。自清朝入据后，其反抗亦迄未尝绝。高宗乾隆四十年（1775），教徒传布事觉，教首刘松遣戍甘肃。其党仍秘密传布。五十八年（1793），党魁刘之协奉王发生为主，诡称明裔。事觉，发生遣戍新疆，之协遁去。六十年（1795）之协等举事，至嘉庆七年（1802）始平，前后共历8年。蔓延四川、湖北、河南、陕西四省。此即所谓川楚教徒之乱。嘉庆十八年（1813），又有天理教之变，其首领林清，至能连结内监，图攻宫城，可见其势力之大。天理教亦白莲教支派，可见其光复之志，始终不渝了。然和亡清对抗的，究以南方为较久，遗老志士，流落其间的更多，所以反清的秘密结社，南方更较北方为盛。

南方的秘密结社，始终抗清的，当以天地会为大宗。天地会的历史，略见于日本平山周所著的《中国秘密社会史》。商务印书馆本。平山周系随孙中山从事革命的。据其说，其会中的传述，谓福建莆田县九连山中有一个少林寺，相传为达尊神所创，此当系指禅宗的始祖达摩。故下文使苏洪光再生时，称达摩大师。已历千年。寺中的和尚，都懂得武艺、兵略。康熙时，或说是乾隆时，西方有个西鲁国造反，官军大败，清主乃悬赏，说有能征服西鲁国的，他要什么，便把什么赏他。少林寺徒属中，有个唤做郑君达的，同128个和尚前往应募，把西鲁国打败。回兵之后，清主问其所欲，诸和尚都一无所欲，依旧还山。惟郑君达留为总兵。此时朝臣中，有两个唤做陈文耀、张近秋的，意图篡位，而怕僧兵的强，乃进谗于清主，说僧兵若怀异志，必非国家之福。清主听信了他，使他俩带兵去剿灭少林寺。翰林学士陈近南谏，不听，遂弃职，归隐湖广。少林寺僧中，有个唤做马仪福的，艺居第七，_{会中人讳言七。}而性好渔色，曾引诱郑君达之妻郭秀英及君达之妹玉兰，因此为众僧所逐，怀恨在心，乃引清兵到寺。四面密埋火药，堆积柴草，用松香做引线，放起火来，僧人都被烧死。幸得达尊神遣朱开、朱光两个天使，引导18个和尚逃出。清兵后追，路经黄泉村，13个和尚战死，剩下5个，唤做蔡德忠、方大洪、马超兴、胡德帝、李式开，是为会中所称的前五祖。清兵进入黄泉村。有5个人，唤做吴天祐、方惠成、张敬照、杨仗佐、林大江，对他们说：5个和尚已经死了。前五祖乃得逃去。吴天祐等5人为会中所称五勇士。前五祖逃到沙湾口，有船户2人，唤做谢邦恒、吴廷贲，留他们住宿船中，再逃到惠州长沙湾。后面又有追兵，而前面为河所阻。达尊神乃再使朱开、朱光，一持铜板，一持铁板，架作桥梁。前五祖乃得渡过，至宝珠寺，辗转到石城县的高溪庙。食用缺乏，天使又加以接济，到前五祖起行后，寺庙便都消灭了。_{意为该寺庙系幻化而成。}前五祖逃到湖广，到了一处地方，唤做丁山，其地有一个小港口。无意中遇见郭秀英、郑玉兰，和郭秀英的两个儿子，一个唤做郑道德，一个唤做郑道芳。此时郑君达已被陈文耀用红绢绞杀，乃同往祭其坟。而清兵适至。郑君达墓中，忽然跃出一把桃剑，柄上刻有反汩复汨四个字。汩字乃清字，汨字乃明字的代替字，天地会中文字都如此。秀英持剑乱挥，斩首无算，遂得脱险。事为张近秋所闻，带兵前来搜捕，郭秀英早得消息，把剑传给两个儿子，令其速遁，自己却和郑玉兰投三合河死了。谢邦恒寻得其尸，把她葬在河边陵上，还替她立了一块石碑。前五祖匿身林中，趁陈近秋经过，突出把他杀掉。陈近秋所带的兵又来追。幸得吴天成、洪大岁、姚必达、李式地、林永超五个人来救，乃得脱险。此五人即会中所谓后五祖，亦称五虎。前五祖欲复还高溪庙。再过宝珠寺，寺已化为乌有。既无饮食，亦无歇宿之所，困苦殊甚。而忽与陈近南相遇。陈近南自辞职归后，在白鹤洞中研究道教，_{会中人相遇，问自何处来？必答言是白鹤洞来。}后又以代和尚报仇,卖卜江湖。至此与前五祖相遇,迎之归家。后以所居狭隘,移于下普庵后的红花亭。一日,前五祖逍遥河上,见水中一物浮来,近视之,乃一大石香炉,炉底亦有反洇复汩字样。另一行,注明其重为52斤13两。<small>会中白镴鼎之重如此。</small>五人既得香炉,乃取树枝树叶,以代香烛,注清水以代酒,祭告天地,誓必报少林寺之仇。祭时,树枝树叶忽自焚,前五祖归告陈近南。陈近南说:这是洇代将覆,汩朝复兴之兆。乃即举兵。有一少年,自来投效,两耳垂肩,双手过膝。讯知姓朱,名洪作,为明思宗之裔。乃共奉为主,以甲寅年七月二十五日,在红花亭盟誓,称为洪家大会。至今其会员皆以是日为生日。是夜,天显异兆,南天光耀,作文廷国式四字,遂以为元帅旗。旋东天复发红光,红音同洪,故用以为姓。把洪字拆开,则为三八二十一,即用以为符号。陈近南乃用一个唤做苏洪光的为先锋,以前后五祖为中坚,遣五勇士至龙虎山中募兵为后备。明日进攻,时清兵方强,洪家战败,退至万云山。遇万云寺寺长万云龙,云龙系浙江太昌府人,本名胡得起。陈近南引其觐见幼主。云龙即歃血为誓,矢志覆洇兴汩。八月二十日再战,云龙手持两棍,向清军攻击,不幸于九月九日,中箭而死。兵皆溃散。前五祖潜匿。兵退,焚其尸,裹以红绢,葬之山下,陈近南尊之为达宗神。<small>盖以配达尊神。</small>相与寻求幼主,不得,陈近南谓洇运尚未至覆亡之时,劝诸兄弟暂散,广结徒党,以为后图。数年之后,会众聚集于高溪庙,此时诸头目仅存一个苏洪光,未几亦死。欲举兵,苦于无人统率。忽传苏洪光复生,事缘思宗死时,缢于煤山柏树上。内监黄丞思,冀得附帝以葬。而树无别枝,又不敢与帝同缢,乃缢于帝足而死。寻得帝尸之人,反指为叛逆,弃其尸不葬。游魂无归,达摩大师乃将其附合苏洪光身上,借尸还魂,名之曰天祐洪,为三合军司令,连战连胜,共得七省之地。后来战死于四川。三合军乃四散,七省之地,复为清所据。平山周说:"哥老会及其他秘密社传说,虽各有差异,然其为焚烧少林寺,毙僧多人,以逃出之五僧作为五祖,图复仇于万一,则均确信不易。"可见此会支派之广。又说:"三合会或称天地会,世人以此名之,会中人亦即以自名,遂成为通称。或曰即三点会。凡清水会、匕首会、双刀会等,皆其支会。"又说:"三合会之成立,在康熙十三年(1674),相传以少林寺僧人被官焚杀,志在复仇。"案,康熙十三年(1674),岁在甲寅,与其所载天地会传说创立之年相合。又此传说中早称郭秀英、郑玉兰投三合河,而其军亦称三合军。二会之即一会可知。又可见其确为此项结合的嫡派。会中历史，久经传述，事迹自不免缪悠。凡故事口相传述，大抵文学的意味增加，历史的成分减少。况天地会传说，本有影射，并非真实事迹。所以外观几同评话了。然其姓名似多有寓意，又或非不知文学的人所能杜撰。洪家之称，谓由天发红光，恐系讳饰之词，或则传伪所致。其本意，似系指明太祖的年号洪武而言。朱开、朱光、苏洪光等名字，显见其均有寓意。吴廷贵等姓名，即非江湖上人所能造。其称苏洪光恢复七省，显系影射明桂王盛时，曾据两广、云贵、四川、湖南、江西之事。平山周说："观其尊信一种秘密仪式，知为僧道所创无疑。"然则说虽缪悠，中必暗藏一段明代志士，兼及方外，图恢复而未成，匿迹民间，广结徒党，以为后图之事。惜乎其无可考了。

　　三合会成立之后，反清之事，连绵不绝。据平山周说：其事以乾隆五十二年（1787）台湾林爽文之乱为倡始，此事在当时，是震动全台的。其后嘉庆十四年（1809）清水会会员胡炳耀等17人，在江西崇义县被捕，治以叛乱煽惑之罪。二十二年（1817），三合会会员又增至千余人，有犯事被刑的。二十三年（1818），原误作三十二年。又大败于梅岭。然常称兵以与广东官吏相抗。在江西的会员亦颇多，常干涉行政，地方官极怕他。道光十二年（1832）两广、湖南傜族起事，传言为三合会所煽惑。后傜族退入山中，三合会独当前敌，被杀的很多。二十一年（1841），中英战端既开，三合再起覆清兴明之望，曾与海峡殖民地政府协商。三十年（1850），三合会骚扰两广各地，太平军乃因之起事。咸丰七年（1857）中英衅起，英人在香港预备攻击广东，以800苦工编成教练队，苦工俱系客民，大都属于三合会。其中几个头目，以驱逐满洲之故，曾向英军协商一切。邹鲁《中国国民党史稿》第一篇第一章说："国内会党，常与官府冲突，故犹不忘其与清廷立于反对地位。而海外会党多处他国自由政府之下，其结会之需要，不过为手足患难之联络而已，政治之意味殆全失。反清复明之语，亦多不知其义者。鼓吹数年，乃知彼等原为民族老革命党也。"据平山周说，道光时，江西、两广、台湾一带，三合会颇跋扈，而以福建一省为酝酿之所，并有挟此主义，自闽、广往马来及南洋各岛，或暹罗、印度各地的。无论其为贫病死伤，扶持而入，或为求免诸种压制而入，或为好奇而入，或为种族革命而入，或有所利而入，而皆同抱一倾覆满政府之念，血誓以后，即众志团结。然则邹鲁的话，不过一部分的情形，并不能以此概海外会员的全体了。作始也简，将毕也巨，在先民创始天地会之时，又安能预料其如此发达呢？不过行其心之所安罢了。

然而其发达竟如此，后来孙中山的革命，还是利用会党的。民国纪元，上距天地会创始之年，凡239年，卒奏光复河山之烈，有志者事竟成，先民有知，亦可以含笑于九泉了。当辛亥光复时，吾乡常州西门外，有吴姓或胡姓，因吾乡人读此二字音相同，故无从知其正字。老而无子，其远祖于明亡时，遗有明代衣冠一袭，命子孙世世保藏，光复时着以祭告，此人并一衣之而出，谓吾虽无子，眼见汉族光复而死，我的祖宗也可以无遗憾了。此事知之者甚多。惜当时干戈扰攘，未能访得姓名居址，及其先世事迹。观于此，可知抱民族主义的，实不乏其人。

太平天国的兴亡

太平天国天王洪秀全，广东花县人。生于清嘉庆十七年，即1812年，恰在民国纪元之前百年。天王少尝读书，应童子试，不中，为塾师，有大志。要想结合徒党，宗教自然是良好的工具，而广东通商早，受西方文化的影响较深，所以其所创之教，以基督教为蓝本，陈恭禄《中国近代史》云："相传上帝会刱于湖南人朱九涛。清文宗曾访拿其人，疆吏复奏，称其为狗头山取药的妖人。其被捕的徒弟，身有符咒。《平定粤匪纪略》记九涛之言，谓铸铁香炉成，可驾以航海，其人殆为白莲教余党。"称为上帝教。称上帝为天父，基督为其子，称天兄，自称上帝之子，基督之弟，冯云山首先信之。又得杨秀清、萧朝贵、韦昌辉、石达开，共六人，结为死党。秦日昌、罗大纲、林凤祥等先后来归。冯云山，天王同县人，为天王中表。杨秀清，先世广东人，后迁广西，居桂平的大黄江，以制炭为业。萧朝贵，武宣人，天王妹夫。韦昌辉与杨秀清同乡，监生，出入公门，与胥吏结交。石达开，贵县人，颇有家财。秦日昌系苦工出身，罗大纲为广东海盗，林凤祥亦贵县人。天王虽怀光复之志，然其用意，并不与三合会同。他曾说："复明似是而非，既光复河山，自当另建新朝。"举兵之后，三合会头目有军械的，多归向他。旋以教义相异，不久即散去。所以平山周说："世人认天王为三合会首领，实在是错误的。"道、咸时，三合会在广东举事的，仍揭反清复明的旗帜，亦见《中国秘密社会史》。

清宣宗道光二十七年（1847），广西大饥，群盗蜂起，乡民多办团练以自卫。先是天王偕冯云山到广西桂平、武宣间的鹏化山去传教，归向的人颇多，多系贫苦的客民，而办团练的，则多系较有身家的土著，彼此之间，颇有冲突。教徒亦团结以自卫。到道光三十年（1850），天王遂起兵于桂平的金田村。

清朝派向荣等到广西去攻剿，不利。向荣系固原提督。又有云南提督张必禄，文宗命其赴广西。旋必禄战死。时广西巡抚郑祖琛,年老讳盗。文宗起林则徐为钦差大臣,摄巡抚事,赴广西。则徐行至潮州病死。代以李星沅,而以周天爵为巡抚,加总督衔。星沅与天爵不和,又罢之,以赛尚阿督师。文宗咸丰元年(1851)八月,天王军取永安,建国号曰太平天国。天王即位,封杨秀清为东王,萧朝贵为西王,冯云山为南王,韦昌辉为北王,石达开为翼王。向荣把他们围困起来。明年,太平军突围而出。走阳朔,围桂林。因向荣先期入守,不克。乃北取全州,浮湘而下,为江忠源乡勇所扼,改由陆道入湖南。萧朝贵以一军道湘东,攻长沙,中炮而死,天王等悉众而北。攻长沙,亦不克。乃渡洞庭湖,下岳州,北取武汉,分军下九江、安庆。先是道州举人胡孝先,往谒天王于永安,劝其西居关中。天王举兵后,读书人还未有来归附的,得孝先,大喜,置之左右,与共谋议。而杨秀清忌他,出永安后,把他杀死,诈称为敌兵所杀。天王到湖南后,初议出常德,取汉中,以图关中,后虽未果,然及九江、安庆既下,仍欲弃之北上。乃括所得财帛入武汉,欲出襄樊,以攻潼关。旋虑载重行迟,为清兵所及,而潼关坚不可下,乃仍顺流而下,连克太平、芜湖。太平天国三年_{清咸丰三年(1853)}。正月,遂克江宁。是时天王仍欲出江北,破开封,西都洛阳。或言"明太祖亦起金陵有天下,宜先建国,示天下以趋向"。乃定都江宁,称为天京。案,明太祖起兵时,元朝的腐败,又非清朝道、咸时之比。其时群雄崛起,力量亦较此时称兵者为厚。然明太祖定群雄后,仍思暂居南方。后因元朝又有内乱,乃克乘机北伐。这是因旧朝政府,承袭相传的名义,实力究较新起的革命军为强,非将其政治中心摧毁,不易遽令其崩溃之故。清朝此时,守河南的为琦善。其兵力很腐败,以太平军初起时的锋锐,实足以破之而有余。这正是天国与清朝,拼一个你死我活的机会;而太平军顾恋财物,不能舍之疾趋而北,其初起时已不免暮气了。既定天京之后,上下遂流于骄奢淫逸,更伏下一个失败之根。

太平军入天京后,向荣追踪而至,扎营于城外的孝陵卫,是为江南大营。琦善的兵,亦移扎扬州,是为江北大营,其兵殊不足顾虑。天王再议图河北,罗大纲说:"欲图河北,必先都开封,否则宜先定南方,以定基本。然后(一)山东,(二)安徽、河南,(三)汉中,三道北出,孤军深入非计。且既都天京,则宜多造战舰,精练水师,然后可战可守。"杨秀清以为怯,不听。乃分遣吉文元、林凤祥出河南,胡以晃、罗大纲、秦日昌经营长江上流。文元、凤祥的兵战斗很猛,卒因孤军无援,为清朝所歼灭。这可说是天国的一大损失。吉文元的兵出浦口，林凤祥的兵出镇扬，二师同会河南。其出军时，天王命其迅速进行，勿贪攻城以致迟延。二人均能奉行军令，势甚飘忽。渡黄河，至怀庆，乃为清军所阻，文元战死。凤祥舍之入山西，旋出直隶。北方天气寒冷，南兵不能耐，耳鼻冻裂，驻军时即炽火，溃烂的十六七，战斗之力遂衰。逼天津而不能攻，清使僧格林沁拒之。凤祥退据静海，时为天国三年（1853）十月。四年（1854），杨秀清遣兵攻破临清，以为之援，又为僧格林沁所破。凤祥欲南下合临清之兵，不能达，据连镇，别将李开芳据高唐。至五年（1855）正月，而为清军所灭。**惟西上的兵，北据庐州，南取安庆，并进取九江、汉阳，包围南昌及武昌。又分兵北去德安，南取岳州。颇足使清朝震动**。西上的兵，胡以晃取和州，罗大纲取镇江，二师同会于庐州，入英、霍、黄梅。大纲之兵取九江，使林启容守。再西上取汉阳，围武昌，北出德安，南取岳州。天国四年（1854），石达开破桐城，下安庆，后又攻破江西许多州县。庐州为清军所陷，秦日昌复之。赖汉英又攻下皖南。

　　时清兵所至丧败，清两江总督陆建瀛，以舟师守武穴，太平军自武汉东下时，建瀛之兵大溃，江宁遂不能守，建瀛自杀。及太平军再西上，皖抚江忠源死于庐州。鄂督吴文镕败于黄州。杨霈代为鄂督，与湘军陷武汉。太平军再出上流，霈兵亦溃败。其后武汉再陷，清朝乃以胡林翼巡抚。林翼与荆州将军官文交欢，得其助力，清朝遂不之疑，武汉形势，就不易动摇了。非有新兵的武力，已不足支持残局。论理：自清朝入关至此，业已200余年，其气运已倍于胡元。中国士大夫，该群起而谋光复。然士大夫阶级，本亦是平庸迟钝的人居多。天王所创的宗教，含有西教意味，尤为当时士大夫所反对。是时民族主义，尚未昌盛，敌不过忠君的旧教条。而湘军遂起而为太平军的劲敌。湘乡曾国藩，以在籍侍郎，在长沙办理团练。国藩知营兵的无用，专用忠实的士人招练诚朴的乡农，又以太平军利用长江，非有水师不足以与之角逐，乃练水师于衡州。太平天国四年，清咸丰四年（1854）。国藩出援湖北，初战，败于靖港，愤欲投水，以旁人救援而止。旋其别将援湘潭得利，乃再整军容，进取岳州。时武昌已下，国藩会湖北兵进陷之，并进陷汉阳。湘鄂之兵，夹江而下，太平军又败绩于田家镇，清兵遂进围九江。明年，太平军再出上流，败鄂军，下武汉。国藩命九江围军勿动，自赴南昌，又分兵出崇、通，会鄂军，以图上流。太平军虽解九江之围，然清军卒陷武汉，以胡林翼署鄂抚练兵筹饷，倚为重地，上流的形势一变了。

　　广西群盗张嘉祥，初亦与太平军有关系。后以与天王意见不合，别为一军，降于向荣，改名国梁。向荣衰迟不振，而国梁颇善战，攻陷太平、芜湖，又攻镇江。清提督和春，亦陷庐州，取舒城、巢县。天王召罗大纲入援，大纲率李秀成、陈玉成等兵东下，败清兵。大纲亦受伤，杨秀清忌大纲，使医生将其毒死。大纲多谋善战,且知大体。其死,天国实失一柱石。天国六年,清咸丰六年(1856)。秀成、玉成等解镇江之围,北取扬州,回攻江南大营。石达开之兵亦至。向荣败走丹阳,气愤而死。下流军事,才有转机,而天国的内讧又起。

天王自入天京后,把政治军事都交给杨秀清,即章奏亦必先达。秀清荒淫无度,至于造龙车,使侍妾裸曳而行。既专权,阴有篡位之意。是年八月,韦昌辉把他杀掉,并杀其党3 000人。石达开自湖北归,加以劝阻,昌辉怒,又要杀掉他,达开知之,缒城而遁。昌辉杀其母妻子女。达开走安庆,发兵靖难,至宁国,而昌辉为天王侍卫所杀。天王命传其首于达开,达开乃留军入觐。或劝天王,留达开辅政,而去其兵柄。达开闻之,不自安,复走安徽。先是李秀成出援桐城,陈玉成出援宁国。石达开的遁走,韦昌辉檄李秀成将其缚献,秀成不听。昌辉怒,又欲谋害其家属。其时反复于清军和太平军间的李昭寿_{固始人,本在河南为盗}。投降秀成,秀成因之招致张乐行之众,号称数十万。或劝昌辉,说:"如此,秀成必叛,何以御之?"昌辉乃止。昭寿亦劝秀成,因乐行之众,西取关中,跨据陇蜀。秀成踌躇,旋得家书,知父母无恙,乃止。至此,又有人劝石达开,说:"中原未易图,不如入川做刘备。"达开从之。使招秀成及玉成。玉成已行,因秀成不肯,亦中止。而达开遂西行,自此别为一军,和天国无甚关系了。天国初起时诸人物,至此略尽。天京政治,出于天王之兄仁发、仁达,两人都极贪鄙,遂无再振之机。_{江南大营再溃时,李秀成力劝诸王及人民,多出金银买粮米。仁发、仁达,视为有利可图,巧立名目,以征其税。商人裹足不前,天京粮食遂乏。秀成谓为天京失守的大原因。}而李秀成以一身系军国之重,支持残局者又八年。

湘军自取武汉后,形势日强。太平天国八年_{清咸丰八年(1858)}。四月,遂陷九江,守将林启容死之。启容坚忍善战,守九江五年。城破之日,无一投降的。曾国藩深为叹服。湘军遂以水师攻安庆,陆军攻皖北,陷庐州。自向荣死后,清以和春代之,张国梁帮办军务,国梁亦乘天国内乱,攻陷镇江、句容,再逼天京。天王召诸将入援,多为清军所牵,不至。惟李秀成守浦口,保障着江北一条通路,而亦不能进取。秀成以陈玉成之兵最强,劝天王封为英王,令会集诸将入援。而玉成不善将将,诸将都不听命。时李昭寿又降于清军,致书李秀成劝降。秀成得书大惊,兵部尚书莫仕蔡方监秀成军,急携其书入见天王解释。而天王已听流言,命封江阻秀成兵,且系其父母。仕蔡至，力谏，乃复悔悟，抚慰秀成，封为忠王，都督中外诸军，录尚书事，赐尚方剑，便宜行事，主将以下，先斩后奏。秀成乃传檄诸将，以九年_{清咸丰九年(1859)}二月，大会于枞阳，定断张国梁粮道之计。时清江北大营不复置帅，归江南兼辖，_{琦善死后，托明阿代之。后复代以德兴阿。陈玉成破扬州，德兴阿被和春劾罢}，遂归和春兼辖。汛地益广，兵数日增，其饷皆出浙西，由两江总督驻常州主持。江南营军，本已骄佚，至是饷无所出，江督何桂清乃命45日发一个月的饷，军心益怨。秀成先与玉成合兵，往援皖北，大败清军于三河集，清将李续宾伏诛，围安庆的兵亦撤退。于是玉成与清军相持于上流。秀成自宁国、广德攻破杭州。会合诸将，还攻江南大营，清兵大溃。张国梁战死丹阳，和春受伤死于常州，天国之兵，长驱取苏、常，直至嘉兴。一月之间，逐北700里，克城60余，兵势又一振。

先是石达开扰闽、浙，清命曾国藩往援，后复命其援皖，国藩回军，复围安庆。及苏、常光复，清以国藩为两江总督。国藩使弟国荃围安庆，而自率兵驻祁门。太平军四面逼之，不克。李秀成既定杭州，分兵出江西。汪海洋等20万众离石达开来归。众遂大盛，多破江西州县，前锋抵武昌境，和陈玉成黄州的兵，隔江相望。时玉成以救安庆不克，分兵取蕲、黄、广济，欲以致国藩的兵。秀成叹道："英王错了，适足使安庆之围更坚，他有水师以济饷，安肯救此不急之城呢？"时左宗棠入江西，秀成乃还取杭州，_{此时满城未破}。复还苏州，期以十二年_{清穆宗同治元年(1862)}春援皖，而安庆已于十一年_{清咸丰十一年(1861)}九月为清兵所陷。是时清文宗已死，穆宗继立。孝钦皇后与肃顺，虽有政争，然未影响到战局。安庆既陷，而军事形势又一变。陈玉成在庐州，为清军所攻，弃之，走寿州，依苗沛霖，为苗所卖，执送清军，被杀，时为十二年(1862)四月。玉成起军中，年19当大敌，24封王，26而死，其兵之强，冠于诸将。与曾国藩相持数年，深为国藩所畏。秀成闻其死，叹道："吾无助矣。"其时胡林翼亦死。清命曾国藩督办苏、皖、赣、浙四省军事，指挥之责，集于国藩一身。国藩乃荐沈葆桢抚赣，左宗棠抚浙，命李鸿章募淮勇以固苏、松，曾国荃沿江而下，彭玉麟以水师佐之，以窥天京。_{时清军队重要的，尚有德兴阿、冯子材守扬、镇，鲍超在宁国，张运兰在徽州，多隆阿在庐州，李续宜在颍州。}

上海在用兵形势上，本是个绝地。自海通以来，而其形势一变。因其后路不易绝，且饷源充裕，而筹饷的人，尚未注意到，颇可倚为战守之资。当太平军入湖南后，清朝一方面，就有倡借用外兵之议的，后来事未果行。

议者谓宁波、上海等处，外人驻有舟师，以防海盗，可与商派入江助剿，未果行。江宁破后，向荣以长江水师缺乏，檄苏松太道吴健彰和外人商议，领事答以两不相助，乃已。此时外人的态度，确然是中立的。健彰粤人，初为洋行买办，后援例得官。刘丽川在洋行，亦与之相识。据上海时，其党露刃以胁健彰，领事馆中人挟之去。健彰遂居领事馆中，诡称公出，规脱处分。言官劾其通夷养贼，擅将关税银两运回原籍。奉旨交督抚严讯，奏言无其事。惟以与本管洋行商伙往来酬酢，不知引嫌，避居洋行，捏报公出，遣戍新疆。而向荣请留之效力赎罪。《中西纪事》谓其钱可通神。其时外人恶清朝之无信，教士闻太平军崇拜上帝，摧毁偶像，对之亦多好感。1853年，英使文翰至天京，谒太平军领袖，建议严守中立。1855年，美使至天京调查亦然。美政府且训令其委员，可斟酌情形，承认天国为事实上的政府。惟法使请其政府中立，未能有效。外人以私人资格，在太平军中服务的亦颇多。太平军利其枪炮，又其人战斗颇勇敢，亦颇厚待之，称之为洋大人、洋兄弟。李秀成部下尤多，然亦未能大得其用。

　　咸丰戊午、庚申两约既成，外人对清朝所得的权利多了，其态度乃一变。然是时清朝对于外人尚多疑忌，未敢径接受其援助。时法使称愿售枪炮，如欲仿造，亦可派匠役前来，并请在海口助剿。王大臣闻奏，不许。俄使亦言愿派水兵数百，与清陆军夹攻。又称明年南漕有无阻碍未可知。在上海时，有粤商及美商，愿采台米、洋米运京。如由伊寄信领事，将来沙船、钓船均可装载，用俄、美旗，即可无事。诏江、浙督抚及漕督议奏。漕督袁甲三、苏抚薛焕均言不可听。曾国藩请温诏答之，而缓其出师之期，总署奏亦谓然。又谓初与换约，拒绝过甚，又恐转生巨测，宜设法牢笼，诱以小利。法夷贪利最甚，或筹款销其枪炮船只，使之有利可图，冀其昵就为用。请令曾国藩酌量办理。代运漕米一节，由薛焕招商运津，华夷一体，无须与该夷会商。至危机渐及上海，而其情势又渐变。外人助清军平乱，始于太平天国四年（1854）。先是清道光二十九年（1849），新加坡陈玉成设三合会支部于厦门，名之曰匕首会。为清官所捕杀，黄威代领其众。天国三年（1853），占据厦门，自称明军，后以饷械不足退去。而刘丽川据上海。据《中西纪事》：丽川在起事前，曾托领事温那治先容于太平军。温那治遣轮船二溯江西上，至镇江，为清船所获。得温那治与太平军书，并洋枪火药，及刘丽川奏折。温那治书言"三月间在南京，蒙相待优厚，并为照顾贸易之事。我兄弟同在教中，绝不帮助官兵，与众兄弟为仇。今寄来火器若干件，火药若干斤，即祈早为脱售"云云。时两江总督为怡良，咨粤督穷治此案，卒亦未果。然太平军对于丽川，并未曾切实联络。丽川亦不能有所作为。四年（1854），英、法兵助清兵攻之。五年（1855）正月初一日，丽川亡走，为清兵所执杀。

　　江南大营既溃，巴夏礼到天京，请勿加兵于上海。提议划界百里，彼此各不相犯。此实天国利用外援之好机会，而天王不许，巴夏礼一怒而去。

时上海商人设立会防局。有一个美国水手,唤做华尔(Frederick Townsend Ward),因译人丁吉昌介绍,往见苏松太道杨坊,_{坊亦本系商人,吉昌系诸生,从教士习西文。家近苏州,遭难,乃立志与天国为仇。}许其攻下松江,给以银3万两。华尔募潜逃水手百人往攻,不克。再募菲律宾水手百人前往。美人白齐文(H. A. Burgevine)亦在其内,乃克之。时英海军大将以华尔诱其水手潜逃,控之于美领事,美领事禁华尔于舰中。华尔泅水而逸。其时苏抚薛焕,及布政使吴煦,均在上海。议欲再募菲律宾人,苏州人王韬说,募洋兵费多,不如募中国人,而用洋人统带,教练火器,从之。于是华尔、白齐文募华兵500守松江。太平军攻上海,会同英、法兵败之。诏赏华尔四品衔,_{后加至三品。白齐文亦得赏四品衔。其后外国水陆队及经理税务商人,屡有传旨嘉奖的。}名其军曰常胜。太平天国十二年,_{清同治元年(1862)}。上海官绅筹银18万两,雇英国轮船7艘,往迎淮军。至三月杪而毕至。诏李鸿章署苏抚,_{薛焕为通商大臣,专办交涉。}常胜军归其节制。李秀成自昆山进攻。淮军及常胜军连败,英、法兵亦败,太仓、嘉定、青浦次第光复。松江亦将破。此时倘能聚集兵力,将上海问题彻底解决,仍不失为太平军的一个机会,而无如天京吃紧,天王又诏李秀成入援。

时曾国荃以天国军粮均来自巢县、芜湖一带,将其攻破。又破太平府,进逼雨花台,天京危急。李秀成乃退兵苏州,使弟侍王世贤先将兵2万入援。秀成以敌军有长江济饷,而其营垒坚不易拔,欲先取宁国、太平,断其饷道。而天王以天京粮少,虑不能守,仍促其入援。秀成不得已,率兵进京。八月,国荃军大疫,秀成、世贤猛攻之,历46日,不能破。世贤献计:"攻扬州、六合,括其粮至军。夹江攻国荃,再分兵攻曾国藩于安庆,致国荃往救,然后乘虚攻之。"秀成从其计。出兵江北,欲合张乐行之兵。至六安,闻乐行已死。再用世贤计,回袭清江,想倒击扬州、六合,然后袭通、泰以连苏、杭,则镇江清军,不击自退。镇江既下,可通饷道达燕子矶,则国荃不足虑矣。然所过皆成丘墟,军无所得食,而国荃又攻破雨花台,不得已还救。时为天国十三年_{清同治二年(1863)}。六月,至浦口,船少兵多,不得渡,为杨岳斌、_{初名载福。}彭玉麟水师所截击,丧失大半,秀成兵力遂衰。既归天京,请天王亲征赣、鄂,天王不许。秀成言苏、杭不守,则天京愈危,力请往援。天王虑粮乏,秀成括家资,又借贷以助饷,然后行。

先是华尔攻宁波,城破,华尔亦受伤而死,_{诏于松江、宁波建专祠。}白齐文代将其军。曾国荃为李秀成所攻，李鸿章屡命其往救，白齐文不听，至上海索饷，不得，殴伤杨坊，夺银4万两而去。李鸿章告美领事，夺其职。改用英人，其人无将略，屡战皆败，会英政府许其将校服务清军，乃改用戈登(Charles George Gordon)，定其军额为3 000。白齐文降李秀成，劝其弃江浙，北据山东、山西、河南、陕西，使清水师无所用，外人亦不能相助。苏州诸生王畹亦献计："以水师出通、泰，掠商船，使货物不能入上海，其时华人避难上海租界数十万，必凶惧。外人必惧而求和。否则令精兵数千，伪为避难者，入居租界。夜中猝起焚劫。外人必逃登军舰。我乃起而镇定之，招之使还，外人亦必与我妥洽了。"秀成均不能用。戈登会清军陷常熟，又陷昆山，于其地设大营。使丁吉昌入苏州，说纳王郜永宽，永宽遂杀慕王谭绍光而降。永宽降时，由戈登为之保任，许以不死。而淮军将程学启将其杀掉，戈登大怒，要攻击李鸿章，后未果。英政府闻清军杀降，取消其将校服务于清军的命令，常胜军因此解散。戈登加提督衔，洋弁受宝星的64人。时法人在宁波练洋枪队，召募华人十余，由德克碑(D. Aigue Belle)统带。曾在余姚、绍兴一带助清军作战，旋亦解散。然苏州失后，太平军军心大乱。无锡、常州俱不能守。左宗棠又攻下浙江诸州县，并陷杭州。天国事势，遂无可挽回了。

苏州失陷后，李秀成弃无锡而去。秀成逆料丹阳、常州俱不能守，与屯丹阳的格王陈时永同进天京，力劝天王乘敌围未合，出图赣、鄂，否则奉太子出以图恢复。天王都不听。而天京附近险要，续有陷落，江、浙郡县相继失守。秀成知事无可为，乃决计死守天京，与国同尽。是为天国建立后十四年清同治三年(1864)。正月，至二月而天京之围合，城中粮尽，都吃草根树皮。秀成日夜登陴抚慰，人无怨言。时曾国荃设局招抚难民，秀成劝其民往求生。人民无愿去的，自杀的日数百人。秀成卒请于天王，将其众放出一批。天王忧愤成疾，四月，驾崩。太子琪福即位，时年16，秀成辅政。六月十六日，天京失陷。太后赖氏，以幼主托秀成，投御河而死。秀成奉幼主归别其母，太子母麾之去，自投缳。世贤解救之。于是秀成奉幼主，世贤奉其母，突围而出。至方山，秀成为村民所获，送之曾国荃军。秀成以史馆实录尽被清军焚毁，手写太平天国事迹，每日7 000余字，共10日而毕。此即清人所谓《李秀成供状》。世间所传的，全被清人改易，非其真相了。秀成旋被清军杀害，时年40。

秀成广西滕县人，和陈玉成同乡。起小卒，随罗大纲、胡以晃军，以晃举为将。自天京内讧后，朝政紊乱，军事亦散漫，全赖秀成一人支柱，面折廷争，有古大臣风度。运筹决策，临敌指挥，尤无愧于古之名将。其人实为文武全才，非湘淮诸将所能及。其不嗜杀人之风，尤使湘淮军诸将号称儒生的，对之生愧。秀成破江南大营后，礼葬张国梁。破杭州后，礼葬巡抚王有龄。满城中的满兵，均释弗杀。得苏、常后，乱民肆行抢掠，旬日未止，左右请剿办。秀成说："人民苦于兵戈，以至如此，何忍加兵？"自带几十个人，巡行乡镇，乱民千百人，持兵相向。秀成说："我是忠王。"加以抚谕。皆释兵罗拜，一日而乱定。召官吏千余人至，抚慰之，命其愿留者留，愿去者听，没有川资的，都发给他们。农民失业的，给以牛种。贫民则给以资粮，散库钱十余万缗，粮万余石。后来去苏州时，男女老幼，无不流涕。在方山时，为村民所获。一人手剑要杀村民，秀成还止之道："此天绝我，毋伤良民。"村民中一人曾于秀成出军时供担役，还跪而自罪，说："此忠王也，爱百姓厚，吾侪当护之。"要送秀成到湖州、广德间太平军中。后因人多不能自主，乃卒被执送清军。时秀成遗宝带一条于山庙中，使村民回取之，已为他村民所得，互争，遂挟秀成送清军。其爱惜军民如此。天京失陷时，饥军十余万人，无一个肯投降的，良非偶然。曾国藩奏疏说："十余万贼，无一降者，至聚众自焚而不悔。"可见其非厚爱天国者粉饰之辞。大业虽终于颠覆，然留此一段悲壮的事迹于历史之上，可使汉族的民族主义，放万丈的光焰。而忠王的人格，亦永垂于天壤之间，为后人所矜式了。秀成次子荣发，骁勇有胆略，年15，随父军中，杀敌当先，屡立奇功，秀成以为护军。年16，统兵万人，屡战辄胜，军行常自断后，随幼主至徽州，兵败，孑身逃走，为左宗棠炮船所得。有一队官，系秀成旧部，说"这是恩主"，把他藏匿在杭州。宗棠军多秀成旧部，送以资粮的不绝。宗棠初以其年少不问，后闻其英鸷得人心，乃杀之，时年19。

忠王的仁义如此，反观清朝，则其嗜杀，殆非想象所能及。1862年，英使普鲁斯（Frederick A. Bruce）曾约总署大臣文祥、董恂到使馆面谈，说："如赦贼罪，给与公文，承认由其作保，保全降人生命，天国即可自减。"其参赞威妥玛，并述天王之兄洪仁玕之言，说"官军如此乱杀，实于天国有益"。而恭亲王竟不许。李鸿章下苏州后的杀降事件，以今日之眼光论，固属野蛮，即以旧时的道德论，亦为不仁不义，而上谕称其办理甚为允协；曾国藩在日记中，亦称其眼明手快。鸿章受到外人批评后，反说"这里是中国不是欧洲"。其致彭玉麟书，谓常胜军"往往破贼，而不能多杀贼，故须我军偕往,以辅其不逮",岂不骇人听闻?李秀成归天京后,无锡即投降清军,鸿章又杀其首领。守常州的护王陈坤书,因此决计死守。李鸿章亦明知之。他写给曾国藩的信说"苏锡之役,歼数逆首,自是粤酋死拒困斗,绝无降意。护酋早欲投诚,兹乃招聚广东悍党,婴城自守"。然其写给郭嵩焘的信仍说"苏州遣回降人千余,皆可杀者"。这除说他是好杀外,更有何理可说?鸿章曾告曾国藩,说"粤人即不尽杀,放归亦无生理"。忠王劝曾国藩,不宜专杀两广之人,国藩亦谓"其言颇有可采",然仍杀戮无忌,诚不知其是何居心?天国四年(1854),曾国藩在大冶战胜,奏称"各营生擒逆匪124名,仅与枭首,不足蔽辜,概令剐目凌迟"。当黄威退出厦门时,清军入城市,肆意劫杀,童稚亦不能免,刀钝不能用,则并缚数人而投之河。英领事通牒劝阻,不听,乃命两军舰泊于香港,若将干涉者,租界及船埠周围才得免祸。其余各地,则有一日所杀,超过2 000人的。当道光三十年(1850)时,两广各地,三合会蜂起。至太平天国四年(1854),广州几被包围。其军队颇有纪律,亦能善待外人。然清军转得利用外国旗帜,运饷以接济广州,广州因得不破。旋三合会涣散。其军中一首领,率众大半走广西,清军乃渐得势。其明年,广州城外十数村镇,悉被清军攻破,屠杀动辄千百。其余各县亦然,或以500人为一团,械送省城,或以万人为一群,拘之城内,日杀七八千人。平山周说:"广东生灵,伤于清军之手者,百余万人。"及英、法兵占广州,石达开自湖南走广西,三合会乘机复起。天国八年(1858),大首领陈清康率众屯于广州之北,拟俟英、法军退起事。后其主力仍入广西。清军乃贿买其副首领陈政,政杀清康以降。清官欲冒战胜之功,杀三合会员2 000余人。自是十年之间,三合会员在广东及其邻境的,被捕悉处极刑。然其遗族逃到香港的,仍宣传反清复明主义。血,到底是不能洗血的啊!

天京失陷后,李世贤奉幼主到广德。听王陈炳文,初与康王汪海洋俱守杭州,至是走江西。扶王陈得才,初属陈玉成。玉成败后,自湖北走豫南,入汉中。是年夏间,回救天京,至安徽,闻天京已陷,自杀。世贤尚未知之,劝攻湖州的堵王黄文金,同奉幼主,合海洋、炳文的兵出湖南,北连陈得才。文金必欲破湖州以泄愤。湖州破而清兵大至,文金中炮死。世贤奉幼主入福建,至延平。时汪海洋亦至福建,两军相距仅30里。世贤军为清将席宝田所破,与秀成子荣椿俱走海洋军求救。幼主随难民行,误投敌军,为清营官苏元春所得。元春要将他释放,而事为席宝田所知,将幼主取去,有人对宝田说:"你的祸不远了,曾国藩奏称洪氏无遗类,你却擒获了幼主,他怎肯和你干休呢？"陈恭禄《中国近代史》云：李秀成言天王家人皆死，实为免祸之计。左宗棠获其养子，知其母、妻、幼子，均免于难。见左氏《奏疏》，据闻其子收养于外人，今尚存在。宝田乃将幼主送交沈葆桢，为其所杀。世贤匿民间，奉秀成母以终。陈炳文为汪海洋所杀，海洋以是年十二月，战死于广东嘉应州。石达开自别为一军后，出没于安徽、江西、福建之间。太平天国九年（1859），败于南安，入湖南，又为巡抚骆秉章所败，入广西。明年，入广东，出没湘、粤间。十一年（1861），入四川。清以骆秉章为四川总督御之。达开入贵州，十二年（1862），再入四川，转入云南。十三年（1863），再自云南入四川。将渡大渡河，为清兵所扼，又贿土司绝其退路。达开对手下的人说："吾一人自赴敌军，尔等可免死。"乃张黄盖，服黄袍，乘白马，从数人入清军。至成都，见骆秉章，说："吾来乞死，兼为士卒请命。"清人磔达开于市，而使诸将围歼其兵2 000余人。

太平天国自起兵至灭亡，前后共历15年。兵锋所至之地，共17省。内地18省，惟甘肃一省未到。但得城多不能守。所恃为根据地的，实止自天京至九江、武汉的一线，及皖南北若干州县。其后九江、武汉皆失，仅恃安庆与天京相犄角，而皖南北亦日受攻击，形势就更危险了。太平军在军略上的失策：(一)未能于初起时全军北上，与清人争一旦之命。(二)在南方又未立定规模。(三)初起时借长江的便利，未久即下天京，后来水师之利反为清人所有。至其军队，初起时确甚优良。广西军人，强悍善战，其纪律颇严，并无奸淫杀掠之事，所以人民颇为欢迎。清张德坚撰《贼情汇编》称："贼至则争先迎之，官军至皆罢市。此等情形，比比皆然，而湖北为尤甚。"可见光复军兴时箪食壶浆的盛况。此时太平军军队未甚多，其首领的骄奢淫逸亦未甚。所破州县，到处都有蓄积，取之已足敷用。人民亦有自动进贡，以求免祸的，故其财政宽然有余，无事诛求。其后财政渐窘，军队中旧兵渐少，胁从渐多，军纪亦渐坏，掳掠焚杀之事，遂不能免。天国四年（1854），曾国藩奏疏云："前此官军有骚扰之名，贼匪有要结之术。百姓不甚怨贼，不甚惧贼，且有甘心从逆者。自今年以来，贼、匪往来日密，抢劫日甚。升米尺布，掳掠罄空。焚毁屋庐，击碎釜缶。百姓无论贫富，恨之刺骨。"军纪的好坏，影响于民心的向背和士气的盛衰，这确是天国失败的一个大原因。

至于政治，则天国诸人都起下层社会中。大凡下层社会中人，都抱有均贫富及平等的思想。起事之后,乃表现于其宗教及政治制度中。拜上帝会规制,入会的男称兄弟,女称姊妹,一律平等。天京建后,创立田制,分田为九等,上上,上中,上下,中上,中中,中下,下上,下中,下下。上上田一亩等于下下田三亩。各地方有无相通,此处不足,则迁彼处,彼处不足,则迁此处。又此处荒,则移彼丰处,以振此荒处,彼处荒亦然。此即所谓移粟移民。民年十六则受田。自食有余,概归公库。二十五家立一库,婚丧等事,均用库中款项。军士有得财货的,则概归天朝圣库。又立女馆,凡处女、寡妇及从征军士眷属,均居于其中。禁烟、禁酒、禁赌。又禁女子缠足。禁妾媵及娼妓。并禁卖买奴婢。其思想不可谓不正。案,当隆古部族时代,人民生活,本有一定规则。此时内部安和,而对外亦能讲信修睦,即孔子所谓大同。其后各部族接触日多,渐以兵力相争夺。战败的,固夷为农奴及奴隶。战胜的,亦因其生活日流于淫侈,并且专以争斗为事,读《礼记·文王世子》篇可知。这一篇是述古代公族,即国君的同族的生活的。而其风纪日趋于败坏。此即所谓封建时代。然部族时代良好的规则,仍有存留。民间生活,仍有其合理的轨范。即贵族亦不能不俯就其范围,此即古人所谓礼。古代的所谓礼,并非指应对进退等,此乃所谓仪。知仪的,古人亦谓其不能冒称知礼。《左传》议论鲁昭公的话,即其一例。所谓礼,实指大众生活的轨范。如凶荒札丧之岁,贵人的生活亦不能不贬损;丰登之年,大众的生活仍不能奢侈等便是。所以《礼记·礼器》说:"年虽大杀,众不恇惧,则上之制礼也节矣。"所以此时的生活,尚非全不合理。封建制度完整之世,孔子亦称为小康。封建时代之后,再加以资本的侵蚀,生活的轨范,无人留意及之。即有觉其不安,欲去其太甚的,其所欲建立者,让步已至极点,然仍不能实行。此实为社会不安的根本原因。此等病根,上中流社会中人,因其处于压迫地位,生活较为优裕,往往不能觉得。只有下层社会中人身受切肤之痛,会有矫正的思想。历代借宗教以煽惑人民的,除迷信的成分外,总尚略能改正经济制度,示人民以生活的轨范,即由于此。如汉末的张鲁便是。可看《三国志》本传《注》引《典略》。这个并非迂阔,实可说是社会真正而且迫切的要求,但其事经纬万端,断非径行直遂的手段所能有济。起于草泽的英雄,思想虽纯,而学识不足,运用其简单的思想、直率的手段,想达到目的,无怪其不能有成了。天国诸人,宗教思想颇为浓厚,凡事皆欲称天以济之。故其国称天国,京称天京,军称天军,法律亦称为天条。军行所至,辄设高台讲演,谓之讲道理,又印行讲道的书颇多,那更陷入极端的观念论了。尝开科以取士,所命题目,亦极可笑。其命的题目,有《贬妖穴为罪隶论》等。案,天王尝有诏,贬直隶省为罪隶省。其官制,则有天地春夏秋冬六官,又有丞相、军师、录尚书事等名目。外官有州牧、郡守、县令,又有行省。军制以五人为伍,五伍为两,四两为卒,五卒为旅,五旅为师,五师为军。又有监军、总制、将军、指挥、点检等名目。今古杂糅,一望而知为乡曲学究所定。此等制度,亦多未能实行。实际的政治,则因天王入天京后,百事不管,朝内又无能主持之人,以致紊乱。总而言之,天王之为人似只长于宗教,而短于政治及军事。天王手下,亦无此等人才。只有一个李秀成,而用之太晚,且不能专,实为太平天国失败最大的原因。且如天王的宗教思想,在当时,决不能得多数人的赞同。民族革命之义,如能始终标举,是可以引起一部分人的归向的。太平军出湖南时,亦曾发布讨胡之檄,后竟未曾再提,而仍欲推行其不中不西、不古不今的政教,即此就可见得不认识环境,难于有成了。然事虽失败,毕竟替民族革命播下了种子。到孙中山革命时,其余党还有存留海外的。

捻党始末

当太平天国和清军在江域相持时,直、鲁、豫、苏、皖间,又有捻党。捻党的起源:有的说是乡民逐疫,"裹纸然膏",后来因而行劫,故称为捻;有的说皖北人称一聚为一捻,因称为捻。二说未知孰是。其起源颇早,清仁宗嘉庆年间,河南巡抚已经奏定"结捻"三人以上,加等治罪了。然此时所谓捻党,人多势盛之时,偶出攻打州县,官军到又回原居,和平民无异,并不正式和官军对敌。到天国兴起后而其势乃渐盛。其渠魁张乐行居雉河集,即涡阳县治,捻平后设县。李兆受居霍邱。清官令人民筑寨自保。诸寨既无力抵抗捻党,而官军又残暴,乃依违于两者之间。又有本系土匪,亦借团练为名的,局势复杂。寿州苗沛霖,本系诸生,后为练总,反侧于太平天国和清军之间,曾受天国之封为奏王,尤为跋扈。

捻党虽据数省,其最大的根据地,则犹在安徽。清朝迭派大员进攻,都无效。清朝初命周天爵驻徐、宿,旋代以袁甲三,驻颍、亳,又命牛鉴驻陈州,而以河南巡抚英桂总其成。太平天国五年,即清咸丰五年(1855),罢袁甲三,命英桂进攻安徽。明年,又起甲三助英桂。至七年(1857),胜保督安徽军务后,仍命袁甲三管苏、鲁、豫三省事。均无功。太平天国七年，清咸丰七年(1857)。命胜保总督安徽军务。张乐行走依李兆受。兆受伪降，苗沛霖亦阳受抚。然其盘踞恣肆如故。胜保所带马队，且有降于捻党的。捻党行动益敏捷。天国九年(1859)，出击山东。还道河南，攻周家门。十年(1860)，陷清江。清漕督等皆遁走。是年，英、法和议成。清命僧格林沁移兵而南。初战亦不利，后乃从鲁南入苏北，进至亳州。天国十二年，清同治元年(1862)。苗沛霖合太平军攻颍州，为湘军所败。陈玉成走依沛霖，沛霖将其执送清军，被杀。安徽局势稍定。而陈得才合捻众入陕西，攻商、华。胜保及多隆阿奔命。胜保旋遭逮治。降捻宋景诗，因之叛于邹阳，声称为胜保诉冤，自山西入直隶，附从者甚多。清调刘长佑督直，到明年才把他打平。是年，僧格林沁亦陷雉河集，杀张乐行。又杀苗沛霖。乐行从子宗禹入鄂、豫。又明年，陈得才回援天京。至英、霍间，闻天京已陷，自杀。遵王赖文光、鲁王任柱柱本名化邦，亳州人，最勇猛善战。据《太平天国战纪》：僧格林沁伏诛后，宗禹等共矫天国幼主诏，封宗禹为沃王，柱为鲁王。均与宗禹合。于是捻党得天国之名将以指挥之，而其用兵的方略一变。

遵、鲁二王和张宗禹既合，再道湖北入河南。天京陷之明年清同治四年(1865)。入山东。时清倚僧格林沁为主力，而僧无将略，专恃蒙古马队，和捻党相驰逐。步不及马，驽马不及良马，其队伍遂参差不齐。军行不赍粮秣，专责成州县供应，州县因兵荒不能具，则剽掠于民间，因行淫杀。人民控诉的，僧格林沁概置不理。人民恨之切骨。捻党知其如此，专引之东奔西走，以疲敝其兵力，而僧格林沁不悟。是年，两军相遇于曹州。宗禹弟小黑，年19，与任柱猛攻之。僧军发炮，弹如雨下。小黑及任柱不顾，令马队脱衔猛冲。僧兵大败，僧格林沁伏诛。捻党之诛僧格林沁，事见罗惇曧《太平天国战纪》。此书系将韦昌辉嫡子以成所著《天国志》删润而成，于天国亡后所记事极疏略。盖由无记注，专恃传闻记忆而然。然僧格林沁的伏诛，系两军争斗中的一大事，所记捻党一方面的军情，该不会有误。况且《战纪》说僧格林沁系堕马为乱兵所杀，宗禹兄弟至，又刃碎其尸；而清薛福成所撰《僧格林沁死事略》，亦说其死在麦塍之中，身受数伤。二说符合，可见《战纪》之不诬。僧格林沁是科尔沁郡王，因攻捻晋爵为亲王的。科尔沁是蒙古诸部中最早投降清朝的，清人与之世通婚姻。清朝的宗旨是要封锁东三省及蒙古地方，合满、蒙二族之力，以制汉族的。僧格林沁一军，尤为当时清朝所倚恃的劲旅。任柱、张小黑功虽不成,然能歼此渠魁,亦足以寒獯夏者之胆了。

僧格林沁死后,清朝命曾国藩督直隶、河南、山东军务。曾国藩说:捻党已成流寇,与之驰逐非计。主张"以有定之兵,制无定之寇"。乃以徐州、临淮关、济宁、周家口为四锁。自沙河、贾鲁河,北抵汴梁,南接运河,筑成长墙一道,自周家口下至正阳关守沙河,上至朱仙镇守贾鲁河。朱仙镇地经开封抵黄河,掘濠而守。实行其所谓"圈制"之法,而捻党的厄运乃渐至。捻党将其汴梁一段防线突破,进攻运河墙,不克,乃分为二:任柱、赖文光东行,张宗禹西上。天国亡后二年,清同治五年(1866)。曾国藩回两江总督本任,李鸿章继其任,左宗棠督办陕西军务。明年,东捻突破运防,清军反守运河西岸。旋又扼之胶莱河及潍河之东。其潍河一段,仍为捻党所突破。然卒不能越运河而西,乃自鲁南入苏北。清军云集,任柱死于赣榆,赖文光在扬州被执,东捻亡。西捻入陕西后,渡渭而北,入延、绥,自宜川渡河。下河东,入豫北。天国亡后四年清同治七年(1868)。入直隶。左宗棠随之而东,李鸿章亦北上会攻,令直隶人民筑寨自保,实行坚壁清野之法。又沿黄、运二河,自天津至茌平,筑长墙以蘖之。西捻乃被困于黄河、徒骇河之间而灭。案,《太平天国战纪》说:僧格林沁死后,捻党议仍入汉中。左宗棠扼河筑长墙拒之,乃仍入汴。文光等聚谋,言"敌军甚众,江南我兵绝迹,不如渡黄河,直捣燕京,成则取其国都,不成死耳"。乃履冰而过,清兵逐之,一战大败。任柱、小黑皆死,宗禹不知所终。此其记事自极疏略,然赖文光等当日有直捣燕京之志,事当不诬,不过有志未遂耳。赖文光逃扬州被获,《战纪》并不讳饰,则其谓张宗禹不知所终,事或得实,而清朝一方面的记载,谓其赴水而死,恐实不足信了。

综观捻党,自太平天国灭亡以前,和天国灭亡以后,其用兵的方略绝不相同,即可知其纵横驰骤于直、鲁、山、陕、豫、鄂、苏、皖八省,使清朝的君臣为之旰食者数年,实由天国的名将指挥驾驭而然。当天京沦陷,幼主殉国之后,而天国的余威犹如此,可见天国初起时,不能悉众北上,及其后天王不从李秀成之言出征赣、鄂的可惜了。清朝攻击捻党时,其残暴仍与其攻天国时无异。曾国藩奏疏说:"官兵骚扰异常,几有贼过如篦,兵过如洗之惨。民圩仇视官兵,于贼匪反有恕辞。"西捻再入直隶时,左宗棠写给他儿子的信说:"大名、顺德、广平一带,和山东、河南接壤各处,民团专与兵勇为仇，见则必杀，杀则必毒。"清人所自言如此，倘使其敌国方面，有人执笔记载，未知又当如何？太平天国和捻党，不免有残暴的行为，我们诚不能为讳，然至少并不甚于清兵，则是事实。而从前论史的人，都把这一个时期的破坏，专归罪于天国及捻党方面，真可谓清朝的忠臣了。

中国近百年史概说

一 总 论

从民国三十二年(1943)上溯100年,为清宣宗道光二十二年(1842)五口通商之明岁。此百年中,为中国历史变动极剧烈之时代。

推原其故,盖因西欧各国于此时期内兴起,其影响及于全世界。物之静者,非加之外力则不动,社会亦然。而能影响他社会,使之大起变动者,又惟文明之国为然。中国前此,与欧西各国关系较疏,而与葱岭以西承受希腊文化之诸国及印度、大食,关系实密。但其关系止于精神的及零碎之技术的,无甚深之物质基础,故社会不受大影响,不能起大变动。在此情势之下,其交通自亦时断时续。至近世,则西洋人因得罗盘针故,而能为远洋航行。遂能越好望角而来,绕西半球而至。加以科学发达,引起产业革命及交通状况之改变,而世界之联结,遂不可复断。于斯时也,因(一)彼辈距封建之时代近,习于列国纷争,有尚武好斗之性质。(二)又欧洲自古注重商业,习于航海,故其人富有冒险远游之性质。(三)自产业革命以后,既有种种利器,加以组织精严,而经济又迫其向外寻求市场及原料产地,寝假而输出资本,遂发展为帝国主义,成为侵略者。而我国则犹是闭关独立之旧,人民不好与闻外事,亦无力关心政治。加以政府腐败,近代之文明,亦非旦夕所能输入,种种近代之利器,遂多欠缺。富力亦相去悬殊,遂至成为支离破碎之局。

然体段大者,其变化难,而其成就亦大。我国有高度之文化。民族人民之众多,甲于世界。幅员大而地形复杂,其位置则西北负陆,东南面海。交通之发达,必自远洋进入大陆之中心。亚洲之中部,实为世界上最闭塞之地。而我国今日西南、西北之开发,适当其冲。热带及副热带无限物资之利用,我国所踞之形势,亦甚利便。前途之大有希望,实无疑义。然欲达此希望,则又必先完成目前之一大事,凡我国民,不可不勉。

二　中西交涉之初期

　　旧世界文明联络之通路：（一）自中国缘海，出麻六甲海峡，入印度洋，经波斯湾、红海，以入地中海。（二）自中国越葱岭，经西亚以至欧洲。若夫浩渺之大洋，则在前此罕能通航。其自蒙古、新疆经里海、黑海以入欧洲，则为野蛮民族侵略之路。自西伯利亚入欧俄，则寂寞荒凉，经由之者更鲜，而其影响亦愈微矣。乃至近世而形势一变。此宋仁、英、神三代间，11世纪后半期。塞尔柱突厥兴，欧、亚两洲间之航路，为其所中断。自欧入亚之道路，本有三条：（一）自叙利亚经阿付腊底斯河。（二）自黑海至亚美尼亚上陆，出底格利斯河，皆入波斯湾。（三）自亚力山大里亚溯尼罗河，绝沙漠出红海。（一）（二）皆为突厥所断。（三）则绝漠不便，故须别觅新航路。于是欧人不得不别觅新航路以通东方。适会是时，罗盘针输入西方，欧人遂能为远洋之航行。此事亦在十字军时。十字军起于公元1097至1270年，当北宋哲宗绍圣四年至南宋度宗咸淳六年也。前此西人实亦仅能为缘岸之航行，地中海航业特盛，北海、大西洋能涉之者颇鲜。而海道之形势一变。俄人渐次兴起，转能侵略亚洲，而自古无足轻重之西伯利亚，遂成为亚洲东北的一大威胁，从此陆路之形势亦一变。

　　欧人自海道东来，初占势力者为西、葡。葡人以明宪宗成化二十二年（1486）越好望角，孝宗弘治二年（1489）至印度，世宗嘉靖三十五年（1556）至广东，穆宗隆庆元年（1567）得澳门为根据地。是为欧人来中国通商，得有陆上根据地之始。西人以弘治六年（1493）至美洲。武宗正德十四年（1519）而麦哲伦始作环球航行。西人之至中国者，为葡人所阻碍。其所经营之马尼剌，则颇为繁华，中国人之前往者颇多，盖西人之经营南洋也，以政治之力，中国人则以民间之力。南洋在政治上为西人所占，虽在是时，而中国人向南洋之拓殖，亦即在是时也。西、葡之势力，其后渐为英、荷所夺，然英人之至中国者，仍为葡人所阻碍，惟在印度，则逐渐得势。鸦片之输入，遂代天方泛指阿拉伯。而转盛，伏下中英冲突之机。荷人以初据台湾，后为郑成功所夺，清人尝约其夹攻郑氏，许其每八年一至广东，然其贸易，亦无甚足观。惟在南洋，亦次第得势，而爪哇一岛，尤为繁盛扼要而已。

欧人之自海路来此，其与中国之旧关系，为通商、传教两问题。以通商问题言，则（一）历代对外收税之官吏，夙极黑暗，设市舶司时较清明，及归地方管理时，黑暗乃甚，此亦见中央集权之效。而商人之欺诈剥削亦甚，此时犹一仍其旧。（二）近代西人东来，又多冒险之野心家及水手，行为皆极恶劣，足以引起华人之畏恶。（三）中国人虽发明火药，而近代之枪炮，则西人实创为之，其制较中国为精，其船舶亦较中国高大而坚固，以欧人是时航行远洋，而中国止为缘岸之航行故也。更是遭中国人之疑忌。（四）于是在政治上在民情上与贸易无关系之人，皆不欲与欧人贸易，至少欲加以限制，而与贸易有关系之官吏、商人及其他人等，则因顾其私利而不肯，然又畏政治上及舆论上之监督，不得不设为相当的限制。于是（1）贸易为公行所专。（2）而官吏即委以监督保护外人之责，使不与人民发生冲突。以是时之官吏，固不通外情，不能自负此责也。于是（A）商人得有剥削外人之机会。（B）而管理外人之苛例繁兴，西人不知中国情形，乃欲诉诸中央政府，殊不知是时之中央政府，其欲限制外人，乃较地方官吏更甚。此所以乾隆二十二年（1757）英人舍粤趋浙，而浙海关旋遭封闭。其后，五十七年（1792）及嘉庆十五年（1810）两次遣使赴京，要求改良通商章程，而卒无效也。至于传教问题，其足引起中国人之畏恶，殆较通商为尤甚。以通商仅在一隅，传教则遍及全国也。近世基督教之东来，乃由其所谓耶稣会者为先锋，此会颇能提高基督教之教育程度，故科学亦随之输入。惟（一）宗教本有排外之性质。（二）中国人对宗教之迷信不深，政府亦向不重视宗教，对于西人传教之热心，及其教会之出巨款补助，不能了解，遂生疑忌。其科学之输入，虽为一部分人所欢迎，而大多数人，则因此而疑忌更甚。读杨光先《不得已书》可见。此书见解，在今日读之，似觉其僻，然在当日，实大多数人之见解，此书特其代表耳。清圣祖颇好科学，任用西教士极多，然亦言西洋各国，中国千百年后，必受其害，实亦是此等见解也。**故教禁屡施屡解，至康熙五十六年（1717）卒仍遭受禁止**。近代基督教之入中国，始于利玛窦至澳门，时在明神宗万历九年（1581）。二十八年（1600），利玛窦入朝，神宗许其建立教堂。利玛窦死而教禁起，后因与满洲战争，召其人制造大炮而解。时中国历法舛误，徐光启荐汤若望修历，历成，未及颁行而明亡。清人入关，汤若望上书自陈，清人即用其历，名时宪历。康熙初，为杨光先所攻，得罪，郁郁而死。光先代为钦天监监正，后以推步舛误见黜，仍用南怀仁。康熙一朝，任用教士极多，然至末年，卒仍布教禁，其人除在京当差者外，皆勒归澳门。各地天主堂，悉改为公廨。自此至《北京条约》立时，教禁迄未尝弛，然其秘密传教如故。则以西人传教，多有款项周恤教徒，而中国行政无力故也。

俄人之与中国，则自始所发生者，即为政治关系。俄人之脱离蒙古羁绊而自立，事在明宪宗成化十六年（1480），其后可萨克族附俄，为之东略，而西伯利亚尽入其手。至明清之间，侵略遂及黑龙江滨，于是两国构兵，而有康熙二十七年（1688）尼布楚之约，规定西以额尔古讷河，东以外兴安岭为界。是岁，准噶尔袭击喀尔喀，圣祖为出兵攘斥，而外蒙古驯服于清，于是蒙俄之疆界问题生。至世宗雍正五年（1727），乃有恰克图之约，规定沙宾达巴哈以东之蒙俄疆界。至高宗乾隆二十至二十四年（1755—1759）平定准噶尔及回部，葱岭以西诸国，多来朝贡，而中国西北，与俄分界及藩封谁属之问题又生。俄人与中国之交涉，虽以政治问题为重，然通商方面亦非无关系，《尼布楚条约》定后，清圣祖尝许俄人三年一至北京贸易，人数以200，居留以80日为限，皆免税。此实后来中俄边界贸易百里内皆免税，及陆路通商减税之根源也。《恰克图条约》以恰克图及尼布楚为互市之地。乾隆二年（1737）高宗命停北京贸易，专在恰克图。盖欲加以封锁，然其源既开，其流即不可塞。故至五口通商之后，而此封锁卒又被突破焉。

山雨欲来风满楼，中西冲突之情势，酝酿复酝酿，而卒爆发中英鸦片战争之役，此役看似因烧烟而起，实则通商上种种的症结，郁而必发，烧烟特其导火线耳。其结果，中国因兵力不敌，定海、宁波先陷，上海继之；英人复入长江，封锁镇江，逼迫江宁；清人不得已，于江宁议和，订立条约。（一）开广州、厦门、福州、宁波、上海五口通商。（二）英人得任意与华人交易，无庸拘定额、设行商。（三）进出口税，则秉公议定。（四）中外官员来往体制平等。所以破英人在陆上无根据地，口岸任意开闭，税则繁苛，商人剥削，及官吏妄自尊大之习。又（五）割香港。（六）索偿烟价及商欠。因英人本有在中国缘海占一据点之议，而此二事，又为后此割地赔款之先河焉。

中英条约既立，法、美、瑞典继之。俄人要求在伊犁、塔尔巴哈台、喀什噶尔通商，中国许伊、塔两处，于道光三十年（1850）立约，而海口通商，则遭拒绝。《尼布楚条约》定时，俄人在东方之实力，不逮中国，此时则适得其反。俄王任穆拉维约夫为东部西伯利亚总督，锐意经略，黑龙江外之地，殆悉为所占，并自由航行黑龙江。时俄外交大臣尼塞劳尝致书中国理藩院，请遣使勘定恰克图约中未定之界，中国数度遣使，卒未与俄外交部所派之使相遇，此亦外交上之失机也。中国无如之何也。时英人在广东，锐意欲入省城，耆英以钦差大臣在粤办理通商事宜,业已许之。时耆英与英人立约,许舟山群岛不割让他国,且许英人入城,而英人交还虎门炮台。而粤民执乾隆时西洋商人不许入省城之谕以拒,且自办团练,以御英人,耆英知交涉难办,谋内召。徐广缙、叶名琛为督抚,皆有虚骄之气,英人闯入省河,团练列两岸以拒,英人虑激成事端,遽退,广缙乘机与英人立《广东通商专约》,以不入城列入约中。事闻,朝旨大奖之,然此等不省外情,又无实力之交涉,卒不可持久。广缙去,名琛代为总督,以亚罗船事件与英人龃龉。时广西亦发生杀法教士事,俄、美二国又欲改订商约。于是俄、美遣使,英、法派兵至广东。英、法兵遂陷省城,执名琛而去,时文宗咸丰七年(1857)。四使北上,至江苏。时清人务避中央政府与外人直接交涉,命英、美、法使回广东,听候查办。而以俄事委黑龙江将军。四使不听,仍北上,朝廷不得已,遣使至天津,与之立约,是为咸丰八年(1858)之《天津条约》。明年,英、法使臣来换约,清人方在大沽设防,命其改走北塘,不听,闯入大沽,为炮台守兵击退,狼狈走上海。美使后至,道走北塘,换约而去。然各约皆有最惠国条款,故英、法约后,所有权利,美人仍得享之也。朝命废约重议。又明年,英、法兵遂陷北京,文宗先已走热河,其弟恭亲王奕䜣留守,以俄使居间,与英、法别立《北京条约》,承认《天津条约》,又有增加,凡(一)领事裁判,(二)关税协定,(三)内地(A)游历、(B)通商,(四)传教,(五)各国遣使及(六)最惠国条款,均于此两约中确定。此两约为前此诸条约之整理,而又有增加,后此中国与西洋各国所订之条约,悉以此为蓝本,故中国与西洋初期之交涉,实至此订立如许不平等条约而告一段落。

俄国《津约》亦许(一)海口通商。(二)传教。(三)又许自北京至恰克图之公文,由台站行走,于是北方之藩篱突破矣。(四)又许查勘边界,因此乃有(A)是年之《瑷珲条约》割去黑龙江以北,而以乌苏里江之东为两国共管之地。(B)十年(1860)中俄《北京条约》,则(甲)并割乌苏里江以东,(乙)又许(1)于库伦设领,(2)自恰克图至京,经过库伦,张家口,零星货物,亦许销售。(3)又开喀什噶尔。(4)自沙宾达巴哈以西之界,规定大概,以俟测勘。其后同治三年(1864)乃本此而立界约,(子)科布多,(丑)乌里雅苏台,(寅)塔尔巴哈台所属,均会勘完竣,立有界牌。(卯)惟伊犁所属,因回变未克完竣,遂酿成俄人占据伊犁后之交涉。

三 鸦片战争前之国内情形

中国既遭遇旷古未有之变局,是时之情形如何,自应加以检讨,今分社会及政治两方面述之。

社会方面:(一)中国人对外之观念,本属宽大。《尚书大传》述越裳氏来朝,周公谓政教不加,君子不受其贡贽,此为古代之见解。降及汉代,匈奴呼韩邪单于来朝,萧望之不欲其受臣礼,犹沿此等见解之旧。自五胡乱华,中国人颇受其压迫,对外之观念稍变。辽、金侵入,汉人之受压迫弥深,见解之变亦弥甚,遂有所谓尊王攘夷之说。尊王攘夷之观念,发生于北宋之世,实晚唐时裂冠毁冕之反响,亦沙陀、契丹等侵入,有以激之使然也,至南宋而此观念益形发达。胡安国之《春秋传》,可以为其代表。对外之观念,寖流于褊狭。(二)且民族主义,须有智识以行之。民族主义,推至极端,实有弊害,唯有能受理性之支配,方可收其利而不受其害。而宋学末流入于空疏,加以科举之流毒,空疏更甚,遂至于外情茫无所知,而一味盲目排斥,几与愚民无异。(A)且如古代交通不便,各地方之风俗亦不同,以君主一人之野心,劳民伤财,妄事开拓,实无益而有损,故以勤远略为戒。然后世(甲)防御,(乙)防御性质之攻战及要点之据守,则迥非其伦矣。乃至清代,西人东来后,有以讲究边防,研求外情之说进者,迂儒犹以为勤远略而反对之。(B)又如古代工业,墨守成规,而其时社会,严禁奢侈,故有作奇技淫巧以疑众者杀之说。欧西机械,或益民用,或资国防,迥非其伦,乃亦以为奇技淫巧而妄加反对。此等锢蔽之见解,深入其心,加以(子)外力之压迫,(丑)宗教之畏恶,动于感情,劫于群众,其见解之牢不可破也遂弥甚。士人如此,愚民受其诱导,其盲目自更不待言矣,遂致新机之启辟甚难,仇外之风潮屡起。

政治方面,则一概沿闭关时代之旧,于竞争极不适宜。其最甚者,(一)行政机关组织之不善,盖自贵族阶级崩溃以后,官僚代之而居治者之位置,凡阶级之性质,恒欲剥削他阶级以自利,君主之责任,则在调和两者之间,而求其平衡,故为治最要之义,在能监督官吏,不使虐民太甚,政治遂偏向此路发达。治官之官日多,治民之官日少,夫无治民之官,则无治事之官,而百事皆废矣。况于真正办事者,尚非官吏,而实为人民自己。近代亲民之官,必称州县,<small>州指散州言</small>实即古代之国君,仅能指挥监督,而不能真办事,何者？势有不及,力亦不逮也。真办事者,实惟县以下之自治职,而(A)官吏每向此等人压迫,以图自利。(B)又平民生活,极为痛苦,其狡猾者,乃与官僚阶级相结托,以鱼肉平民。于是地方自治之职,本古士大夫之流,日受压迫,沦于厮养,自治之权,渐入土豪劣绅之手,凡有兴作,无不诒害于民,言治者遂以清静不扰为惟一之方术,寖至百事皆废,其或迫于时势,必须有所举办,亦皆有名无实,所谓纸面上有,实际则无也。(甲)政治组织机关之坏,至清代而达于极点,因(1)督抚,(2)藩臬,(3)自藩臬分出之道,(4)府直隶州厅,(5)县及散州厅,实际乃有五级,抑压甚而展布难,亲民之官,即使按法奉事上司,已觉不逮,况乎非法之伺应而斐索多耶？(乙)又清代政治偏于安静,不肯擢用奇才异能及年少有为之士,而专以例督责其下。<small>此由鉴于明代之弊而然。</small>例非吏不能悉,遂至大权操于胥吏之手,而欲有所兴作益难。(二)至于为官吏之人,则以正途为尚。(甲)明清两代,所谓正途者,率由科举出身,科举本属良法,惟在唐宋时代,已不能尽切于实用,至明清又将前此之分科,悉并为一,事实上科举已非普通人所能应,乃不得不放弃一切,而只看几篇四书文,而其所谓四书文者,又别成为一种奇异而不合理之体制。即四书亦不必真通,而其体制,却颇足消磨精力,士人遂致一物不知。(乙)清代又因筹款屡次开捐,末年更裁减其价,以广招徕,于是仕途之流品益杂。其知识及道德水准,较之正途出身者,更形低下,末年官方之大坏,职此之由。(三)以兵力论,则(甲)中国承平时代,只可谓之无兵,何者？凡事必有用,人乃能聚精会神以赴。若其为用渺不可知其在何时,未有不以怠玩出之,而寖至于腐败者也。此为心理作用,受时势之支配,无可如何之事。历代注重军政,若宋明之世者,其兵力虽云腐败,兵额尚能勉强维持。清代则文恬武嬉,兵额多缺,而为武员侵蚀其饷。存者亦不操练,一以武员之怠荒,一以兵饷太薄,为兵者不得不兼营他业以自治,更无操练之余暇也。(乙)近代火器发明,实非人力所能敌,亦为兵事上一大变。(四)兵事如此,(甲)边防自更废弛,(乙)对于藩属之控制,亦自更粗疏矣。(五)又中国近代,富力与西洋各国相差太远,社会经济落伍,赋税之瘠薄随之。清代经常收入,恒不过四千数百万,即其末年,亦不过七八千万,尚安能有所举措耶？

在此情势之下,不能不遭一时之困难也决矣。

四　外力侵入时代中国之情形

凡民族之文化，发展至一定程度者，虽因（一）社会内部之矛盾，随文明之进步而深刻。（二）旧时国民与国家关系之疏松，一时为外力所侵入，然其光复旧物之力，终潜伏而不至消亡。（A）其在上层社会，则从事教育及文学为精神上之留诒。（B）在下层社会，则从事于秘密结社，为实际的行动。前者如宋、明的遗民故老，其著述事迹，有传于后者皆是。后者如元末之革命，首先北伐者，实为白莲教徒刘福通，可知是时之白莲教，业已渗入民族主义之成分矣。书缺有间，其详已不可考。明清之际，则为时较近，其事之传者亦较详。其大略见日人所著之《中国秘密社会史》。以旧时国民与国家关系之疏松，而种种为虎作伥之恶势方盛，不得不潜伏以待时机。乾隆时表面虽称全盛，实则政治黑暗，社会风俗亦日益奢侈腐败，渐入于民穷财尽之境，于是川楚教民之起事，_{乾隆六十年至嘉庆七年（1795—1802）}。继以天理教徒之密谋，_{嘉庆十八年（1813）}。略与川楚教民同时者，东南又有艇盗，_{大略自乾隆五十四年至嘉庆十年（1789—1805）}，人心动摇，治安岌岌不可保矣。然此尚限于局部，至道光三十年（1850），乃有太平天国起。太平天国起于广西，出湖南，下武汉，抵南京，定都焉。复分兵西上，北出之兵，战斗力甚锐，以孤军无援，卒为清人所灭。西上者连下安庆、九江，复取武汉，然天国诸豪都是下层社会中人，天王_{洪秀全}。盖长于宗教，而短于政治及军事，非如历代开国之主，能驾驭英雄，收率贤才也。大权乃落于杨秀清之手。杨则器小易盈，骄暴淫逸，遂致天京内讧始起，诸王互相残杀，石达开较有雄略，别为一军，远出不复归。下游仅余一李秀成，竭力支柱，而资浅望轻，卒难挽救。清朝则胡林翼先占定武汉，曾国藩又办团练于长沙，出境征伐。林翼死后，国藩总揽全局，负发纵指示之责。李秀成虽破苏、松，下浙、赣，卒为李鸿章率淮军所厄，而太平天国遂亡。_{清穆宗同治三年（1864）}。其起事于苏、皖、鲁、豫之间，至天国亡，余众与之相合，而声势骤盛者，为捻党。捻党多马队，本易流动，而曾国藩创圈制之法，其所筑运河、贾鲁河间之长墙，虽为捻党所突破，分为东西,然卒为李鸿章及左宗棠所扑灭。东捻亡于同治六年(1867),西捻亦回窜东方,亡于其明年。回事起于云南,清文宗咸丰五年至穆宗同治十一年(1855—1872)。云南回事为岑毓英所平。西北则马化龙、白彦虎起事于甘肃。妥得璘乱于新疆,敖罕复乘机入犯,其将阿古柏,废所奉回教教主之裔而代之,灭妥得璘,几尽据新疆之地。英、俄、土耳其皆与通使,英人复为之请封。朝议欲弃其地,左宗棠持不可,于捻党平定后,出兵先肃清陕西、甘肃,继平天山北路,进平南路,阿古柏不能抗,其本国敖罕,复于是时为俄所灭,乃自杀。白彦虎与阿古柏子伯克胡里均奔俄,而新疆平,清德宗四年(1878)。仅伊犁一隅尚为俄人所据。

综观清代咸、同之间,几于无一片干净土,而卒能次第平定,无怪当时之人,志得意满,颂为中兴也。推原其故,盖由:(一)诸起事者,仅太平天国少有宗旨,然其始起诸人程度本属不足,其所设施,均不足以成大事。太平天国初起时,曾发布讨胡之檄,使专以此为宗旨,自较易得士大夫之赞成,顾其所谓上帝教者,带西教之色彩甚重,是时西教为大多数人所厌恶,其易引起反感者势也。无可如此径直推行之理,此固中外平民革命之通蔽,不能专为太平天国咎,然其不能成事则无疑矣。以军事论,抵武汉后,宜悉众北上,此时清朝尚无预备,其力亦薄弱不堪,使能直抵北京,则全国震动,而清朝亦失其发号施令之中枢,局面与后来大异矣。乃缘江而下,先据东南富庶之区,遂流于骄奢淫逸,使北上之孤军,战斗虽烈,卒遭歼灭,此实其失策之大者。观其既据金陵后,北上之军,犹能纵横驰骤,直薄畿甸,则知其初苟能全军北上,其形势必大非后来之比矣。逮湘淮军两路攻逼,形势已危,仍有劝其悉众向西北者,谓其地为清长江水师势力之所不及,且难得外人援助也。而太平天国又不能用,此亦为其最后之失策。而出江以后,胁从日众,初起时之农民革命性质渐变而为游民革命,凡游民亦有其所欲成就之理论,如太平天国亦有类乎社会政策者,然其见解浮浅,手段太径直,决无可成之理。又游民之本身多不肯刻苦工作,且耽于享受,流于淫奢,亦为其失败之原因。且其定都天京以后,自广西来的诚朴壮健之农民日少,而湘淮军却专用此等人,亦其成败所由异也。遂至一败涂地。(二)而清朝是时之政事,确比历代灭亡时为清明。(三)湘淮诸将帅中,又颇多人杰,固无怪其能后延数十年之命运也。然是时清室之君臣,以之应付旧局面则有余,以之应付新局面则不足,故对内虽能削平变乱,对外则着着失败,终致不可收拾焉。

清文宗盖一多血质之人,即位之初,颇有意于振作,后睹时局之艰难,遂亦心灰气短,恣情安乐。载垣、端华、肃顺因而蛊之,以窃其权。三人中肃顺颇有才能,能赞文宗任用汉人,实为削平变乱之本,然骄横亦最甚。文宗死于热河,咸丰十一年(1861)。子穆宗立,年幼,肃顺等自称受顾命。穆宗生母叶赫那拉氏与恭亲王奕䜣密谋,定回銮之计,至京,猝诛杀三人,那拉氏遂与文宗后钮钴禄氏同垂帘听政,实权皆在那拉氏手。那拉氏颇聪明,能听断,守文宗任用汉人之策不变,用克削平内乱,然(一)自此流于骄淫,政事日形腐败。(二)又其新智识不足,对于世界情势,茫无所知。(三)且性好专权,以纳后事,与穆宗不协,穆宗郁郁,遂为微行,致疾以死。同治十三年(1874)。醇亲王奕譞之妻,那拉氏之妹也,实生德宗,那拉氏违众立之。然德宗既长,复与那拉氏不和,遂为晚清朝局变乱之本。

中国初与外人交接时,于外情茫无所知,只知一味排斥。至湘淮军诸人物,则经验较富,其时上海方面,曾借洋兵之力,以却太平军,后因用外人教练中国人,谓之常胜军,收复东南,颇得其力。因知外人军事之长,亦知交涉不当一味深闭固拒,又知欲敌外人,不能不学其长技,然其所知者,亦但在军事方面,因此而及于制造,又因制造而涉及科学而已。陆军改练新操,谋建设海军,设制造局,派幼童出洋留学,及于国内设广方言馆等,均在此时。此等改革,其于大局影响不大。外交上革新之机,起于同治六年(1867)派志刚、孙家谷出使各国,实则主持其事者,为美人蒲安臣,对欧美诸国,申明以后交涉,当本于公道,不可倚恃强力,与美人曾立约八条,于欧洲各国,则未及立约,此次使事未终而蒲安臣死,亦其进行停顿之一原因也。惜后来未能本此进行。此时主持交涉者,为总理各国事务衙门,其中人物,智识大都锢蔽,且多溺于敷衍之习,罕肯留意讲求外情,对于外人仍存深闭固拒之见。外国遣使来求立约者,多拒绝其登岸。外人乃诈称为已立约国公使之亲戚,由其迎入使馆,然后由该公使代为请求,谓之介绍,中国又不能不允。其所立约稿,则即由介绍国之公使为之代拟,多即以该国之约为蓝本,不平等条约之束缚,因之愈积愈深。至光绪元年,1875年,与秘鲁立约,乃思有所挽回,条文稍异于旧。然与此等小国所立之约,不能有何影响也。

此时交涉之惊心动魄者,第一为中俄之伊犁交涉。同治十年(1871),俄人乘回民起事,占据伊犁,清人与之交涉,俄人漫言乱定即还,意谓中国必不能平新疆也。及新疆既平,中国复求交还,俄人无词以拒,乃欺使臣崇厚之无识,仅与我一空城,尽夺其四周险要,且索广大之权利以去。中国下崇厚于狱,派曾纪泽使俄求改约,虽亦有所争回,然所丧失者,固已多矣,约成于光绪七年(1881)。此为西北之侵略。俄人先于同治元年,即1862年与中国订立《陆路通商章程》,同治四年(1865)、同治八年(1869)又两次修改,许俄人于两国边界百里内无税通商,中国设官之蒙古地方亦然。未设官者，则须有俄边界官之执照，乃许前往。由陆路赴天津者，限由张家口、东坝、通州行走。张家口不设行栈，而许酌留货物销售，税则三分减一。崇厚之约，肃州、吐鲁番、科布多、乌里雅苏台、哈密、乌鲁木齐、古城均许设领。纪泽之约，限于肃州、吐鲁番，其余五处，订明俟商务兴旺再议，而将蒙古贸易扩充至不论设官未设官处，均许前往。凡设领之处及张家口，均放造铺房行栈，天山南北路通商，亦许暂不纳税。案，中国是时所急者，不在索回伊犁，而在续行勘界，界线定，则伊犁不索而自回矣。急于收回一城，反致受人要挟，实失策也。

其西南之侵略，则始于同治十二年（1873），许英人自印度入云南。光绪元年（1875），英员行至蛮允被杀，交涉几致决裂，卒于其明年立《芝罘条约》，许英人（一）自北京经甘肃或四川入西藏，自藏入印度。（二）又或自藏印边界上前往。后印度半岛诸国，安南、暹罗、缅甸为大。安南在近世，有新旧阮之争，旧阮为新阮所覆，中国弗能正，明成祖永乐六年，即1408年，平安南，宣宗宣德二年，即1427年，复弃之，其时王安南者为黎氏。世宗嘉靖七年，即1528年，为其臣莫氏所篡，走保西京。神宗万历三十年，即1602年，覆灭莫氏。明以莫氏受都统使之职，为内臣，来讨，且立其后于高平，黎氏亦如莫氏，削国号，受明都统使之职，事乃已。自是黎、莫并立。清圣祖康熙十三年，即1674年，黎氏覆灭莫氏。黎氏之复国，多得其臣阮氏之力，而任用外戚郑氏，阮氏遂南据顺化，形成独立，惟对黎氏尚称臣而已。高宗乾隆五十二年（1787），西山豪族阮文惠兄弟灭顺化之阮氏，是为新阮。顺化之阮，则称为旧阮。新阮遂入东京，袭郑氏，篡黎氏。明年，清高宗出兵征之，为所败。又明年，遂因其请降而封之。其王乃走海岛，介法教士乞援于法。法人亦仅使军官之具有志愿者援之而已。事成，旧阮恢复之主名福映，其灭新阮，在嘉庆七年，即1802年，仍请封于中国，并请改号为越南，许。顾依原约求割地，越南弗与，且以传教事屡与法人龃龉，终致启衅，越南屡败，割地乞和。同治十三年（1874），法与越南立约，认为自主之国。光绪九年（1883）又以为保护之国，中国弗认，出兵援越。时越南政府不能控制全国，其东北境仍有战争。兵之出云南、广西者皆不利，李鸿章与法使定约天津，承认法越前后条约，旋以撤兵期误会，复起冲突，法军袭福州，败我海军，然攻台湾，不克，我冯子材复有谅山之捷，而李鸿章仍与法言和，认越南归法保护。是役也，论者多为中国惜，然是时之外交，非对一国一事之问题，即专就此役论，一胜亦未必可恃，亦不得以是为鸿章咎也。然光绪十三年（1887）所订条约，开龙州、蒙自、蛮耗通商，二十一年（1895）之专约，以河口代蛮耗，复开思茅，且许越南铁路得接至中国，则窥伺及于滇、桂矣。缅甸在明代，尚为中国之土司，故明初西南疆域，实包举伊洛瓦谛江全流域，而兼有萨尔温、湄公两江上游，其后平缅、麓川之思氏亡，而缅甸遂强，而中国实力，西仅至腾冲，南不越普洱，遂渐成今日之境界。自英据印度，缅与之邻，兵衅时启，缅人累败,割地孔多。光绪十一年(1885),英人乘中法相持,遂灭之,中国无如何,亦于其明年立约承认。暹罗以英法相持幸存,然亦非复我之藩属矣。光绪二十三年(1897)《中缅条约附款》,复许缅甸铁路通至云南。此西南剥妆及肤之大概也。

俄人之侵略东北及西北,其声势之浩大,实为可惊,顾犹未能全力进行,至英、法之于西南,则其进行更缓,且西南地势闭塞,其足影响大局,又非北方比也。至风云起于东亚,而形势乃一变。东方大国,沐浴我国文化者有二:一朝鲜,一日本是也。顾两国之国情不同,朝鲜右文,日本尚武。社会学之定律亦如物理然,力有所蕴者,必罄泄之而后已。故日本而盛强,其影响终必及于朝鲜,而且必不能止于朝鲜;而日本之发展,以东洋为其主要地带,一展拓,即与我最繁荣发达之地相触,其形势自又与西洋诸国不同。日本之与我立约,始于同治十年(1871),彼此皆限定口岸通商,领事裁判权彼此俱有,关税亦皆为协定。此时日人颇有与我相提携以御西方各国之意,顾诚欲与我相提携,则应开诚布公,商订一平等之条约,以为模范,不应思以泰西各国与我所订不平等条约为蓝本,不得所求,则怏怏不乐。而中国于是时亦应与日本开诚布公,商订一平等之条约,不应沾沾然,以失之于泰西者,不复失之于日本自意。两国之外交家皆无远大之眼光,而仅计较枝节之利益,此实使中日交涉走入葛藤之途之第一步也。然欲求东亚的安定,端在中国之富强,中国一时不能兴盛,而日本顾发展甚速,则两国间之葛藤,迟早必起。故此次交涉,虽不善,然即有眼光远大之外交家,能规永久之利益,而以后此两国发展之参差,亦终必至于引起葛藤,亦不足为此一事咎也。日本之外交喜恃强,于是有同治十三年(1874)因台湾生番杀害其漂流人,派兵入台之举。光绪五年(1879)又县两属之琉球,我争之无效。前此三年,_{光绪二年(1876)。}日已与朝鲜立约,认为自主之国。李鸿章乃劝朝鲜与美、英、法、德次第立约,以图牵制。约中均订明朝鲜为中国属国,国际法上之解释,遂生两歧。然是时,亦非复法律能解释之问题矣。光绪八年(1882)朝鲜内乱,中国派兵前往镇定,日本亦派兵而后至,无所及,中国兵遂留驻朝鲜。十一年(1885)日使来,与李鸿章定约天津,约定彼此皆撤兵,嗣后如欲派兵,必互相知会。中、日在朝鲜,遂立于同等地位。据李鸿章言,此约因将士远戍苦累,又外交事件应付非易,军人驻扎于外,或恐转致纠纷而然。中国是时,欲经营朝鲜,兵力人才,固均苦不足也。光绪二十年

(1894)朝鲜复内乱,求救于中国,中国兵至,乱已平,日人亦多派兵,中国要日俱撤兵,日本不可,而要中国共同改革朝鲜内政,中国亦不许,兵衅遂启。日先袭败我海军,其陆军渡鸭绿江,陷辽东缘海城邑,别军攻辽西,又陷旅顺,犯山东,燔我海军于威海卫,又南窥台湾、澎湖。明年,李鸿章如日本,定和约于马关:(一)中国认朝鲜自主,(二)偿款二万万两,(三)割辽东半岛及台、澎,(四)改订商约,悉照泰西各国之例,(五)开沙市、重庆、苏、杭为商埠,(六)许日人在通商口岸从事制造。第四项乃日人求之多年,而中国未肯允许者也。旋以俄、德、法三国干涉,乃许我以 3 000 万两赎还辽东,自此战后东方之形势大变,而中国之积弱,更暴露于天下矣。

时李鸿章主联俄,俄人乘机以诱之,于是有光绪二十二年(1896)之中俄密约,许俄人建造东省铁路。此系条约上之旧称,近时书籍多称为东清铁路,乃日本人所用之名词也。其明年,德占胶州湾,立租借 99 年之约,且许其建造胶济铁路及开采铁路缘线 30 里内之煤矿。于是俄人租借旅顺,并得展筑东省铁路支线;英人租借威海卫,法人租借广州湾,皆在光绪二十四年,即1898。遂以分割非洲时所用势力范围之名词,移而用之于中国。要求我国宣言某某地方不割让,各国即认为其势力范围,而各于其中攘夺权利焉。瓜分之论大炽。明年,美国务卿海约翰以开放门户、保全领土之旨,照会英、俄、法、德、意、日六国,六国覆文皆赞成之。其办法,则(一)各国对于他国之利益范围,或租借地域,及他项既得权利,彼此不相干涉。(二)在其范围内之各港,遵守中国海关税率,并由中国征收。(三)对他国船舶所课入口税,不得较其本国为昂,铁路运费亦然,所谓均势之论也。自清末至民国初年之外交,则均势瓜分两力之消长而已。

五　变动中之中国

从五口通商至甲午之战,为中国受外力压迫之时代;自甲午之战以后,可谓中国受外力压迫而起变革之时代。革新之原动力有二:(一)士大夫,(二)平民也。前者恒侧重于政治之改革,后者则较易注重于社会方面,亦易倾向民族主义。前者,康有为等之主张变法维新代表之。后者,孙文之革命代表之。革命之事体较大,久静之社会,骤难大动,故跃登舞台者,以前者为先。

中国学术,本重经世,宋学者尤饶有此种精神,惜其末流,学问失之空疏,又因附和者多,寝成叫嚣之习。空疏者昧于事势,叫嚣者惟便私图,遂至酿成党争,既为明主所不容,亦为舆论所厌恶,学术界之风气,遂一变而为清代之考据,饶有为学问而学问之精神。然与世务,则几无关系矣。物极必变,而清中叶以后,时势之艰难,又有以驱迫之,于是龚自珍、魏源等之学,乃寝寝复重经世,至康有为乃大发扬其光辉。士大夫结合莫便于讲学,清代久悬为厉禁,至其末叶,政治之力既弛,讲学之风复起。康有为讲学于广东,门下颇多达者。甲午战后,有为立强学会于北京,为言官所劾,被禁。其弟子梁启超办《时务报》一种旬刊之名。于上海,风行海内,变法维新之论遂为开通之士大夫所共赞。清德宗颇聪明,而亦懦弱,为太后所制,不能有为。中俄密约既立,德宗感时事之亟,决意变法图强,不次擢用康有为等,乃有戊戌之变法。光绪二十四年(1898)。旧党恶之太后,太后再垂帘,幽帝,杀六君子。谭嗣同、康广仁、林旭、杨锐、刘光第、杨深秀。康有为、梁启超走海外,太后欲捕之不得,欲废德宗,又为舆论及外国公使所尼,遂致激成义和团之变。

义和团者,代表中国极旧之思想者也,其意以为(一)外人之可畏者惟枪炮;(二)外人可拒绝之使勿来;(三)欲拒绝外人,端赖中国人民之团结,因少数客籍,必不能敌多数土著也;(四)会党本以反清复明为宗旨,然此等人对于史事,本不明晰,加以是时外力之压迫綦重,对清人之仇恨,遂稍淡忘,反清复明之团体乃一变而为扶清灭洋。在朝廷上,(A)顽固大臣之见解,亦有与此种极旧之见解无殊者,即太后亦不能免;(B)太后因图废立,立端郡王载漪之子溥俊为大阿哥,载漪欲其子亟登大位,宗戚中亦有欲立拥戴之功者,既为舆论所不与,又受公使之警告,乃冀于乱中取事;(C)疆臣又或不敢有所主张,惟朝命是听,遂致纵容拳民,毁铁路,拆电线,仇视外人,并及华人之习新事物者,后遂攻击使馆,并与各国同时开战。其结果,京城为英、美、德、法、奥、意、俄、日联军所陷,太后及帝走西安,仍起李鸿章与各国议和。赔款至4.5亿两;划定北京公使馆界址,专归外人保护;毁大沽及自北京至海口之炮台,许各国在一定地点驻兵,保护自北京至海口之通路。是为庚子事变及《辛丑和约》。其流毒,盖至今未已也。方难作时,东南督抚,相约不奉伪命,与各国领事立互保之约。而黑龙江出兵攻俄,三省要地，多为俄所攻陷，挟奉天将军以号令所属。和议起，俄人谓东三省情形特殊，当别议，暗胁中国订立条约，英、美、日等又向中国警告阻止，清廷左右为难。俄人迫于国际舆论，乃与清廷订立《东三省交收条约》，光绪二十八年(1902)。约分三期出兵，而仍不践约，遂致激成日俄之战。光绪三十年(1904)。俄师败绩，与日议和于美之朴次茅斯。光绪三十一年(1905)。（一）俄认日在韩国政治上、军事上、经济上之卓越利益。（二）将旅大转租于日，东省铁路支线自长春以下割归于日，即日人所称为南满洲铁道者也。约中关涉中国之条款，由中、日订立《会议东三省事宜协约》承认之，并另开商埠多处，日人所设安奉军用铁路，许其改为商用，又许其采伐鸭绿江材木，东北之情形一变矣。而直北与西南，亦于此时多事。

中国历代之征服外国，看似出于君主之野心，实则思患预防之意多，开疆拓土之意少，所谓守在四夷也。历代管理外国，不外（一）就其通路，加以保护，如汉于西域设都护，以护南北两道是也。（二）择其要点，设官驻兵，以诸属部加以管理，使不至渐形桀骜，寖开犯顺之端，又或互相联合，或独立并吞，驯至富强，终成坐大，如唐于属地设都护府是也。此皆所以防此等外藩侵犯中国，而非防更有强敌侵犯此等藩属，至近代，则情势迥异矣。然中国之对待藩属，仍系遵循旧法。当是时，欲图改革，亦有难焉者，何也？中国之实力不足，则不能御敌，欲求实力充足，必有所经营布置，而欲有所经营布置，则或非属部所乐，转易引起内讧矣。为中国计，当是时，惟有采用联邦之法，于军事、财政、经济、交通、外交荦荦大端，操诸中央之手，而其余则一听其自由：（一）所求者简，则中央易为力。（二）变动不大，则藩属不致反对。（三）告以我之措置，又凡事与之和衷协商，则藩属必欣然从我矣。无如此等新政治，非中国秉政者所知。非放任不问，即欲径置诸我管理之下，于是有蒙、藏改建行省之议。而不知蒙、藏之情形，与新疆及东三省不同也。先是俄人颇欲勾引达赖喇嘛，英人甚之，乃于光绪三十年(1904)乘日俄战争，派兵入藏，达赖出奔，英人与班禅立约：（一）西藏不许外国人驻兵殖民。（二）土地、道路、矿产等不得抵押与外国或外国人。清廷再三与之交涉，卒于三十二年(1906)立约，承认英藏所订条约为附约，但于约中声明：（一）所谓外国及外国人者，中国与中国人不在其内。（二）英国不干藏政，占藏地；中国亦不许他国干藏政，占藏地而已。先一年，驻藏帮办大臣凤全为藏番所戕，中国因将川边之地改县，及其末年，用联豫为驻藏大臣，与达赖不协，调兵1500人入藏，达赖出奔印度，宣统二年(1910)。清人革其封号。前此达赖对英深闭固拒，藏英交涉，累烦中国之维持调护者，至此，达赖反昵就英以拒中国，而交涉弥棘手矣。对于蒙古，则清末用三多为驻库伦办事大臣，妄用严厉手段，俄人遂诱活佛独立，并攻陷呼伦贝尔，宣统三年(1911)。分崩离析之象益亟。

然为中国之最艰危者，毕竟仍在东北。当日俄战前，侵略东方者为俄人，与俄利害最不相容者，自为英、日，而德、美次之，以德在东方，亦自有野心，而美亦不欲此大好之市场为他国所垄断也。因此而有光绪二十八年(1902)之英日同盟，日本恃是，乃敢与俄开战，而战时，亦颇得此同盟之力。至战后，则日、俄创南北满之名，隐然划定其势力范围，东北之逐鹿，遂不在此两国之间。《东三省交收条约》既立，中国拟借英款造新法铁路，日人指为南满路之平行线，尼之。中国不得已，如其意，而要求他日若造锦齐铁路，日不反对；后又欲延长之至瑷珲，俄人出而阻挠。美人乃有满铁中立之议，欲合若干国，共同借款与中国，俾中国将东北铁路赎回；在借款未还清时，铁路暂由借款诸国共同管理，禁止政治上、军事上之使用，又因日、俄两国共起反对而罢。至革命之年，中国乃有向英、美、德、法银行团订立币制借款及东三省兴业借款之议，以各省新课盐税及东三省之烟酒生产消费税为抵，此盖有深意存焉，惜乎未及成而清亡，而此项借款，后遂递嬗为善后大借款，而四国银行团，亦递变而为六国、五国也。见后。

《辛丑和约》既成，那拉后及德宗复还北京，政权仍在那拉后之手，至此亦觉无以自解，乃复貌行新政，以敷衍人民，然国民此时对清朝业已绝望，于是立宪革命之论大炽。光绪三十二年(1906)，清朝下诏预备立宪，视预备之成绩，以定实行之期。三十四年(1908)，定预备之期为9年。是年，德宗死，那拉后立溥仪，以载沣摄政，后亦旋死。宣统二年(1910)，因人民要求，定于3年之后开设国会，然是时之民意，又非复君主立宪所能满足矣。

中国地分南北中三带，北带本为政治之重心，然遭异族之蹂躏，又水利不修，生业憔悴，在近代，文化反较落后。中带是五胡乱华以来，即为中国文化之保存者，又为全国产业之重心，然其发展，偏重产业、文化方面，政治上、军事上之力量不足。惟南带地势崎岖，交通不便，发达较迟，故社会之矛盾不深，其民气最为朴实强毅。近代对外之交通，西南最早，故其渐染新文化亦较早。清末两大派之改革者，(一)士夫派之康有为，(二)平民派之孙文,(三)及前此虽不成而究为空谷足音之民族革命者太平天国,皆起于南方,非偶然也。

孙文之革命思想,萌芽于中法战后,光绪十八年(1892)始立兴中会。中国之社会本较散漫,惟会党略有组织,故初图革命时,所思利用者为会党。然会党虽含有革命种子,究之江湖豪杰之意味多,不甚足用也。日俄战后,文以赴日留学者多,乃如日本,改兴中会为同盟会。光绪三十一年(1905)。士人之加入者始多,此等士夫,虽云在野,而于中国政治上,实饶有声势,后来入新军中运动者亦此曹。于是政治军事上之重心,稍暗移于革命党之手。辛亥之岁(1911)武昌起义,其势力非复前此偏隅起事之比矣。顾新军之力,虽较会党为强,然欲借武昌之义师,以推翻清朝,则实力究嫌不足。各省虽云次第光复,其力亦未足以会师中原也。其时清朝早已徒有其名,而怀挟野心之袁世凯遂乘机顿兵,与南方议和,而迫清室于中华民国元年(1912)二月十二日退位。孙文先已被举为临时大总统,就职南京,实力既未足勘定北方,乃不得不为调停之计,让位于袁世凯。民党中人欲使世凯就职南京,免在北京为旧势力所包围,不克。时同盟会已改组为公开之政党,称国民党。孙文知政治一时无清明之望,欲退居在野之地位,专办实业,而国民党不能听其指挥,在国会中,政府与国民党之议员,遂立于对立地位。袁世凯专务排除异己,政治既不清明,对外交涉,尤多失败。清末之四国银行团,英、美、德、法恐排除日、俄之不妥,劝其加入,变为六国银行团,承借中国政府之政治借款。美国总统以其要挟太甚,命其国之银行团解散,又变为五国团。民国二年(1913)四月,中国以关、盐余之全数为担保,成立善后大借款2 500万镑。是举也,于北京盐务署设稽核所,产盐地方设分所,审计处设稽核外债室,实启财政部分监督之端。然(一)北方兵力本较强,(二)财力亦较充足,(三)人民是时尚未能尽了解新说,国民党不能宣传政见,反以叫嚣取厌于人,是时之新势力,遂不为民情所与。起于上海、南京及安徽、江西、湖南、福建、广东五省之二次革命,遂告失败。袁世凯乃无所顾忌,迫胁国会,选为总统,旋解散国民党,国会因之不足法定人数,遂于明年加以解散,改《临时约法》为《中华民国约法》,以参政院代行立法院职权。国会既已解散,无人能监督外交,而蒙、藏之交涉,遂均于屈辱中解决。先是,革命消息传至西藏,藏人起而驱逐驻兵,达赖返藏,藏人进兵川边。川滇出兵剿办,已获胜利,而英人提出抗议,不得已改剿为抚。三年(1914)四月,与英人定约于西摩拉,英人承认中国对西藏之宗主权,而中国承认外藏之自治权。内外藏本无此名词,徒以红线画于地图上而已,而此所画界线,又为我所不能承认,其事遂成为悬案。俄人亦与外蒙立约,允代其保守自治,不许中国派官、驻兵、殖民,而别订商务专约,攫广大之权利以去。四年(1915)六月立约,俄承认中国在外蒙之宗主权,中国承认其自治权,十一月,并认呼伦贝尔为特别之区域。三年(1914)六月欧战起,日与英攻陷青岛,日人并占胶济铁路及青岛海关。明年,我国要求撤兵,英兵即撤退,而日人提出五号二十一条之要求,于五月七日发出最后通牒。我于九日承认,后于五月二十五日立约。外交之失败如此,人民自难心服。袁世凯顾图帝制自为,嗾其党羽,设立筹安会,妄云从学理上研究国体问题,电各省军民长官及商会,派代表入京,在京又有所谓公民团者,请愿于参政院,要求变更国体,参政院主开国民会议解决。及开,全体赞成君主立宪,于是委托参政院,推戴袁世凯为皇帝,世凯遂加以接受。于是蔡锷起护国军于云南,北方兵力虽强,顾无为世凯效力。贵州、广东、广西、浙江、湖南先后独立,陕西、山东亦有民军起事,英、俄、法、意、日又提出警告。世凯不得已,于五年(1916)三月二十二日下令取消帝制;而护国军要求世凯退位,彼此相持不下。六月六日,世凯死,此问题乃告解决。

  清室至道、咸时,实已不能自立,所以能复延数十年之命运者,实皆湘淮军诸将帅为之效力也。故自号中兴以还,寖成外重之势。湘淮军诸将帅至光绪朝稍凋落,惟李鸿章最老寿,隐然为政治重心,继起无人。袁世凯乃以诡谲之姿,强承其乏,其才本不足为首领,况复见解陈腐,妄思帝制自为,终以自贼邪?然袁世凯在,究尚有一形式上的首领,所谓北洋系军人者,不能公然叛变。及世凯死,则形式上之首领也失之,而所谓北洋系军人者,争思割据地盘,篡窃政权焉。此盖历史上数千年来军阀割据之局之复演,社会之情状不能骤变,政局之形势自亦不能骤变也,顾国家则深受其害矣。自西力东侵以后,中国与日本均思变法自强,中国之能讲求外情,且在日本之先,顾日本之维新成功甚速,中国则累遭顿挫者,日本是时正自分裂而趋于统一,中国是时,则适自统一而趋于分裂,此为近数十年强弱不同之大原因。其原因全在政治上。昧者或谓其民族性有优劣,则大误矣。社会全为环境所铸造,人之性质程度,不论其为何种何族,均相等。世岂有环境变而处于环境中之人能久而不变者邪?袁世凯既死,黎元洪以副总统入京代理,恢复《临时约法》,召集袁世凯所解散之国会。以政治论,以法律论,全国本可相安,顾元洪非北洋系中人物,所谓北洋系军人者,遂群思排挤之。六年(1917),德国宣布无限制潜艇战争,梁启超说国务总理段祺瑞参加欧战,冀可提高国际地位,于是始而抗议,继而绝交,更进而谋对德宣战。而国会中人,加以反对,总统府中人,亦有与国会相结者。段祺瑞一方面,乃又有收买所谓公民团者,迫胁国会,要求通过对德宣战案,激起国会方面之反对。时北洋系中之人物,以安徽省长倪嗣冲最为狂悖,而其督军张勋,则自谓能效忠于清室。段祺瑞召集各省区督军、都统在京开会,各督军、都统乃攻击国会所定宪法草案,分呈总统、总理,要求不能改正,即加解散。旋同赴徐州开会。未几,黎元洪免段祺瑞职,安徽遂离中央而独立,各省区纷纷继之,元洪无如何,令张勋入京,共商国是。勋至天津,胁元洪解散国会,然后入。七月一日,勋奉溥仪在京复辟,黎元洪走使馆,令副总统冯国璋代理,以段祺瑞为国务总理。祺瑞誓师马厂,十二日复京师。元洪辞职,由冯国璋代理。复辟之役,盖非张勋一人所为,道路传言,皆谓在徐州开会时,张勋提出此问题,多数省区皆签字赞成,故张勋敢于以少数军队入京,冒天下之大不韪。段祺瑞持正之功,为不可没矣。然祺瑞与南方积不相下,复激成护法之役。

国会之解散也,广东、广西宣言,不受非法内阁干涉,重要政务,径行秉承元首。云、贵及海军第一舰队继之。民国既复,南北本可从事调和,而南方谓民国业中断,可仿元年之例,召集参议院。于是国会开非常会议于广州,议决军政府大纲,选举孙文为大元帅,后又改举政务总裁七人,以诸部长为政务员,赞襄政务会议,以行军政府之职权。北方则召集参议院,修改国会组织及选举法,由之产生新国会,选举徐世昌为总统。南方乃由旧国会委托军政府代行国务院职权,以摄行总统职务。先是南北颇有战事,徐世昌就职后,下令停战议和。八年(1919)二月,开和会于上海,至五月,卒决裂。

是时之外交,亦更形败坏。冯国璋入京后,即对德宣战,段祺瑞之政策,目的已达,本可一意进行,乃又急于内争,欲以武力征服异己,于是名为参战,实仅招募华工赴欧而已。是时北洋系又分裂为皖、直两系,段祺瑞大借日款,以练参战军,而未曾用诸参战。七年(1918)俄国革命后,单独对德议和,协约各国,有出兵西伯利亚之举,我国亦派海军随之,又与日本订立

《共同防敌海陆军协定》，日兵之入吉、黑者遂多。八年（1919）一月，欧洲各国开和会于巴黎。先是，日本与英、法、俄、意秘密交涉，须于战后保证其接收德国在山东之权利，彼乃承认我参战，四国皆俱而从之。而章宗祥与日人订立《济顺高徐借款预备契约》，附以照会，许胶济铁路所属确定后，由中、日两国合办，覆文中有欣然同意字样。至是，中国要求青岛由德交还我国，日本则主张由彼接收，英、法因有约在前，不得不袒日，美总统威尔逊虽赞成我之主张，而以章宗祥之覆文，事在七年（1918）九月，其时欧战已停，日本不能再迫胁中国，遂致无能为力。事闻于中国，舆情大愤，学校罢课，商店罢市，要求惩办章宗祥、曹汝霖、陆宗舆三人，所谓五四运动也。而山东问题，卒如日意解决，我国遂未签字于对德和约，仅有总统以命令宣布对德战争已止。惟对奥和约，我仍签字，故仍为国际联盟之一员焉。自欧战起，俄国无暇东顾，蒙吁请取消自治，呼伦贝尔亦随之，是时本为我收复外蒙之好机会，而段祺瑞以其心腹徐树铮为筹边使，仍用高压手段，遂再引起蒙人之离心。俄人当民国八、九年时曾两次宣言，放弃旧俄帝国用侵略手段在中国取得之土地及特权，我亦未能与之交涉，此皆段祺瑞当国时外交之失败也。

时北方皖、直两系矛盾日深，而奉天张作霖亦思入关发展。九年（1920），直系第三师师长吴佩孚自衡阳撤防北方，时参战军已改为边防军，冲突于近畿，边防军败，段祺瑞乃辞去职权，于是曹锟为直鲁豫巡阅使，吴佩孚副之，王占元为两湖巡阅使，张作霖为东三省巡阅使，兼蒙疆经略使，并节制热察绥三区。边防军驻外蒙者，为蒙人所攻，内地置诸不问，库伦遂为俄白党所陷。南方之军政府内部亦多问题。孙文等皆离广州，陈炯明初以粤军驻扎福建之漳、泉，是年十月还粤。军政府首席总裁岑春煊宣言撤销军政府，徐世昌据之，下令接收。孙文等否认，回粤再开政务会议，十年（1921）四月，国会选文为总统。五月五日就职，乃将军政府撤销。吴佩孚资格虽浅，而以实际论，则为是时直系之中心人物，佩孚亦抱武力统一之见解。湖南军队攻入湖北，王占元战败去职，佩孚击湖南军，却之，进占岳州，遂继占元为两湖巡阅使。十一年（1922）四月，直奉战起，奉兵败退出关，东三省省议会举张作霖为联省自治总司令，吉、黑两督军副之，与中央脱离关系。于是段祺瑞蛰居天津，而皖系人物，到处活动者仍不少，卢永祥尚据浙江，遂成为皖、奉两系与南方结合，以倾直系之局面。

先是十年(1921)十一月,美国召开太平洋会议于华盛顿,内分限制军备、远东问题两组。限制军备问题,英、美、法、日成立《海军协定》,《英日协约》因此作废。后来英、美、法、日、意又成立《海军协定》(1922),又立《海军公约》(1930),规定英、美、日三国之海军比例为5:5:3,其期限均至民国二十五年(1936)为止。故论者均称是年为世界之危机也。远东问题,中、美、英、法、意、日、荷、葡、比九国订立公约,又立《九国中国关税条约》。《九国公约》列举四原则:(一)尊重中国之主权独立及领土行政之完整。(二)与中国以完全而无障碍之机会,以发展并维持稳固之政府。(三)确立并维持工商业机会均等之原则。(四)不得利用现状,攫取特殊权利,并不得奖许有害友邦安全之举动。巴黎和会以后,山东问题,日本求与我国直接交涉,我国主张提交国际联盟,及是,亦即在华府会议外解决,于十一年(1922)一月订立条约,青岛由日人交还,胶济路限期15年,由我赎还。其本于二十一条之要求所立之条约,中国要求作废,日本不可,但声明将第五号要求撤回,以租税担保之借款,及南满、东蒙借款,开放于国际银团,共同经营。其后乃由参众两院通过,咨请政府,于十二年(1923)照会日本,声明作废焉。库伦之白党,于十一年(1922)七月为远东共和国所诛灭,外蒙古先已在恰克图立有政府,至是遂移于库伦,以活佛为皇帝。十三年(1924)活佛死,乃改为共和国焉。是岁,中国与苏俄订立《解决悬案》及《暂行管理中东路》两协定大纲,认外蒙古为中国领土,尊重中国之主权,中东路许我出资赎回,订于一个月后开会,决定办法。其后延至十四年(1925)八月始开,而是时东三省对中央独立,会议遂无结果。苏俄与奉天别立《奉俄协定》。要之,自第一次欧战停后,外交上颇有可乘之机,而我国忙于内争,未之能乘也。

直奉战后,十一年(1922)六月初二,徐世昌辞职。是岁六月,十五省督军请黎元洪入京复职,补足任期。元洪既入京,取消六年(1917)六月解散国会之令,国会再开,亦无甚成绩。是时直系内部复生分裂,曹锟左右,谋举锟为总统,与奉系言和,因是与吴佩孚不睦。十二年(1923)六月,北京军警包围总统府索饷,黎元洪出走,国会遂举曹锟为总统,于十月十日就职,并制定宪法,于是日公布之,然人皆视为沐猴而冠也。吴佩孚勾结陈炯明,谋倾南方政府。孙文初在桂林筹备北伐,十一年(1922)四月,将大本营移于韶关,陈炯明走惠州。五月北伐。六月粤军叛,文走上海。岁杪,在广西之滇军及桂军讨陈炯明,炯明再走惠州,文回粤,以大元帅名义主持军务。

六　国民政府之北伐

二次革命失败后，孙文走日本，立中华革命党于东京，袁世凯死后，移于上海，改称国民党。孙文历年以护法为号召，然终鲜成功，盖议员多政客之流，绝无特操，欲利用军阀，军阀又多跋扈，只便私图，鲜明大义。逮苏俄革命告成，文知其所能成功者，实在党、军两端之改革，乃于十二年（1923）十一月，将国民党改组。十三年（1924）一月，开全国代表大会于广州，改大元帅府为国民政府。六月，设黄埔军官学校，军队中皆设党代表，以宣传主义。于是南之壁垒一新矣。

十三年（1924）九月，江浙战起，直奉继之，吴佩孚统大军与奉军相持于九门口，而冯玉祥与胡景翼自前线回军，与驻守南苑之孙岳改称国民第一、二、三军，入北京，佩孚自海道入江，走汉口，直系之势力瓦解。奉军踵之入关，冯玉祥、张作霖共推段祺瑞为临时执政，祺瑞要孙文北上，共谋解决时局。文主开国民会议，祺瑞亦有所谓善后会议及国民代表会议者，顾人民团体，无一得与，文戒国民党员不得参加。十四年（1925）三月十二日，文卒于北京。初文与陈炯明相持于广东颇久，及文卒，国民政府肃清东江，又平滇桂军之反侧者，广西先来联合，湖南之唐生智亦输诚，于是改组政府，废元帅，代以委员制，南方之势力转强。北方以张作霖为东北边防督办，冯玉祥为西北边防督办，改督军之称曰督理某省军务善后事宜，以胡景翼督理河南，景翼卒，岳维峻继之。其时西北、河南皆凋敝，实力惟关外为强。杨宇霆督苏，姜登选督皖，李景林督直，张宗昌督鲁，又皆奉系也。初直系之齐燮元督苏，皖系之卢永祥督浙，先第二次奉直之战而战，所谓江浙战争也。初相持，旋直系之孙传芳自闽入浙，卢永祥败走，未几而吴佩孚败，奉军南下，齐燮元亦走。孙传芳仍据浙江，奉系未能除。十四年（1925）十月，传芳自称浙闽苏皖赣五省总司令。北师奉系之在苏皖者皆走，传芳北取徐州，吴佩孚亦起汉口。奉军在关内者，郭松龄叛，出关攻张作霖，以兵行遭阻，败死，作霖乃得幸免。时吴佩孚无复实力，借靳云鹗招集杂军，以攻山东，未克。冯玉祥攻李景林，景林力拒，久之，乃弃天津，走山东，依张宗昌。

是时奉系几成众矢之的,而吴佩孚忽联奉以攻冯。十五年(1926)一月,玉祥宣言下野,佩孚合奉军下南口,又遣兵攻西安,未克,而国民军北伐矣。

十五年(1926)六月,国民军北伐,入湖南,克长沙,吴佩孚来援,败绩,国民军遂下武汉,入江西,败孙传芳之兵,分军为左右,夹江东下。其留守东江之军克福建,入浙江。十六年(1927)二月,遂入南京。冯玉祥自西北回师,解西安之围,入河南。三月,国民军有清党之举,军事稍停顿。孙传芳之败也,走北方见张作霖,与之合,及是乘机南下,渡江之龙潭,国民军击却之。九月,山西军攻奉军,奉军退河北。十七年(1928)一月,国民政府再北伐,五月一日入济南,三日而惨案作,我军乃绕道德州北伐。六月三日,张作霖退出关,四日至皇姑屯,遇炸死。东三省因此归心国民政府,至十二月而统一之业告成。

国民政府虽努力于靖内御外,然积渐之势,终非一时所克挽回。内之则统一以后,编遣会议未能有成,仍不免有战争,又因国党不和,仍岁斗争。外之则废除不平等条约,关税自主,收回领判权,废租借地,除租界等,亦多徒有其名,而外交上之形势,且相煎愈烈,直到最近,乃克一心一德,共于死里求生焉。

本书系一九四三年在辅华中学之通俗讲稿,
由学生整理而成。作者

中国近世文化史补编

一 商 业 篇

市舶司之设，元、明二代亦皆有之。元设于上海、澉浦、杭州、庆元、温州、泉州、广州，凡七处，时有省置。明洪武初设于太仓黄渡，寻罢，复设于宁波以通日本，泉州以通琉球，广州以通占城、暹罗及西洋诸国。诸国皆听时至，惟日本限其期为10年，人数为200，舟为2艘，以金叶勘合表文为验，以防作伪，以其时正值倭寇为患也。嘉靖初给事中夏言言，倭患起于市舶，遂罢之。嘉靖三十九年（1560）凤阳巡抚唐顺之议复三市舶司，部议从之。四十四年（1565）浙江以巡抚刘畿言仍罢，福建开而复禁，万历中悉复。永乐中又尝设交阯云南市舶提举司。明之设司，意不在于收税，而在以此抚治诸夷，消弭衅隙，以其时倭寇方张也。在当时未尝不收制驭之效，然习之久，而畏恶外人之心日增，欧人之传教，又颇与华人习俗相违。清嘉庆时，又有西北教匪、东南艇盗之祸，遂并攘夷、排教、御寇为一谈，中西之交涉，生出无穷纠葛焉。原因虽多，而倭寇滋扰，致中国之视海客咸有畏恶之心，亦其中之一也。《明史·食货志》曰："明初东有马市，西有茶市，皆以驭边省戍守费。海外诸国入贡，许附载方物，与中国贸易，因设市舶司，置提举官以领之。所以通夷情，抑奸商，俾法禁有所施，因以消其衅隙也。"明之与外国通市，其意皆非以为利，故永乐初西洋剌泥国、回回哈只马哈没奇等来朝，附载胡椒，与民互市，有司请征其税，成祖不许。武宗时提举市舶太监毕真言："旧制，泛海诸船，皆市舶司专理，近领于镇巡及三司官，乞如旧便。"礼部议"市舶职司进贡方物，其泛海客商及风泊番船，非敕旨所载，例不当预也"。夫许外国互市而曰入贡，许附载方物贸易，而市舶司且若以接待贡使为职，永乐三年（1405）又置驿于三市舶司，以待诸番贡使，岂真以其来，为入贡而不为贸易哉？夫亦曰入贡而后许贸易，则不致与沿海之民私相市，而官司无所稽考，以是为制驭之一策云尔。此办法似乎多事，而亦不能尽谓为不然。盖客强主弱，乃清中叶以后之情形，前此则适相反。故嘉靖倭变，朱纨访知"由舶主皆贵官大姓市番货，皆以虚值转鬻牟利，而值不时给"。而史且谓"市舶既罢，日本海贾往来自如，海上奸豪与之交通，法禁无所施"也。盖市舶官吏原来未尝不有赃私之行，然视土豪势家，则终有间矣。

北方游牧民，虽时与中国以兵戎相见，然通市亦恒不绝，史所载虽不详，亦可考见其盛者，则如汉设马邑之谋，匈奴单于觉之而去，自是绝和亲，攻当路塞,然尚"乐关市,嗜汉财物,汉亦尚关市不绝以中之"。又如唐杀突董,九姓胡死者千人,突董回纥毗伽可汗叔父也,而毗伽谓唐使:"国人皆欲尔死,我独不然。突董等已亡,今又杀尔,犹以血濯血,徒益污。吾以水濯血,不亦善乎!为我言有司,所负马值一百八十万,可速偿我。"若宽仁能以德报怨者,实贪马值不能绝耳。明初设马市三,一在开原南关,以待海西;一在开原城东;一在广宁,以待朵颜三卫。正统三年(1438)始设马市于大同以待也先,其后王振裁其马价,遂有土木之变,也先桀骜终必反。然非裁马价,有以激之,其叛或不至于是其速也。其后北抚俺答,东驭女直,亦借大同马市、辽东义州木市。努尔哈赤之攻尼堪外兰,明人不能讨,顾开抚顺、清河、宽甸、瑷阳四关,许其互市。论者谓满洲之致富厚,习华事实于此有关焉。盖中国与外夷通商,不徒资其困乏,亦足牖其文明矣。蠢彼建夷,不思木桃之报,而为封豕长蛇,荐食上国,其罪可胜诛乎!

二　财　产　篇

吾国虽久行私产之制,然贫富之相去实不可谓之悬殊。(一)因封建久废,有广土者甚少。(二)则财产久由各子均分。大家族在后世既已罕见,即有巨富之家,一再传后,财产亦以分而日薄。(三)则恤贫抑富,久为政治家所信奉。人民亦能互相救恤。(四)则地处大陆,人事之变迁甚剧。每一二百年,辄有大战乱。贫富之变易较易。此吾国民所以久有均贫富之思想,而数千年来,卒能相安无事者也。然今后之情形则非复曩昔矣。

今日生计之情形,所以大异于昔者,在舍器械_{有口曰器,无口曰械,合二字,为凡用具之总名。}而用机器。器械仅能少助人力。且其为物简单,一人能用之,则人人皆能用之;一家能有之,则家家皆能有之。故众人生利之具,无大不同。其所生之利,亦略相等。至于机器,则非复人人所能制,亦非复家家所能有。于是购机器,设工厂,不得不望诸资本家。其物必合众力而后可用,则其业必集多人而后可营。而管理指挥,遂不得不有企业者。资本家安坐而奉养甚厚,劳动者胼胝而饱暖犹艰,则易致人心之不平。企业者之利害,恒与资本家同,其于工人,督责既严,犹或肆行腹削,则易为工人所怨恨。

旧日商工之家，师徒如父子之亲，主佣有友朋之谊，至此则皆无之矣。况手工造物，皆略有乐趣。机器既用，所事益简，终日反复，不出一两种动作，则易生厌倦之情。于是劳资相疾如仇矣。吾国之用机器，盖启于同、光之朝。初办者为军事，如江南制造局、福州船政局。后渐进于交通，如汽车、汽船。又渐进于开矿、纺织等业。如汉冶萍煤铁矿厂公司，李鸿章所设上海机械织布局，张之洞所设广东缫丝、汉口织布、制麻等局。其初多由官办，或官督商办，其后民业渐起。而外人亦投资中国，经营一切。中日战后，又许外人设厂于通商口岸。于是新式事业，日增月盛。劳资相轧，遂日甚一日矣。今之论者，每谓中国人只有大贫小贫，而无所谓富。人民只患失业，不患业之不善。此诚然。然此特今日内乱不息，百业凋敝之时为然耳。一旦战事息而国内安，人民率其勤俭之习，以从事于实业，将见财富之增，一日千里。美利坚自赤贫以至富厚，不过50年，况于吾国，人口本庶，国土久辟者乎？《诗》曰："迨天之未阴雨，彻彼桑土，绸缪牖户。"今日之劳资，虽若未成阶级，然其成为阶级甚易，固不容不早为之计也。

　　社会主义派别甚多。约其大旨，不越两端：一主各尽所能，各取所需。人之尽其能否，固无督责之人。其取其所需，不致损及他人，或暴殄天物与否，亦复无人管理，一凭其良心而已。此非民德大进，至"货恶其弃于地也，不必藏于己；力恶其不出于身也，不必为己"之时，未易几及。程度不及，而欲强行之，将有后灾，岂徒说食不能获饱而已。一则主按劳力之多少，智识技艺之高下，以定其酬报之厚薄。其主张急进者，欲以国家之力，管理一切。主张渐进者，并只欲徐徐改良而已。此则于现在情形为近。马克思曰：新社会之所须者，必于旧社会中养成之。今欲行社会主义，所须者何物乎？以人言：一曰德，一曰才。以物言：一曰大规模之生产器具，一曰交通通信机关。必有大规模之生产器具，而后生产可以集中；而后可由公意加以管理。否则东村一小农，西市一小工，固无从合全国而统筹并计也。大规模之生产器具，交通通信机关，既非一时所能有，人之经营擘画之才能，又非既有此等事，无从练习。其公德心，亦不能凭空增长。则人我不分之理想，断非今日所能行，无俟再计矣。故今日者，以"各尽所能，各取所需，合全世界而统筹并计，以定生产之法，分配之方；而人之生产，仍无一不为公，其消费则无一不仰给于公，与部落共产时代无以异，为最终之蕲向。而且前则暂于较小之范围内，求生产之渐趋于协力，分配之渐进于平均，随生产之渐次集中，徐图管理擘画之才能之增长；日培养公德心使发达，而徐图尽去其利己之私"，则进行之正规也。

无政府主义，我国无之。近人或以许行之说相附会。案，许行之说，乃欲取法于极简陋之国家耳，非无政府也。说见《政治史·政体篇》①。至于凭借国家权力，大之则制民之产，谋贫富之均平；小之则扶弱抑强，去弊害之大甚。则我国之人，夙有此思想。以政治放任既久，幅员辽远，政府之威权，不易下逮，奉行之官吏，难得其人，故迄未能行耳。然其思想，则未尝消灭也。试引王安石、龚自珍两家之言以明之。

王安石《度支副使厅壁题名记》曰："合天下之众者财，理天下之财者法，守天下之法者吏也。吏不良，则有法而莫守。法不善，则有财而莫理。有财而莫理，则阡陌闾巷之贱人，皆能私取予之势，擅万物之利，以与人主争黔首，而放其无穷之欲；非必贵强桀大，而后能如是；而天子犹为不失其民者，盖特号而已耳。虽欲食蔬衣敝，憔悴其身，愁思其心，以幸天下之给足而安吾政，吾知其犹不得也。然则善吾法而择吏以守之，以理天下之财，虽上古尧舜，犹不能毋以此为先急，而况于后世之纷纷乎？"此为安石变法，首重理财之故。盖国不能贫富予夺人，则贫富予夺之权，操于豪强，国家欲有所为，其事恒不得遂。然国家所行，多为公义。豪强所行，多为私利。国家所欲不能遂，而豪强则所为必成，则公义不伸，正道灭绝，社会将永无太平之日矣。安石之言，自有至理，后人或訾其挟忿戾之心，以与豪暴争，误也。

龚自珍《平均篇》曰："有天下者，莫高于平均之尚也。其邃初乎？降是，安天下而已。又降是，与天下安而已。又降是，食天下而已。最上之世，君民聚醲然。三代之极其犹水，君取盂焉，臣取勺焉，民取卮焉。降是，则勺者下侵矣，卮者上侵矣。又降，则君取一石，民亦欲得一石。故或涸而踣，石而浮，则不平甚。涸而踣，则又不平甚。有天下者曰：吾欲为邃初，则取其浮者而挹之乎？不足者而注之乎？则群然啄之矣。大略计之：浮不足之数，相去愈远，则亡愈速。去稍近，治亦稍速。千万载治乱兴亡之数，直以是券矣。人心者，世俗之本也。世俗者，王运之本也。人心亡，则世俗坏；世俗坏，则王运中易。王者欲自为计，盖为人心世俗计矣。有如贫相

---

① 编者按：见吕思勉著《中国制度史·政体篇》。

轧,富相耀,贫者贴,富者安。贫者日愈倾,富者日愈壅。或以羡慕,或以愤怨,或以骄汰,或以啬吝。浇漓诡异之俗,百出不可止。至极不祥之气,郁于天地之间。郁之久,乃必发为兵燹,为疫疠。生民噍类,靡有孑遗。人畜悲痛,鬼神思变置。其始不过贫富不相齐之为之尔。小不相齐,渐至大不相齐;大不相齐,即至丧天下。呜呼!此贵乎操其本原,与随其而剂调之。上有五气,下有五行,民有五丑,物有五才。消焉,息焉,渟焉,决焉,王心而已矣。是故古者天子之礼:岁终,太师执律而告声;月终,太史候望而告气。东无陼水,西无陼财,南无陼粟,北无陼土,南无陼民,北无陼风,王心则平。听平乐,百僚受福。其《诗》有之曰:秉心塞渊,骊牝三千。王心诚深平,畜产且腾跃众多,而况于人乎?又有之曰:皇之池,其马喷沙,皇人威仪。其次章曰:皇之泽,其马喷玉,皇人受谷。言物产蕃庶,故人得肆威仪,茹内众善,有善名也。太史告曰:东有陼水,西有陼财,南有陼粟,北有陼土,南有陼民,北有陼风,王心则不平。听倾乐,乘欹车,握偏衡,百僚受戒。相天下之积重轻者而变易之。其《诗》有之曰:相其阴阳,观其流泉。又曰:度其夕阳。言营度也。故积财粟之气滞,滞多雾,民声苦,苦伤惠。积民之气淫,淫多雨,民声嚚,嚚伤礼义。积土之气耗,耗多日,民声浊,浊伤智。积水积风,皆以其国瘥昏,官所掌也。且夫继丧亡者福禄之主,继福禄者危迫之主。语百姓曰:尔惧兵燹乎?则将起其高曾于九京而问之。惧荒饥乎?则有农夫在。上之继福禄之盛者难矣哉!龚子曰:可以虑矣,可以虑,可以更,不可以骤。且夫唐虞之君,分一官,事一事,如是其谆也。民固未知贸迁,未能相有无,然君已惧矣。曰:后世有道吾民于富者,道吾民于贫者,莫如我自富贫之,犹可以收也。《诗》曰:不识不知,顺帝之则。夫尧固甚虑民之识知,以违吾则也。水土平矣,男女生矣。三千年以还,何底之有?彼富贵至不急之物,贱贫者犹且筋力以成之,岁月以靡之,舍是则贱贫且无所托命。然而五家之堡必有肆,十家之村必有贾,三十家之城必有商。若服妖之肆,若食妖之肆,若玩好妖之肆,若男子咿唔求爵禄之肆,若盗圣贤市仁义之肆,若女子鬻容之肆,肆有魁,贾有枭,商有贤桀,其心皆欲并十家五家之财而有之。其智力虽不逮,其号既然矣。然而有天下者更之,则非号令也。有五挹五注:挹之天,挹之地,注之民。挹之民,注之天,注之地。挹之天,注之地。挹之地,注之天。其《诗》曰:挹彼注兹,可以饎饎。岂弟君子,民之父母。有三畏:畏旬,畏月,畏岁。有四不畏:大言不畏,细言不畏,浮言不畏,挟言不畏。而乃试之以至顺之法,齐之以至一之令,统之以至澹之心。龚子曰:有天下者,不十年,几于平矣。"《定庵文集》。此篇大意,以贫富不齐为致乱之原。而以操其本原,随时调剂,责诸人主。盖古者国小民寡,政府之威权易于下逮。而其时去部落共产之世未远,财产之分配,较为平均。此等情形,习为后人所讴歌,所想往。后世虽以时异势殊,政府不克复举此责,然特为事势所限,以理论,固无人谓政府不当举此责;且皆以克举此职,为最善之治也。故借国家之权力,以均贫富,实最合于我国之国情者也。

然借国家之力以均贫富,亦必行之以渐,而断非一蹴所能几。何也?借国家之力以均贫富,则国家之责任必大。为国家任事者,厥惟官吏。服官之成为谋食之计旧矣!监督不至,焉不朘民以自肥?监督苟严,又虑厩长立而马益瘠也。况夫监督官吏者,亦官吏也。任事之官吏不可信,焉得可信之官吏,而任以监察之责乎?借使大业皆由官营,挟其权力,以为身谋,民之疾之,犹其疾资本家也,犹其疾企业者也。其自视,徒为求食故而劳动,而绝无劝功乐事之心,与今日之工人同也。安保其不反抗?而是时一反抗,即涉及政治。较之今日,劳资之争斗,愈可忧矣。且今日欲图生利,必借外资。借用外资,必所兴举之事,皆能获利而后可,否则有破产之忧矣。前清末叶,议借外资,即有人谓:宜以银行承受之,而转贷于民者。以民业较易获利,必多能复其本;其规模不如官业之大,即有亏败,成功者多,足以偿之;非若官业,一失败,即有破产之虞也。然如此,则有助长资本之忧。若一切由国家自营,又虑官吏之不足任,而破产之终不可免也。何去何从?若何调剂?诚可深长思矣。

三 征榷篇

光绪三十四年(1908)赫德病归,以布雷顿代理。宣统三年(1911)赫德殁,以安格联继之。庚子赔款以海关税为担保,其时海关税入仅2 000万,《辛丑条约》乃将各通商口岸常关暂拨洋关管理,清末镑价高涨,又益以常关50里内各分口。民国十五年(1926)一月十九日,汕头海关监督兼交涉员马文车以洋关及通商口岸常关所入,已足敷赔债所需,而炮台司事王盛唐舞弊案，牵涉副税务司马多隆，呈请东征军总指挥批准，于是日将潮海关50里内各分口派员收回。税务司提出抗议，国民政府以马氏事前未得政府许可，手续不合，于二月五日撤销之。

今日海关行政全在外人手中。据近来调查，税务司43，英人27；副税务司30，英人18；帮办157，英人62。华人之为副税务司者，惟清季亚东关有一人，民国五年(1916)有一人，至民国十五年(1926)，华人之升税务司者乃得一人，<small>思第。</small>升副税务司者得三人云。<small>粤海常关、秦皇岛、嘉兴分关。</small>各海关本有监督，然条约上税务司系受命于总税务司，故监督命令，税务司不之听，必呈财政部，由部咨税务处转，由总税务司下令也。税务处设于光绪三十二年(1906)，有督办税务大臣，总税务司以下，皆受管辖，后并入度支部。民国以来，亦归财政部管辖，各关监督有专任兼任之分，专任监督兼管所在地之常关，兼任者以道尹为之。

关税存放，民国以来亦成为一问题。我国以关税担保债款，由来已久。咸丰八年、十年(1858、1860)英法赔款，即以关税指拨。<small>至同治四年(1865)清讫。</small>同治六年(1867)甘肃军事借款，亦以关税担保。其后甲午俄、法、英、德各款及庚子赔款，亦均以关税为担保。清时关道有库，海关收入皆交关道指定之中国银钱号，由关道指拨道库，海关自身并无经营收付之权也。<small>即海关经费，亦向关道具领。</small>应付债赔各款，由关道按期<small>或按月或半年。</small>将本息交付银行或银团，平时则分存上海各银钱号，其时收入，年约4 000余万。上海银钱号得此大宗存款，颇足以资周转。辛亥革命，银行钱庄倒闭，关款始有亏欠。先是庚子赔款，因海关收入不足以偿，分摊之于各省，各省所认亦悉交上海道。及是各省或则不认，或虽认而解不以时，偿赔各款始有拖欠，各外银行乃在沪组织委员会，以清理积欠为名，为处分押品之计，拟具办法八条，呈诸外交团，外交团略加改动，于民国元年(1912)一月，由领衔驻使交我政府，勒逼照行。该委员会系以对1900年以前，以关税作保而现未清偿之债款及庚子赔款，有关系之银行，即汇丰、德华、道胜分存，总税务司应将关税净收入报告该委员会，至中国政府能付债赔各款为止。民国二年(1913)，政府恐内地税款收解之权亦落外人之手，由外、财两部及税务处组织关税委员会研究此事，结果与税务司商定征收税款，统交中、交两行，订立合同九条，然税务司只认为中、交两行营业之关系，不认为关税与国库之关系，故积有成数，即照解汇丰，存行之期，至多不过7日，为数至多不过10

万而已。

现在海关税存放办法，系每月按期平均分作三份，以三分之二存于汇丰、道胜两行，为债之担保。该两行即以所收数目支配于以下五项：(一)1898年四厘半金债，每月拨汇丰。(二)1896年五厘金债，每月拨汇丰。(三)1895年四厘金债，每年于6月及12月拨道胜。(四)由总税务司以命令照拨之关余。(五)弥补庚子赔款，按月拨入庚子赔款项下。此外三分之一，则存入汇丰之总税务司海关收入保留项下。通商口岸50里以内之常关税，系在汇丰，为赔款之担保，记入总税务司常关税存款项下，以定率分作八份，每月按四期分配于以下两项：(一)庚子赔款项下，此项尚有由海关税按月拨入者。向分存正金、汇丰、荷兰、华比、花旗、道胜、汇理七银行。欧战起，英、法、美、日、俄、意、比等国以我参战之故，自1917年起，准我停付庚子赔款五年，我即以此停付部分担保七年公债基金，悉以关银折算存入总税务司，担保七年短期内国公债项下，而以总税务司之命令，分存于正金、汇理、华比、花旗、道胜、汇丰六银行。(二)总税务司常关收入保留项下，向为拨入德华银行，以抵(甲)偿还奥赔款，(乙)部分的德国赔款之用，自对德、奥宣战停付后，即改由汇丰保管，其中关于德国部分，则拨中国银行，充作两种关税借款之担保。所谓关余者，系关税所入，支配上项各款，尚有盈余，然后再交政府者。故关余名词，实始于1917年也。现在关税存放支配之权，完全操诸外人，而外人复有改善税款存放之主张，即(一)取利益均沾主义，须分存与中国有关系各银行，不能由一二银行垄断。(二)特组税务银行，由海关当局及各债权关系国派人共同管理。华会之际，日本代表会有希望将海关税，由日本银行保管一部分之要求，并另附有意见书，法代表赞同日代表主张，亦有同样之书面声明。比国、意国代表并与日、法代表声明，取同一态度。我国自华会决定加税之后，因外人议及存放问题，始知其关系重大，乃始加以研究，有(一)应由中央金库保管说。(二)指定银行保管说。主此说者，以中央金库之银行，往往对政府滥行借债，致失信用，不如分存各商办大银行，由税务司指定较为可靠，亦少流弊。(三)国民银行保管说。欲集全国商会，共同发起组织。(四)新旧税分管说。主此说者，以旧税向存外国银行，抵偿外债，已成惯例，一旦收回，恐不易办。新附加税，则必争归本国银行保管。(五)旧税亦必拨存本国银行一部分说。主此说者，以关税按月有盈，盈余部分及已退还之赔款，亦应争回。(六)组织关税保管委员会说。以财长税务处督办总税务司审行公会会长总商会会长组织之。

又按,关款之充债赔款者,英、葡由汇丰存付,美由花旗存付,俄由道胜存付,日由正金存付,法、西、瑞典由东方汇理存付,意由华义银行存付,比由华比银行存付,荷由荷兰银行存付,最近道胜又以倒闭闻矣。

最近关税问题,皆因《辛丑条约》及《九国关税条约》而起。《辛丑条约》赔款负担既重,我国要求加税,各国乃以裁厘为交换条件。英约第八款,许我裁厘后,进口货税加至值百抽十二又五,出口货税不逾值百抽七又五,其中丝斤不逾值百抽五。美约第四款,日约附加第一款,葡约第九款略同。并许我裁厘后对土货征销场税、以常关为征收机关,常关以载在《清会典》及《户部则例》者为限。惟(一)有海关无常关,(二)沿边沿海而非通商口岸,(三)新开口岸,皆可增设。出厂税。本款第九节已见前,美约略同。美约附件又许我抽出产税。照英约本应于 1904 年 1 月 1 日实行,然政府既惮裁厘,又习于因循,迄未筹备。厘金所病者,华商至外货入中国内地,本有半税可代,且通商口岸愈增,则内地愈少,故外人亦迄未提及。光绪三十四年(1908),外务部乃向各国提议加税,英、日谓我于原约未曾履行,遂又延宕。至华府会议开会,中国代表提出关税自主案,其结果乃有所谓《九国中国关税条约》者,最近之关税会议,实根据此约而来者也。九国者,美、比、英、华、法、意、日、荷、葡也。

(一)修正 1918 年 12 月 19 日上海修正税则委员会所定海关进口货税表,以期切实值百抽五。此项委员会,由上开各国及列席华府会议各国承认之,政府曾与中国订有值百抽五之税则之条约,而愿参与修正之各国代表组织之。本案议决之日起,四个月以内修正完竣。至早公布后两个月实行。

(二)由特别会议立即设法,以便从速筹备,废除厘金,并履行 1902 年 9 月 5 日《中英商约》第八款,1903 年 10 月 8 日《中美商约》第四款、第五款及 1903 年 10 月 8 日《中日附加条约》第一款所开之条件,以相征收各该条款内所规定之附加税。特别会议由签字本约各国之代表组织之,凡依据本约第八条之规定,愿参与暨赞成本约之政府,亦得列入。该会议应于本条约实行后三个月内,在中国会集,其日期与地点由中国定之。

(三)特别会议应考量裁厘,履行第二条所载各条约诸条款所定条件之前,所应用之过渡办法,并应准许对于应纳关税之进口货得征收附加税,其实行日期用途及条件,均由特别会议议决之。此项附加税,一律值百抽二又五,惟某种奢侈品,据特别会议意见,能负较大之增加,尚不致有碍商务者,得将总额增加,惟不得逾值百抽五。

(四)中国进口货海关税表,按照第一条,立即修改完竣。四年后,应再行修正,以后每七年修改一次,以替代中国现行条约每十年修改之规定。

(五)关于关税各项事件,缔约各国应有切实之平等待遇及机会均等。

(六)中国海陆边界,划一征收关税之原则,即予以承认,特别会议应商定办法,俾该原则得以实行。凡因交换局部经济利益曾许以关税上之特权,而此种特权应行取消者,特别会议得秉公调剂之。一切海关税率,因修改税则而增加者,与各项附加税,因本约而增收者,陆海边界均应一律。

(七)第二条所载办法尚未实行以前,子口税一律值百抽二又五。

(八)凡缔约各国从前与中国所订各条约,与本条约各规定有抵触者,除最惠国条款外,咸以本条约各条款为准。

所谓切实值百抽五者,吾国关税虽协定为值百抽五,然因货物估价之关系,实只值百抽一二。《辛丑条约》乃有切实值百抽五之说,于是年修改一次。民国七年(1918)因加入参战,对协约国要求实行值百抽五,又将税则修改一次。据熟于商情者评论,其结果亦不过值百抽三又七一五而已。其时欧战未平,货价异常,外交部及各国驻使均备文申明,俟欧战终结后两年,再行修改。《九国条约》改定修改税则委员会,于十一年(1922)三月二十一日在上海开会,我国派蔡廷干为委员,与会者有英、法、意、荷、西、葡、比、丹、瑞、挪、瑞士、美、日,凡十三国。并中国。所修税则于十二年(1923)一月十七日实行。近人云《南京条约》后,入口税则共修改四次。出口税至今未改,或云1858年,即咸丰八年,曾随进口税修改一次,未知然否?又云我国出口税皆系从量,故随物价之变,征税轻重大有不同。如茶自1806年以前由中国垄断,其时茶价最高,自此以后,遂逐渐降低。而茶之从量征税如故,则加重。又如丝价逐渐高涨,而其从量征税如故,则减轻是也。我国出口税率,无原料、制造品……分别,概从一律协定,以致欲免某物之税,或欲加重某物之税,以图保护,皆有所不能,实一大缺点也。

关税特别会议,民国十一年(1922)十二月五日派顾维钧为筹备处处长,八日许顾辞,以王正廷代之。先是五月间,黑河华侨商会请各省商会各派代表在京开关税研究会议,财、农两部从之。九月九日成立商会,所推副会长张维镛,又邀各商会代表及全国商会联合会驻京评议员开商约研究会,于十月一日成立。

关税研究会中,所争论最大者,为产销税问题。商会代表欲废产销税,以营业、所得两税代之。其理由谓现有常关43，又50里内常关19，合分关分卡，约340～350，其收入50里内常关500余万，50里外常关700余万。实为厘金之变相，存之仍不免留难。又英约常关以《清会典》所有为限，沿边及有海关处，虽可添设，内地则可移动而不能增设。关既有限制，征收必难普遍公平，且厘局长由省委任，要求撤换较易，关监督由中央委任，呼吁赴诉更难也。边远省份尤为不便。又英约无出产税，日约第一款虽有出产字样，而订明悉照中国与各国商定办法，毫无歧异，则出产税可办与否尚属疑问。至于销场税，则如何办法，约文未言。当时总署饬赫德，即谓未知议约大臣意旨所在，难以拟具。何者？厘既裁矣，查验为约文所禁，有限之常关，断不能遍征全国之销场税也。政府之意，主就条约所许存留常关，以征产、销两税。财部所拟办法，产税于起运后第一常关征收，销税于最后常关征收，惟特种大宗货物得就地征收产税。此据英约第八款第三节、第七、第八节。又产税得于最后常关征收，并征销场税。距常关远者，并得由当地商会代征。补征产税亦然。通商口岸现有海关而无常关者，沿边区域包水、陆、沿海三者。及内地自辟商埠，一律添设。各常关管辖区域另定，有海关处，常关仍照现在办法，轮船由海关收税，民船由常关收税。其税额，产税为百之二又五，销税竞争品、如丝、茶。需要品如粮食。百之二又五，资用品百之五，奢侈品百之七又五。此省运至彼省，途经通商口岸，在海关完过出口税者，如已满产、销两税总额，即免征销场税，否则照不足之数补征。将税司兼管50里内常关之权解除，而照英、美约，由省长官在海关人员中选一人或数人为常关监察员。不限外人。当时政府及商会代表争持不决，后乃融通定议，谓赶于两年以内，将所得税、营业税、出产税、销场税等同时筹备，而究行何税，则俟特别会议议定。土货出口税，照约尚可加抽二又五，合为七又五之数，商会代表要求分别货物之性质，原料竞争品、手工制造品等。以定或应减轻，或应全免，议决由政府与商民合组商品研究会随时讨论施行。《九国条约》第六款，所谓关税上之特权，应指《中英续议滇缅条约》及《中法会议越南边界通商章程续议专条》内彼此允让之利益而言，议决此事，须为进一步之要求于特别会议，提出局部经济交换之利益，与最惠国条款不相冲突。各国对于商约中关税部分，不能引机会均等各例要求利益均沾，如此办法并可由单制协定渐入于复制协定。迭次修改税则，派员协定货价，时间每虞匆促，办理易致迁延。议次各财政讨论会所议，预定公布洋货进口货价办法，由政府于上海、汉口、天津、广州、大连五口设立调查机关，求平均之货价，供随时之修改。按，此案后仅办到上海一处。过渡期内值百抽二又五之进口附加税。华会宗旨欲以整理外债，或可提出一部为行政必要经费及教育公益事业之处，商会代表欲存为裁厘担保。议决将来会议时，如能拟出担保或裁厘办法，地方长官不致顾虑反对，则亦可将增收之附加税，拨充整理公债之用。

民国十四年（1925）八月五日，《九国公约》批准文件全到华盛顿，按该约第十条，该约即发生效力。政府乃于八月十八日召集各国开特别会议。十月二十六日开会，我以王宠惠为全权代表，与会者凡十二国。会中组织四委员会，第一委员会处理关税自主问题，第二委员会处理关税自主以前应用之过渡办法，第三委员会处理其他有关事件，第四委员会为起草委员会。当1922年太平洋与远东问题委员会开第十七次会议时，中国委员宣言，对于关税条约虽予承认，并无放弃关税自主之意，召集照会中即报此，再行提出。关税会议既开，中国政府提出：（一）与议各国向中国政府正式声明，尊重关税自立，并承认解除现行条约中所包含之关税束缚，并中国国定关税条例于1929年1月1日发生效力。（二）我国政府允裁厘，与国定关税定率条例同时实行。（三）未实行国定关税定率条例以前，于现行值百抽五外，加收临时附加税。普通品值百抽五，甲种奢侈品，即烟酒值百抽三十，乙种奢侈品值百抽二十。（四）临时附加税条约签字后三个月开始征收。

关于（一）十四年（1925）十一月十九日，在第一、二委员会议合通过，中国亦公布关税定率条例。据某当局谈话云：实附有数种保留条件，其时法、意代表知会我国代表团，谓法、意政府只能照下列条件赞同上项议案，即(1)已纳关税之洋货，不得加征捐税。(2)各种条件互相维系。(3)裁厘应由双方承认与实行。(4)意国单独提出整理外债互惠税率问题。驻京日使馆与外交部于十五年（1926）一月二十日、二十七日先后换文两次，文内所列原则：(1)此互惠办法之施行，系为缔约国双方之利益。(2)缔约国之某种货物，得享互惠税率之利益。(3)互惠协定期间之规定，必须能符合缔约国两方经济变迁之情形之需要。(4)互惠协定一俟中国关税定章实行，即行有效。（二）中国政府曾正式声明，尽十八年（1929）一月一日前切实办竣。又宣言抛弃不出之土货之出口税，复进口半税，以为裁厘初步。关于（三）中国尝公布烟酒进口税条例，日主实行华约第三条第二段，美主立即征收二又五附加税，奢侈品可值百抽五，水陆一律。英亦主水陆一律。又日欲于过渡期内，议订新条约，规定某物互惠的协定税率与国定税率，同时施行。海关施行附加税后之进款，美主(1)只补各省裁厘损失。

(2)各省违背裁厘复行征税,对于被税者予以赔偿。(3)整理无抵押借款。(4)中央行政费。后各国允将附加税增至"收入可增至7 000万元至9 000万元之间"之数,未能正式决定。政变作,我国代表多不能出席。七月三日英、美、法、意、日、比、西、荷、葡宣言,俟中国代表能正式出席时,立即继续会议。我国政府乃修正关税会议委员会组织条例,派蔡廷干、顾维均、颜惠卿、王宠惠、张英华、王荫泰为全权代表,然各国代表多已出京,迄今未曾开会。会中提出者,又有:(一)外侨纳税案。自与各国通商以来,无论何项条约,均未许外人在租界内租界外免纳税捐。迩年中国推行税务,外侨辄借口租界,托词未奉本国政府训令,抗不交纳,租界外铁道附属地亦然,华人住租界铁道附属地者,亦不令纳税。中国政府不得已,暂在租界及铁道附属地周围设卡征收,于外国商务,实亦有关碍。故政府宣言,凡外侨在中国领土居住者,无论在租界内或租界外,或铁道附属地及其他区域,均与中国人民同一服从中国政府公布之办法,负担其一切捐税。(二)从前遍订货价,亦出协定(1)集会愆期,(2)会议中间停顿,(3)已订施行迟延,以致多所延搁。华府会议业经要求先收回调查货价之自由,并应用自动修改之原则,今者1929年1月1日后当然修改,亦依中国法令,在此过渡期间,仍依据华会精神,拟具修改税则章程草案,提交关会第二委员会,希望予以同意。

南方对于关余。民国八年至九年(1919—1920)三月之关余,本曾分付广东政府,占全额百分之十三又七。后因七总裁意见分歧,政府瓦解,遂仍付诸北方。九年底南方政府恢复,要求照拨,并还以前积欠。总税务司暨外交团谓须请示本国政府,后美政府电谓应交外国所承认之政府,关余遂尽归北方。十二年(1923)九月五日,南方政府照会北京外交团,请"各使训令代理关税各银行,将关余拨交总税务司,由本政府训令总税务司,分解南北",并令总税务司"以政府辖境内之关余,须另行存储,并将1920年3月以后之关余补拨,否则将另委员海关总税务司"。外人疑南方政府将干涉海关行政,外交团令驻华海军赴广州,电领事团转复南方政府,谓关余为中国所有,外交团不过保管人,如欲分取,当与北京政府协议云云。此事遂未有结果。当时实业界,因民国十年(1921)北方政府曾定以关余为国内公债基金,颇反对南方分用。据南方政府之言,则谓此项基金,尚可以1 400万元盐余及1 000万元烟酒税充之,且北方政府本不应自由处置南方应得之关余也。迨五卅案起,广东又有六月二十二日之沙基惨案,粤人封锁港澳。十五年(1926)中央政治会议第二十六次会议,决定征收入口货之消费税,普通货物百分之二又五,奢侈品百分之五,以为解除封锁最低限度,交换条件于十月十一日施行,照会中仍申明无意干涉海关行政。封锁亦即于是日取消。驻粤首席总领事曾秉承驻京首席公使之训令,向粤政府提出抗议,粤政府以不能承认北京首席公使驳覆之。领袖公使亦曾向北方政府提出抗议,以广东与山东及其他地方官吏并言。

欧战后,中国于对德和约未曾签字,十年(1921)五月二十日所结《中德协约》第四条,两国有关税自主权,惟人民所办两国间或他国所产未制已制货物,其应纳之进口出口税,不得超过本国人民所纳税率。奥约则我仍签字,奥放弃1902年8月29日关于中国关税之协定。《中俄解决悬案大纲协定》第十三条,两缔约国政府允在本协定第二条所定之会议中,订立商约时,将两缔约国关税税则,采取平等相互主义,同意协定。

内地常关,清季惟崇文门左右翼及张、绥各边关直隶中央,此外均由各省派员征收。民国二年(1913),将淮安、临清、凤阳、武昌、汉阳、夔、赣等关改归中央,等派监督管理。三年(1914)设局多伦,四年(1915)改为税关。又将旧属于省之潼关、辰州、浔州、成都等关改简监督,雅安、宁远两关改归部辖。广元、永宁两关属之成都,打箭炉关属之雅安。

厘金,清咸丰三年(1853),太常寺卿雷以諴饷军扬州,始倡之于仙女庙,幕客钱江之谋也。本云事定即裁,后遂留为善后经费,由布政使派员征收。厘局之数,据前数年之调查,全国凡700余处,但只指总局而言,分局及同类之稽征局不在其内。

直隶	15	奉天	34	黑龙江	31	甘肃	43
新疆	11	山西	42	山东	10	河南	32
江苏	58	浙江	42	湖南	34	四川	20
福建	45	广东	29	广西	30	贵州	44
吉林	44	江西	47	安徽	42	陕西	30
湖北	25	云南	44	共35厘局。①				

其收入,光绪初年为2 000万两,据云实有7 000万,余皆被中饱。清末预算所列为3 500万两,民国初年,预算所列为2 400万两。最近之调查则如下:

---

① 编者按:原稿如此,疑有误。

厘金收入调查一

1912 年	36 584 005 元	1916 年	40 290 084 元
1913 年	36 882 877 元	1919 年	39 251 522 元
1914 年	34 186 047 元		

厘金收入调查二

直隶	681 295 元	吉林	1 267 087 元	山东	227 888 元
山西	623 504 元	安徽	1 599 412 元	奉天	4 169 733 元
黑龙江	537 087 元	河南	615 553 元	江苏	5 791 113 元
江西	2 651 936 元	福建	1 238 737 元	湖北	5 049 819 元
湖南	2 598 722 元	浙江	4 225 532 元	陕西	933 791 元
新疆	391 079 元	甘肃	995 806 元	四川	636 989 元
广东	2 545 568 元	广西	982 784 元	云南	398 000 元
贵州	525 561 元	热河	319 621 元	察哈尔	250 894 元
总计	39 257 518 元①				

(译自日本《中华经济》)

厘金之中饱,据各方面之调查,皆云超过归公之数。其病民在于设卡之多,一宗货物经过一次,厘卡收税即不甚重,而从起运以至到达,究须经过几次,能否免于重征,初无把握。厘本百分抽一之谓,据调查实在百分之五至百分之十之间,且皆非从价而从量。盖因征收者之无能也。又有七四厘捐、抽百之一又一。九厘捐抽千分之九。等。凡抽税,何者为税之物?何物税率如何?必有一定之法,并须明晰榜示。如《清会典》与户部关税云:凡货财之经过关津者,必行商大贾挟资货殖以牟利者乃征之。物有精粗,值有贵贱,利有厚薄,各按其时也,以定应征之数,部设条科,颁于各关,刊之木榜,俾商贾周知,吏不能欺……至小民日用所需,担负奇零之物,皆不在征榷之条,以历代之通法也。惟厘金不然,开办虽须得中央核准,然办法则并无一定,税品税率以及征收之方法,皆由各省官吏各自为政,其可随时改变。据调查,江苏一省,即有八种不同之办法云。各省后来亦谋改良,然其所谓改良者,大抵名异而实则相差无几也。下表为民国四年(1915)以后各省所行之厘税。

---

① 编者按:原稿如此,疑有误。

省名	税名	税率
直隶	厘金（一次抽收）	天津1.25% 大石高黄1%
奉天	产销税	普通货物2% 粮1% 豆3%
吉林	销场税	运销本省货物2%
黑龙江	销场税	5%
甘肃	统捐落地捐	统捐5%　落地捐2.5%
新疆	统捐	3%
山西	厘金（一次抽收） 落地捐	1.2%～2.4% 1.5%
陕西	统捐	5%～6%
山东	厘金地捐	厘金约2%
河南	厘金（一次抽收）	1.25%
江苏	宁属厘金 认捐 落地捐 苏属统捐（二次抽收）	约一分外加出江捐一道 2.5% 2%
安徽	统捐 厘金 落地捐 包捐	2%
江西	统捐（四次抽收）	2.5%～3%
湖北	过境税 销场税 落地捐	2% 5% 2%～4%
浙江	统捐（两次抽收） 落地捐	约5% 2.5%
湖南	厘金（一次或两次抽收） 落地捐	1.5%～3%
四川	统捐（一次抽收）	5%

续表

省　名	税　　名	税　　率
福建	厘金（四次抽收）	10%
广东	厘金（二次抽收）	内地 2% 沿海 1%～1.6%
广西	统捐	梧州贺县 2.5%～5%，粮石 3.5%～5%，他地普通货物值百抽五。
云南	征厘加厘	5%
贵州	厘金	未详

统捐即一次征收。产销税照例产地在本省，而销地不在本省者，即不征销税；销地在本省而产地不在者，即不征产税；但通过者，即两税皆不征。过境税则又不然。落地税者，缴销子口单之拘，承买商人直指销货地点，完税一次。征收方法，除由官吏征收外，又有认捐及包捐。认捐由本业中人与税务机关商定，认数由财厅核准，包捐则由业外之人为之，此两法可免检查之烦，及节省征收费。然认包之人，所有之权太大。铁路兴后，有寓征于运之议。民国二年（1913）通过国务会议，拟先从国有铁路试办，苟有成效，再推及其他各路及他种运输业。五年（1916），交通部拟裁路厘，创办一特别运输税，皆未能行。

最近政府已在特别会议宣布裁厘，财政善后委员会所拟办法，厘金、统捐、统税、货物税、铁路货捐以及名异实同之通过税，商埠 50 里内外常关正杂各税之含有通过性质者，海关征收之子口税、复进口半税及由此口到彼口之出口税，均在裁撤之列，合计所裁之数为 7 500 余万元。裁厘自是善政，然以此与加税为交换条件，则不当。何则？厘乃内政，苟以裁厘与列国交换，当以各国减轻中国货物之入口税为条件也。且有谓裁厘，决非三数年间所能办到者，其说由美之产业税，行之百余年，无人不以为恶税，亦能于三年内裁之邪？

盐税自担保借款以来，于主权亦颇有关系。现在盐务行政，由财部附设之盐务署主管。督办由财政总长兼任，署长由次长兼任。署中设总务处及场产、运销二厅，总务处司盐务人员之任用及考绩，场产厅司建造盐场仓栈及缉私之事，运销厅司运销，此外有盐运使 10 人、副使 4 人、总场长 2 人、盐场知事 127 人，榷运局 9 所、官硝总厂 1 所、掣验局 2 所、蒙盐局 1 所、扬子总栈1所、运销局1所。为担保善后大借款,故于署内设稽核总所,总办由署长兼任,会办聘外人任之。产盐地方设稽核分所,经理由华员任之,协理亦聘外人任之。盐税均存银行,非总会办会同签字,不能提用也。该借款契约且订明本利拖欠逾展缓近情之日期,即须将盐政事宜归入海关管理。

盐 产 地	引 地
两淮(十五场　海盐)	江宁旧宁属六县南通及如皋、泰兴两县及扬州府属(以上为淮南食岸),淮安府属及今徐海道(除铜山、丰、沛、萧、砀,以上为淮北食岸),湖南殆全省(淮南湘岸),湖北武昌等31县(淮南鄂岸。另钟祥等30县与川盐并销),江西南昌等57县(淮南西岸),安徽怀宁等50县(淮南皖岸)
两浙(二十九场　海盐)	浙江全省,江苏镇、苏、常、松、太、海门25县,安徽休宁、广德、建平等8县,江西玉山等7县
云南(十二场　井盐)	云南殆全省,贵州普支等4县
陕西(四场　土盐)	即产盐之朝邑、蒲城、榆林、富平4县附近
长芦(三场　海盐)	京兆直隶及河南之开封、陈留等52县
山东(六场　海盐)	山东全省,江苏之铜山及丰、沛、萧、砀,安徽之涡阳、宿县,河南之商丘、宁陵、鹿邑、夏邑、永城、虞城、睢县、考城、柘城
福建(十二场　海盐)	福建殆全省
四川(二十三场　井盐)	四川全省,贵州之殆全省,湖北恩施等8县,云南昭通、宣威等8县
河东(一场　池盐)	本省45县,河南伊阳等32县,陕西长安等35县
东三省(七场　海盐)	东三省全部
两广(十九场　海盐)	两广及湖南永兴等11县,江西兴国等17县,福建长汀等8县,贵州下江等11县
甘肃(十四场)	甘肃殆全省,陕西甘泉等47县

税率轻重不等,最重者,每百斤至四元七角及三两,最轻者不满一元。因生产运输之费不同,以此调剂之。盐税当担保庚子赔款,时每年收入不过1 200万两,近年则在9 000万元左右。除善后大借款外,民国元年(1912)之克利斯浦500万金镑借款,亦以盐税为担保。民国十年(1921)三月北方政府指定每年盐税中,拨1 400万元为国内公债基金。盐税自担保大借款后,征税之地,均能交中、交两行,每十日由中、交两行汇交就近外国银行,再汇至汇

丰、道胜、德华、正金、汇理五银行。对德宣战后，由四行经理。民国十一年（1922），因关税收入增加，借款本息均以关税支付，盐款实际已与借款无关，然此项办法仍未变更。民国十五年（1926），道胜银行停业，稽核所令道胜经理之款，概交汇丰，汇往伦敦，名为：盐务稽核总所拨备归还俄发债券本息账。其德发债票向由道胜汇出者，亦令该三行分汇伦敦，经阁议议决照办。但令该财部对三行声明："对于道胜经理中国各种外债之权利，政府保留自由处分移转之特权。"

民国二年（1913），财政部颁行盐税条例，除蒙古、青海、西藏外，产盐销盐各地方划为两区。第一区为奉天、直隶、山东、山西、甘肃、陕西、江苏之淮北各产地及吉林、黑龙江、河南、安徽之皖北各销盐地方。第二区为江苏之淮南、两浙、福建、广东、四川、云南各产地，安徽之皖南、江西、湖北、湖南、广西、贵州各销盐地方。三年（1914），第一区百斤税二元，第二区仍照从前税则，四年（1915）以后，与第一区同，此为第一期办法；至第二期，则均改为二元五角。其后此项税率未能实行。

清时茶税，随地附加之捐颇多。故各省税率互有轻重，一省之中亦彼此互殊。咸、同以后，原定引制渐成具文。光、宣之交，各省或设统捐，或抽厘捐，或又按引征课，税率亦不一致。大体上西北重于东南。民国三年（1914）十月，因华茶运销外洋者江河日下，将出口茶叶，向来每担征银一两二五者减为一两，而湘、鄂、皖、赣洋庄红茶，求减轻茶厘，则未能实行。

烟酒牌照税，系民国元年（1912）熊希龄以总理兼财长时所办，整卖年税 40 元，零卖分 16 元、8 元、4 元三等。纸烟输入，当清光绪二十六年（1900），年仅 3 000 元，民国元年（1912）已达 3 000 万元。现在1.7亿元。当时举办烟酒税，意在对外国输入之卷烟加以抽收，而结果仅办到牌照税而止。民国四年（1915），政府曾于京兆设烟酒公卖局，定有暂行章程十四条，旋又定全国烟酒公卖局暂行章程二十条，立全国烟酒事务署，以纽传善为督办，各省皆设烟酒公卖局，由商人承办分栈，前此各省所收烟酒税如烟叶捐、烟丝捐、刨烟捐、酿造税、烧锅税之类。及烟酒牌照税，均归并征收。传善去后，张寿龄继之，于民国十年（1921）八月三日，与英美烟公司立声明书十一条：凡自通商口岸运入内地者，无论其自外洋运来，抑在中国所制，除海关税及北京崇文门税外，均完一内地统捐，分四等，第一等每 5 万支，完 12.375 元，次 7.125元，次 4.125 元，次 2.25 元，完过此项统捐者，各省厘金及各种税捐均免。在华制者，每5万支另完出厂捐2元，其在通商口岸或商埠销售者，出厂捐外，不完内地统捐，各省各有更税者，得以捐单为据，抵缴此项应纳捐款，惟营业税、牌照税不在此例。另以公函声明，广东、广西、湖南、云、贵五省为例外。遂于上海设全国纸烟捐总局，津、汉设捐务处，前此各省自抽之零星纸烟捐税陆续取消，均归沪局征收。收入年约200余万元。而浙江于十二年（1923）三月开办纸烟特税，江苏、安徽、江西、湖南、湖北、直、鲁、豫、川、陕等继之，或称销场税或营业税，其税率大约为百分之二十，仿光绪初等洋药税厘并征之额也。英、美烟公司，遂以此抵缴烟酒事务署所收之捐，英、美公使亦迭向外部提出抗议。汪瑞闿为全国纸烟捐务督办，欲修改声明书，令英、美烟公司于原有二五捐外，加捐若干，拨归各省应用，而使各省取消特税。曾于民国十三年（1924）与英领事及江苏所派委员，在江苏省公署协议，议未有成。十四年（1925）三月，督办全国烟酒事务姚国桢，与英、美烟公司续订声明书四条，于十六日呈奉段执政核准。据该续订声明书，公司于先所认捐项外，加征保护捐一道，其额为百分之五，照纸烟所销售之省份，拨归该省，以抵补特税。倘各省于此外，再行征收，得将所征之数，于应缴该省数内扣抵，扣抵不足，仍得将应缴烟酒署之捐扣抵，此项办法于各省取消特税时发生效力。烟酒署与英、美烟公司所订声明书，据舆论之批评，损失颇大。（一）通商口岸及商埠定为免捐区域。续订声明书时，据烟酒署云：烟公司已允实行，时通商口岸及商埠，均贴印花。然系口头声明。（二）出厂税例，征百分之五，今校最下等内地统捐之数，尚觉不及。（三）出厂捐条文云"在华制造行销各省"，因之运销国外者海参崴、南洋群岛等。均不纳税。（四）海关税除外，而50里内常关漏未提及，以致外商投报常关扣抵应纳之捐，而其关系尤大者。（五）子口税本所以代内地厘金，故在英文为Transit Duty 沿途税。光绪二十四年（1898）总署咨准洋商进口货物领有税单者，自通商口岸至单内指定之地，允免重征，既至该地后，子口税单即应缴销，子口税单既经缴销，即与无单之货无异。故落地税等，我国向来自由征收，绝不受条约限制。浙江之洋广货落地捐，江苏之洋广货业认捐等是。质言之，我国受条约限制者，惟（A）国境税及（B）国内税之通过税。厘金及类似厘金之税。今乃许其将厘金及各种税捐概行免纳，是并国内税而亦与协定也。又（六）该声明之第九条，公司声明条约应享之权利，毫不抛弃。然则条约所享之权利优，即以条约为据，条约外之权利，又可以声明书攫得之，设使各种商业而皆如此，条约将等于无效矣。(七)烟税各国皆重，美国五万支抽至美元百元，日本值百抽二百。实为良好税源，若与外人协定，姑不论他种捐税，外人踵起效尤，即就烟税而论，已失一笔大宗收入。日本至一万数千万元。(八)至续订声明书所加税率，亦仅百分之五，此乃汪瑞闿在江宁省署协议时，烟公司已允，而我方未之许者，且此事之得失，不在税率之重轻，苟与协定，即税率加重，在彼方犹为有利也。(九)声明书期限为8年，财部宣布，照会英使时，曾声明如实行加税，修改税则，不受此声明书有效期间之限制，然除此以外，吾国改订税法，则不能不受其限制矣。然此项声明书实系违反约章，故以法律论，当无效力之可言。各省开办卷烟特税，英、美提出交涉，谓声明书允免重征，据吾国人之解释，则此项捐纳，乃所以代子口半税，子口半税，则所以代厘金，故所免者，亦应以厘金及与厘金同性质之税捐为限。各省所办非营业税，即销场税性质，营业税声明书且已除外，销场税据马凯条约，必入口洋货加征至百分之十二又五时，乃限制仅可征于土货，否则固当任我征收也。或谓营业税系行为税，当按商店纯益，用累进法征收，性质与所得税相似。今按值百抽几，对货征收，明明非营业税。江苏官场解释，谓日本营业税以(1)售出货价，(2)赁房价格，(3)店伙人数为征收之标准。我国省略(2)(3)两项手续耳。又我方谓免纳限于英、美烟公司。今营业税，取之营销店铺，间接取之吸户。营业税为我国人营业店铺之物，实为我国之物。彼谓批发商大都公司代理人，货物仍系公司财产。我方谓约章外商不得在内地开设行栈，我惟认为中国商人，故许其在内地营业，且制造、营销合为一人时，两税当分别征收，固各国之通例也。又议决本省单行条例及省税，为省议会之职权，中央亦不能干涉。各省所办纸烟特税，成绩不甚佳良。浙省除开支外，仅得数十万，而中央所收，为烟公司扣抵者百余万，苏省初云招商包办，实多业外之人，化名承充，尤属啧有烦言。民国十四年(1925)，湖北督军萧耀南曾派军需课长与公司交涉，就厂征税，订立草合同。萧卒后，吴佩孚派军警督察处长李炳煦，将草合同修正，即派李为湖北全省纸烟捐务总办，于十五年(1926)三月十六实行。原设特捐总处分局及包，概行取消。土产酒类公卖章程行后，久经征税，各省税率且逐渐增加，洋酒自民国四、五年(1915、1916)后输入日多，华、洋商人，又多在华仿制者，近年政府乃颁行机制酒类贩卖条例，于京兆设机制酒类征税处，向贩卖洋酒商店征收。

　　渔税向视为杂税之一，沿海州县间或征收。此外则吏役埠头需索，水师营汛私费而已。日人既据大连、青岛，遍设水产组合所，向中国渔民索取组合费，不纳则禁其捕鱼，而彼在中国沿海却肆意滥捕，又将所得组合费作为经营渔业之资。大连水产会社水产试验场、满洲渔市场、东洋捕鲸会社、青岛渔业会社等经费,不下数千万元。据报载多出自组合费,费之变相渔税。又据报载,农商部尝与日本缔结渔业借款600万元,以七省领海划作数渔区为抵押品。长此以往,我国沿海渔民必将失业,难免不流为海盗,甚可虑也。近年农商部始公布渔业条例:"非中华民国人民不得在中华民国领海采捕水产动植物及取得关于渔业之权利。"第一条。然日本渔轮仍有利用我国人,巧立名目,蒙混注册者。欧、美、日本对于领海,均有捕鱼区域及禁区域之别,凡属民船采捕之地,渔轮机船不许羼入,所以维沿海渔民之生计也。台湾此项区域,以沿海岛屿灯塔向外量起,自10海里至60海里不等,平均计算离岛屿约35海里。民国十年(1921),外、海两部汇订领海线,以各岛潮落,向外起算3英里为界。江浙渔会曾函上海总商会,拟议扩充。

烟酒牌照税为营业税之一。此外属于营业税者,有牙税、有领帖费,有常年税,自十余元至数百元。当税、特种营业执照税。民国三年(1914),定分十三种,计其资本抽百分之二又五。

登录税分契税及注册费两种。契税所包甚广,凡产业移转有契为凭者,皆税焉。注册费分(1)轮船、(2)铁路、(3)商业、(4)公司、(5)矿业、(6)律师、(7)著作权七类。

清代鉴于明末矿税之弊,各地之矿,有司多奏请封闭,惟云南有铜矿,户、工二部恃以铸钱。此外率多私采。民国乃定矿税条例,分为矿区税、矿产税,视其种类及矿区之大小,矿产之多少而定。

印花税,民国二年(1913)所行者,第一类发货票、银钱收据15种,第二类提货单、股票、汇票等11种。三年(1914)八月,续颁人事凭证帖用印花条例,为出洋及国内游历护照、免税单照、官吏试验合格证书、中学以上毕业证书、婚书等。

牲畜税及屠宰税本系杂税,清初凡贸易之牲畜,值百抽三,屠宰无税,季年东南各有屠宰税,民国因之。民国三年(1914)冬,财政部调查各省牲畜税为骡、马、驴、牛、羊、豕六种,西北多于东南。四年(1915)正月,财政部颁屠宰税简章,以猪、牛、羊三种为限。

房捐起于清末,清初大兴、宛平有铺面税,仁和、钱塘有间架房税,江宁有市廛钞,北京琉璃、高瓦两厂有计檩输税之法,新疆乌鲁木齐亦有铺面税,康、雍间先后奉旨豁免。由各地方自办,民国亦有仍之者。

四 官 制 篇

民国肇建,《临时政府组织大纲》定行,改设五部,曰外交,曰内务,曰财政,曰军务,曰交通。后修改删此条,设陆军、海军、外交、司法、财政、内务、教育、实业、交通九部,时采美制,不设总理。孙文既逊位,袁世凯就职于北京,《临时政府组织大纲》改为《临时约法》,设总理,析实业为农林、工商二部。三年(1914),袁世凯开约法会议,修改《临时约法》为《中华民国约法》,_{即所谓"新约法"}。复废总理,设国务卿,并农林、工商二部为农商部。世凯死,黎元洪为总统,复设总理。外官:民军起义时,执一省之军权者,曰都督;司民治者,曰民政长。废司、道、府、州,但存县。袁氏改都督曰将军,民政长曰巡按使,设道尹。护国军起,掌军者称都督。黎元洪为总统,改都督将军,皆曰督军,巡按使曰省长。凡督军皆专一省之兵,侵及民政,论者固有军民分治议,不果行。其所辖跨数省,或兼辖数省者,则称巡阅使云。此民国以来,北京政府官制之大略也。民国之官吏,以好贿闻于天下,明清制禄之薄,固有以使之也,官吏之薪金,亟待改善焉。

五 选 举 篇

考试为中国固有之良法,然历代任官,由于考试者,实仅科举一途而已,犹未尽其用也。及孙文乃大昌,其义列为五权宪法之一焉。案,自国民政府成立以前,各省已有举行考试者,以县长佐治员,教育、警察、卫生各行政人员,会计人员,司法员吏_{曾狱员、承审员、承发吏等}。为多。使领馆职员,外交部亦曾举行考试,然非定法也。十八年(1929)一月一日,国民政府乃公布考试法,分考试为普通、高等、特别三种。普通考试在各省区举行,高等考试在首都或考试院指定之区域举行,每年或间年一举。初试国文、党义,次分科试其所学。其事由典试委员会任之,以主考官为委员长,_{普通考试,主}

考官由国民政府简派,高等考试特派。监察院派员监试。应试及格者,由考试院发给证书予以登记。举行考试之前,先之以检定考试,在各省举行。二十年(1931)三月公布特种考试法,以试候选及任命人员及应领证书之专门职业或技术人员而定其资格。定以是年四月至六月为检定考试之期,七月十五日举行高等考试,其普通考试分区巡回举行。分全国为九区,区设典试委员会,以次分赴各省。江苏、浙江、安徽、湖南、湖北、江西六省为第一区,河北、山东、河南、山西、察哈尔、绥远六省为第二区,辽宁、吉林、黑龙江、热河四省为第三区,陕西、甘肃、青海、宁夏四省为第四区,四川、西康、云南、贵州四省为第五区,广东、广西、福建三省为第六区,新疆为第七区,蒙古为第八区,西藏为第九区。第一次甘肃、宁夏、青海三省,四川、西康两省皆合并举行,新疆暂行委托考试,蒙古、西藏则暂缓。定于是年九月十五日举行,高等考试既毕,大水为灾,交通艰阻,展期至次年一月至六月间,因国难又未果,展至七月至十二月间,至十二月乃有山西省举行。明年河北、绥远、河南继之。二十三年(1934),首都及浙江乃又行之焉。军兴以来,需才孔亟,而平时典试等法,至此或难尽行。二十八年(1939)十月二十八日,乃公布非常时期特种考试暂行条例,规定特种考试由考试院视需要随时举行,分类分科及应考资格亦由院规定。其试法得分初试、再试,而二者又各得分为若干试,亦有院定之。得不设典试委员会,由院派员办理。与普通考试相当者,得委托任用机关行之。高等考试及普通考试,亦颇得援用其法。考试院又拟订战地任用人才考试办法,先分地调查,次分类筹备,乃指定后方地点,派员巡回举行。又制定全国人才登记规程,有应高等、普通考试资格者,或由调查,或因申请,予以登记其学历经验,优者或介绍工作,或举行奖学考试,以资鼓励。其特种公务员_{邮电、路航、关盐等。}及专门职业技术人员考试之法,亦在拟订之中。_{前此数尝举行,惟未有定法。}高等考试是年十月一日分在重庆、成都、昆明、桂林、皋兰、城固、永康七处举行,先是中央政治会议议决,此后高等考试分初试及再试,合格者一律入中央政治学校训练,期满后举行再试,及格乃依法任用。及是依以举行初试及格者,皆送中央政治学校训练,训练之期定为一年,期满由院再试及格,则发给证书,依法任用。不及格者得再试一次。训练期内,膳食、服装、讲义均由学校供给,并月给津贴30元焉。其普通考试,战后广西、云南、陕西,皆尝举行。二十九年(1940)十二月十六日公布县参议员及乡镇民代表候选人考试暂行条例,分试验、检讨二项,试验科目由考试院定之,检讨除审查资格外,得举行测验或口试,其办法亦由考试院订定。

高等考试之分科,有外交官、领事官、教育、卫生、财务、行政人员,有会计统计人员,有司法官、监狱官、律师,有西医师、药师,其条例皆十九年(1930)公布;有警察行政人员、工业、农业、农林技术人员,其条例皆二十年(1931)公布;后又有建设人员普通考试,科目有普通行政人员、教育卫生行政人员、监狱官、书记官,其条例皆十九年(1930)公布;警察、农林行政人员,工业、农业技术人员,其条例皆二十年(1931)公布。后又有审计人员。二十八年(1939)高等考试分(一)普通行政,(二)财务行政,(三)经济行政,(四)土地行政,(五)教育行政,(六)司法官,(七)外交官、领事官,(八)统计人员,(九)会计、审计人员九项,后又加合作行政人员一项。特种考试,有监所看守,有图书管理员,有助产士,有牙医,有商品检验技术人员,有邮务人员,有中小学教师,检定。有引水人,其条例皆二十年(1931)公布。战后财务、交通、电信、路政、邮务、会计、工程、地方行政、农业推广、土地呈报、教育视察、气象测候,皆尝举行考试。盖有所求,则试之无定限,已公布之条例,或亦不能改废也。

十九年(1930)十一月二十九日,国民政府公布考试复核条例,京内外各官署,在考试院举行考试以前,遵照中央法令所举行之考试,均依该条例加以复核,如考试章程是否根据中央法令,或经中央核准考试方法,是否依照考试章程考试科目,是否与所任职务相当,成绩是否及格是也。二十年(1931)一月乃呈请,嗣后各省请举行考试者,一律停止。各项考试概归考选委员会呈院核准施行焉。惟仍有由各机关自办而呈院核准备案者,建设委员会于普通工程及事务人员,即尝行之。

铨叙部设登记、甄核、育才三司及铨叙审查委员会,以审查公务员资格成绩任免、升降、转调、俸给、年金、奖恤抚恤本属内政及司法行政部。及规划公务员补习教育及公益之事。十九年(1930)四月,公布现任公务员甄别审查条例,印就表格及证明书发交中央各院部会及各省市政府,请转发所属各机关,限期填送。是年六月开始审查,分资格、成绩两项,资格分革命功勋、学历、经历、考试及格四项,成绩由长官加具考语,分甲、乙、丙、丁四等。报部之期本定是年十二月,后展期五次,至二十二年(1933)乃截止,然未填送者,实尚十之六七也。审查既竣,乃行登记,举审查合格者而籍录之,是曰初次登记。其后升降调免及其他事项如死亡等。一一籍录，谓之动态登记焉。二十八年（1939）十二月八日，公布非常时期公务员考绩条例，分工作、操行、学识为三项，工作占50分，操行、学识乃各占25分，总计满60分为及格留任。惟工作不及30分，操行、学识不及15分者，仍以不及格论。不及格者降级或免职，在80分以上者晋级。二十九年（1940）十二月二十日，公布各机关人事管理暂行条例，规定各机关就原有经费及人员中，设置人事处司科股或指定专任人员办理送请铨叙、进退迁调、考核奖惩，其他人事登记、训练补习、抚恤公益等事项焉。

法不难于立而难于行。二十二年（1933），考试院秘书处致考选委员会公函，内附周邦道等条陈云：两年来第一届高考及格，依法任用，呈荐试署实授者，只34人，内已遭罢免者10人，现在任用者，不过24人，皆有备员之名，而无得官之实。公务员任用法虽已施行，能否推行尽致，尚不可知。且依该法施行条例，有轮班选补3名叙一之法则，如教育部分发，尚未任用者有6人，即令今后历任长官均能守法不渝，亦须候至第十六个缺，第六人始能进叙，实非一二年所能，其他机关情形，亦多类是云云。考试及格者，任用之难可以想见。二十七年（1938）二月四日《译报》载《字林西报》云，中国目前引用私人非常普遍，文官考试实已不存。六月二十八日《文汇报》转载《新华日报》《保卫武汉与第三期抗战问题意见》一文，其第五节，"解决一切问题之中心枢纽"云：一是党派门户成见未能全泯。二是个人亲故私情时常发生作用，抗战之时如此，平时可知。今之所谓公务员任用法者，核其实，已难尽如人意，而其行之之难，犹如是。昔人所谓去河北贼易，去朝中朋党难，其理亦不外是也。

六　刑　法　篇

宣统元年（1909），定《法院编制法》。预备立宪案定光绪三十六年（1910）颁布《新刑律》，三十九年（1913）实行。是年颁布《民商律》《刑民事诉讼律》，四十一年（1915）实行，同时编订法律。民国成立，因而改良之，仍设修订法律馆，颁布单行法多种。如《国籍法》《商会法》《商标法》《商业注册条例》《公司注册条例》《商事公断处章程》《证券交易所章程》《物品交易所章程》《会计师暂行章程》《森林法》《狩猎法》《矿业条例》《著作权法》等。**然根本大法未立**，吾国之根本大法，萌芽于民军起义时，各省都督府代表所定《临时政府组织大纲》，参议院成，修改之为《临时约法》，其五十四条，规定宪法由国会制定。逮国会开，而赣宁之役起，于是有先选总统，后定宪法之议。总统选出，而国会解散。袁世凯召集约法会议，修改《临时约法》，名之曰《中华民国约法》，世称之曰"新约法"。黎元洪为总统，恢复《临时约法》，召集国会，宪法会议亦续开。未几张勋胁元洪，解散国会，议员自行集会于广州，又开宪法会议，迄亦未成。直奉战后，徐世昌去位，黎元洪复职，撤销解散国会之令，国会再开，至十二年（1923）十月一日而宪法乃成。时直系曹锟为总统，南方诸省拒之，曹锟败后，段祺瑞为执政，召集国民代表会议。其《条例》第一条云：临时政府为制定宪法及其施行附则，召集国民代表会议云云。则亦未承认国会所定之宪法也。**民、刑、商法亦未完善**，《新刑律》草案系清末修订，法律馆所拟，光绪三十三年（1907）八月成，由各部各省加以签注，宪政编查馆核订，资政院通过，其总则宣统二年（1910）十二月颁行。民国元年（1912）三月十日大总统令，从前法律及《新刑律》，除与国体抵触各条外，均准暂行援用。其《民法》清末拟订未成，而《民刑事诉讼法》则成于光绪三十二年（1906），而未颁布。《商律》起光绪二十九年（1903）三月，命载振、袁世凯、伍廷芳拟订，是年商部成《商人通例》及《公司律》，民国皆修改颁行。三十二年（1906）又成《破产律》，则民国亦迄未颁布也。民国十年（1921）十一月十四日大总统令，将《民刑事诉讼条例》施行于东省特别法院。明年一月六日又令，自是年七月一日起，通行全国。二十五日又公布《民刑事简易程序暂行条例》，其后国务会议又议决准法制局呈。民国十四年（1925）修订法律馆所拟《民律案总则编》《民律案续编》《票据法案》，及清宣统元年（1909）修订法律馆所拟《商律商行为法案》《海船法案》，及民国四年（1915）法律编查会所拟《破产法案》，均准参酌采用，仍饬修订，法律馆将该项法案分别妥为厘订，呈请颁布。而《惩治盗匪法》三年（1914）十一月二十七日颁行，十一年（1922）十二月司法部以部令废之，而河南、湖北、江苏各军事长官反对。十二年（1923）三月三日大总统又以命令复之，惩治盗匪审讯全由县知事、京兆呈准司法部，外省呈准省长执行。高级军官驻处，距审判厅、县公署在百里以上，或时机紧急时，亦得审讯，呈准最高级直辖长官执行。《治安警察法》三年（1914）三月二日颁行，所以限制结社集会公众运动，收藏军器等，轻者由警厅，重者由法院处理。《戒严法》元年（1912）十二月十五日颁布戒严，由司令官发布。《出版法》三年（1914）十二月四日颁行，十五年（1926）废，此法规定警察官得没收出版物。**等，颇伤峻刻。兼之警察权限太广**，《违警罚法》，四年（1915）十一月七日颁布，罚则有六。曰训诫，曰罚金，曰拘留，曰没收，曰停止营业，曰勒令歇业。罚金自1角至15元，拘留自1日至15日，然涉及二款者，罚金得增至30元，拘留得增至20日，京师又倍之。第二十六条，与警署以逮捕之权，而无立讯、取保、待传等规定，则人人可以细故被拘已。中国警察，普通者为京师警察、地方警察、县警察，谓省会及商埠之警察也。其官制，皆三年（1914）八月二十九日所公布。《治安警察章程》公布于六年（1917）九月二十六日，此外有司法警察，有水上警察，而铁路税务处、盐务署、烟酒事务署等，亦皆得行警察权。警察处分为行政处分，只能诉之上级行政官，而不能诉之普通法庭也。颇损人民之自由，尚有待于改订也。

审判之法，清季所行为四级三审制。四级者，大理院、高等审判厅、地方审判厅、初级审判厅。三审者，初审在初级厅，上诉止于高级厅；初审在地方厅，则上诉终于大理院也。惟内乱、外患、妨害国家三罪，以高等厅为初审，大理院为复审，为四级二审。审判厅皆与检察厅并设，大理院及总检察厅设于京师，高等审判、检察厅设于各省，大理院得就高等厅内设分院，高等、地方皆得设分厅。盖采德、日之法也。鼎革以还，亦就其法而加以改进，未设审判厅处，皆于县署附设审检所。民国三年（1914）裁之，并及初级审判厅，减地方厅之权，而就县公署设简易庭，以承审员、县知事司审判。其条例系民国三年（1914）四月五日公布，县知事受高等审判厅长监督，承审员由县知事呈请高等厅长任命，其上诉在邻近地方厅及高等厅。非新式法院，律师不得出庭。见民国二年（1913）二月十六日司法部令。其制迄今未革，民国六年（1917）五月尝命全国各县皆设县司法公署，以理初审事件，不问事之轻重，以司法部考试合格者，与县知事并行其事，然设者寥寥也。东省特别法院，设于民国九年（1920）十月三十一日，初以治俄人，其后凡无领事裁判权国之外人，皆归审理焉。高等及地方审判厅，各一在哈尔滨；分庭三，在满洲里、海拉尔、横道河子。平政院为民国所创设，凡行政诉讼及诉愿至最高级行政长官，而仍不服者，则控诉于此。私人对政府主张权利，仍归普通法庭。审判处设于内、外蒙古。处长为简任职，得以道尹兼；审理员若干人，由都统选任，由司法部长呈请任命。热、察、绥、库伦、恰克图、乌里雅苏台、科布多、唐奴乌梁海皆设之。新疆则沿清末所设之司法筹备处，不服县之判决者上诉焉。再上即至大理院。在内地，省长有监督司法行政之权；在内、外蒙古，则由热、察、绥都统，外蒙古宣抚司监督。司法官、考试章程系民国六年（1917）十月十八日公布。书记官、考试章程民国八年（1919）六月二十日公布。承发吏、民国九年（1920）五月十六日公布。县司法公署审判官、民国六年（1917）五月一日公布。承审员民国八年（1919）六月二十日公布。皆考试而后任用。律师公会之法，系民国六年（1917）十月十八日颁布，无领事裁判权国之律师，得代理其国人之诉讼，有暂行章程。系民国九年（1920）十二月十四日所公布。

新刑律所用刑罚分主刑及从刑，主刑可以独科，从刑则必随主刑。主刑五：曰死，用绞刑于狱中行之；曰无期徒刑，除假释赦免外，终身监禁；曰有期徒刑，一等自 10 年至 15 年，二等自 5 年至 10 年，三等自 3 年至 5 年，四等自 1 年至 3 年，五等自 2 月至 1 年；曰拘役，自 2 月至 1 月；曰罚金。从刑二：曰没收，违禁之物，犯罪用之物，犯罪所得之物，以无他人之权利者为限。曰褫夺公权。其类有六：一服官，二选举，三受勋章，四入军籍，五为学校职教员，六为律师。褫夺有一部、全部之分，时间亦有远近，必犯徒刑以上刑，始得褫夺公权。

美国太平洋会议时，中国曾提出撤销领事裁判权案，议决与会各国各派委员一人，组织委员会，考察在中国领事裁判权之情形及中国之法律、司法制度、司法行政，将考察所得，报告各国政府，其改良之法，以及他国辅助中国改良，及渐次撤销领事裁判权之法，委员会认为适宜者，并得建议于各国政府。惟采用与否，各国皆得自由。所谓各国，中国亦在内。此案议决于民国十年（1921）十二月二日，始在北京开会，至五月十日出京调查，历汉口、九江、江宁，抵上海，更经青岛至哈尔滨及吉林参观其法院、监狱、看守所，九月十六日将报告书签字。全书凡分四编：第一编述各国在华领事裁判权之沿革及其现在情形；第二编述中国之法律及司法制度、司法行政；第三编加以评论；第四编则建议也。就其第三、四编观之，实足为我他山之石焉。按，该报告书所不满于我者，曰无根本法。总统发布法律，系根据《约法》，而今《约法》失效，则凡所发布之法律，皆无根据。曰军事法令及审判权力太大。案，我国审理军人者，曰陆海军高等军法会审，设于陆海军部审理，将以上陆海军法会审就军队所驻之地设之，陆海军别有刑事条例，然非军人而犯此条例者，亦适用之。而军人则只由军法审判，是平民受治于军法，而军人不受治于法庭也。加以戒严之权在于军人，其审讯也，既无律师出庭，并且禁止旁听，又无上诉机关，并无解严之后，得由普通法院复审之规定。而得施棍刑，至于600，平民权利，存者亦仅矣。曰重要法律多未制定，而已公布之法，多援引未公布之法，使人无所适从；又施行细则颁布太迟，或竟不颁布。委员会建议宜速修正者为《刑法》，速颁布者为《民法》《商法》《银行法》《破产法》《专利法》《公证人法》《土地收用法》。曰各省多自定章程颁行。如当时东三省自定伪造操纵军用票者处死刑之法。曰以行政官监督司法。谓省长等。曰新式法院太少，当时共150。兼理诉讼之县知事太多。合计约1 800。新式监狱之数，当时为63所，此外则法院附设看守所，以羁禁刑事未决之犯及民事被告，典狱长、看守所长由检察长监督，职员亦由考试任用，其余皆旧式监狱矣。承审员由其选用，律师又不许出庭，判决多由口头，而罚金自60元，拘役自30日以下，只许行政诉讼，人民权利无所保障。曰警察得行检察权，得为行政处分，又多越权受利之事。警察得逮捕人民，又得与检察官同时从事侦查。曰人才太乏、经费太少，以是薪俸未足养廉，监狱官尤甚，又以此故，法院不能多设。统计须400万人，乃有一新式第一审法院，30万人乃有一县知事公署，且多以地方厅摄初级厅，高等厅摄地方厅之事。平政院则全国只有一所，交通又极不便，诉讼太难。曰未决犯人之保释太难，拘押民事被告太无限制。曰内地用刑讯及虐待囚徒之事尚多。曰国民不甚了解新法律，故新法虽颁，旧法依然通行。其所痛心疾首者，尤在军人。谓其戒严，初不宣布，军事裁判既操其手，又多侵越司法之权，即杀人多用斩刑，可见其肆无忌惮。案，除《惩治盗匪法》外，无斩刑。其所最称许者，则为新式法院及监狱，谓诚足以治理欧美人而无惭色也。观于他人之评论，而我当知所以自奋矣。

领事裁判权为法权未明时之遗制，17世纪即绝迹于欧洲，而存于地中海东南岸诸国，其根据由于积习相沿。而在远东，则概由于条约。如中国、日本、朝鲜、暹罗。中国之界外人以领事裁判权，始于英，《五口通商章程》十三款。又咸丰八年（1858）《天津条约》，光绪二年（1876）《芝罘条约》。而美国、道光二十四年（1844）《条约》第十六、第二十一、第二十四、第二十五、第二十九各款，又《天津条约》及光绪六年（1880）《条约》。法国道光二十四年（1844）约第二十七、第二十八款，《天津条约》第三十八、第三十九款。继之其后。各国得此权者，还有德国、《天津条约》第三十五款。俄国、《天津条约》第七款。瑞典、道光二十七年（1847）《广州条约》第二十款，又光绪三十四年（1908）《条约》。挪威、意大利、同治五年（1866）《天津条约》第十五、十六、十七款。丹麦、《北京条约》十五款。荷兰、同治二年（1863）《天津条约》第六款。比利时、同治六年（1867）《北京条约》第十六款。瑞士、民国七年（1918）六月三日条约，此中国界外人以领事裁判权最后者。墨西哥、光绪二十五年（1899）条约。巴西、秘鲁、《天津条约》第十二条。日本同治十年（1871）之约，两国皆有此权，中日战后，乃为彼所独有。等国，事有先后，约文亦不一律。然各约多有最优待国之条，彼此得互相援引，故其办法略有一定也。

凡原、被告均系外国人，而其国籍同者，即由其国领事审判。若均为外人而国籍异者，则由该两国自行立约办理，中国不过问。通常亦系向被告之领事控诉。原、被告有一人为华人，则华控洋在其国之领事，而中国官员得观审；洋控华在中国官署，而其国领事得观审。此皆定之于条约者也。观审之权见于条约者，为光绪六年（1880）《中美条约》第四款，惟历来所行，亦多由于习惯，而至不尽根据于条约也。无约国人控有约国人，当向有约国领事自不待言，其有约国人控无约国人，或两无约国人相控，则仍归我国审判，惟邀一外国官员陪审，此则《洋泾浜设官会审章程》见下。阶之厉也。

我国自设新式法院，不许外人观审，律师亦限用中国人，外人如必欲行其观审之权，则只有就行政官起诉耳。然多乐就新法庭者。民国八年

(1919)五月二十三日始公布《无领事裁判权国人民民刑诉讼章程》,九年(1920)十月三十日及《比利时条约》宣告废弃后,尝两次修正章程,规定此项审理,均归新式法院,无者须送附近之新式法院,路遥或有不能移送情形者,呈报司法部核办管收及监禁,亦用新式监狱及拘留所,无者则以适宜房屋代之。

咸丰八年(1858)《中英条约》第二十一款规定,外人住所、船只非经其国领事许可,不得搜查,即有中国罪犯潜入其中者,亦必照会领事,查明实系犯罪,然后交出。外人以住屋、船只庇护逃人,实基于此。至外人所雇用之华人,亦必领事许可,然后可以逮捕。则又条约所无,而《洋泾浜章程》阶之厉者也。又照条约,中国警察本得逮捕外人,惟逮捕后须交该国领事。惟租界警察由外人办理,逮捕之权,遂为所有。至上海则虽欲逮捕居住租界之中国人,亦必经领事签字,由会审公廨预审,方能解交中国官署矣。故租界不除,即领事裁判权撤销,我国法权亦尚不能无损也。又咸丰八年(1858)《中英条约》第九款,《中法条约》第八款,均规定外人之至内地者,领事裁判权亦不丧失,故苟犯罪,亦必须送交就近领事官,沿途只得拘禁,不得虐待。此亦外人之至内地者,所以恒为人民所疾视也。

《中英通商章程》谓两国人民相控,领事应先行调处,他国之约亦多有此说。于民事多用之,而在上海之法人,用之尤多。大抵始由领事调处,不能宁息,则由领事会同中国官员调处。所会同之官,初无一定,自交涉员以下皆可。凡外人控诉华人者,如不服判决,旧以上海道为上诉机关,后易之以交涉员、领事亦得观审。更不服,则法无上诉机关,惟可移至京师,由该国使臣与外部交涉耳。华人控外人而不服领事之判决者,可依其国之法上诉,惟事不易行耳。

领事裁判之名,初不符于事实,中英《天津条约》第十六款,明言英国人民有犯事者,由英国领事官或委员惩办。当时华文译本,但称由英国惩办而已。其后《芝罘条约》,于此特重加声明。第二款。英、美、意、挪威、日本,在我国皆设有法院,英有高等法院在上海,系于1904年所设;美以上海领事兼法院司法委员,其等级与地方审判厅同,每年至天津、汉口、广州各一次,亦得至各领事馆开庭,其制始于1906年;意国法院附设于领事馆中;挪威则上海总领事即为法院法官,以有法官资格者为之;日本领事亦有一定资格,其审级与初审法院同。余则皆以领事判决,或派会审员副之。上诉或在其本国,或在中国附近,如法在河内、西贡,葡在澳门、卧亚。终审除荷在巴达维亚,日本在旅顺、汉城、台湾外,侨寓东三省之日人,上诉在关东高等审判厅,终诉即在该厅内之最终上诉庭;在间岛者,上诉在汉城之高等审判厅,终诉在汉城大理院;在中国南方者,上诉在台湾高等审判厅,终诉亦在该厅之最终上告庭;在中国中部者,上诉在长崎高等审判厅,终诉在其本国之大理院。皆在其本国。英、美、法、日皆有监狱,以禁短期罪犯,他国罪犯,或寄此四国狱中,或寄上海租界西牢,或送致其本国,法律皆从其本国,亦有参酌地方习惯,或用条理,或依国际法。用外国法者,领事亦有因该国法律许可,得定章程,令侨民遵守者。各国律师均得出席于其本国之法庭,在他国则以相互为条件。此在我国各国领事裁判权之大致也。

领事裁判权之行于近东,以彼此所奉之教不同为口实,然虐待异教徒,土耳其等国有之,我国无有也。或谓由彼此习尚不同,则我于彼,亦应有此权矣。又靳而不与,何也? 故其所借口,仍在我法律及司法制度之不善也。其所列举,约有数端:刑罚残酷,一也;监狱不善,二也;司法、行政不分,三也;官吏歧视外人,四也;连坐之法累及无辜,五也;罪未定而先用刑讯,六也。此说诚非尽诬,然此制之存于我有害,于彼亦未必有利。其害于我者,则主权之受损,一也;外人之横行,二也;领事官究非法官,用法不尽能持平,不免偏袒其本国人,华人又不谙其诉讼程序,不免受损,三也;华人及其财产,在领事馆注册,即不受中国法律治理,四也;有外籍者,欲享外人所不能享之权利,则自称华人,逮其犯事,又请外国领事保护,五也;外人以其住宅、船舶庇护中国之逋逃,六也;中国与各国无交还罪人之约,各国之间亦然,以致罪人往往漏网,外人亦有逃入华界及他国人住宅者。七也。彼之不利,则法律错杂,一也;两造为原、被告异,其权利、义务异。除停止审理及移交其本国领事外,无惩治原告之法,原告或藐视被告国之领事,二也;被告反诉,即须在别一领事处,两领事判决或不同,则窒碍难行,待之则迟延已甚,三也;数国人共犯一罪,必由数国领事,各自分别审理,不便尤甚,四也;上诉太远,即如英、美在中国有法院者,相距较远之侨民,赴诉亦甚不便,五也;证人、证物远不能致,即赴诉,亦甚难审理。领事所辖太广,亦甚遥远,六也。如意在中国领事有五,上海领事兼管苏、皖、闽、浙、山东之侨民,汉口领事兼管两湖、四川、江西、河南、陕、甘,天津领事兼管直隶、山西,哈尔滨领事兼管东三省,广州领事兼管两广、云、贵。以此而言,赴诉诚觉远哉遥遥,虽云领事可至他处开庭,然其事亦甚难行也。且外人之来,本为通商,通商之局,今后决不能限于数口岸。然领事裁判权不除,中国终不能许外人杂居内地,则尤其大不利者也。职是故,领事裁判之制,固我之所痛心,亦彼此所疾首也。

辛丑和议成后,重订商约,英、第十二款。美、第十五款。日第十一款。三国皆有俟我法律完备,司法制度改善,即弃其领事裁判权之条。光绪三十四年(1908),《瑞典条约》第十款,则谓各国皆允弃其领事裁判权,瑞典亦必照办。民国七年(1918),《瑞士条约》同。民国十年(1921)九月二十六日墨西哥照会,允于将来修改。1899年《墨西哥条约》,明载放弃领事裁判权条文。民国四年(1915)二月二十八日《智利条约》,于领事裁判权未曾提及。民国九年(1920)六月一日《波斯条约》,则明定无领事裁判权。欧战后德、俄、奥、匈诸国丧失其领事裁判权者,亦皆于条约中订明。即日本以兵力胁我,所订民国四年(1915)五月二十五日之约,亦有南满、东蒙地方司法改良,日侨即统归中国审理之语。故领事裁判权迟早必废,不过如我国今日司法情形,而欲外人之即肯放弃,则非如俄、德等之遭遇事变,恐亦难旦夕期之。为我计者,当尽力改良司法,而交涉则宜各别为之。巴黎和会、太平洋会议两次提案,一则空言无补,一则转使人协以谋我,则殊为无谓耳。调查委员之来,南方政府以领事裁判权应即撤废,无待调查,拒之是也。

  领事裁判权而外,又有所谓会审公廨。其事起于同治七年(1868)之《洋泾浜设官会审章程》,而其事权旁落于外国领事之手,至今华人诉讼,亦受外人干预,则鼎革之际,华官之弃职为之也。初上海之既开埠也,两江总督、江苏巡抚会奏,令苏松同知移驻上海,专管华洋事件。是时士大夫多深恶洋人,称租界曰夷场,以涉足其间为耻,居其地者,仅极贫无籍之民,租界甚寥落也。逮太平军起,沿江之民避难者,多至上海。咸丰三年(1853),刘丽川又陷上海县城。于是上海之民,亦多避入租界者,租界居民始繁。其时中国官吏遁逃租界内,居民无治理,英、美、法领事乃自定条例以治之,并进而裁判华人案件矣。同治七年(1868),上海道与三国领事订定《章程》十条,遴委同知一员,常驻洋泾浜,管理华洋诉讼,即俗所称华洋同知者也。其《章程》第一条云:"遴委同知一员,专治洋泾浜,管理各国租地界内钱债、斗殴、窃盗、词讼各案,立一公馆,此即后来所谓公廨者。置备枷杖以下刑具,并设饭歇。凡有华民控告华民及洋商控告华民,无论钱债与交易各事,均准其提讯定断。照中国常例审讯,并准其提讯定断及发落枷杖以下罪名。"第二条云:"凡遇案件牵涉洋人,必应到案者,必须领事官会同委员审问,或派洋官会审。若案情只系中国人,并无洋人在内,即听中国委员自行讯断,各国领事官,毋庸干预。"权限原自分明,惟第三条规定受雇于洋人之华人及第六条规定无约国人民之讼案者,不免丧失国权耳。当时此项章程,系由上海道禀陈两江总督，由两江总督奏请，饬下总署，照会英使，然后由上海道宣示，不过行政处分，在内非法律，对外非条约，本可由行政官署更改废弃者也。此后除租界所生刑事案件，捕房解至公廨者，亦由领事派员参与，上海人称之曰早堂。其民事案，由华员独审，则称晚堂。为越出权限外，余皆照章办理。公廨经费由上海道拨给，上诉亦在上海道，固纯然中国法庭也。《洋泾浜章程》之订定也，法领事谓其第十条与条约冲突，故未签字，明年就法领事署，别设会审公廨，然其章程亦多援用沪道所定。光绪二十四年（1898），租界地址扩充，三十一年（1905）以领事要求，各国公使商决，续订《章程》十一条，未为中国所承认，然实则多已照行。与于此役者，为英、美、德、奥、意、俄、荷、比、日、韩十国。是岁停止刑讯，乃以五年以下之徒刑为公廨发落之限。其实旧时徒刑，最重不过三年。所谓枷杖，乃指违警之轻罪。杖以笞代。旧时罪重于此者，均归上海县审断，命案亦由县相验。以知县品卑于同知，而为正印官也。此次之改变，公廨越权多矣。然亦未满足，其遂为外人侵我法权之伥也。辛亥扰攘之际，外人乘之侵我主权，会审官变为由各领事会同聘用华会审官，正一人，副四人，洋会审官一人或二人，华人民事案，亦由其会审，除无期徒刑及死刑，预审后移交中国外，其余悉由其判决。徒刑有至二十年者，上诉在公共租界，或即由原审官，或则易人重审。在法租界，则以资格较深之员复审，亦不复上诉上海道尹与交涉员矣。审理虽以租界为限，然停泊上海之船只，亦在审理之内。别有检察处，类中国法院之书记厅。处长一人，员十二人，皆由工部局推荐旅沪外人，由各领事会同委用。内分交保处、收支处、总写字间、洋务案处、车务案处。总写字间者，办理刑事案件者也。属于华官者，有华官办公处，官秘书一人，科长三人，书记若干人。廨官俸给，均在上海道存款内划交，其他费用在罚金中提取。华会审员既非法官，洋会审员亦徒熟华事，不知法律，所用法律既杂，又或参酌习惯，判决先后互异，律师非遍通各国之法，不能承当，需索特甚，诉状堂供皆须兼用中英文，所费既多，办理尤滞，案积如山，民事有延至一二月然后审理者。恃强攘权而又不能善其事，即外人亦莫不齿冷也。

领事之攘夺会审公廨，其所借口者，曰革命之际，代我管理。然则民国政府成立，即应交还，本无待于交涉。乃始因各国尚未承认民国而搁置，及承认之后，外交部照会公使，请其交还。领衔英使朱尔典反谓公廨自外人代管以后，较胜华人自管之时，必须酌改办法，方可交还。当时报载朱尔典所提条件,有会审官参用外人,一切罪名,均可判决。上诉亦由原机关复审,监狱收支,均须用外人管理等。说未知确否？民国四年(1915)八月三日,外交部拟定办法五条,照会领衔美使,以欧战起,中国又迭遭政变搁置。十一年(1922)十月二十六日,外交部又将前定五条办法酌改,大致民事案件专由华官审理,刑事案件许洋员会审,但以与租界治安有关者为限。案,案件之究为民事抑刑事极难定,本民事也,在狡猾者不难使之牵涉刑事,或变为刑事,故此项办法,当时论者颇以为不安也。照会领衔葡使,亦无成议。□□年五月三日,领衔荷使照会我国外部,谓苟欲交还公廨,则公廨经费必须有着,公廨判决,中国法庭均须承认,其办事亦须予以协助,案,自外人代管公廨之后,大理院判例,均以其判决为无效。司法部亦训令各司法机关,不许予以协助。并须承认推广上海租界云云。中国不许。而德人受英、美、意、日等国所委会审官审理,亦提出抗议。对中国外交部。五卅案起,沪人以交还公廨,列为十三条要求之一,外部趁机废原拟五条办法,别提新案,外人又不可。时则东省特别法院业已设立,于是议仿其制,亦设特别法院于上海,议未就,而孙传芳使淞沪商埠总办丁文江特派交涉员许沅商诸各领事。自十五年(1926)五月至八月,与英、美、挪、荷、日五国领事会商者,凡七次,乃改会审公廨为临时法院。（一）有关租界治安之刑事,（二）犯《洋泾浜章程》及其附则者,（三）有领事裁判权国之人所雇用之华人为被告,均许其观审。(1)有约国人及工部局为原告之民事,(2)有约国人告诉之刑事,则准其会审于法庭中,别设上诉庭,庭长由临时法庭庭长兼任,初审许观审者,此时亦许观审,许会审者,至此亦许会审,刑事上诉即于此。民事案则以交涉员为上诉机关,由交涉员约同领事会审,租界内检验,由推事会同领袖领事所派之员为之,适用法律须顾及本章程所定及公廨诉讼惯例,有约国人之传票、拘票及搜查其住所,仍须领事签字,监狱由工部局警务处管理,法庭庭长得派员会同领袖领事所派之员视察,司法警察由工部局警务处选派,工部局警务处所拘捕之人,24小时内须送交临时法庭。事务会计归书记长管理,书记长由领袖领事推荐,此皆《交还公廨章程》所定也。别以换文申明:（甲）以前公廨判决及此后临时法庭判决,苏省政府视为与他法院判决效力相同。（乙）刑事发生于外国船上,外国人所有之地,属于工部局租界外马路及上宝区内,均临时法院管辖。（丙）无领事裁判权国之人民为刑事被告,由第三国领事观审。（丁）庭长、推事之名,须通知领袖领事。（戊）许观审之案,外国律师均得出庭,原、被告诉状、答诉状,均别备英文者一份。(己)法院须雇用外国人 10 名,由工部局选派。(庚)江苏省政府指定法院之补助费等项,法院庭长、推事,均由省政府任命。十年以上徒刑<small>交还后一年之内仍否,另以换文申明。</small>及死刑,经省政府核准,死刑在租界外官厅执行,亦规定于《章程》中。此《章程》施行期限为三年,三年之内,中央政府如别有办法,即行废止,否则续行三年,唯期满六个月前,省政府得通知领事团,提议修正。<small>后以换文申明领事团亦有此权。</small>又在此期限之中,中国如撤销领事裁判权,不受此约拘束。《章程》以八月三十一日签字,公廨于明年一月一日交还。初设特别法庭于上海之议之起也,论者谓中国新式法院向不许外人观审,苟在上海许之,则又生一恶例,故在上海设法院亦不当许其观审。外人苟不弃其观审之权,则当令其在上海县公署起诉,而以交涉公署为上诉机关;又传票、拘票之送致,判决之执行,必不容领事签字,且不当用租界警察。孙传芳所定约,实未暇计及此,迄今亦未有善其后也。<small>国民政府颁行新刑律后,许观审之刑事,以新旧比照定之。而鸦片罪案,彼即弃其观审之权,以其太多也。</small>

以上为洋泾浜会审公廨之始末,至法租界之会审公廨,则根据条约,必由外交部交涉方可解决也。又会审公廨,汉口及厦门亦有之。汉口之会审公廨权舆于光绪二十一年(1895),是年改洋街保甲局为洋务会审公所,初袭保甲局弹压委员成规,专管租界警务,后亦审理华洋案件,驯至纯系华人案件,亦许其会审。徒刑至二年以上,其初羁押,皆在夏口县署。民国元年(1912)始自设拘留所,期长者犹禁湖北省立模范监狱,七、八年(1918、1919)间因多狱隙,不能容,遂并押公所之拘留所。为厦门之会审公廨权舆于光绪二十八年(1902)《鼓浪屿公共地界章程》,<small>第十二、第十三、第十四条。</small>革命时事权落入外人之手,与上海同。迄今尚未有办法也。

七　学　校　篇

书院之设肇于唐、五代之间,宋初有所谓四大书院者:曰白鹿,为南唐升元中所建,在庐山白鹿洞;曰石鼓,唐元和间衡州守李宽所建;曰应天,宋真宗时府民曹诚所建;曰岳麓,开、宝时潭州守朱洞所建。<small>此据《通考》,《玉海》有嵩阳而无石鼓,嵩阳在登封县太室山下,五代时建,宋太宗赐额。</small>朝廷皆赐之额。此外赐额、赐田、赐书者尚多。纯出人民自立者,尤不可枚举。元制:先儒过化之地,名贤经行之所,好事之家出钱粟赡学者,并立为书院,盖亦因乎俗也。太宗八年(1236),杨惟中从皇子库春伐宋,收集伊洛诸书送燕京,立宋儒周敦颐祠,建太极书院,延儒士赵复、王粹等讲授其间,此元建书院之始,亦理学行于北方之始也。明太祖因元之旧,洪武元年(1368)立洙泗、尼山二书院,其后各省亦皆有书院。世宗嘉靖十六年(1537),御史游居敬疏,南京吏部尚书湛若水倡其邪学,广收无赖,私创书院,乞戒谕以正人心。帝慰留若水,而令所司毁其书院。十七年(1538),吏部尚书许赞复言,抚按司府多建书院,聚生徒,供亿科扰,亟宜撤毁,诏从其言。神宗万历七年(1579),张居正以言官之请,概行京省查革,然亦不能尽撤,后复稍稍建置,其最著者,京师曰首善书院,江南曰东林书院。阉祸起,首毁京师书院,而天下之书院随之矣。《野获编》:"嘉靖末年徐华亭以首揆为主盟,一时趋鹜者,人人自托吾道。凡抚台苍镇,必立书院,以鸠集生徒,冀当路见知,其后间有他故,驻节其中,于是三吴间竟呼书院为中丞行台矣。今上初政,江陵公痛恨讲学,立意蒉抑,适常州知州施观民以造书院,科敛见纠,遂遍行天下拆毁,其威令之行,峻于世庙。江陵败,而建白者力攻,亦以此为权相大罪之一,请尽行修复,当事者以祖制所无折之,其议不果行。近来理学再盛,争以皋比相尚,书院聿兴,不减往日。"《春明梦余录》曰:"京师有首善书院,不知者统谓之东林,当日直借东林以害诸君子耳。盖东林,无锡书院名也,宋儒杨时建,后废为僧寺。万历中,吏部考功郎顾宪成罢归,即其地建龟山祠,同志者为构精舍居焉。乃与行人高攀龙等开讲其中,及攀龙起为总宪,疏发御史崔呈秀之赃,呈秀遂父事魏忠贤,日嗾忠贤曰:东林欲杀我父子。既而杨涟、左光斗交章劾珰,珰益信呈秀言不虚也,遂首毁京师书院,而天下之书院随之矣。"马贵舆曰:"州县之学,有司奉诏旨所建也,故或作或辍,不免具文。乡党之学,指书院。贤士大夫留意,斯文者所建也,故前规后随,皆务兴起。"盖官立学校,士多以利禄而来,私家所设之书院则不然,故其效较著。然至讲学之风盛,而依附者咸为名誉之所归,则来者不复皆潜修之士,重以党祸之激荡,遂至胥天下而有毁学之祸矣。书院所讲学术,率随时尚为转移,自宋迄明,多讲理学。清代考证学盛,书院亦随之。如诂经精舍、学海堂、阮元所立。南菁书院、黄体芳立。广雅书院张之洞立。等是也。《清会典》:"直省会城立书院,府州县立义学、社学,选择生徒肄业其中,聘荐绅宿儒学问渊贯者为之师,束脩膏火之费,官为供备,以宏乐育。"然以地方公款所立之书院,各府州县几多有之,其陋者则亦课八股文为应举之备而已。新教育兴,乃皆改为学校。清学制与明大同,其由府州县学入国学者,亦有岁贡、恩贡,又有优贡、拔贡。优贡提督学政清提督学政于京堂翰詹科道部曹中差,盛京以奉天府尹，台湾琼州以巡道兼。于岁科试讫，就教官所报优生中择优送部考试。官增生准作贡生附学，及武生准作监生。拔贡每十二年由国子监疏请行之。例以酉年。合岁科两试之优者，府学二，县学一。钦命大臣会同督抚盛京奉天府尹。复试，送吏部再应廷试，廷试一二等者，引见候旨录用，三等入监，举人惟副榜入监，谓之副贡，俗总称为五贡。除拔贡一二等外，皆当入监肄业。然实无入监者。又有功贡，则诸生从军有功者为之，事不恒有。监生有优监、荫监、例监。荫监又分恩荫、难荫，恩荫京官四品、外官三品以上，武官内外皆二品以上，公侯伯视一品，子视三品，男视四品；难荫无限制。荫生入监三年，难荫六月即得铨选，然实亦不入监也。恩荫铨选视其父之品级，难荫亦然，而其选途尝较优于恩荫。

京师有宗室学、左右翼各一。觉罗学，左右翼各四。皆属宗人府，以王公一人总其事。宗室学有总副管，觉罗学有副管，皆有清汉书骑射教习，派京堂官稽查课程。盛京有宗室学、觉罗学各一，以将军府尹总其事。咸安宫学十六，景山学六，皆以教内府三旗幼丁。正黄、镶黄、正白。八旗义学以教八旗子弟，皆以进士、举人、恩拔副贡为汉教习，翻译生员及因公挂误而通知翻译之废员为满教习。近支亲王、贝勒、贝子、镇国公得在上书房读书。万善殿汉书学以教幼年内监。

讲新学之学校肇于清末同治元年（1862），江苏巡抚李鸿章始就上海设广方言馆，后移于制造局，就其中设翻译馆，译出西书颇多。当时口译者如林乐知、傅兰雅，笔述者如华蘅芳、徐寿，类多学问淹贯之士。六年（1867），总署奏设同文馆于京师，有英、法、俄、德四国语文及天算。光绪二年（1876），沈葆桢设船政学堂于福州，学生分肄英、法文。肄英文者习驾驶，肄法文者习制造，是时以为西人之所长者兵事及械器而已。甲午战后，舆论乃一变，戊戌变法，诏废科举，设学校。政变后皆复故。庚子以后，乃复议兴学，初以张百熙为管学大臣，奏定大学堂章程，设大学于京师，旋命与张之洞会定一切学堂章程，实多出之洞。以总理学务大臣统理全国学务。管学大臣改为京师大学堂监督，后改官制乃设学部。教育始于蒙养院，其上为初等小学堂，五年毕业，又其上为高等小学堂，四年毕业；中学分文、实科，五年毕业，其上为高等学堂，三年毕业；又其上为大学堂，政法、医科四年，余三年毕业。大学堂之上曰通儒院，期限五年。与初等小学并设者，有艺徒学堂；与高等小学并设者，有初等实业学堂；与中学并设者，有初级师范、实业学堂；与高等学堂并设者，有优级师范、高等实业学堂及译学馆。毕业年限与初高等小学、中学、高等学堂同，惟译学馆为五年。大学分八科,一经学、二法政、三文、四医、五格致、六农、七工、八商。高等小学毕业,由道府会同考试,送学政复试,最优等作为廪生,优等增生,中等附生。中学由道府考送,督抚学政会同复试,最优等为拔贡,优等为优贡,中等为岁贡。高等学堂毕业者作为举人,咨送学务大臣复试,以内阁中书知州、最优等。中书科中书知县、优等。部寺司务通判中等。补用。大学毕业者,给予进士出身,以翰林院编修检讨、最优等。庶吉士、优等。分部主事中等。用,下等为同进士出身,留堂补习一年。其余学堂亦皆有奖励。犹未脱旧时学校贡举之制也。民国肇建,改学堂之名皆曰学校,去奖励之法,初等小学四年,定为义务教育;高等小学三年,与并设者曰乙种实业学校;中学四年,与并设者为师范学校四年,预科一年。及甲种实业学校。分农、工、商,三年。其上为专门学校,三或四年。高等师范学校三年,预科一年,大学三年或四年。废清之高等学堂,而设大学预科,亦三年。民国六年(1917)改为预科二年,本科一律四年。废通儒院,大学毕业后从事研究者无年限。民国十年(1921),全国教育联合会开第七次会于广东,议改革学制。明年又开会于济南,教育部因之召开学制会议,改初等教育为六年,得分四年、二年两级,仍以四年为义务教育,视地方情形得延长之,又得展小学之期为七年,中学六年,分前后期。或前四年后二年,或前二年后四年,或皆三年。高级中学普通科外,得设农、工、商、师范、家事等科。乙种实业学校改为职业学校。收高等小学毕业生。甲种实业学校或改职业学校,或改高级中学农工商科。师范学校前后期各三年,亦得但设后期,收初级中学毕业生。大学设数科或一科皆可,设一科者曰某科。大学毕业期限四年至六年。法、医二科最少五年。高等师范收初级中学毕业生,四年毕业,若收高级中学毕业生,而毕业期限仍为四年者,则称师范大学。专门学校毕业期限三年或四年,医科必须四年。亦收初级中学毕业生,若改收高级中学毕业生,亦得改称某科大学。此自清末至民国北京政府学制之大略也。

游学亦始清末同治末年。曾国藩奏请派遣幼年学生赴美,由香山容闳率之往,别设正副监督以监护之。光绪七年(1881)裁撤,以学生多昵美女子信基督教也。甲午后各省派遣及自费留学外国者乃骤增,其时往日本者最多。时留学生亦有奖励,考取者分别给以举人、进士出身,后亦冠以所学科名,称某科举人,某科进士。光绪三十一年(1905)美国退还庚子赔款,明年设游美学生预备学校于清华园,自是以后游美学生,乃日增月盛焉。

日 俄 战 争

一　东北形势总论

甚矣哉,近世西力东渐之局之可畏也。虽以亚洲东北,素与世界风云隔绝之地,而亦遂无一片干净土也。

所谓亚洲东北之地者何也？曰:我国之关东三省,及割界俄国之阿穆尔、东海滨两省,及朝鲜、日本是也。此一区域也:其在大陆,则西以内兴安岭与蒙古为界,西北以雅布诺威、斯塔诺威与西伯利亚为界,与沙碛不毛及穷朔苦寒之地,截然画分。然其地气候,亦颇偏于寒；又山岭崎岖,交通不便；其附近文明繁盛之乡,厥惟中国内地；而自此区入中国内地,惟山海关一道,自昔通行；其自黑、吉经蒙古东部入内地之道,虽平坦,然为游牧种人所荐居,由之者不多也。《魏书·勿吉传》:使者乙力支,溯难河而上；至太泺河,南出陆行；度洛孤水,从契丹西界达和龙。即此道也。难河,今松花江、洮儿河间之嫩江。太泺河,即洮儿河。洛孤水,今老哈河。和龙,今朝阳也。职是故,此区之人,遂不获多与中原之文化相接触；而我国对此区域,亦有鞭长莫及之势焉。此区域之近海者,有三大半岛及五大岛,然堪察加及库页,北土,亦偏于北。朝鲜、日本,虽因海道之往来,与我接触较易,然在远洋交通未发达之世,航行大海,究与航行河川及沿岸不同。故其与我之关系虽较多,究亦不能十分亲密也。

明思宗崇祯十六年(1643),俄人始逾外兴安岭而南,自黑龙江入海。旋筑雅克萨顺治七年(1650)。及尼布楚,顺治十年(1653)。屡侵满洲。清圣祖既定三藩,举兵征之。是时俄人在东方之势力,尚极微薄,乃介荷兰与我议和,圣祖许之,于是有康熙二十八年(1689)尼布楚之约。举外兴安岭以南之地,悉归于我。俄人之据雅克萨也,复于其河口筑阿勒巴金。遂顺流东进,过松花江口,至乌苏里江口,建哈巴罗喀。乌苏里江口之部落,有乞援于宁古塔者,宁古塔都统,以兵至黑龙江岸,攻俄塞,为俄将喀巴罗所败。喀巴罗恐清兵再至,乃弃哈巴罗喀,而筑布拉郭威什臣斯克,使斯特巴诺守之。顺治十五年(1658),宁古塔都统沙尔瑚达与战于松花江、呼尔哈河之间,斯特巴诺败死,残众走尼布楚及雅库次克。波兰人智尔尼哥斯克者,以罪窜西伯利亚。康熙四年,即西历1665年,募兵,复占阿勒巴金。二十四年,即西历1685年,圣祖乃命都统彭春,以水军5000,陆军1万攻克之,毁其城。俄将图尔伯青复据其地。明年,瑷珲将军萨布素以兵

8 000围之。垂克,而俄帝大彼得介荷兰与中国议和。请先释雅克萨之围,圣祖许之,兵乃解。此清俄战事之大略也。然俄人侵略之心,未尝以此而遂已也。迨尼古拉一世立,多放犯罪贵族于西伯利亚,而恢复黑龙江之议遂盛。尼古拉一世,立于道光五年(1825)。《尼布楚条约》之成,俄人以为出于迫胁。因我国是时,盛陈兵卫,以为使臣之援助也。道光二十七年(1847),尼古拉一世以穆拉维约夫为东部西伯利亚总督。穆拉维约夫以为开发西伯利亚,必借黑龙江,命一中将航行,始知库页之为岛。俄人前此,误以库页为半岛,则欲入黑龙江,必航鄂霍次克海;而鄂霍次克海冰期甚长,颇觉不便;至是则有鞑靼海峡可航,黑龙江之价值大增,侵略之心益亟。始筑尼科来伊佛斯克,占德喀斯勒湾。遂南下据库页岛。咸丰四年(1854),英、法助土,与俄开战。穆拉维约夫借口防英、法,多自黑龙江运兵械。中国不能阻。明年,尼古拉一世卒,亚历山大二世立,畀穆拉维约夫以与我画界全权。会我广东人民与英龃龉,烧英、法商馆。英兵陷广州,旋与法俱遣使北上。俄、美二国,亦遣使与偕。至上海,致书中国政府,求改订商约。中政府以英、法、美事委两广总督,以俄事委黑龙江将军。穆拉维约夫乘机属俄使布恬廷,停止交涉,而自与黑龙江将军奕山相会。乘我内忧外患之交迫,以开战相恐吓。遂于咸丰八年(1858),定条约于瑷珲。割黑龙江以北,而以乌苏里江以东为两国共管之地。十年(1860),复以英、法联军入京之故,俄使伊格那提也夫,周旋于恭亲王及英、法二使之间。事平,自以为功。复定约于北京,尽割乌苏里江以东。而俄人自明以来,侵略黑龙江之志遂矣。

黑龙江以北广大之土地割矣!海参崴建为军港矣!是俄人之东略,不徒奄有西伯利亚广大之平原,且可控制鄂霍次克海及日本海,以南下太平洋也。亚洲之东北,其将遂为白人之世界乎?未也。西力之东渐,本海厚而陆薄;新机之启发,亦岛国易而大陆难。故俄定《北京条约》,未及十年,而日本明治天皇立,同治七年(1868)。维新之治成焉。维新之治既成,则必求扩充其势力于外。日本而求扩充势力于外,则朝鲜其首冲,而东三省其次冲也。于是日本与朝鲜之交涉起,寖至酿成中日之战,而日俄之交涉起焉。

西人之至朝鲜,亦在明末。朝鲜人恶其教,而颇喜其学。汤若望为中国所定历法,朝鲜亦行之。哲宗时,见英、法军陷我京城,俄人割我黑龙江以北之地,乃大惧,而闭关之志始坚。日本自丰臣秀吉之亡,久与朝鲜通好。朝鲜既主闭关,见日本与西人往来,畏而恶之,遂绝。明治既维新,使对马守宗重正往修好。日本将军执政时，与朝鲜交涉，本委对马守宗氏。朝鲜以其国书自称皇帝，拒之。自是屡遣使往，皆不得志。时朝鲜大院君以日本与西人交通，目为禽兽，定法：与日人交接者死。日本西乡隆盛等因唱征韩之论，卒以国力未充，不果。而隆盛一派由此怨望，遂酿成西南之乱。而俄舰又至元山津求通商。是时执朝鲜国政者，则李太皇之父大院君昰应也。素主排外，而力不能拒。或谓"俄近法远，不如联法以拒俄"。大院君韪之。使至中国，招向所逐法教士还。已复中变，杀之。朝鲜自纯祖以降三世，政权皆操于外戚金氏之手。及哲宗崩，宪宗之母赵氏，乃定策立李太皇，而使大院君协赞大政。朝鲜第二十二代主曰正祖。正祖殂，子纯祖立。年幼，太后金氏临朝。纯祖长而多疾。末年，子旲摄国政。纯祖殂，旲前卒。旲子宪宗立。金后仍临朝。宪宗无子，金后定策。立哲宗。哲宗亦无子。旲妃赵氏，欲立李太皇。朝鲜称国王之父曰大院君。金氏谓朝鲜有国以来，大院君无生存者。今昰应犹在，不可。旲妃不听，卒立之。而界昰应以协赞大政之名。盖以夺金氏权也。大院君性刚愎。既执朝权，专恣自用。赵氏又恶之。李太皇性愚懦，而其妃闵氏，通书史，明治理，亦欲揽政权。其兄升镐等，亦相与挤大院君。大院君孤立。乃以同治十二年（1873）辞职。于是闵妃代执政权，稍变闭关之策。李鸿章者，以联甲制乙为外交长策者也。知闭关之终不可久，亦诏书朝鲜太师李裕元，劝其与各国结约，俾互相牵制。于是光绪元年（1875），日本军舰过江华岛，守兵炮击之。日人使问罪，朝鲜乃与日本立约通好。美、德、英、俄、意、法、奥继之，而朝鲜与世界相见之局成矣。初大院君之杀法教士也，法人以诘我，我以"向不干预朝鲜内政"答之。后美商航大同江，船人为朝鲜所杀。美人亦以诘我，我答之如答法。日本闻之，乃以同治十一年（1872）使副岛种臣来聘，且问："贵国总署告美使之言确乎？"我应之曰："然。"及是，与朝鲜订约，遂申明："朝鲜为独立自主之邦。与日本往来，礼皆平等。"始不以朝鲜为我藩属矣。朝鲜既与各国立约，新进之士，颇有欲效日本变法自强者，乃聘日人以练兵。光绪九年（1883），被裁之兵作乱，奉大院君为主，袭日本使馆，杀所聘中将崛本礼造。闵妃走忠州，密使求救于我。李鸿章使北洋水师提督丁汝昌、广东水师提督吴长庆代平其乱。长庆遂留驻朝鲜。又派袁世凯总理朝鲜通商、交涉事宜。于是闵妃及在朝诸臣颇倚我。新进之士恶之，遂有所谓独立党者，欲倚日本。十年（1884），独立党作乱。日本公使竹添进一郎，称奉朝鲜王命，以兵入卫王宫。闵妃走吴长庆军，王从之，长庆平其乱。日公使焚使馆走仁川，谓我兵炮击其使馆。明年，使伊藤博文来，与李鸿章定约天津。约"两国皆撤兵。嗣后如欲派兵，必彼此相照会"。中、日在朝鲜,始立于平等地位矣。迨二十年(1894),朝鲜有东学党之乱,乞援于我。我国派兵往援。未至,乱已平。日本亦派兵往。我要日俱撤兵,日人不可,而要我共改革朝鲜内政,我国亦不许,遂至开战。我师败绩,偿款二万万,割辽东、台湾、澎湖以和。俄人合德、法两国,起而干涉。而日俄之冲突于是始。

庄祖恒 ┬ 恩彦君裀—全溪大院君圹 ─ (25)哲宗昇
　　　　│ 　　　　　　　　　　　　　(咸丰二年)
　　　　├ (22)正祖算 ─ (23)纯祖玜 ─ 文祖昊 ─ (24)宪宗奂
　　　　│ (乾隆四十三年) (嘉庆七年)
　　　　└ 恩信君禛养子—南延君球—兴宣大院君昰应 ─ (26)太皇帝熙 ─ (27)坧
　　　　　　　　　　　　　　　　　　　　　　　　　(同治五年)　　(光绪三十三年)

二　日俄开战之原因

俄罗斯,以侵略为国是者也。当彼得大帝时,即筑圣彼得堡于波罗的海之滨。遗言又欲以君士坦丁为都,以出黑海及地中海。扼于英、法,志不得逞。乃略中亚细亚,欲自印度出海,又为英人所拒。而其东方侵略,则渐告成功。光绪十七年(1891),俄皇亚历山大决筑西伯利亚铁路,命其太子尼古拉二世,行兴工之礼于海参崴。明年,西方亦同时兴工。而东亚之风云变色矣。而日本于是时,亦力图扩张向外。两国之势力,遂相遇于满洲及朝鲜。

抑日、俄之交涉,不自满洲、朝鲜始也。前此因库页及千岛,固已争执累年矣。当西历18世纪末、19世纪初,即我国乾隆末年、嘉庆初年,俄人即已进至千岛,迨黑龙江以北之地割,而俄人之至库页者亦日多。与侨居其地之日人,时有冲突,日人屡请画界,俄迄不应。迨光绪元年(1875),乃定议:以千岛归日,库页归俄。然是时,日本国力未盛,未能与俄争;而库页、千岛,究为荒寒之岛屿,其关系尚不甚大也。至满洲、朝鲜,则异是。夫日本既欲扩张其势力于国外,则宇内之情势,已不容闭关独立可知。闭关独立之世,可恃四面皆海以自固;瀛海大通之日,则不然矣。设使有国雄据满洲、朝鲜,以肆其侵略,其势殆终非日本所能御。而日本人口岁有增殖;本国土地有限,而海外之地可容其移殖者,满洲、朝鲜而外,亦更无他处。此日人所以视满洲、朝鲜之所属,为其国之存亡问题也。

至于俄国,既一举而割中国万里之地,似亦可以少安。然俄人之所汲汲者,欲出海也。海参崴固为良港,然自此入太平洋,鞑靼、宗谷、津轻、对马四海峡,必经其一。鞑靼水道,狭而且浅,仅容吃水12英尺之汽船;宗谷夏多雾,冬多风雪;津轻全在日手;对马亦为日所扼。且海参崴冰期长,水又浅,前无屏蔽,易为敌所袭,实非十分良港。故俄人欲逞志于太平洋,不能以得海参崴及东海滨省为已足。然则满洲、朝鲜,绝非其所能忘怀;而日人乃一战而并攘之,此俄人之所以痛心疾首,而不能已于干涉者也。

李鸿章者,以联甲制乙为外交长策者也。当中、日交涉起时,已与俄使喀希尼有所商洽。于是驻日俄使,往访日本外务大臣陆奥宗光,问:"中国撤兵,日本亦撤兵否?"日人答以"中国允许日本要求,或日本独任改革朝鲜内政,中国不妨害,则中撤兵,日亦撤兵"。俄使遂致书日外务省,称"朝鲜通告各国公使,称内乱已平,要求各国援助,促中、日两国撤兵。俄国特向日本劝告。如中国撤兵而日不撤,则日当独负其责"云。日人答以"非不撤兵,但时机未至"。又申明"决无侵占朝鲜土地之意,乱事平静兵即撤"。俄使覆牒,言"日本申明不占朝鲜土地,乱定即撤兵,俄国甚满足"。旋又照会日本谓"日本对朝鲜要求,苟违反朝鲜与列国所订条约,俄国决不承认"。俄人于是时,盖已有跃跃欲试之势矣。然日本政策已定,不为动。

迨中、日已开战,俄人无复置喙之地,乃暂沉默以待时。及光绪二十二年(1896)《马关条约》之定,三月二十日,西1896年5月2日。李鸿章先将条款电告各国公使。俄人乃于三月十五日西4月27日。开海陆军大会,问:"俄能防日陷北京否?"佥言"陆军不能制日。若合俄、法在东洋之舰队,则足以制日于海上而有余"。法者,俄之同盟也。而德人于是时,亦欲伸长其势力于东方,且借此与俄联络。遂有三国联名,劝日本还辽之举。

三国以三月三十日西5月12日。由驻日使臣访日本外务省,言"辽东半岛割,则中国之国都危;朝鲜独立,亦有名无实。实于远东和平有碍。三国以友谊劝告日本勿割辽东"云云。日本闻之,大震。时日本陆军精锐,尽在辽东,海军主力,萃于台湾,微论击敌,即防守沿海,亦虞不足。而俄人于其间,下令太平洋舰队各归本港,又调陆军聚集海参崴。时日皇在广岛,首相伊藤博文等乃就行在开会议,筹商或许或拒,或付列国会议。众意取第三策。外相陆奥宗光方养疴舞子,伊藤夜走告之。陆奥大反对,谓"交列国会议,俄、法、德外,他国能到与否不可知。即能到矣,而列国各顾其私,所议者必不能以辽东问题为限。夜长梦多,全约将悉生变动矣"。于是日政府电其驻英、美、俄公使,以"中日和议,本由美介绍,望美始终其事,劝俄不必干涉","求英援助,愿给报酬",而以"俄、日国交,素称辑睦,求俄再行考虑"。英、法皆不许相助,俄且亟亟备兵。日人乃于四月七日西5月19日。电驻俄公使,照会俄国政府:"愿弃辽东半岛,而求割一金州。"俄人不许。日本不得已,于十三日西5月25日。电驻三国使臣,径许之。日本是时,以处心积虑之大欲,劳师费财而得之,无端为人劫去;且备受胁迫,大失国家之体面。其深怒积怨于俄,宜也。

日本之势力既退,俄人之势力遂进。一方以还辽之举,索我报酬;一方以助我拒日,甘言为饵。李鸿章使俄时,寄总署密电云:"俄户部微德(Witte)来谈东三省接路。缘自尼布楚至□□道纡,不若由赤塔过宁古塔之捷而省费,且可借纾倭患。中国自办,十年无成。鸿章谓代荐公司,实俄代办,于华权利有碍,各国必效尤。彼谓若不允,自办又无期,俄拟筑至尼布楚,以俟机会。但俄从此不能再助中国矣。"又一电云:"向例递书后不再见。今俄皇借回宫验收礼物为名,未正接见。引至便殿,赐坐畅谈。谓俄国地广人稀,断不侵占人尺寸土地。中俄交情,近加亲密。东省接路,实为将来调兵捷速;中国有事,亦便帮助,非仅利俄。将来倭、英难保不再生事,俄可出力援助等语,较微德前议和厚。"又一电云:"昨罗拔邀赴外部晚饭,与微德会议。该君臣皆以东省接路为急。微谓三年必成。至俄皇所称援助,罗谓尚未奉谕,容请示后再行面商。大意以若请派兵,须代办粮饷。华有事俄助,俄有事华助。总要东路接成乃便云云。"又一电云:"顷罗拔奉俄主命,拟具密约稿,面交转奏,其文云云。"又一电云:"俄今愿结好于我,约文无甚悖谬,若回绝,必至失欢,有碍大局。"皆俄人以甘言相饵,又以危词相胁之铁证也。是岁四月十四日西5月26日。为尼古拉二世加冕之期,我国派王之春往贺。光绪二十年(1894),俄前皇之卒,我国派之春为吊贺使,是时故再派之。俄使喀希尼乃扬言曰:"皇帝加冕,俄之大典也。之春资轻,殊不足当此任。能当此任者,其惟李中堂乎?"于是中国改派李鸿章为贺使。畀以全权,协议一切,遂成所谓《中俄密约》者。此约世间所传,凡有两本:其一为上海《字林西报》所译登。广学会所纂《中东战纪本末续编》,又从而译载之。约中所载,中国断送于俄之权利,可谓广大已极。然由后来观之,此本不足信。又其一则后来上海《中外日报》,探得李鸿章与总署往来密电六通。其中第五电,载有罗拔奉俄主命所拟约稿。所谓《密约》,即照此签字。广智书局《近世中国秘史记》"第一次中俄密约"一篇,并载两次约稿。今参照前清总理衙门旧档案录其正文如下:

第一款 日本国如侵占俄国亚洲东方土地,或中国土地,或朝鲜土地,即牵碍此约,应立即照约办理。如有此事,两国约明应将所有水陆各军,届时所能调遣者,尽行派去,互相援助。至军火粮食,亦尽力互相接济。

第二款　中、俄两国既经协力御敌,并由两国公商,一国不能独自与敌议立和约。

第三款　当开战时,如遇紧要之事,中国所有口岸,均准俄国兵船驶入。如有所需,地方官应尽力帮助。

第四款　今俄国为将来转运俄兵御敌,并接济军火粮食以期妥速起见,中国国家允于中国黑龙江、吉林地方接造铁路,以达海参崴。惟此项接造铁路之事,不得借端侵占中国土地,亦不有碍大清国大皇帝应有权利。其事可由中国国家交华俄银行承办经理。至合同条款,由中国驻俄使臣与银行就近商订。

第五款　俄国于第一款御敌时,可用第四款所开之铁路运兵、运粮、运军械。平常无事,俄国亦可在此铁路运过境之兵粮。除因转运暂停外,不得借他故停留。

第六款　此约由第四款合同批准举行之日算起照办,以十五年为限。届期六个月以前,由两国再行商办展限。

光绪二十二年四月二十二日

俄历1896年5月22日订于莫斯科

专条

两国全权大臣议定本日中、俄两国所订之约,应备汉、法文约本两份,画押盖印为凭。所有汉文、法文校对无讹。遇有讲论,以法文为证。

第一、第二条,乃中、俄两国订结攻守同盟。夫以我兵力之弱,俄人果何利而与我结此同盟？亦何爱于我,而与我结此同盟哉？则其意不在第一、二条,乃在第三、四条,而第四条尤其主要也。

《中俄密约》系在俄京签字。俄方代表为其外交大臣罗拔(Prince Robanor-Rostovski)及财政大臣微德(Count Sergins Witte);中国代表则为李鸿章。驻华俄使喀希尼并未参与会议,外人称此约为《喀希尼条约》(Cassini pact),误也。微德之笔记近已正式发表,对于结缔此项密约之会议情形,记载甚详,兹节述其一二要点于下。

方李鸿章之奉命西行也,俄人虑其先至西欧,为他国外交家所操纵,故派乌克东斯奇亲王(Prince Ukhtomski)迎候于苏伊士运河左近。俟李一到,即迎入俄政府所备之专船露雪芽(The Rossiya)号,直航俄特沙(Odessa)。西欧各国邀请绕道参观之电,虽纷如雪片飞来,而李鸿章卒为俄人所包围,未能先赴他国。既至俄境,俄人以极隆重之仪节款待之,并派大队兵士为之扈从,迎之径入俄京。俄皇以外交大臣罗拔不谙华事,故令微德当交涉之冲,因其方经营西伯利亚铁路,对于远东问题极有研究故也。经数星期之折冲,乃得口头之约定,然后报告外交大臣,随即拟就草约。约中有三要点:

(一)中国允许俄国在华境内造一铁路,由赤塔达海参崴呈一直线,不再迂回绕道。但此铁路必须由私人所组之公司承造,不能任俄国国家出而经营。

(二)为便于铁路之建筑及经营起见,中国准俄人使用铁路两旁之地若干里。在此境内,俄人得设护路警察,行使充分职权。

(三)中俄两国领土,若受日本之攻击时,有互相出兵援助之义务。

李鸿章对于在华境建筑铁路之议,初甚反对。微德乃奏请俄皇邀李入宫面谈,即李致总署密电所谓"引至便殿,赐坐畅谈"也。其结果,李容许俄人在华境建筑铁路之议;但坚决反对该铁路由俄国财政部管理。故改由私人所组织之公司出面承造。其实此公司完全受俄政府之管辖与指挥,不过假用私人名义而已。

更有一事,吾人应加注意,即攻守同盟所包括之范围是也。当草约起稿时,本言明专防日本。不料外交部将约稿转奏俄皇核准,送还微德时,已将日本二字删去,变成无限制之攻守同盟。微德以为专对日本,则俄国之责任有限。倘无论何国侵犯中国领土,俄国皆须出兵援华,则不但势有所不能,且甚危险。然外交大臣资深望重,其所主张,微德不便面争。乃密奏俄皇,请其自行作主。其后俄皇告微德业与外交大臣谈过,已照第一次原稿修正矣,故微德不再提及此事。正式签字之日,双方全权按时出席,典礼非常隆重。外交大臣以正约一份,交李鸿章,声言约中文字业经校核无误,本可立即签字,但为慎重起见,请再细阅一次。同时以另一份交与微德署名。微德正待提笔作书,忽然发现攻守同盟一款,仍系泛指各国,并非专对日本,不觉大惊。乃暗促外交大臣离席,至无人处,问其何以未照俄皇之意修改。外交大臣方始忆及俄皇之言,摇首自语曰:"天乎,奈何竟忘却令秘书修正此条耶!"然而不动声色,回至席间,出录示人曰:"已过午矣,我等可先进膳,再行签字不迟。"遂邀众人至别室午餐,但留书记二人立即另缮约稿,将攻守同盟一款修正,限于专对日本。及餐毕重入会议室时,旧稿业已换去矣。双方乃就新缮之约签字,李鸿章并未发觉约稿之更换也。参看MacNair, *Modern Chinese History Selected Readings*, pp. 550-560。

照微德笔记所述,俄人当时之目的在以铁路政策侵略我土地,非有所爱于我,而欲出兵助我,故结此攻守同盟也。外交界之机变险诈,亦殊可畏。

查俄国西伯利亚铁道,本拟经黑龙江之北,沿乌苏里以达海参崴。路线既长,所经又多不毛之地。唯独侵略东省,不如直贯黑、吉之便;即以养路论,其原路线,亦远不如后来所定之中东路线也。故《中俄密约》,实赍寇兵,资盗粮,举三省而置之俄人势力之下者也。是年(1896)七月,驻俄公使许景澄与俄政府订立《华俄道胜银行契约》,复与该银行订立《中国东三省铁路公司条约》,以筑路之事委之。俄政府又颁《华俄银行条例》,举凡收税、铸币、募债、经营实业之权,悉以委之。而东三省几非我有矣。明年,复有德占胶州湾之举。俄人亦发舰入旅顺,迫我订租借二十五年之约。东省铁路,更筑一支线以联络之。俄人乃以其地为关东省,置总督,以中将亚历塞夫(Admiral Alexiev)任之,并兼太平洋舰队总司令官,以旅顺为治所。亚历塞夫者,俄人迫日本还辽时,太平洋舰队之司令官也。其为人有才气,好进取,主侵略尤亟云。俄人在满洲之势力,至是如日之中天矣。

中、日战后,中国在朝鲜之势力,荡焉以尽,日本宜可视朝鲜为囊中物。乃不转瞬,而日人在朝鲜之势力转不敌俄。螳螂捕蝉,黄雀又随其后。众生之相龁相杀,岂不悲哉?当中、日开战时,日本即与朝鲜结攻守同盟。朝鲜自是称独立国,改号曰韩,然实多受日干涉。日本乃以井上馨为驻朝鲜公使。贷朝鲜以300万元,以充改革之费。井上气矜之隆,颇为朝鲜所不喜,即各国公使亦颇恶之。而俄使威拔,机警善操纵,熟于韩国内情,韩、俄之接界,自俄割我乌苏里江以东之地始。其立约,在光绪十年(1884)。威拔于是时,即任驻韩公使,并兼总领事。故威拔旅韩最久。其夫人又善闵妃,其势力隐植于宫掖之间。时日人起大院君摄政。韩人之排日者,皆奉闵妃,倚俄国以反对之。光绪二十一年(1895)八月,大院君入觐,以日人所训练之兵自随。日本公使三浦梧楼,又以使馆卫队继之。闵妃遇弑,各国舆论大哗,日本乃召还公使及馆员锢之广岛,而不究其事。此即所谓广岛疑狱者也。明年,排日派起兵春川。汉城之兵攻之。俄水师由仁川入汉城。韩皇走俄使馆,一年乃归。日本无如何,于其间与俄人订立协商:日本驻韩公使小村寿太郎与威拔所订立。"俄许于无事时劝韩皇还宫,日许查办'侠客'。俄许日于釜山、京城间,置兵百人,以保护电线。如遇朝鲜人攻击,可在京城置二中队,元山一中队,以资保护。俄人置兵,不得超过日本所置兵数。俟无虞攻击时,两国各撤去之。"尼古拉加冕时,日派山县有朋为贺使,又与俄政府立一议定书,订明"朝鲜欲募外债,两国政府当合力援助。军队及警察,两国皆不干涉。日本于所占电线,得继续管理。俄国亦得架设自韩京至俄国境之电线"。于是日、俄对韩,权力殆相平等矣。约既立,日人设《渡韩限制法》,以严治其所谓"侠客"者。而俄人遽嗾韩人,辞退所聘日本士官,并废其所立军制,而以俄官代之。又欲迫韩人聘俄人为财政顾问,以英人反对乃已。日本于是时,则惟吞声忍气而已。盖中、日之役,日为战胜国;而俄人联合德、法,迫日还辽,实为战胜"战胜国"之国;其声势既已不敌,而韩人又排日而亲俄,日人固无如何也。迨光绪二十四年(1898),俄人以方尽力经营满洲,于朝鲜之事一时力有未及,乃由其驻日公使罗善,与日人订结第二协商:"两国相约,确认韩国之主权及其完全独立;不干涉其内政。军事教练及财政顾问,非先商妥,不擅处置。俄国不因日本在韩商工业之发达,及其居留臣民之渐多,而于日、韩间之工商业有所妨碍。"盖认日在韩之工商业,而于政治则两国仍立于平等之地位也。在韩之商工业,俄人或不能与日争,但使政治、军事,其力足与日侔,则俄在满洲之形势既强,废弃此约,如土苴耳。故此协商,俄人虽似较前退让,而实则无所退让也。

日、俄两国之战祸,至此可谓已不能免,特俟机而发耳。

三　日俄战前之交涉

日俄之战,既有一触即发之势;而当是时,复有为之作导线者,则我国庚子之乱是也。是岁,光绪二十六年(1900)。我国既与各国宣战,东南督抚联合以拒伪命。而东三省将军,皆出兵向俄人攻击。俄人乃命阿穆尔区之兵,攻吉林以北;其所谓关东省之兵,攻铁岭以南。阿穆尔区之兵,分为四道：第一道陷瑷珲；第二道之兵与之合，同陷墨尔根、齐齐哈尔；第三道之兵，陷哈尔滨、三姓；第四道之兵，陷珲春、宁古塔。四道兵会于呼兰，进陷吉林。其所谓关东省之兵，又分为二：一西北陷锦州；一北陷牛庄、辽阳，遂陷奉天，进陷铁岭，又西陷新民，东陷安东，挟奉天将军增祺，以号令三省。于是东三省全落于俄人掌握之中。

先是，俄人既筑东省铁路，又由比公司出面，攫得京汉铁路之建筑权。山西商务局又借道胜银行款，以筑正太铁路。于是俄人之势力，弥漫北方。英人乃要求承造津镇、后来改为津浦。九广、浦信、苏杭甬，及自河南至山西五路，以为抵制。俄人要求承造山海关以北铁路，英人又使汇丰银行与中国政府订立关外铁路契约以抵制之。于是英、俄两国鉴于形势之恶，乃于光绪二十五年（1899）三月，在圣彼得堡换文。英认长城以北铁路归俄，俄认长江流域铁路归英。同时英、德银团在伦敦商定，英认黄河流域，除山西及由山西至河南之铁路，可与京汉线相接；并得更筑一线，接至长江流域外，皆为德人势力范围。德认山西及长江流域为英人势力范围。而将津浦铁路瓜分。于是美国务卿海约翰，有开放中国门户，而保全其领土之宣言。于是岁七月二十八日西9月2日。通牒俄、日、英、法、德、意，要求"在中国有势力范围之国，承认三条件：（一）各国在中国所获利益范围、租借地域，及别项既得权利，彼此不相干涉。（二）各国势力范围内之各港，对他国商品，遵照中国现行海关税率收税。（三）各国势力范围内各港，对他国船舶所收入港税，不得较其本国为高。其铁路对他国所收运费亦然"。盖中国税率，系属协定；各国条约，又皆有最惠国条款；无论不重，即重亦系各国一律。若有势力范围之国，于其势力范围之内，而破坏此办法，则其势力范围以内之地，即为其所独占，他国不能与争。通牒（二）（三）两条，即系防止此等手段。此即所谓门户开放。非防我自闭关，乃防他人代我关闭门户也。而各国所以能主张此等权利，乃系根据其与中国所订条约而来。设使中国领土而有变更，条约即归消灭，一切无从说起矣。此开放门户，所以必合保全领土而后完也。此等办法，原不过攫夺中国权利之国，立一互相妥协之约；于中国今日，所谓"废除不平等条约""解脱帝国主义之束缚"者，了不相干。然使此说而果能实行，则固可暂止各国在中国之争攘，俾中国得免瓜分之惨，而徐图自强。于远东之和平，世界之和平，皆未必无益。乃俄人又首谋破坏之。当美国通牒之发出也，六国无辞以拒，悉覆牒承认。及庚子之变，俄人独据东三省,虽向各国宣言:"意在保护铁路。俟事平即行撤兵。"而其后遂久据不撤。于是东三省遂有为俄人独占之势,均势寖以破坏矣。当是时也,英人方有事南非,独力不能制俄。乃与德人订立协约,申明开放门户,保全领土之旨。通知俄、日、美、法、意、奥六国。五国皆覆牒承认,惟俄主张"该协约之效力,仅及于英、德势力范围,而东三省不在其内"。其独占之心,昭然若揭矣。德人在东方,关系较浅,遂承认俄之主张。英人则宣言否认。日本亦赞成英议。俄卒不悛。和议既开,犹坚持东三省事由中、俄两国另议。又借口两宫未回銮,无从交涉,迁延时日,而实促中国订立密约。此光绪二十六七年间(1900—1901)事也。和议之开,在光绪二十六年(1900)十一月初二日,成于二十七年(1901)七月二十五日。当开议时,即有俄人胁增祺订立密约之说,其后又有俄政府与我驻使杨儒订立密约之说。日、英、德、奥、意、美诸国,皆向中国政府警告。中国为所慑,俄人亦为所牵掣,乃未成。英人既鉴于德之不足恃,思在极东,更求与国;而日人亦怵于独力不足御俄,乃于光绪二十八年正月四日,西1902年2月11日。在伦敦成立同盟。约中申明"承认中、韩两国之独立。英对中、日,对中、韩之利益,因他国侵略而受损害时,各得执行必要之手段。因此与一国开战,同盟国须严守中立。若所战之国,有一国或数国加入,同盟国即当出兵援助"。约既成,英国舆论颇有排击其政府者,而日本则举国欢欣。盖英在远东利害关系虽切,究不如日人有生死存亡之关系也。于是日本一方,声势骤壮。俄人乃于二月三日西3月12日。向各国发表"俄、法两国在极东利益受侵犯时,两国政府得取防卫手段"。盖将俄法同盟之效力,扩充至远东方面,以抗英日同盟也。日俄战争以前,外交之形势如此。

俄人并吞东三省之志,既为各国所非难,乃于是岁三月一日西4月8日,与中国订立撤兵之约。以六个月为一期。第一期撤盛京以西南之兵;第二期尽撤奉天省内及吉林全省之兵;第三期撤黑龙江省之兵。第一期于是岁九月十五日西10月16日。期满,俄人先期半月,即将应撤之兵尽行撤退。第二期到期,为光绪二十九年三月十五日。西1903年4月12日。俄人非徒不撤,反向我提出要求:(一)东三省之地,不得割让或租借与他国。(二)俄撤兵之地,不得开作商埠。(三)东三省军事、政治,不得聘用他国人。(四)(五)牛庄公务,任用俄人。税关归道胜银行经理。(六)东三省卫生事务,聘用俄人。(七)俄得使用东三省电线。日、英、美皆向中国政府警告。俄人乃将要求撤回。迨五月间,又易他项条件提出。盖俄人是时已决与日本开战，故为此以挑衅也。

中、日战后，俄人之势力弥漫于朝鲜，已如前述。日本之安全，固与朝鲜有关系；而朝鲜之安全又与满洲关系极密。自有史以来，满洲之形势而强，朝鲜未有能保其独立者。汉武之能开朝鲜为四郡，以是时辽东之形势强也。前汉末年，辽东渐弱，而句丽、百济遂鸱张。自后汉末至晋初，公孙度、毌丘俭、慕容廆，相继雄张辽东。句丽屡为所破，几至灭亡。慕容氏衰而辽东弱，句丽乘胜并其地。是时句丽甚强大，对北魏已不恭顺。隋、唐时更桀骜。隋炀帝、唐太宗发大兵攻之，而皆不克。虽曰中国之用兵有失策，亦以辽东既失，运兵转饷皆须跋涉千里，有鞭长莫及之势也。其后句丽、百济皆内乱，高宗乃乘机，自山东发兵灭之。此乃彼之自亡，非用兵恒轨。自武后以后，中国不复能经营辽东，而满族迭兴。渤海盛时，以丽、济旧地荒弃，未与新罗直接。金清兴而半岛遂为之臣属。元时，属于其地置行省，干涉其内政，受祸尤酷。其初，亦因征讨辽东之叛人而起也。况乎近世，侵略之策略，用兵之规模，益非古昔比邪？呜呼！日本户水宽人之论也，其言曰："以日本人口之增加，势不能不图殖民于外。而欲图殖民于外，则世界沃土，悉已为白人所占据。能容日人移殖者，满洲、朝鲜而外，惟有南美。然亦不能多。何则？移民苟多，则将与土人冲突，而为美国之门罗主义所干涉也。故能容日人移殖者，实惟有满洲、朝鲜。然朝鲜全国，亦不过能容数百万人而止。移民者百年之大计，规模岂容如此狭隘！故为日本生存计，满洲决不容放弃也。况俄苟据满洲，必不能忘情于朝鲜，即谓俄能忘情，亦必日弃朝鲜而后可。否则日据朝鲜，自俄人视之，如日厉利刃于其所据之满洲之侧，而又横亘于旅顺及海参崴之间，以阻其海上之联络，未有能自安者也。况乎朝鲜夙媚俄，将助俄以排日邪？"户水此论，盖为当时主张"满韩交换论"者发也。满韩交换，诚为日本之失策。然以日本是时，与俄国开战，究属险事。故其国民虽竭力主战，当俄国第二撤兵期届而延不撤兵时，日人即主张开战。户水宽人、富井政章、金井延、高桥作卫、小野塚启、原次寺尾亨、中村进午七博士，共见内阁总理桂太郎，力言满韩交换之非计。其国民又组织对外同志会，要求政府径促俄国撤兵。如俄国不听，即与开战。而政府犹迟迟吾行，未能全忘情于满韩交换之论也。

就近年所发现关于日俄战争之史料观之，当时俄国士大夫对于远东问题之主张亦分两派：一主急进，一主缓和。急进派领袖为关东总督亚历塞夫（Alexiev）及俄皇之枢密参赞（State Councillor）倍索白拉索夫（Bezobrazoff）。而缓和派领袖则陆军大臣苦鲁伯坚（General Kuropatkin）也。倍索白拉索夫颇得俄皇信任。因其经营采木公司于东方，为谋该公司利益之扩张，力主积极侵略满、韩，与亚历塞夫暗相呼应。而苦鲁伯坚则因战略关系，主张慎重。苦鲁伯坚就任陆军大臣以后，检查全国军力，觉俄国在远东，一时尚不能与日本开战。据其估计，若一旦用兵，日本方面可调动之军队约有 40 万人。数日之内，即可以半数渡海作战，而立刻加入前线者总在七师以上。而俄国当时驻远东之军队，自海参崴，沿铁路线直达旅顺，全数不过 8 万人。俄国国内军队虽多，然因西伯利亚铁道尚未完全筑成，运至远东作战，必须极长时间。"远水不能救近火"，必为日本所乘无疑。外交之进展与军事之准备，必须互相援应，而后可以收功。今外交之进展过速，军事之准备虽努力追随，终望尘莫及。倘使战事爆发，俄军必多不利。是以苦鲁伯坚力阻急进政策。彼以为此时俄人不但不应干预朝鲜之政事，即朝鲜之商业亦宜暂行放弃，盖经济上利害之冲突，亦恐引起战祸也。参看苦鲁伯坚所著 *The Russian Army and Japanese War* 第 1 卷第 73 页、第 123 页及第 2 卷 26 页。A. B. Lindsay 英译本。

俄国陆军大臣之见地虽如此，而枢密参赞倍索白拉索夫之意见则不然。倍索白拉索夫注重商业之利益与经济之侵略，对于满、韩丝毫不肯放松。西历 1896 年以后，俄商以"辅助朝鲜抵抗日本"为名，取得北韩之森林采伐权，得于鸭绿、图们两江之左岸经营林业。继复于 1902 年得中国同等之承认，准其在上述两江之右岸伐木。于是组织大规模之采木公司，以倍索白拉索夫为督办，参谋本部要员麦橘托夫（Lt.-Colonel Madritoff）为经理。据日人调查，俄皇及俄京贵人多为该公司股东，即关东总督亚历塞夫亦与该公司有经济上之关系。公司所采之木皆由鸭绿江运至大连，锯成材料，分销各处。于是在大连设一极大之锯木厂。更以巨款建筑商场船埠，使成商业之中心。再进一步，乃移军费以经营大连。大连商场之建筑日益宏丽，而旅顺之防御工程转因经费之减缩，迟迟不能完成。且大连为一自由商港，全无防御工作，一旦日本来攻，丝毫不能抵抗，大连若失，旅顺亦必受其牵动。大连之商业愈发达，俄人不肯放弃满洲之心亦愈坚决。然而旅顺之军事预备费，竟减少三分之二，由 5 600 万镑减至 1 600 万镑。致俄国虽有强占满洲之野心，而无保持满洲之实力。

不宁唯是。此采木公司不但移军费以经营商港，且直接干涉军事计划，而以军队拥护其商业之利益。其明显之例，即倍索白拉索夫请调精兵一队驻扎鸭绿江口，以保障其采木之权利。且言一旦与日本开战，此军队可利用鸭绿江天险，以防阻日军之进行。陆军大臣苦鲁伯坚则以为此少数之军队远驻韩边,与大队不能相呼应,必为日本之主力军队所乘,而归于消灭,徒损军威,无补于事,故极力反对之。然以关东总督亚历塞夫力护采木公司之建议,调兵进驻鸭绿江口,竟成事实。

亚历塞夫亦一军事专家也,而其见地与苦鲁伯坚不同。彼既为关东总督,实握远东军事全权,远东舰队亦由其指挥。彼以为俄国舰队足以防阻日军在渤海湾或西朝鲜湾登陆。故日本只能由朝鲜运兵,且须避至俄舰势力不及之处上岸。照此估计,则宣战之后,日本经三星期之久,始能运兵三师至朝鲜;再隔一周,然后可以增运三师;抵朝鲜后,必须半月左右方可攻入满洲。而依庚子年(1900)所得经验,则俄国不难于短期之内,集中 10 万军队于满洲,故足以与日本对抗。若支持至六个月,则俄国可以 14.5 万人与日本 12.2 万人在东清铁路附近交战。

当西历 1903 年亚历塞夫受命为关东总督时,苦鲁伯坚即与细商远东军事计划。据亚历塞夫之意见,日、俄若竟开战,中国或将助日。其时关外有华兵 2 万左右,似曾受日本军官之训练,关内更有华兵 5 万,可以出为后盾。故与日本作战,必须同时防止华兵参加。且日本进兵必先占朝鲜,继攻旅顺,故拟定军事之布置如下:(一)以俄兵 1.2 万驻守旅顺;(二)以俄兵 7 000 防护海参崴;(三)以大部军队分驻满洲各重要地段,一方保卫铁路,一方监视华兵;(四)以精兵 1.9 万携大炮 86 尊进驻鸭绿江沿岸,以阻日军之猛进,其余军队则集中于沈阳、辽阳、海口三处,以资策应;(五)一旦开战,俄军必须占领营口,以防日军由彼登陆。盖亚历塞夫以为鸭绿江有天险可凭,俄国驻兵必能于此防阻日军之侵入满洲,即使众寡不敌,亦可退守分水岭诸山,以与后方大队相联络;倘日本进攻旅顺,则分水岭之兵可以从侧面攻击,断其归路。

然此种布置,初非苦鲁伯坚所敢深信。故其上俄皇之奏折中,声明俄国在辽东之军备虽有增加,而日本方面之布置亦未尝懈怠。官报中虽得估计日本出战之兵约有步枪 12.6 万,指挥刀 5 000,大炮 494 门,实际决不止此数。当时业有海陆军官各一人密报俄皇,日本常备军虽属有限,而后备兵极多,一旦开战,均可加入前线,日本之战斗力必因之大增,殊非远东所驻俄军所能抵御。惜乎宫廷内外满布主战派之心腹,此种密报竟未使陆军大臣过目,故苦鲁伯坚所言,仅为其个人之估计。然彼业已看破日本海陆军力之骤增,故明告俄皇,驻扎鸭绿江边之俄兵力量单薄,恐遭敌人重兵之袭击；假使俄国舰队不能控制海面，使日本大队得以稳渡，则危险尤甚。盖日本如能将其可用之军队完全送登大陆，则俄国绝无保守南满之希望。苟欲使俄军不为日本零星攻破，则非集中兵力退驻哈尔滨，以待大队之后援不可。此时旅顺必至孤立无援；而旅顺之防御工程既欠完整，所驻兵力亦不敷用，前途殊无把握。但主战派方极力粉饰本身之弱点，以冀达其雄霸东亚之雄心；苦鲁伯坚之言，竟以等闲置之。陆军大臣不能主持和战之大计，而听群小包围俄皇，亦足征当时俄政之腐败矣。

主战派根本之错误，即亚历塞夫及其僚属过信俄国远东舰队之战斗力，以为决不致败于日本。该舰队之总参谋魏格夫特(Admiral Vitgeft)坚决表示，以日、俄两国在远东舰队之战斗力相较，俄海军决不致战败；俄海军若不战败，日兵决无在牛庄或西朝鲜湾中其他海港登岸之希望。亚历塞夫赞许此说，以为东自仁川西至威海卫，皆为俄国舰队势力所及之地，日本决不能于此运兵。彼等认定日军只能在仁川以东之朝鲜海岸登陆。由此进至鸭绿江边，须经过200英里以上之长途，其间层峦叠嶂，人迹甚稀，仅有一路可以通车。此路由仁川，经朝鲜京城至安东，路既狭隘，年久失修，运兵极不便利。再由安东，进窥旅顺，其间复隔170英里。每经大雨，或当融雪之时，南满、北韩之路皆成泥洼，极不易行；人行尚且不易，何况重炮及其他军需品之搬运？照此理想推算，无怪其错认日军不能急切侵入满洲。

俄国海军将佐，但知比较双方舰数及吨数，以定两军海上之战斗力；对于其他重要条件，如军舰之速度、武装之新旧、海港之形势、船员之训练等一概抹杀不问，此为失败之总因。当时俄国在远东之战舰虽多，然真能上前线以充分之力量作战者不过11艘；而日本方面则有14艘之多。俄舰每小时行16.3海里(knots)，日舰每小时行18.3海里(knots)。俄舰所有超过6英寸口径之炮仅42尊，而日舰则有55尊。俄舰有6英寸口径之炮138尊，日舰则有184尊。俄国在远东只有海军根据地二处：一为海参崴，港中仅有船坞一座，可以容纳大战舰；一为旅顺，则其唯一之船坞实嫌过小，难容战舰之大者，虽有种种扩充之计划，尚未能见诸实行。而日本方面则有海军根据地六处，每处皆有大船坞六七座，可以容纳大战舰，此外尚有鱼雷艇根据地及建有防御工程之海港数处，均可供海军之使用。最不利于俄方者，即日本之海军根据地三处与朝鲜海峡相近，将旅顺与海参崴隔断，使不能互相呼应；加以海参崴天气过寒，每年12月至3月，全港为冰所锁，除用铲冰船冲开一路，军舰不能出入，而俄国战斗力最强之四舰皆定泊于此，冬季开战，何等不便！至于舰员之训练，俄舰人员服务期虽较日舰为长，而俄舰之一部分仅为预备队，每年入大海操练仅 20 天，其余时间，则均闲泊港中，等于"驻兵之浮家泛宅"(floating barracks)而已。

俄国海军少佐谢米诺夫 (Commander Semenoff) 于所著《功罪录》(Rasplata) 一文中述及关东总督亚历塞夫之态度，颇足表示当时骄兵悍将误国之情形。其言曰：

"苟舰长真心爱护其所管之战舰，则舰中虽有极细之缺点，亦不可稍稍忽视。彼应立刻报告长官，亟图补救，以免临阵发生危险，盖最小之缺点每足引起最大之不幸也。然而驻扎旅顺之舰长若照此原则履行其职务，则将被认为'不适宜之属吏'(Inconvenient Subordinate)，其行为于长官有所不便。盖关东总督极不愿闻彼所管辖之舰队有何缺点。故彼在任一日，各舰长必须于报告中说明舰中一切尽善尽美，以便总督转奏俄皇，彼所统率之舰队准备完整，随时可以作战而克敌奏功也。"Rasplata 一文在 R.U.S.I. Journal for 1609—1610 杂志中发表。

俄国海军之不足恃，已如上文所述，则欲其阻止日本在朝鲜湾一带登陆，事实上效力无多。故亚历塞夫对于日本行军之计划皆不可靠。而俄国驻在远东之陆军，不仅兵力单薄，将校亦复轻敌不肯用命。例如苦鲁伯坚曾训令俄军东路司令官，为集中兵力起见，其部队必须且战且退，一方阻碍日军之猛进，一方仍不可与退后集中之主力军失联络，以免陷于孤危之境。而司令官查苏立 (General Zasulich) 声言：曾受圣乔治勋章之武士，但知进战克敌，素无退缩避敌之习惯。苦鲁伯坚亦无如之何。军令不行，安得不败！

俄国驻远东将校虚骄之气愈张，则国内急进派之声势亦愈大。蒙蔽俄皇，粉饰本国之弱点，使朝野皆不知满、韩形势之真相，遂造成剑拔弩张，岌岌不可终日之局面。苦鲁伯坚为慎重起见，故亲游日本，以观虚实，于光绪二十九年五月九日西1903年6月4日。抵东京。当时传说不一，有谓其此来系订满、韩交换条约者，实则考察形势耳。苦鲁伯坚旋赴旅顺，集俄官，开大会。闻五月十二日，即西历7月6日。驻中韩公使、关东总督、道胜银行总理、驻满洲各军之参谋长皆与焉。此次会议，意见初不一致，亚历塞夫等皆主急进，苦鲁伯坚独持异议。及其归国，力主撤兵，不但放弃南满，亦须放弃旅顺。

见 C. Ross, *The Russo-Japanese War* 第 38 页。作者何所根据,尚待查考。无如苦鲁伯坚甫归,倍索白拉索夫继至,极力向各方游说,推翻放弃满洲之主张。当时俄国要人多与远东实业发生关系,一旦撤兵,与其本身利益不无损害,故均力助倍索白拉索夫,使俄国政府对于陆军大臣之提议重加考虑。其结果不但不撤回驻满洲之军队,且在满洲境内、鸭绿江沿岸,及朝鲜边境极力扩张其经济势力,以与日本争雄。

六月十三日,西 8 月 5 日。俄合阿穆尔及关东省设极东大总督府,以关东总督亚历塞夫为大总督,得指挥阿穆尔区及关东省之陆军、太平洋之海军,宣战、讲和皆许便宜行事,驻东洋之外交官皆听命焉。识者早知满、韩交换之论之必无成,而日、俄之战事,必不可免矣。参阅苦鲁伯坚所著《俄国军队与对日战争》一书英文译本 *The Russian Army and Japanese War* 及洛斯(Ross)所著英文《日俄战史》。

果也,俄人于是时对韩国提出要求,欲租借龙岩浦,并迫韩履行逾期作废之《森林条约》。韩人以受日、英警告,不敢许。俄人乃强筑炮台于龙岩浦,改其名曰尼古拉。架电线通安东。其挑战之行为,可谓极显著。然日人犹欲与俄和平商略,乃以是岁六月间,命其驻俄公使栗野慎一郎,访俄外务大臣蓝斯都夫,申明"两国在极东之利益,愿协商和平办法"。俄人许之。小村乃制成《协约草案》,命栗野向俄廷提出。

(一)尊重中、韩两国之独立,保全其领土。对于两国之商工业,彼此互守机会均等主义。

(二)俄认日对韩之卓越利益。日认俄对满洲经营铁道之特殊利益。

(三)以不违反第一条为限,日对韩,俄对满洲,不妨碍缔约国之商工业活动,韩国铁路,延长至满洲南部,与中东路及山海关、牛庄铁路相接时,俄不阻碍。

(四)为保护第二条所述之利益,日对韩,俄对满洲派兵时,所派之兵,不得超过实际必要之数。事定即撤。

(五)俄认日对韩改革,有与助言及助力,并含军事上援助之专权。

俄国此时,盖欲使亚历塞夫当此交涉之任。蓝斯都夫乃托言将从俄皇出巡,请由驻日俄使罗善当交涉之任;并请由俄国亦作一提案,与日本所提出之案,同作为交涉基础。日人不得已,许之。八月中旬西 10 月上旬。罗善与亚历塞夫会商后,提出对案。其第(一)条,但言尊重韩国之独立,保全其领土。第(二)条,限于不违反第(一)条,承认日在韩之卓越利益。而于日

第(五)条之对韩援助,限制之于民政,并删含军事上援助之语。第(三)条,俄承认不阻碍日本在韩之商工营业。限于不违反第(一)条,不反对日本保护商工营业之行为。第(四)条,对派兵事,亦仅言韩而删满洲。第(五)(六)(七)三条,为俄国自提出者。第(五)条,限日于韩国领土,不为军略上之目的使用。于韩国沿海,不筑有妨自由航行之兵事工程。第(六)条,以北纬39度以北韩国之地为中立地。两国军队,皆不得侵入。第(七)条,日认满洲及其沿岸,全在日本利益范围之外。

小村乃提出改革案。于俄提案第(三)条"商工营业",改为"商工业活动之发达"。"保护商工营业",改为"保护是等利益"。第(四)条改为向韩派兵,俄认为日本之权利。第(二)条之"民政",改为"内政",仍加含军事上援助一语。第(六)条改为满、韩境上,各五十启罗密达①。第(七)条全删。改为(甲)俄对满洲,尊重中国之主权,保全其领土。不妨碍日本对满洲之商业自由。(乙)以不反(甲)为限,日认俄在满洲之特殊利益。俄国保护该利益之行为,日认为俄之权利。(丙)韩国铁道延长至鸭绿江时,不妨碍其与满洲铁路之联络。

小村与俄使谈判数次。俄使认关于韩国条件之修正,而关于满洲之条件,终不相下。小村乃更提修正案,承认"日不于韩国沿岸,建筑妨害自由航行之兵事工程"。而要求"日于满,俄于韩,各承认在本国特殊利益范围之外"。又"俄在韩因条约所得商业及居住之权利,日不妨碍。日在中国因条约所得商业及居住之权利及豁免,俄亦不妨碍","日认俄在满之特殊利益,并认俄为保护此等利益之必要处分",而要求"俄亦承认不阻碍日本在韩工商业之活动发达。日为保护此等利益之行为,俄不反对"。又"日为上述目的,向韩派兵时,俄认为日之权利"。余与第一次提案第(一)、第(五)条,及对俄案第(六)条之修正,并删改俄案第(七)条之两项相同。

罗善接此案后,将全文电俄京请命。小村亦命栗野向俄政府申明,"日所要求为正当"。盖日本已视此为最后让步矣。时蓝斯都夫已随俄皇游历法、德而归。栗野往访之。蓝斯都夫乃出以延宕之手段。栗野往访数次,皆不得要领。至十月二十三日,西12月11日。俄公使忽向小村提出第二次修正案。(一)仍只承认保全韩国之独立及其领土。(二)于日本对韩之援

---

① 编者按:即50公里。

助,仍只认其限于民政,并删军事上援助之语。(三)(四)于日本所要求"俄国承认日在韩之工商业之活动发达;暨保护此等利益之行为;及因此向韩派兵,俄认为日之权利",俄皆承认之。(五)(六)而仍执俄原提案之第(五)、第(六)两条。于满洲则一字不提。

小村于第(二)、第(五)两条,加以修正。第(六)条全行删除。并申言"满洲置诸约外,万难承认"。

十一月十九日,西1904年1月6日。俄使覆文:于第(二)条之修改,承认日本之要求。(五)(六)两条,皆仍原文。另提"满洲及其沿岸,日本承认在己国范围之外。但日本或他国,在满洲依条约获得之权利及特权,俄不反对"一条。

交涉至此,业已山穷水尽。于是小村再促俄使反省。俄使不答。两国交涉,遂因停顿而破裂。

四 日俄两国战前之形势

语曰:"善阵者不战,善战者不败,善败者不亡。"至哉言乎!天下无论何事,其成其败,皆决于未着手之先。一着手,即已无可挽回矣。兵,凶器也;战,危事也;以人之死争胜,蹶而不振,则悔之无及也。故今世战役,无不其难其慎,力求知彼知己者。不独当事之国,即旁观之比较其强弱,而逆度其胜负者,亦无微不至也。今试比较日、俄二国战前之形势如下。

战事之胜败,不独兵也;然战固不能无用兵,故言战争之胜败者,兵事必首及焉。日本之军,为征兵制。民年17至40,皆有服兵役之义务。先充常备兵,其中又分现役及预备:现役,陆军3年,海军4年;预备役,陆军4年又4个月,海军3年。常备役满,退为后备兵5年。再退为补充兵,再退为国民兵。其组织,以师团为最大,合步兵2旅团,1旅团分2联队,1联队分3大队。骑兵3中队,炮兵6中队,工兵、辎重兵各2中队而成师团。1师团1.25万人。有近卫师团1,第一至第十二师团12,凡13。共合2师团而称军团,则战时之编制也。13师团之外,有骑兵2旅团,战时为骑兵独立师团;又有野战炮兵6联队,此日本之常备兵也。其数约16万。预备兵:步兵52大队,骑兵17中队,炮兵19中队,其数约5万。后备兵及国民兵,数皆倍于预备兵。故日本全国陆军之数,在40万左右。其政令,掌于陆军大臣。司作战之计划者,则参谋本部也。于东京置中、东、西三部都督:东部都督,辖第一、第二、第七、第八师管区;中部都督,辖第三、第四、第九、第十师管区;西部都督,辖第五、第六、第十一、第十二师管区。

其海军:有一等战舰6,二等战舰3。一等巡洋舰6,二等巡洋舰9,三等巡洋舰7。三等海防舰10。一等炮舰2,二等炮舰14。通报舰4。驱逐舰19。水雷母舰1。水雷艇62。海军现役3.1万余人。其中在各舰者1.6万余人,余在镇守府及各要塞。预备4 000余人。后备约2 000人。海军之政令,掌于海军大臣。作战之计划,定于海军司令部。海军区分为五:曰横须贺,曰吴,曰佐世保,曰舞鹤,皆设镇守府;惟室兰一区未设。

俄国之制:国民服兵役之期限为23年,自21岁至43岁。其在欧俄,充常备5年,预备役13年,后备5年。在亚洲,则常备7年,预备10年,后备6年。在高加索,则常备3年,预备5年,后备15年。在哥萨克,则常备3年,预备15年,后备5年。陆军编制,以军团为最大。1军团有步兵2师团,1师团有2旅团,1旅团有2联队,1联队有4大队,1大队有4中队,1中队有4小队。骑兵1师团,加以炮兵、工兵、筑城兵、电信队、架桥队、铁道队、马匹补给队,合计士官1 030人,兵士47 653人,马16 965匹,炮120门。全国有师团52,分为29军团,故有不足2师团之军团。而在东西伯利亚者二。此外又有近卫兵、芬兰兵、哥萨克兵、高加索兵,皆为特别编制。又有补充队、要塞守兵、铁路守备兵等。故俄陆军之数,实甲宇内云。战时可扩充至400万。全国分军区53,皆有司令,而直辖于陆军大臣。陆军大臣下有六部:(一)高等军事会议。(二)高等军法会议。(三)参谋本部。俄之参谋本部,隶属陆军省,不独立。(四)七监部。1.炮兵监,2.工兵监,3.监督监,4.医务监,5.教育监,6.法官监,7.哥萨克兵监。(五)陆军省经理局。(六)监军部。此外骑兵监、射击监,亦隶陆军省。

其海军:有战舰28。一等巡洋舰14,二等巡洋舰13,三等巡洋舰10。海防舰10。一等炮舰4,二等炮舰27。驱逐舰39。水雷母舰10。水雷艇207。将卒凡4万人。海区分为四:曰波罗的海,曰黑海,曰里海,曰太平洋。海军舰队有四:曰波罗的海舰队,曰黑海舰队,曰地中海舰队,以属于波罗的海之舰编成。曰太平洋舰队。除黑海舰队,以达达尼尔海峡被封锁,无出海之望外,余皆可作战于东洋者也。海军最高之官曰海军元帅,以皇族任之。

海军大臣为之佐。其下有(一)海军本部会议,(二)海军军令部,(三)水路处,(四)舰政处,(五)技术会议,(六)海军高等军法会议,(七)司法处,执行高等军法会议议决之事。(八)卫生处,(九)官报房,掌理簿册。呈奏之报告书,由其编辑。法令裁可,由其执行。(十)记录局,(十一)恩给局,(十二)印行局等。各海区皆有军港,分一、二等。一等有司令长官,二等有司令官。太平洋海区有军港二：一海参崴,一旅顺也。皆为二等。俄国海军,又分海战、陆战二部。在海称舰队,在陆称海军团。1 海军团,自 7 至 15 中队。1 中队 150 人。1 战舰 4 中队。余各以舰之大小为差。

　　以上就兵数及兵制言之也。若以兵之优劣论,则据当时之评论,日、俄两国,亦互有短长。日兵所受教育较深,其训练亦较勤。故其军队整齐严肃,实不愧为训练节制之师。俄国则军政颇为腐败。军饷既薄,上官又从而克扣之,且役使之。当时驻扎满洲之兵,多有听其自营生业,名在伍而实不在伍者。此等既各自营生,多不愿归营,更无斗志。而军中将卒,亦多不辑。此日之所长,俄之所短一也。日人种族单纯,举国一致。其国民,既富于忠君爱国之心,又承武士道之流风余韵,国小而迫,人人皆有危亡之惧,以故上下一心,军人皆有死不旋踵之概。俄人则种族错杂,国民教育之程度亦较低,多不知国家与己之关系。又以种族之恶感,政治思想之不同,有不愿为国家效力者。故其师多而斗志不逮。此日之所长,俄之所短二也。日人举动,类多敏捷活泼。俄兵则较重滞。此日之所长,俄之所短三也。日人生活程度较低,行军时求得供给较易。俄人则非面包不食,非肉不饱,行军时求供给较难。此日之所长,俄之所短四也。然俄人体格魁梧,膂力强健；又生长大陆,不畏酷寒。日人则躯干较小,体力亦不逮俄人,岛国之气候较优,使与俄军周旋于满、韩,殊觉其相形而见绌。此俄之所长,而日之所短一也。俄国马队,多而且良,以之驰驱于大陆,实为一种特色。日兵则远弗逮。此俄之所长,日之所短二也。日人虽敏捷活泼,而以性情粗朴,欲望简单论,则不如俄人。凡性情粗朴,欲望简单之兵,最易驱使。脱遭挫折,但能以术鼓励之,使之再振亦易。兵之智者,则与是相反。此俄之所长,日之所短三也。若以兵数论,则俄十倍于日而不止,其优劣尤不待言也。

　　语曰："小固不可以敌大,寡固不可以敌众。"日、俄兵数,相悬若此,而日人竟敢与俄宣战者,何哉？则恃其运输之捷,有非俄人之所能逮者在也。

俄国西伯利亚铁路,本系单线。贝加尔湖一段,日、俄战时,尚未竣工。其西伯利亚之驻兵,调至满洲,据庚子之经验,为期不过1月许。然在贝加尔湖以东之兵,仅11万,势不能与日敌,则必调用欧洲之兵。而欧洲之兵,非六七十日不能至奉天。日本则与朝鲜仅一苇之隔,几于朝发而夕至。京釜铁路,又以日、俄战前,急速竣工。故其调兵至朝鲜甚捷。即赴奉天,至多亦不过40日耳,故以运输而论,日人实有足弥其兵少之阙憾,而俄之众,亦有非旦夕所能用之者。此日本所以敢悍然与俄开战也。虽然,日本此等计划,固亦有其冒险之处。何者?俄国运输虽迟,然所经皆国内之地。即入中国境内,直至奉天,亦毫无抵抗。或谓满洲住民颇恶俄;所谓马贼,或起而扰其后,亦不过留少数之兵,维护铁路,则足以防之矣。日本则运兵必由海道,苟非敌人海军歼灭,或受巨创,全失其活动之力,则时有被袭击之虞。故其运兵虽捷,而于若干时期内,果能运兵若干至韩,实难确答。若其至奉天,则沿途不能无抵抗,必须且战且进。既且战且进,则不能无所损失,而时日亦愈难确定矣。又日、俄此次作战,皆在他国之境。然俄本国距战地甚远,其繁荣之区,距战地尤远。日人即尽据满洲,俄国疆土,仍丝毫未动也。况日必不能尽据满洲乎?日人所能攻击者,惟东海滨省沿岸。然冰期甚长,攻击亦不易。故俄之地势,实可谓进可以战,退可以守。若日则战区离本国较近,兵一败于外,本国即有被迫之虞。而沿海海线甚长,随处可以攻击。即能守御,已属被人封锁,束手待毙,况守御不易乎?故以地势论,日本实处于有进无退之地位者也。故日、俄此次之作战,虽恃陆军以决最后之胜负,而海军之所击,实尤巨也。

两国海军之优劣,前已略述其概要矣。今所欲言者,即是时之战争,以战舰为中坚,装甲巡洋舰及装甲炮舰为之辅,驱逐舰以资活动。寻常巡洋舰作战之力已小。至旧式之海防舰等,则大而无当,除用以防御沿海外,几于无所用之矣。海军势力之优劣,实以此等主力舰之多少优劣而决。日、俄此次作战于东洋者,日本战舰6,俄7。日本装甲巡洋舰8,俄4。日本装甲炮舰4,俄2。日本驱逐舰19,俄13。以舰数论,日固优于俄。若论其优劣,则方面甚多,一时殆难断定。是时军事学家,有一简便判决之法,以估计其大略,时曰观其"舰龄"。舰龄者,各舰造成年代之多少也,舰力之强,在(一)舰体之完固,(二)行动之敏捷,(三)武器之新式。凡是三者,后成之舰,固必视先造之舰为优。是役,日、俄在东洋之军舰,舰龄大抵在10年以下,惟俄有11年者2。又以速率论,则俄皆在17海里以下,而日有一二在18海里以上。故以在东洋之海军力论,日实优于俄。即以俄人在东洋之舰数而论,亦不如日本。当时俄舰调至东洋者:战舰7,一等巡洋舰4,二等巡洋舰6,海防舰2,一等炮舰2,二等炮舰8,驱逐舰13。惟海参崴冰期长,不虑袭击,已述如前;旅顺亦天险,易防守。故俄军舰可多派出。日人海战设不大利,即不能胜。然当时列国论者,多谓日海军之精练,较胜于俄。日人亦云然。又谓俄储煤不足,舰渠不完,舰船操纵之术,亦不及日。

以上所述,日、俄二国之兵力,殆各有短长,故胜负之数,当时实无人能为之预决。所能勉言者,则曰"日利速战,俄利持久"而已。此战前兵事之形势也。

财政一端,亦为战事之命脉。财政不足,则不特战事不能持久,即短时间之战事,亦有受其牵制,而至于败绩失据者矣。今试再就两国财政情形比较之如下。

俄国面积,凡56倍于日;其人口,则3倍于日;岁入则7倍于日。日本是时之岁入,在2.5亿左右。若是乎,日本之财政,殆远不足与俄敌也。然俄人之财政,实未有以大优于日。以战时之财政,每视其平时基础之稳固与否,以及临时周转之敏活迟滞,及罗掘之难易以为衡。不能以土地面积、人口多少,及平时收入之数为定也。故二国之国力,貌若相差甚远,而二国之财政,则实相伯仲。一言以蔽之,平时尚可敷衍,一临大战,则皆觉其竭蹶而已矣。

日本战事之经验,惟甲午一役。是时预计战时之财政者,自当以甲午之役为计算之根据。而其结果,则有乐观、悲观二派。悲观派之言曰:"中、日战时,日本所费之款,凡2亿元。一日支出最多之数,为68万元。日、俄战时,战术已较中、日战时为进步。战术愈进步,则所费愈多。故昔之支出68万元者,此时非支出百万元不可。而日俄战争,难期其如中日战争之速了。假令延长至3年,则战费将达10亿。外债固不易募;内债纵能发行,而为数过多,亦足扰乱金融,影响于国民之生业。则惟有出于加税之一途。战时国民负担之力,必不如平时,姑置勿论,即能将全国租税,普加至1倍,只仅得1.3亿耳。当一年之战费,仅及三之一。其将何以支持?"此持悲观论者之说也。乐观论者之计算,则大异于是。彼谓"非常准备金,及特别会计资金，可以借用。事业之已经延宕，及可以延宕者，皆可缓办。又可停还旧债，增募新债。于租税，则择其可增者增之。如是，则不虑取之无途。至于支出，则是时战术，虽较中、日战时为进步，而运输亦较中、日战时为便利。中、日战时，运输之费，殆占战费三之一。运输既经改良，则战费可以大省。故此时之军费，纵不能有减于旧，亦必不致加增。又俄国于战事，亦非有十分持久之力。假定战争期限为1年，军费3亿元，已为无可复加之估计，亦非日本所难办也"。此为持乐观论者之说。二说之孰是，诚难断定。然即为乐观论者之说，已不免捉襟而见肘矣。后来实际之支出，并超出悲观论者预计之外。可见战争之不易言。

俄当尼古拉二世时，有一著名之理财家焉。其人为谁？即与李鸿章商定《中俄密约》之微德是也。此约虽订于喀希尼，微德实多有力。微德之受任为财政大臣也，俄之岁入，仅9.6亿卢布。微德加以整理，乃至19亿有余，又发行公债17亿，由是资本大增。筑铁路至7万里，设制铁、造船、造械及其他工厂、矿场尤多。不知其实在情形者，鲜不惊其技之神。然一详考之，则其所谓筹款之策者，加税耳，攫茶与糖为官卖耳，民间运输事业，多改为官营耳。盖微德以俄偏于农业，以生货易熟货为不利，亟于振兴工业，行之过急，遂忘其力之所能任也。当日、俄战时，俄国债之数，已达120亿法郎。一切官营事业，多虞亏损，铁路尤甚。又纸币甚多，一旦开战，易至下落。故收入之数，俄虽远过于日，而论财政之基础，俄尚不如日之稳固也。俄人之所恃者，法为俄之大债主；俄人破产，于法不利，法不得不维持之。故俄在欧洲募债，较日为易。然设使累战累败，又或战虽胜而金融紊乱过甚，法人能终可俄助与否，亦属可疑。而微德顾大言："日、俄若开战，彼能筹出战费14亿。"识者颇为之隐忧矣。

日、俄战前，两国军事、财政之情形如此。夫军事、财政，有形者也。战争之胜败，固不纯视有形之条件而决。即有形之条件，一经开战之后，因战局之利钝，措置之当否，亦有与估计之情形大相径庭者。然此皆无从逆料；而无形之条件，当战前尤隐伏而不见，而无从预行陈论者也。故此章所论，暂止于此，其余则于日、俄战事之评论一章详之。

五　日俄战事上

日、俄两国交涉之停顿,在1904年1月初旬,即光绪二十九年十一月中旬之末也。十二月十八日,即西历2月3日,日本对俄提出断绝国交公文。命驻俄使臣归国,同时命其舰队出发,袭击俄舰。二十四日,西2月9日。两国遂皆下宣战诏书。

兵法曰:"守如处女,出如脱兔。"岂不信哉?日本甲午之役之败我也,以其军事行动之速。甲辰之败俄也亦然。甲午之役,日本以六月十七日西1894年7月19日。对我发最后通牒。是日,即命伊东秋亨率联合舰队占安眠岛附近,以为根据地。二十三日,西25日。我"济远""广乙""操江"三舰,护送"高升"轮船至朝鲜益师,遇于丰岛附近,日军遽发炮攻击。我军出不意,"济远"遁,"广乙"沉,"操江"降,"高升"被击沉,所载兵1 200人歼焉。我士气为之大沮,自此不复能益师朝鲜。平壤、鸭绿,所以一败而不可收拾者此也。日本之攻俄也亦然。两国既绝交,其联合舰队司令东乡平八郎即率舰队出发。二十日,西2月5日。袭击俄舰于旅顺口外,败之。俄舰悉走港内,不敢轻出。翌日,其所分遣之舰队,又击败俄舰于仁川。日本之陆军,遂得稳渡朝鲜矣。

俄人之调度,则较日本少迟。宣战后七日,乃以马哥罗夫为东洋舰队司令。马哥罗夫者,俄人迫日本还辽时,以地中海舰队东来示威者也。宣战后十一日,以陆军大臣苦鲁伯坚为满洲军总指挥。马哥罗夫以光绪三十年(1904)正月十五日西3月1日。至旅顺,苦鲁伯坚以二月十六日西4月1日。至营口,皆在战事已殷之候。其未到时,代当总指挥之任者,为极东大总督亚历塞夫。当陆军指挥之任者,为极东第一军团司令黎涅威治。拳匪乱时,统俄兵入直隶者也。当指挥海军之任者,则东洋舰队长官斯陀尔克也。

俄人此时之举动,虽似稍落后,然当与日交涉时,即已陆续调兵于满洲。据当时之调查,俄人在满洲之兵数,实已达4万有余云。旅顺,步兵1.12万人,炮兵2 081人,工兵878人。金州,步兵2 000人。大连,步兵6 600人,骑兵918人,炮兵750人。凤凰城,骑兵918人,炮兵80人。辽阳州,步兵1 000人,炮兵408人,铁路大队1 500

人。营口,炮兵248人。奉天,步兵910人。吉林,步兵2 200人,骑兵160人,炮兵830人,铁路大队3 000人。宁古塔,步兵2 200人,炮兵455人。伊通州,骑兵750人。横道河子,铁路大队1 500人。巴杨子,骑兵184人。海拉尔,步兵3 863人。除齐齐哈尔兵数未详外,以上共44 533人。① 此时日人实落后也。当时论战事者,颇以是为日本危。幸日军之至朝鲜极速,犹能成一日据朝鲜,俄据满洲以作战之形势也。

朝鲜与我接界处为义州,义州之对岸为安东。安东为通商要地;以兵事论,则鸭绿江左岸之形势,当推九连城;而凤凰城其次冲也。日兵既破俄舰,乃使其舰队护送第十二师团于仁川登岸。正月二十四日西3月10日。向平壤,据之。二月十二日,西3月28日。进据定州。定州者,平壤、义州间之要地;高丽王氏,筑之以御契丹,且控制女真者也。二月十九日,西4月4日。遂进至义州。时日本又使其近卫师团及第二师团于镇南浦上岸。先一日,亦至义州。于是合三师团为第一军,大将黑木为桢统之,以向辽东。俄人是时之举动,颇为迟滞。日兵至义州时,对岸俄兵,尚未大集。闻日军浡至,乃亟征调,使其第三、第六两师团当前敌。皆俄东方之劲旅也。亚历塞夫欲令其迎头痛击,以挫日兵之锐气云。俄兵主力集于九连城,左翼在水口镇,右翼在安东之东南。日兵夹鸭绿江与之相持。至三月十二日,西4月27日。日乃命工兵筑桥,以炮兵掩护之。俄人百计妨害之,而日本工兵冒险前进。十四夜,三桥俱成。日兵遂渡江。俄人力战,不能御。十六日,西5月1日。九连城遂陷。是为日、俄陆军第一次大战。亚历塞夫闻第三、第六师团之败,为之夺气云。各国观战者,多谓俄人遇劲敌矣。日兵遂向凤凰城。

俄人所据奉天之要地,北则辽、沈,南则旅顺也。日本于第一军渡鸭绿江时,又使其大将奥保巩率第一、第二、第四师团,为第二军。以三月二十日西5月5日。自貔子窝登岸。奥保巩分军为二:以其半守貔子窝、普兰店,以拒俄辽阳援军;而以其半攻金州。金州者,旅顺之后蔽也。其通旅顺之道,有山曰南关岭,形势绝险。其南门外,有山曰扇子山,筑炮台其上。其机关炮,一分钟能发至600响云。守御之固,实有金城汤池之势。俄人尝宣言:"日本欲破金州,至速非两月不可。"非谩言也。奥保巩既分兵,转战至金州城下。四月十二十一日夜半,西5月26日。晨,大雷电以风,继之以甚雨。日兵乘机猛进。工兵以棉火药炸其东南二门,毁之。金州遂陷,而南关岭

---

① 编者按:原稿如此,疑有误。

之守犹固。日人以海军入金州湾,与陆军协力,卒攻克之。遂占柳树屯、青泥洼等处。旅顺之后路绝矣。

时俄总指挥苦鲁伯坚驻兵奉天。苦鲁伯坚之战略,欲集大军数十万于辽、沈,与日人一战而挫之。以俄兵运调较迟,非更数月,不能大集;而日兵届时,必已疲敝;欲徐起而承其敝,以规先败后胜之功也,故不肯浪战,坐视日军之据貔子窝不击。及是,旅顺之形势危急,俄人多主速援者。其参谋本部为所动,乃由俄皇电命苦鲁伯坚出师。苦鲁伯坚不得已,集大兵于得利寺,号称20万。据当时军事学家之计算,谓俄兵之在得利寺者,实不过3万。苦鲁伯坚盖故为是虚声恫吓,冀以寒日人之胆,犹是其不愿浪战之故智云。日人虽明知20万兵之说为虚辞,然恐旷日持久,俄兵之集者渐多,其力渐厚,则旅顺不拔,而金州且危。奥保巩乃留第一师团守金州,而率第二、第四两师团,逆击俄兵于得利寺。五月二日西6月15日。破之。时苦鲁伯坚驻兵大石桥,辽阳守备颇虚。日兵乃沿铁路而北。八日西6月21日。陷熊岳。二十六日西7月9日。陷盖平。苦鲁伯坚虑辽阳有失,乃留步兵四师团守大石桥,而自还沈阳。

大石桥者,辽阳之南蔽也,俄人故以重兵守之。四师团外,又佐以炮兵一中队,铁网、地雷遍布,炮兵所据地势尤胜。日人既决取辽、沈、旅顺,乃使乃木希典组织第三军,以攻旅顺,而使奥保巩专攻辽阳。奥保巩之兵,以六月初旬进攻大石桥。俄兵抵御极力,其炮火尤猛,日兵不得进。日炮兵屡易阵地攻之,皆无效。日人不得已,乃不顾损失,督兵猛进。十二日西7月24日。夜,日兵苦战,克俄坚垒二。俄人胆落,遂退兵。明日,日兵据大石桥。大石桥既失,营口、海城、牛庄,皆不能守。遂于十四日西7月26日。及二十一日西8月2日。相继俱下。自此俄兵无复南下之望,旅顺之救援遂绝。苦鲁伯坚是役,实绝似甲午之役,我宋庆、吴大澂等力战于海、盖、牛庄、营口之间而无功。而俄人自旅顺被封锁后,专恃营口,秘密输入军械,及是,则秘密输入之路亦绝,而辽、沈之形势愈穷。亦绝似甲午之役,辽西战败,而山海关遂孤危云。故得利寺、大石桥两战,实于日、俄战役之胜负,大有关系也。

当日本第二军之自貔子窝登岸也,第一军亦向西北进。三月二十一日西5月6日。陷凤凰城。明日,下宽甸。其正兵遂向摩天岭进。摩天岭者,凤凰城、辽阳间之天险也。甲午之役,依克唐阿以3 000人守之,日人屡攻不能得志焉。是役也,日人以六月五日﹝西7月17日﹞举兵猛攻,克之。俄人暂退,旋发奇兵夜袭,不克。越数日,复以七联队之兵反攻。以日人接战甚猛,卒不能下而退。二十日,﹝西8月1日﹞。日兵遂进占本溪湖,距辽阳咫尺矣。

初,日人虑第一、二军声援不接,别遣野津道贯率第十师团由大孤山登岸,以为策应。时四月初六日﹝西5月20日﹞也。后遂编为第四军。第四军以四月二十五日﹝西6月8日﹞。克岫岩,与第一军联络,遂向分水岭前进。分水岭在岫岩之北27里,乃辽阳、海城之侧面也。俄人以三月之功,筑成要塞,以步兵五大队、骑兵二联队守之,有炮18门,其难攻亚于大石桥。日兵以五月十四日﹝西6月27日﹞。力战克之。六月一日,﹝西7月13日﹞。遂陷析木城。于是一、二、四三军,皆逼辽阳矣。

日本乃以大山岩为满洲军总司令,儿玉源太郎为总参谋,节制诸军。大山岩者,中、日战时,以陆军大臣总前敌;儿玉源太郎,则以陆军次官,代之留守者也。大山岩以五月十三日﹝西6月26日﹞。受命,十八日﹝西7月1日﹞。启行。先是在满洲诸军,皆受节制于东京之大本营。虽调遣多协机宜,而赴机终不甚捷。至是则旌旗变色矣。儿玉乃画策:以第一军为右翼,出辽阳之东北;第四军为左翼,出其西北;而以第二军攻其正面。以七月十五日前进。俄人亦集全力以守。于要地皆筑坚垒,掘深沟。日兵分途苦战,至二十四日﹝西9月3日﹞。乃陷驻跸山。驻跸山者,唐太宗征高句丽时驻跸之所,俄阵地之中坚也。日兵力战,乃夺之,易其名为破阵山云。明日,辽阳遂陷。是役也,日兵死伤者至1.75万人。实开战以来所未有也。

辽阳陷矣,旅顺被封锁矣,满洲之战事,遂可谓告段落乎?未也。大规模之战役,最要者,在摧破敌人之主力军。敌人之主力军,苟未摧破,则小捷虽多,略地虽广,一旦大战败绩,仍不免土崩瓦解耳。俄国西伯利亚铁路,本系单线,贝加尔湖一段,又未竣工,故其运输不能甚捷。辽阳陷后,而西方精锐,始集于东方。计其数,盖达九师团云。于是俄皇以七月二十八日﹝西9月7日﹞。下"更不得后退"之命。苦鲁伯坚乃编制诸军,分为四队:以第一、第四、第五军团为正军,使名将塞尔巴夫统之,以攻辽阳;而命列威士统第二军团,出辽阳之东南,以断日之归路;以第三军团及其余军为总预备队,以备策应。其意盖欲一举而败日人也。编制既定,集全军而训之,谓"兵力已集,破敌在此一举"云。于是以八月二十日﹝西9月29日﹞。下总攻击令,反攻辽阳。日人亦分军为三以逆之。自二十五日,﹝西10月4日﹞。开始接战。至九月二日,西10月10日。日兵乃渐得势。又续战四日,日军诸路皆捷。俄兵乃退守浑河北岸。是役也,日兵之死伤者1.59万人。俄兵遗弃于战场者1.3万人,死者实4万云。此次反攻之所以无成,(一)以俄兵新至,疲劳未复;(二)以辽左早寒,途中已有积雪,于进攻颇不便也。

然苦鲁伯坚固良将也。其在辽阳也,度势不能守,则下令进攻;于攻势之中,下退却之令,故其兵不纷乱,损失极微。其后反攻虽无成功,而退守之军,仍甚严整。日军不能随而击破之,其主力固可谓犹在也。然日军是时,亦已疲惫;且天气益寒,不利攻击,乃夹浑河休军。而于其间,以全力攻下旅顺。见下章。苦鲁伯坚则于其间出奇兵,命新到之骑兵团犯辽西中立地,以攻牛庄、营口。日人出不意,颇狼狈。旋得援军,拒却之。苦鲁伯坚又命克里伯尔克以兵8万袭日第一军,败之黑沟台。日人合第二、第三、第八师团往援,乃复其地。是役也,俄军死伤者,几2万焉。日兵之战斗,亦可谓勇矣。然俄兵之至者益多。大山岩谓"不击,将酿成大患",乃亦续调兵于本国。光绪三十一年乙巳岁首,西1905年2月初旬。新军陆续至。于是两军复大战。是时俄兵之数,步兵38万、骑兵2.6万、炮兵3万、大炮1 300门。日本步兵20万,炮兵、工兵、辎重兵合15万,大炮1 100门。阵地之长40余里。实开战以后未有之大战也。俄人分军为四:以第三军为中坚,第二军阵其左,第一军居其后,而以第四军为总预备队。日以第四军为中坚,第一军为右翼,第二军为左翼,第三军为最左翼,而以川村所统之第五军,渡鸭绿江新至者为最右翼。布置既定,两军各严阵以俟时。大山岩以第五军新至,锐气方盛,命其先进。于是第五军以正月十六日西2月19日。向抚顺方面进攻,以拊奉天之背。苦鲁伯坚误为日军主力所在,命总预备队往御之。于是日第一军,以二十四日西2月27日。渡沙河东北趋,以为第五军之应援。第二、第四军,同时向正面进攻。又遣第三军出俄军之西北。俄与日正面之军相持,凡10日,胜负不决。第五军亦为俄所拒,不得进。而出西北之军,为俄人所不及料,以二十六日西3月1日。陷新民,绕出俄军之后方。二月三日西3月8日。断奉天以北之铁路。俄人至此,知全军形势,已陷于日军包围中,不得已,下令退却。日正面之兵,乘机猛进。至五日,西3月10日。遂陷奉天。其出东北面之军,以先五日陷抚顺,与俄兵相持,至此亦与他军联络云。是役也,日军死伤者4万余。俄军死者2万,伤者11万云。于是俄军形势大坏。苦鲁伯坚辞职。大将李尼维齐代之,整理败兵。日军乘机进据开原、铁岭。俄军一时不能再战,日兵亦无力再进,而满洲地方之陆战,于焉告终矣。

六　日俄战事下

　　两国交战之际,所恃以纵横活动者,果何物哉?曰:海军也。海军能制胜,则本国沿岸,不待设防而自固,而陆军可多输送以击敌。海军不能制胜,则先已立于防御之地位,且必有防不胜防者。故立国于今日,非有海军,必不足以言战,而海军需费,远较陆军为巨,实非贫国所能负担。我国今日,苟欲对外,此其最难之问题也。大陆国且然,何况岛国?夫大陆国而海军不利,不过陆军不能多自海道输送而已。其输送之路,未必遂绝也。岛国如日本者,而海军失败,则其陆军即全不能履敌境。其已抵敌境者,亦救援、接济俱绝,惟有束手待为俘虏耳。岛国四面环海,防守微论不易;即能防守,而岛国土地必小,物资难以供给,是亦束手待毙也。况乎日俄战役,俄国陆军之输送,实较日军为迟。故俄人所最利者,为海战时间之延长,海战苟能延长,则即令失败,而俄人已于其间,将陆军输送、布置完毕,不易犯矣。故日本而欲操胜算,其海军非能破敌,且非破敌甚速不可也。

　　日本知其如此也,故其于海军,极为注意。国交尚未决裂,其海军即大集于佐世保,以修战备。迨断交公文提出,联合舰队司令东乡平八郎即以其日,率海军四队出发。命少将瓜生外吉,率第四舰队凡6舰,护送陆军至仁川。而自率第一至第三舰队凡18舰航旅顺。越二日而达。即击俄舰之陈于港外者,败之。伤其司令坐船,并巡洋舰一。时光绪二十九年十二月二十二日西1904年2月7日。也。明日正午,日海军又整阵向俄舰攻击。交战逾时,俄舰悉退入港内。是役,两方受损皆微。日舰死4人,伤54人耳。然俄舰自是不敢轻出矣。

　　亚历塞夫及其僚佐以为东自仁川西至威海卫皆为俄舰势力所及之地,日本舰队决不能于此范围内运兵登陆,此种估计之错误,前已言之。当东乡所率舰队在旅顺附近与俄舰交战之际,瓜生所率舰队即护送陆军直达仁川。仁川原有日本三等巡洋舰"千代田"碇泊,知第四舰队之来,即迎导入港,其时亦为阴历十二月二十二日。仁川方面虽有俄国二等巡洋舰"瓦里雅克"(Variag)及小兵船数艘驻彼监视,然以众寡不敌,目睹日军在彼登陆而不能阻。其翌日,日本舰队迫俄舰出港,攻之于八尾岛附近,俄舰受伤,退入港内皆沉。是役日军全胜,无一死伤者,军报既布,士气为之一振。

然俄海军之受创,亦甚细微耳。日本陆军之输送,固犹在危境也。俄国舰队,势力与日略等。欲一举而歼灭之,必不可得。日人乃分命上村彦之丞率第二联合舰队,从事警戒。而命东乡平八郎,以全力对付旅顺。

旅顺,天险也。陆路既不易攻,海口尤形险要。欲一举而攻克之,亦必不可得。东乡乃决行封锁之策,谋锢俄舰于港内,以保日军在海上之安全。光绪三十年(1904)正月十九日西3月5日。以闭塞舰5,招决死将卒79人,乘夜前进。俄人以探海灯照射,日兵目眩,迷其进路。俄兵又发炮猛击,弹如雨下。然日兵卒不屈,五舰皆进至港口,破坏沉没。决死队死1人,伤3人。是役虽达到港口,然以方向之误,俄军仍得自由出入。日兵乃于二月十九日西4月4日。再以舰4、士65人前往封锁。距港口2海里,俄人始知之,发炮猛攻。日舰冒险入港,爆沉其船。是役,日兵死者4人,伤者9人。其指挥官中佐广濑武夫,为俄炮所中,惟余片肉如钱大在舰内,全身悉飞入海,死事最烈。日人尊为军神,为铸铜像焉。然闭塞之目的,仍未全达。

当战争紧急时,俄关东总督亚历塞夫亲驻旅顺,禁止舰队出港击敌,故日舰在海上行动非常自由,及马哥罗夫(Makárov)奉命代司打克(Starck)为舰队司令,全军精神为之一振。于是俄舰一变其退守潜伏之旧态,每日出港游弋,以与日舰争雄于海上。不幸变生意外,竟使马哥罗夫赍恨而没。盖日本舰队于阳历4月12日深夜即阴历二月二十七晚间。在旅顺口外敷设电机水雷无数;翌晨使巡洋舰数艘出没旅顺附近,以诱俄舰来攻。马哥罗夫果率数舰出港追逐,竟平安越过日人敷设水雷之海面。旋与东乡平八郎所率大队战舰相遇,始回驶归港,重经设有水雷之海面,其旗舰"沛错怕洛斯克"(Petropavlovsk)被炸沉没。马哥罗夫及舰员600人均及于难。尚有俄国战舰一艘虽得入港,亦受重伤。自此以后俄舰复取退守政策,不复于港外活动矣。参看《大英百科全书》"日俄战争"条,暨Sémenov's Rasplata。

日人对于旅顺自行第一次闭塞起至阴历三月十五阳历4月底。为止,舰队前后共进攻九次,卒无大功。马哥罗夫虽死,俄海军之实力,终未消灭。日军乃于三月十八日西5月3日。决行第三次闭塞。凡闭塞舰8,入港沉没者

5，沉于港口者1。又二舰则一触水雷，一损舵机，皆未抵港口而沉。是役也，俄军防御，较前此加严；大炮猛击于上，水雷爆发于前后左右；日舰实处极危之境。又适遇大风，故日军死伤者甚多。其入舰中之决死队，无一生还者。然闭塞之目的，以此而达矣。此次闭塞后，俄人以炸药毁其所沉之船。然船内所储铁石等，积水底高逾七尺，无法扫除，旅顺口水深32尺，吃水27尺之汽船，遂不能出入自由矣。闭塞敌港之举，史不多见。或谓实始于1898年光绪二十四年。之美西战争。是岁6月3日，美海军大尉何勃嵩，率义勇兵7人，乘运送船"美利马克"，向古巴之桑查俄港进航，欲沉没闭塞之。未至港口，已为西军炮火所伤，其船半沉。西军敬其勇，即停炮，派舰救援其人云，当时海军界传为美谈。然以比之日本之闭塞旅顺，则小巫见大巫矣。故知日本之胜亦非偶然也。

闭塞之目的既达，日人乃命片冈七郎率第三舰队，在旅顺附近从事扫海。以三月二十七日西5月12日。开始。军舰"宫古""初濑""吉野"等数艘皆触水雷而沉。四月二十三日西6月6日。搜得水雷41。二十五日西6月8日。又搜得水雷62。自此继续从事，至三十日西6月13日。而功成。

是时陆路方面，金州已陷。日本乃以乃木希典率第一、第九、第十三师团为第三军，以攻旅顺。舰队则泊于港外，以防俄舰之逸出。五月二日西6月15日。大雾。日战舰二触水雷而沉，驱逐艇一触石而沉。其受损颇巨。

五月五日西6月18日。俄军秘密准备，拟于数日之内出港突击日本舰队，无如风声泄露，日本方面纷调各方战舰，以备迎战。五月七日西6月20日。清晨8时，俄舰队奉到命令出港击敌，方升火启碇，而此项命令忽又取消。然旅顺报纸业将命令登出，于是派人四出收没报纸，改排重印。翌晨9时又发命令，舰队须于午后2:30出港。此项命令旋又取消。而是日午后2时，日本舰队业已出现于港外。俄国方面拨动预埋之水雷导线，欲炸日舰，孰知影响全无，盖所设水雷已被日本先期扫灭净尽矣。是晚双方鱼雷艇在港外互轰，经夜不息。五月九日西6月22日。上午4时，俄舰全部出港，向东行驶，下碇于俄方埋伏水雷之界线外，以为可以安稳作战。不料此处日本已另设水雷，幸有一二浮出水面，为俄国舰队所发觉，始知已陷入水雷密布之网罗中。及将水雷扫灭，俄舰始得开入平安之海面，其一切行动早被日本观察明了。俄舰方欲进行，日本巡洋舰多艘已迎头开到，其主要舰队亦相衔而来。盖日本方面已于数日内将海上舰队全数调齐，虽远在海参崴者亦均赶到。即古老之"镇远"舰，亦加入战线。似此情形，俄舰袭击之计划完全揭穿，则有退回港中，坚守不出矣。

陆军方面，乃木之兵以五月十三日西6月26日。占歪头山及剑山。转战而前，至六月十一日西7月23日。距旅顺仅10余里。俄人知困守非计，乃为困兽之斗。二十九日，西8月10日。俄战舰6、装甲巡洋舰1、巡洋舰4、驱逐舰8，相衔而出旅顺。日以战舰6、装甲巡洋舰4、巡洋舰7，遮其路而击之。萃全力以攻其主力舰。俄舰败绩，遁还港内者半。散走库页、芝罘、胶州湾、上海、西贡者亦半。于是旅顺舰队，零落不能成军矣。

当旅顺被围时，海参崴舰队出没海上，避实击虚，颇为日人之患。先是上村彦之丞，于正月十八日西3月4日。以舰7进攻海参崴。时方严寒，日舰凿冰而进，以二十一日西3月7日。抵港口，加以炮击。俄舰及炮台皆不应战。日兵无功而还。旋其商船"奈古浦丸""繁荣丸"皆为俄舰所击沉。三月初，上村拟再进攻，集舰队于元山津。以八日西4月23日。出发。遇大雾，不能进而还。而日舰"金州丸"运兵至利原者，又以十日西4月25日。为俄舰击沉于新浦矣。五月二日，西6月15日。俄又击沉日陆军输送船"和永丸""当陆丸"于对马海峡。越三日，袭击北海道。十七日，西6月30日。袭击元山津。日人皆颇受损害。上村舰队以五月六日西6月19日。奉命搜索，凡四昼夜，无寸功。七月四日，西8月14日。乃忽与俄舰相遇于蔚山。上村急下令奋击，沉其战舰1，他舰之被毁者3。海参崴舰队，自此受巨创，不复能出，海上权全握于日本之手矣。

旅顺至此，可谓已陷于势孤援绝之境。然兵精械良，地势又险，仍有猛虎负嵎之概。乃木希典以七月中旬西8月下旬。行第一次总攻击，不克。九月十一日，西10月19日。行第二次总攻击。十八日，西10月26日。又行第三次总攻击，仍无功。而士死者多，力竭不能复进。乃续调第七师团为援。十月二十日，西11月26日。第七师团既至，复行第四次总攻击。至二十九日，西12月5日。乃占203高地。自此可俯击港内残舰，而舰队亦发炮助之，以攻陆地。十一月十二日，西12月18日。日兵占东鸡冠山。二十二日，西12月28日。占二龙山。二十五日，西12月31日。占松树山。明日，即西1905年1月1日，占望山炮台。自此可攻击旅顺背面。俄人知不能守，乃降。凡将校878人，士卒23491人，悉为俘虏。获堡垒炮台59所。他战利品无算。俄人所据东洋最良之海军港，遂落于日本之手。

统观俄东洋舰队之海战,虽败绩失据,然较之我国甲午之战,实有差强人意者。我国黄海一败,海军遂不能复出。俄则旅顺舰队虽被封锁,海参崴舰队犹能出没海上,使日人旰食者半年。即旅顺舰队,亦能作困兽之斗,突击以求活路。较诸我国,日军一临,束手待毙,海军提督欲率全舰队突出,而诸将不可;欲自毁其船,而诸将又不可;且鼓动兵士,向提督乞命者,为何如也?旅顺之天险,在我在俄,无以异也。乃其在俄也,日人合海陆军之力,靡无限钱财,掷无限生命,而后夺之。其在我也,则委而去之。既已空无一人,而日兵之前锋,犹不意其去之如是之速而不敢入。呜呼!人之度量相越,岂不远哉?夫海军者,今世国家之所持以自卫者也。国家而无海军,固不足以言战,亦且不足以言守。观于日、俄之战役,追念我国海军之已事,真有不寒而栗者矣。

旅顺、海参崴之舰队,皆已歼灭,而波罗的海舰队,犹能为神龙掉尾之斗。虽终败衂,亦诚所谓大国难测者哉。当海参崴舰队之歼也,俄皇下令:以波罗的海舰队为第二太平洋舰队。舰数凡47。中将罗哲斯德威斯克率之,以八月二日西9月11日。自波罗的海出发。于是俄人命其黑海舰队于十月间,破1856年之《柏林条约》,咸丰六年(1856)。通过达达尼尔海峡。英人亦集中地中海舰队,且设备于直布罗陀海峡以防之。又迫土耳其政府,严行抗议。自此至甲辰岁杪,俄舰又通过达达尼尔海峡者三次。然终不敢公然以大队航行。黑海舰队遂不得与于战事。旅顺之陷也,俄人以波罗的海余舰为第三太平洋舰队,命少将尼波葛多福率以东航。尼波葛多福以光绪三十一年正月十四日西1905年2月17日。出发。两次舰队,皆以苏伊士运河为英人所掌握,恐遭其妨碍;且恐英人予日便利,使日海军据红海袭击,故皆不敢航行苏伊士。乃绕好望角而东,集中于法领之马达加斯加岛。第二舰队,以二月二十三日西3月28日。过麻六甲海峡,二十九日西4月3日。入法领安南之西贡湾。日人向法严重抗议。法人促俄舰退出。俄舰不得已,避入西贡北270海里之汉拔而湾。以其地外国船舶至者甚少,可以避人耳目也。四月六日,西5月9日。第三舰队追踪而至,与之合。日人又向法严提抗议。俄人乃谋入海参崴。先分队游弋黄海。日将东乡平八郎知俄舰必由对马海峡而北,先设伏以待之。二十四日,西5月27日。俄战舰8、巡洋舰5、海防舰3、驱逐舰9、假装巡洋舰1、特务船6、病院船2,果相衔至。日人以战舰5、巡洋舰18、海防舰1、驱逐舰20、水雷艇67,要而击之。接战未及半时,俄舰遽散乱。日本又集其主力舰于郁林岛附近,夜攻之。俄军遂大败。向晓,罗哲斯德威斯克及尼波葛多福皆降。是役也,俄战舰沉者6,被俘者2;巡洋舰沉者4,遁走者5;海防舰沉者1,被俘者1;驱逐舰沉者5,被俘者1,遁去者3。日失水雷艇3耳。波罗的海系内海,其舰员不习大海之风涛,故其举动不能如日兵之镇静,此为俄军致败之主因。然兵士皆经历长途,锐气尽挫,亦其原因之大者也。日人于此役,得英国之助力,盖不少矣。

东洋舰队既灭,波罗的海舰队虽来,亦似无能为。然俄人必遣之东航;而日人于对马海战以前,日惴惴于此役之胜负;而当战时,东乡司令且发"皇国兴替,在此一举,将士各宜努力"之命者。日本是时,可调发之陆军已竭,而俄国则尚有续调之力。设使此次海战而不能全胜,万一俄人续调陆军,更为旷日持久之计,则最后之胜负,尚难预测也。至波罗的海舰队既败,则俄人更无危及日本之力矣。故议和之调停,遂乘之而起。

七　日　俄　和　议

战争必终于议和,人之所知也。战事胜利者,和议亦必胜利,亦理之常也。乃有胜于战争,而败于和议者。君子观于此,而知外交之变幻不常,而知战事之非可易言矣。

日俄和议,发轫于光绪三十一年五月十一日,即西历1905年6月13日。是日也,美总统罗斯福始以"谋人类幸福,终止战事,由两国直接讲和"之议,向两国提出劝告。两国皆许之。日本初以伊藤博文为全权,已而代以外务大臣小村寿太郎,驻美公使高平副之。俄初以驻罗马公使谟拉比夫为全权,已而有疾,代以内务大臣微德,驻美公使罗善副之。议和之地,俄初欲在巴黎,日本不可,以法为俄同盟国,欧洲舆论,是时又颇袒俄也。乃改在华盛顿。已而以属耳目者众,移于其附近之朴次茅斯岛。

小村以六月二十六日_{西7月28日}至美。微德以七月二日_{西8月2日}至。小村在途时,日本发兵占库页岛,盖为要求割让计也。微德至美,即宣言"俄所失者,皆羁縻之地,无与安危。日人所要求,若于俄国国威有损,俄人决不承认"云。十日,_{西8月10日}两国全权为第一次会议。先缔结休战

条约,然后提出条件。小村所提出之条件案如下:

(一)俄国赔偿日本军费。其数及赔偿之时期、方法,由两国同意协定。

(二)俄国将库页及其附属岛屿,割让与日。

(三)俄国因辽东租借权所获之领土、领水,及与之关联之一切利益,与俄国所建房屋等,均让与日本。

(四)俄国定期撤退在满洲之军队。又俄国侵害中国主权,妨害机会均等之一切领土上利益,与优先让与等权利,均行抛弃。

(五)除辽东租借地外,日本所占满洲土地均交还中国。

(六)中国为发达满洲工商业,谋各国公共利益时,日、俄两国,皆不得加以阻碍。

(七)俄国承认日本对于韩国,有政治上、军事上、经济上之卓绝利益。凡行必要之指导、保护,及监督时,俄国不阻碍干涉。

(八)哈尔滨以南之铁路及附属铁路之一切材料与煤矿等,无条件让与日本。

(九)横贯满洲之铁路,限于以工商业使用为条件,归俄国管有。

(十)遁走中立港之俄舰,作为正常捕获物,交付日本。

(十一)俄国极东之海军力,加以限制。

(十二)日本海、鄂霍次克海、白令海峡之俄领沿岸滨港、河川等地,许日本臣民有渔业权。

微德接受此条件,即颂言:"俄为战败国,非被征服国。割地偿金之条件,不能承认。"彼此约十二日_{西8月12日}。会见。及期,乃更改条件之次序,逐条磋议。先议第七条,日本对韩之优越权。微德于日本欲在韩境筑塞防守等事,大加反对。又欲将会议记事录,公布于世。小村反对,乃止。其明日,为日曜,停议。又明日,议决对韩问题。旋议第四、第五两条,亦决定。十五日,_{西8月15日}议第六条,彼此无异议。旋议第二条,不决。改议第三条,即决定。明日,议第八条。俄使以铁路等皆私人所有,反对。旋彼此互让决定。又明日,议第九条。略有争执,旋亦决定。又明日,议第一、第十、第十一三条。争持甚坚,几至破裂。翌日,改议第十二条,亦不决。乃彼此相约,延期至二十三日_{西8月23日}。再议。及期,小村撤回第十、第十一两条,而提出日还库页岛于俄,由俄出金12亿元买收之之议。微德不可,欲决裂。小村复请于二十六日_{西8月26日}。再会一次。微德许之。先二日,微德为文,发表于通信社,言:"日人撤回交付逃舰,限制海军两条,而代以12亿元卖却库页岛之议。名为卖却,实则赔款。此议若不撤回,不能认日本有和平之诚意。"二十六日,小村撤回偿金,而求割让库页。微德又拒之。又延期至二十九日,西8月29日。小村提出大让步案,但求割让库页岛之南半,微德乃许之。和议遂成。其条文如下:

(一)日、俄两国皇帝陛下,与两国臣民之间,将来当和平亲睦。

(二)俄国承认日本对于韩国,有政治上、军事上及经济上之卓绝利益。日本对于韩国行指导、保护及监理之必要处置时,俄国不阻碍、干涉。但俄国臣民在韩国者,受最惠国臣民之待遇。

两缔约国为避一切误解,于俄、韩国境,不为一切军事设置。

(三)日、俄两国,互约如下各事:

(甲)辽东半岛租借权效力以外之满洲地域,同时全行撤兵。

(乙)辽东半岛租借地域外,现时日、俄两国军队占领之满洲全部,还付中国,全属中国行政。

俄国在满洲侵害中国主权,及妨碍机会均等主义之领土上利益,又优先及专属之让与等权利,概不得有。

(四)中国因使满洲之商工业发达,为各国共通一般之设置时,日、俄两国互不阻碍。

(五)俄国以中国政府之承认,将旅顺、大连及其附近领地、领水之租借权,与关联租借权及组成一部之一切权利、特权及让与,又租借权效力所及地域之一切公共房屋财产,均让与日本。但在该地域内俄国臣民之财产权,受安全之尊重。

(六)俄国以中国政府之承认,将长春,即宽城子、旅顺间之铁路,及其一切支线,并同地方附属一切权利、特权,及财产,与所经营之一切炭坑,无条件让与日本。

(七)日、俄两国,于满洲各自之铁道,相约限于商工业之目的经营;决不为军略上之目的经营。但辽东半岛租借地域之铁道,不在此限。

(八)日、俄两国,为增进交通运输,且使便宜为目的,使满洲之铁道相接续。另订别约,规定接续业务。

(九)俄国将库页岛北纬50度以南之半部,及其附近一切岛屿,与该地方内之一切公共房屋、财产之主权,完全让与日本政府。但两国皆不于库页岛及附近岛屿之自领内,建筑堡垒及其他军事上之工作。又相约不为有妨害宗谷海峡及鞑靼海峡自由航行之军事上事件。

(十)割让地域之俄民,愿卖其不动产,退归本国者,听其自由。愿在旧地域居住者,以服从日本法律及管辖权为条件,受完全之保护。不服从者,日本有自由放逐之权。但其财产权,仍受完全尊重。

(十一)俄国许日本臣民,于日本海、鄂霍次克海、白令海之俄领沿岸,有渔业权。

(十二)两国《通商航海条约》,以战争废止。兹以战争前之约为标准,从速缔结新约。

(十三)本条约实施后,两国从速还付一切俘虏。各将俘虏之死亡数,及供给俘虏资费之实额提出。俄国急偿还日本供给俘虏之过多额。

(十四)本条约经两国皇帝批准后,于50日内,日本经法国公使,通告俄国政府。俄国经美国公使,通告日本政府。自双方通告后,本约全体有效力。

(十五)本约英、法文各作二通。有误解时,以法文为主。

上讲和案之外,另于附约中规定:"两缔约国,为保护满洲铁道,于每启罗密达得置守备兵25名。"而日俄之和议,遂于此告成焉。

和约之定也,微德电奏俄皇,谓"日本政府,已全从我皇之所要求"。颇类战胜者之口吻。而各国报纸,或讥日本此次和议,为道德上之大胜利云。消息达东京,日人大愤,遂酿成大暴动之举。

日本报纸于和约条件,八月二日_{西8月31日}。始有登载者。多附激烈之论,或谓外交降伏,或欲拒绝批准。明日,纷扰渐起。又明日,激烈之报纸,公然主张暗杀元老及阁员。议员自行集会,通过要求内阁辞职案。六日,_{西9月4日}。开国民大会于日比谷公园。内务省先令警察闭门。群众大怒,攻破之。卒开会,议决:"伏阙上书,请天皇勿批准条约。电满洲军,勿停战。"人民夜攻内务署,或爇火焉。警察至,乃驱散之。于是人民与警察格斗,互有死伤。内务大臣辞职。人民又毁《国民新闻》报馆,以其为政府买收,立论颇袒政府也。是时全国报馆,皆攻击政府。七、八、九三日,_{西9月5、6、7日}。东京继续暴动。警察署之毁者,30余所。市内警察出张所,无一存者。警吏皆蛰伏不敢出。俄教堂在东京者被毁。美以为调人故,亦波及焉。又以战争起因,由于中国,欲毁我留学生会馆。我公使请彼政府保护,乃免。东京而外，各地亦风起云涌，如沸如羹。政府以八日颁戒严令于东京附近，增调宪兵，以资镇压。警务总监及东京邮局，皆归卫戍总督管辖。一警察出，以四宪兵夹持之。又颁行《新闻纸杂志取缔规则》，因此停止发行及科罚金者若干家。十日以后，风潮乃渐平息。是变也，人民之死者11人，伤者574，被逮者300余。警察之死者471。其后小村归国，犹恐或有不利，防卫极严，而桂内阁虽有运筹决策战胜之功，卒以议和不厌众望，为不安其位之一因焉。

　　日本此次外交，无论如何平情，总不能谓为不失败。然其失败，实有不能尽咎当事之人者。何也？日本之失败，有三大原因焉。兵力之竭蹶，一也。沙河战时，精锐死伤，即已略尽。现役、预备兵，悉已调集。后备年限，延长至12年。假再续战，且将无以为继矣。财政之竭蹶，二也。日人于宣战后三日，即募国库债券1亿元。后十日，又命人往英、美运动募债。三月二十四日，西5月9日。借外债1 000万于英、美，以关税为抵。四月九日，西5月23日。又募第一次公债1亿元。两次公债，皆以国民爱国之心，溢出原额数倍。然国民负担之力，实已告竭。更募外债，则利息必巨，不免举战胜所得，输之外国；且亦恐更无其途也。外交之情势，三也。是时欧洲诸国，议论皆颇袒俄。故俄欲会议于巴黎，而日不可。改于华盛顿，日人犹以其众属耳目而避之。风闻英、美两国，有挟债权以迫日本之意，则更非空言袒助者比矣。夫各国之所以袒俄者何也？非有爱于俄也，抑当战事之初，英、美舆论颇偏袒日，亦非有爱于日也，恶俄之独专远东权利云尔。然则日既战胜，则能专远东之权利者，不在俄而在日，其好恶易位固宜。抑人种之感情，亦势所不能免也。日人之战俄，非以其为白人，蹂躏中国之黄人而战之也。然日胜俄败，为白人者，素以"天之骄子，有色人种，莫敢侮予"自命，得毋有兔死狐悲之感乎？此又其所以多袒俄也。有此三原因，和议决裂，自非日本之利。即彼俄国，亦岂真有续战之力哉？困兽犹斗，而况国乎？苟有续战之力，岂肯轻易言和？彼于宣战之明日，即募外债7亿法郎于巴黎。至三月八日，又续募8亿法郎。其负债之额，盖不减于日。以其兵出屡败，续战之胜算，应亦自觉其不易操矣。然俄在欧洲，财政之活动，究较日本为易。其兵数则远较日本为多。又俄国地势，易守难攻，并世无比。以拿破仑之雄略，犹犯攻坚之忌而败，而况日本，距欧俄万里乎？日本是时，兵力尚未到奉天，即到达哈尔滨、满洲里，俄人未尝不可依然负固。日人又将如之何？况日人之兵力，必不能更进取乎？诚欲续战，日本之形势，实有远不如俄者。故或谓"和议之发轫，日人实授意美国出而调停，而伊藤之不任和使，乃知其结果不能满国民之意，而以为规避"云。则其处于不利之地位，毋无怪其然矣。语曰："小敌之坚，大敌之擒也。"徒以国力之不如，国民虽卧薪尝胆，奋起一致以图功，究不免于事倍而功半。吾人于此，盖不能不为日本国民表理解矣。虽然，国力十倍于日本，而本国之事，不免待人解决者则何如？

此次之坚决就和，盖皆出于其内阁及元老。日本代表军阀之内阁，政治上非驴非马之元老，究竟利国祸国，为功为罪？盖不易言。然此次之拂舆情而主和，则不能不服其排众难而定大计。何则？如前所论，苟欲续战，其前途实有不堪设想者在也。设当此时，主持国是者，而亦稍动于感情，或则明知不能不和，而惧以一身当攻击之冲，遂游移而莫决，则迁流所届，必有受其弊者矣。陆逊之拒蜀汉先主于猇亭也，诸将皆欲出战，而逊不许。诸将或孙策时旧人，或公室贵戚，各自矜势，不相听从。逊案剑曰："仆虽书生，受命主上。国家所以屈诸君使相承望者，以仆有寸长，能忍辱负重故也。"忍辱负重，此是国民美德。语曰："有谋人之心而使人知之者危也。"况乎无御敌之力，而徒抚剑疾视乎？景延广 10 万横磨剑，至竟如何？德之言兵者曰："政府之难，非在作国民敌忾之心而使之战也，乃在抑其欲亟战之心，而使不轻战。"至哉斯言。

虽然，彼日本国民之所以致憾于其政府者，则亦有由矣。以战时财政之枯竭，国民亦既备尝其况味，自不得不望有赔款以润泽其金融。故议和之初，民间风传有赔款 50 亿之说。此固远于情实，有识者不应如是测度，然亦足见日本国民跂望赔款之渴矣。久乃知其说为子虚，犹有补偿给养捕虏费若干万万之说。一旦真相毕露，乃知一文无着，则不免引起金融界之恐惶。一也。库页为日本所已占，国民满拟割取；否则当要俄国以重金赎回。而亦仅得其半，而又一文无着。二也。朝鲜主权一款，各报所传，初甚简略，日人因疑其后所传者为不实。三也。满洲撤兵条件，两国相同。则日在满洲，不占优越地位。撤兵之后，俄在沿边驻兵，与满邻接；日欲运兵满洲，较为困难；则日之形势，反不及俄。四也。日本提出诸条件，无一不放弃者，大失战胜国之面目。五也。有此五因，则日本之忘生舍死，为国家攘患却敌，争生存而增荣光者，军人耳；其外交家，固未能丝毫自效于国，以慰其民矣。此日本国民之所以深憾而不可解邪？虽然，祸福固未易以一端言也。日本报纸，当时尝慰藉其国民曰"胜利不在一途。日本战胜之酬报，不必径取之于俄"云。由今日观之，则斯言验矣。然则俄之战败固幸，日之战胜，亦岂徒也哉？呜呼！

八　日俄战事与中国之关系

铜山西崩，洛钟东应；一发牵而全身动，鲁酒薄而邯郸围。以今世界关系之密切，虽相去万里，其影响犹将及于我；况乎两国之作战，本因我而起，而又在我之土地者乎？其不能无与于我者势也。今试述日、俄战时我国之情形，及此战事与我国之关系如下：

当日、俄战时，我国之舆论，盖多袒日。一以俄人侵略之情势已著，而日尚未然。有识者固知日胜俄败，亦不免于以暴易暴，然颇冀以此姑纾目前之患，而徐图自强。其无识者，则直以日为可友；而于一切问题，皆非所计及。与今之指甲国为侵略，则指乙国为可友者相同。是则可哀也。又其一则由我国历代，对于北族，因屡受其蹂躏，遂引起一种恐怖心。俄人之情势，固与历代所谓北狄者不同。然当时之人，固无此辨别之力。但以为世界上之民族，愈北则愈强；敌之起于北者，必皆可畏而已。又俄人疆域之广，亦足使不明外情者，望而生畏。故我国舆论，向视俄为最大之敌。鸦片战争时，林文忠即有言曰："英、法等国，皆不足为中国患。终为中国患者，其俄罗斯乎？"中、日战后，有自署瑶琳馆主者，著《中日之战六国皆失算论》，谓中、日、英、法、德、美。旋又著《俄国形势酷类强秦说》，谓："达达尼尔及鞑靼两海峡，犹战国时之函谷关。秦以此攻诸侯，诸侯亦以此拒秦。必封锁之，世界乃可无俄患。今中、日之战，容俄干与朝鲜、辽东之事，则此藩篱撤矣。影响所及，虽美国或且因太平洋之风云，不能保守其门罗主义之旧，安稳独立于西半球，况欧、亚诸国，与俄邻近者乎？"此两论刊于乙未（1895）及丁酉（1897）之《时务报》。一时士林传诵，对俄皆觉其惴惴。至日、俄战时，此等见解，犹尚未变。以为日虽可憎，终不若俄，我可先击却其最强者，然后徐图其次强者也。此亦冀日人战胜之一因也。当日俄战前，以俄人为不足畏者，惟一严复而已。以当时之人,真知世界情形者甚少,大抵以旧时读史眼光,推测今日事也。

　　日、俄战前,俄人之所攘夺者,我之权利也。"我纵不能独力御之。然当日、俄战时,我以攘斥俄人故,而加入日方。既可表示我非蓄缩受侮者流;而日若胜俄,我国亦不致全受日人之指使;若日为俄败,则我即不加入,东三省亦必非我有也。"此等议论,在当日亦有少数人主张之。然其不能成为事实,则初无待事后而始知。何也?我国之政府,久无实力,焉能为此一鸣惊人之举?至民间之议论,非不虎虎有生气,然亦处士之大言而已。使任规划,即未必有具体之方案。况即有方案,而当时舆论,势力极薄,亦必不动政府之听乎!不宁惟是。我国之外交,处于受动之地位久矣,庚子以后尤甚。苟欲与俄开战,岂能无与他国协商?而当时我国之情形何如乎?以日本言,多一助战之国,似当为其所欢迎。然此特全不知世事之说耳。作战须有作战之实力,当时我之兵力,能助日者几何?至粮食物品之资助,则彼既入我境,固可自由征发矣。一经共同作战,则停战讲和,皆须以两国之同意为之,是日受我牵制而不得自由也。中为俄弱旧矣!沿边数千里,处处可以侵入;海疆数千里,亦处处可以攻击;是无端将战线扩张万余里也。日将分兵助我邪?姑无论无此情理;即彼愿为之,亦势所不及。我无日本为助,则势必败。我败,日即胜,亦变为半胜而非全胜;况乎既曰共同作战,终不能不稍分其力以顾我,则备多而力分,日人本可操胜算者,至此亦将不可保乎?种族之同异,虽非是时国交离合之主因;然感情因此而分厚薄,则终不能免。中、日联合以战俄,难保不引起黄人联合以战白人之感想。日人是时,方亟求世界之同情,尤非其所敢出也。职是故,当时不愿我加入者,实以日人为最。至于欧美诸国,虽无此等关系,然其所求于我者,赔款耳,通商之利益耳。战事既兴,我财政必竭蹶,赔款或致不能照付。又我加入,则战争之范围扩大,商务必致大为减色。对俄宣战,固与一概之排外不同,然外人不知我内情,又虑因此而引起我国之盲目的排外,于彼之生命财产皆有妨碍。此其所以亦不愿我加入也。内政及外交上,当时之情势如此。

　　于是日本公使内田康哉,首先向我国劝告:"于日、俄战时,守局外中立之例。"又通牒英、美、德、法、奥、意,要求其保证俄国不破坏中国之中立。各国皆赞同之。我遂于光绪三十年正月二日西1904年2月17日。向日、俄二国,发出如下之文书:

日、俄失和，朝廷均以友邦之故，特重邦交，奉上谕守局外中立之例。所议办理方法，已通饬各省，使之一律遵守。且严命各处地方，监视一切，使保护商民教徒。盛京及兴京，因为陵寝、宫阙所在之地，责成该将军严重守护。东三省所在之城池、官衙、民命、财产，两国均不得损伤。原有之中国军队，彼此不相侵犯。辽河以西，凡俄兵撤退之地，由北洋大臣派兵驻扎。各省边境及外蒙古，均照局外中立之例办理。不使两国军队，稍为侵越。如有闯入界内者，中国自当竭力拦阻，不得视为有乖平和。但满洲外国驻扎军队，尚未撤退各地方，中国因力所不及，恐难实行局外中立之例。然东三省疆土权利，两国无论孰胜孰败，仍归中国自主，不得占据。

两国皆覆牒承认。美国又向日、俄两国劝告："画定交战之地，不侵犯满洲行政。"于是三国公认交战之地限于辽河以东，以其西为中立区域。

当国际法未发达时，学者之论，有所谓完全中立、不完全中立者。今则无复此说。既为中立，即须完全。而中立条件中，"不以土地供给两交战国之利用"，实其尤要者也。今也，日、俄两国之作战，皆在我国之地，则我国果得谓之中立矣乎？或引英国国际学者之说，谓"弱小中立国之地，时亦有为交战国所占据者。如英、俄开战，丹麦中立。英、俄或占据其土地，以资利用，丹麦固无可如何。以其无维持中立之实力也"。然彼乃事后之占据，此则画定于事先；彼之占据，纯出强力；我之画地，则由自认，实不得援以为例也。无已，则曰："彼之据我土地而作战，实为我所无可如何；而我对于两国，实未尝有偏袒一国之意思。"以是为中立云尔。虽然，此实为后来开一恶例。日攻青岛之役，即其显著者也。

战事既起，我国沿交战区域之地，屯兵以防两国之侵入。两国侵轶之事，虽时或不免，以俄人为多。幸未有大问题发生。及俄人反攻辽阳失败后，出奇兵自辽西中立地侵日，我国不能御，遂以自沟帮子至新民屯之铁道，为中立地与交战地之界。

至于两国战时，或征发我国人民，使服劳役；或则征收其器物，此为无可如何之事。我国民且因此受有损失，外人断不得指此为破坏中立而责我也。当我国宣告中立时，日外部之覆文云：

除俄占领地方之外，日本当与俄国出同样之举措，以尊重贵国之中立。帝国与俄国，以干戈相见，本非出于侵略。若当战局告终，牺牲贵国，借以获得领土，殊非帝国本意。至在贵国领域中，兵马冲要之区，临时有所措置,则一以军事上必要之原因,非敢有损于贵国之主权也。

此所谓无损我国之主权者,衡以纯正之法理,疑问自然甚多。然既许他人作战于我土地,事实上即无可如何。要之许他人作战于我土地,终不免在国际法上,开一极恶之先例耳。

日、俄之胜负,既已判明,交战之事实,遂成过去。我国所当汲汲者,则日、俄战后,我国当如何措置应付之问题耳。当时国内有力之舆论,凡得三说:

(一)谓日、俄战事将毕时,我国宜乘机将《中俄条约》宣告废弃。同时与英交涉,将威海卫收回。俄既战败,其在满洲之权利,终已不能维持,与其转移于日,毋宁交还于中。英据威海,本以防俄旅顺。旅顺既由我收回,威海之占据,即失其目的。况当时威海租借之约,本云与旅顺借约年限相同。在法理上,英实无以为难也。日、英方睦,庸不免于联合把持。然俄人嫉妒日、英之心,未尝不可利用。至于日本,牺牲数十万人之生命,十余万万之金钱,诚不能令其一无所获。然当由我自主,就无损主权之范围内,与以相当之权利。不可太阿倒持,由彼为政也。此主以机速之外交手段谋解决者。

其(二)为中国速与日本交涉之说。此说谓满洲之地,既由日人夺之于俄,断不能无条件还我。既曰有条件,与其俟彼提出,或竟由彼与俄处分,尚不如由我提出之为得。彼之所愿欲,无损于我者,不妨开诚布公,与之协商。与之争持于前,而仍不免放弃于后,尚不如自始即开诚布公之为得也。此主以光明正大之外交手段谋解决者。主此说者,多欲援中俄伊犁交涉为前例。

其(三)则欲以满洲为一立宪王国,由中国之皇帝兼王之,如奥、匈、瑞、挪之例。此说实受外论之影响。当时外论,有欲以满洲为永世中立地者。"盖满洲之地,利权无限;我国既不能自保,又不克以独力开发,则终不免于各国之攘夺。而以满洲地域之广大,种族之错杂,各种问题之纠纷,设使一听各国自由竞争于其间,将不免成为远东之巴尔干半岛。莫如先由有关系之国,以条约明确保障,使为永世中立之地,庶可化干戈为玉帛也。"外人之论如此。我国人士,采择其意。又以(1)满洲之形势,本可独成一区,欲使之独立发达。(2)我国是时,立宪之论方盛。全国同时举办,势或有所为难,清朝又不免于深闭而固拒。欲先推行之于满洲,观其利弊,而中原可资为借鉴;且先推行之于清朝之故乡,亦可以减少满人之阻力也。此说谋在内政上为一大改革,而在外交上,兼可博得国际之同情,以阻一二国鲸吞蚕食之志者。

以上三说,各有理由。当时政府而有精神,外交而有手段,固亦未尝不可采用。然尸居余气之满洲政府,则何足以语此?亦惟束手以待人之处分而已。迨日、俄之和议既开,而外人处分我之时期乃至。

日、俄议和时,我国曾以公文照会两国,谓"和约条件,有涉及中国者,非得中国之承认,不能有效"云。日本报纸,颇议我为好强硬之言;又责我不知彼之好意。我国报纸,则反唇讥之曰:"我国之权利,皆以软弱而丧失,驯致贻友邦之忧。苟使事事皆守强硬之宗旨,非以赤血、黑铁来者,必不放弃,则所丧失之权利,必不致如今日之多;贻友邦之忧,亦不必如今日之甚也。"又曰:"涉及我之条件,当得我之承认,非关好意恶意也。假使日本今日,以好意割让东京于我,不得我之承认,能有效乎?"此等议论,非不言语妙天下,然空言抗议,究何裨于实事哉?《日俄条约》既成,小村全权,乃更来我国。以十一月二十六日<small>西12月22日</small>。与我订结《满洲善后协约》如下:

中国政府承认《日俄讲和条约》第五条、第六条俄国让与日本各项。

日本政府承认遵行中俄两国缔结之租借地及筑造铁路诸条约。

由此条约,中国遂将前此断送于俄之权利,又断送之于日。案,旅、大可转租与否,《中俄条约》无明文。然胶州湾、威海卫、广州湾之租借,咸与旅、大性质相同。《胶约》第一章第五条云:"德国将来,无论何时,不得将此项由中国借去之地段,转借于别国。"又第三条云:"中国政府,将该地施行主权之权利,不自有之,而永借之于德国。"《旅约》第二条云:"租界境内,俄国应享租主之权利。"此"租主之权利"即《德约》所云"施行主权之权利"也。然则施行主权之权利在彼,主权仍在于我。愿否将施行主权之权利,另行租借与别一人,系属主权之行动,彼安得租借与人?况乎《胶约》明定不得转租,事同一律,可以援引者邪?然此时则惟有事实问题,安有从容讲论法理之余地?况夫《威海借约》,与旅、大期限相同。《旅约》苟废,《威约》效力即随之消灭。狡焉思启封疆以利社稷者,何国蔑有?外交上又生一重困难邪?

《满洲善后协约》又有所谓附约者。其条件如下:

(一)中国政府,于日、俄两国军队撤退后,开下列地方为商埠。

(甲)盛京省之凤凰城、辽阳、新民屯、铁岭、通江子、法库门。

(乙)吉林省之长春、吉林、哈尔滨、宁古塔、珲春、三姓。

(丙)黑龙江省之齐齐哈尔、海拉尔、瑷珲、满洲里。

(二)如俄国允将满洲铁路护卫兵撤退,或中、俄两国,另商别项办法;日本之南满守路兵,亦一律照办。又如满洲地方平静,中国能周密保护外人生命财产时,日本亦可与俄国将护路兵撤退。

(六)中国政府允将安东、奉天间军用铁路,仍由日本政府接续经营,改为专运各国商工货物铁路。除运兵归国,耽延12个月不计外,以2年为改良竣工之期。自改良竣工之日起,以15年为限,即至光绪四十九年(1923)止。届期,双方请他国评价人一名,妥定该铁路各物件价格,售与中国。至该铁路改良办法,由日本承办人,与中国特派员,妥实商议。

所有办理该路事务,中国政府援照《东清铁路条约》,派员查察、经理。

(七)中、日两国政府,为增进交通运输起见,准南满洲铁路与中国各铁路接续联络。

(九)已经开埠之营口,暨虽允开埠,尚未开办之安东县、奉天府各地方,画定租界之办法,应由中、日两国官员,另行妥商厘订。

(十)中国政府,允设一中、日合办材木公司,以采伐鸭绿江右岸之森林。

(十一)满、韩交界陆路通商,彼此以最惠国之例待遇。

以上各条款,无一不扩充权利于《日俄条约》以外。日人谓不乘机谋利,亦未免食言而肥矣。日人于此次战役,所牺牲者诚巨。谓其能丝毫不享权利,夫固情理所必无。然必欲一袭俄人之所为,则未免于以暴易暴。我国政府,何难据理力争,另行提出条件,与之商办?于三省可开放者开放之,主权必不容放弃者坚持之。非徒为我国保权利,亦所以弭争乱之原,而保世界之和平也。而乃束手无策,唯命是从。此则庸懦误国之罪,百口莫能自解者矣。

由此条约所生之结果,则日、俄两国以长春为界,瓜分我国之铁路,而南满、北满之名词生焉。日本既获得南满,乃得陇望蜀,更垂涎于内蒙,俄人被限于北满,则亡羊补牢,思取偿于蒙、新。于是东蒙之名词,继南满而生;外蒙之交涉,并新疆而起,皆势所必至也。辽东西自古为中国郡县,合关东三省而称为满洲,已觉不词。犹可曰:清当入关以前,据辽东西者亦若干年,而盛京且为其陪都也。若南北满之名词,则亘古未闻。蒙古自古以大漠为界,分漠南漠北,即今所谓内外也。而日人偏自造一东蒙之称,不亦异乎?日人既攫得南满之权利,则事事模仿俄人之所为。光绪三十二年(1906)五月,设立南满洲铁道株式会社,资本2亿元。其半出自日本政府,即以铁路及其附属财产充之。又其半,名为听中、日两国人入股,实则中国人无一入股者。此即俄人之东清铁路公司。七月,又设立关东州都督府,其权限亦与俄之关东省总督无大出入。而又设总领事于奉天,其权限,与其本国之知事相同,此则变本而加厉者也。满、韩铁路连接,为日、俄交涉条件之一。日人必欲达此目的,故于日、俄战时,赶速造成安奉军用铁路。虽曰为运输计,亦以为交涉地也。我既许其改造,则日本之目的遂达。此路照附约,本应于光绪三十二年(1906)动工,而日人延至宣统元年(1909)始行着手。转以交涉缪辀,于六月二十一日,提出最后通牒,径行兴工,开自由行动之恶例。营口、安东、奉天各商埠,由两国派员画定租界,文本明白。乃民国十五年(1926),我国欲撤废奉天"洋土货专照",日、英、美领事,竟曲解此条,谓奉天府所辖地面,即为商埠范围。岂不异哉?洋土货专照,为光绪三十三年(1907)总税务司所条陈,经税务处批准者。以当时东三省商务未兴,为招徕外商计,领有此项专照者,均可免其重行征税。其章程本云试办,并有"嗣后如有窒碍,仍可变通办理"之语。今东省交通便利,商贾争趋。以有此项专照,故我国所失税款甚多。民国十五年(1926),奉天欲将此项专照撤废,先从事于整理。乃照会各国领事:"自是年十一月一日起,领此项专照者,均须注明商埠之名,不得泛指一城一县,如沈阳、安东等类。其有持赴非商埠区域者,即作无效。"日领吉田茂,遽偕英领威尔泌孙,美领索哥敏,向省署抗议,谓"依据《满洲附约》第九条,奉天府所辖地面即为商埠范围,不得故意缩小。如有所改变,必须两国官员,会同办理"云云。其曲解条文,至于如此,亦可异矣。我国虽力向抗议,然撤销专照之事,卒因此延未实行。陆路关税减轻,为俄人所享之特惠。我国初与外国通商时,不甚计及征税之利益;并以陆路交通不便,特示宽大。今则东北一隅,铁轨四通,实为全国之冠,而犹留此特殊办法,为外人侵略之利器。《九国关税条约》欲以"秉公调剂"四字,裁抑一两国独享之特权,而迁延至今,犹未收效,岂不重可慨邪?陆路通商,始于俄国。咸丰以前之条约,均为无税。光绪七年(1881)收回伊犁,重订《陆路通商章程》,订明"两国边境百里内,为无税区域。俄国运货物至天津、肃州者,照海关税则,三分减一"。其后《东清铁路条约》第十条,及《条例》第三条,皆规定"中国于铁道交界之地,设立税关。由铁道输出入之货物,照海关税率,三分减一"。铁路竣工之后,中国迄未设立税关。及《满洲协约附约》中国许开商埠多处,俄人恐中国在开放之地设立税关,于彼特权有损,乃要求中国协定北满税关章程。三十三年(1907)六月,两国派员议定大纲。明年六月,由吉林交涉局与俄总领事按大纲订立章程。"两国边境各百里内,仍为无税区域。由铁路输入之物,照海关税率,三分减一。其输入东三省者,通过税照海关税率,三分减二。输入内地者,照海关税率,三分减一。"日本援之。于民国二年（1913）五月，由日使伊集院与总税务司安格联，订立《满韩关税减轻协定》，由"满洲输出新义州以外，及由新义州以外输入满洲之货物，皆照海关税率，三分减一。输入满洲之通过税，照海关税率，三分减二"。十一年（1922）一月八日，大总统令："《中俄条约》及《通商章程》内规定之三分减一税法，暨免税区域，免税特品各种办法，自本年四月一日起，毋庸继续履行。"我国即知会日本，要求废止《满韩关税减轻协定》。而日本援引《满洲善后协约附约》第九条，谓"英、法在缅、越，亦有减轻关税办法。日本此项权利，系根据最惠国条款而来。只能由九国关税条约，秉公调剂"云。案，中、法陆路通商系根据光绪十二年（1886）《越南边界通商章程》，十三年（1887）《续订商务专条》。中、英滇、缅间，则根据光绪二十年（1894）之《中英续议滇缅条约》。规定减税之率，各不相等。而要不若日本在满洲所享权利之优，日本在满洲所享减税之利益，实足使他国之货物，无从与之竞争，以他国无从朝鲜输入货物者也。故《九国关税条约》第六条："规定中国海陆边界，画一征收关税之原则，即予以承认。特别会议，应商定办法，俾该原则得以实行。"即所以对付日本此等特殊利益也。该条约又云："凡因交换局部经济利益，许以关税上之特权，而此特权应行取消者，特别会议得秉公调剂之。"则因我国与英、法之约，皆有互惠条款，实与日本无涉者。凡此皆由此约直接所生之恶结果也。其间接所生之结果尚多，不暇备论。请读第九章，便可见其大略。

  日、俄之战，又有影响于我国之内政者，则立宪之论是也。是役也，日胜而俄败，而日之政体为立宪，俄之政体为专制。我国民方渴望立宪，遂以政体之异，为其致胜负之最大原因。其说确实与否且勿论，而日、俄之战，实与我国主张立宪者以极大之奋兴，要求立宪者以有力之口实，则无疑之事实也。于是清廷不能拒，乃有派五大臣出洋考察宪政之举，光绪三十一年（1905）六月。其后遂下诏预备立宪。行之不得其道，卒致酿成革命焉。我国政体之改变，原因虽多，而日、俄战争亦为悬崖转石中加以助力之一事，则众所公认也。此事非一本书所能详。读者但取中华民国开国史而观之，自可窥见其中之关系也。

九　日俄战役之结果及战后情势之变迁

  语曰："作始也简，将毕也巨。"岂不然哉？日俄战役，直接之结果，既如前述。至其间接之结果，则推波助澜，至今而未有已也。此事若欲详论，必须别为专书，原非此编所克包举。然读史贵穷其因果。一事也，固不可不知其推迁之所届。今故提挈其大要，俾读者于日俄战役之影响，可以详知；

而读他书时,亦可互相参考焉。

日俄战役影响之最大者,则日本一跃而为世界之强国是也。大隈重信者,日本宪政党之首领也。宪政党当日、俄战前,即力主与俄开战。方满洲撤兵问题相持未决时,日本国民组织对俄同志会,促政府与俄宣战,宪政党员与焉。及战事既终,复组织清韩协进会,以便侵略中国及朝鲜。宪政党者,实日本主战最力,而其言论,最足代表日本与俄战争之意思者也。清韩协进会之开会也,大隈演说焉,曰:"所谓强国者,则对于世界问题,有发言权而已。夫世界大矣,焉能事事由吾发言?则亦曰:与其国有利害关系之事,必由其容喙而已。东亚者,与日本有利害之关系,且其关系极密切者也,故东亚之事,非得日本发言不可。"又极论扶掖中国、保护朝鲜之法。日人称其言为大隈主义,比诸美之门罗主义云。此主义也,即日人以东洋盟主自居;凡东亚之事,不容不征求彼之意见;而彼且欲把持他国之外交之谓也。彼当欧战之际,出兵以攻青岛,自称维持东亚之平和;力阻我国加入参战;又于参战之后,事事加以干涉者,皆此动机为之也。日、英攻青岛时,中国亦欲加入,日本力阻。又向英声明:"与中国交涉,必先通知日本。"迫中国加入参战时,告知日本。日本谓加入参战,甚为赞成。但如此大事,不先告彼,甚为遗憾云。中国非日本之保护国,做事何故须先告日本邪?日本旋向英、俄、法、意交涉,以承认中国加入,要求四国承彼"接收山东之权利"。我国青岛交涉之终不得直,此事为之也。外交被人把持之害如此。故日、俄一役,日本物质上之损失虽巨,而其增进国际上之地位,则不少也。

夫使日本欲包揽把持,而真有意于东洋之和平,犹可说也。乃彼则惟利是图,虽因此破坏东洋之和平,而亦有所不恤。于是日、俄两国,始以利害之不相容而战;继以利害之相同而合;继则俄国政变,日本遂思乘此侵略俄国;侵略之不成,乃复欲共同以谋利。此则日俄战争以来,两国国交离合之真相也。

当日、俄议和时,微德即以两国在满洲之关系,终不能免,主本合作之旨,与日订立约章,合此及日、俄战前不欲开战之事观之,微德之为人,真沉鸷可畏已。电奏俄皇。俄皇意在复仇,不许。当日、俄战事方殷之际,及其初结束之时,日本方期博得世界之同情,不欲以独占东亚利权之名,为各国所嫉忌,故光绪三十一年(1905)之《日英新同盟》,三十三年(1907)之《日俄协约》《日法协约》,三十四年(1908)之《日美照会》,咸以保全中国领土,开放门户为言。然日、俄两国之势力,在满洲既日进不已,中国乃思引进英、美之势力,以抵制之。于是有借英款筑新法铁路,并延长至齐齐哈尔之议。日人目为南满之平行线,起而反对,《满洲善后附约》订结时,日人要求我国不得筑与南满并行之铁路,记入《议事录》中。我卒曲从之。但要求我筑自锦州经洮南至齐齐哈尔之铁路,日不反对,记入《议事录》中。英、美闻之,均愿借款承造,并拟延长至瑷珲。俄以与其权利有妨碍也,起而反抗。或曰日人实唆之。于是美人有"满洲铁路中立"之提议。满洲铁路中立者,欲使"各国共同出资,借与中国政府。使中国政府以之买收满洲铁路。外债未还清前,由出资各国共同管理。禁止政治上、军事上之使用。使满洲铁路地带,实际上成为中立"。犹夫"满洲为永世中立国"之志也。日、俄至此,均觉其利害与己不相容,遂共同出而抗议。时在宣统元年(1909)。明年,《日俄新协约》成。约中明言:"维持满洲现状。现状被迫时,两国得互相商议。"盖联合以抗英、美也。是为日、俄战后复合之始。

　　帝国主义之欲,无厌者也。日、俄两国既已攫得满、韩之权利而瓜分之,其心必不以是为已足。于是日本思进取内蒙古,俄人则思侵略外蒙及新疆。风传日俄订结新协约正约之外,别有密约。俄认日并吞韩国,日认俄在蒙、新方面之行动。证以协约成后,日遂并韩;日当与俄开战时,由其驻韩使臣林权助,与韩订立《议定书》,尚以保障韩国独立及领土完全为言,迨光绪三十一年(1905)之《日英新同盟》,则但言保障中国之独立及领土完全,而置韩国于不言,即英承认日并韩也。《朴次茅斯条约》第二条:俄认日在韩之卓绝利益。列强更无执异议者。韩遂于是年成为日之保护国。《日俄新协约》,以宣统二年五月二十八日,即西历1910年7月4日发表。是年七月十九日,即西历8月23日,韩遂合并于日。国之存亡,一任他国外交家之措置,亦可哀矣。俄人对蒙、新方面,遽提出强硬之要求,宣统三年正月至二月十八日,即1911年3月18日,以最后通牒致我,以28日为限。其说当不诬也。于是我国仍思引进他国之势力于东三省,以抵制日、俄两国。乃有宣统三年(1911)之东三省兴业借款,言明用以振兴东三省之实业,即以东三省各税为抵。由英、美、德、法四国承募。四国知日、俄两国在东三省之势力既已深厚,欲排挤之,必起反动,乃主招两国加入,冀谋一共同解决之策。于是四国团变为六国团。借款未成,革命遽起。民国乃继续之,以磋商善后大借款。以争监督财政等条件,美政府命其银团退出,而六国团又变为五国团。卒成2 500万镑之大借款。袁世凯利用之以压平赣宁之变。政争激荡,迄今未已。而此借款以盐税为抵押,因许设立盐务稽核所;又许于审计处设稽核外债室,以稽核其用途。开外人监督局部之财政,迄今未能脱除。因外交而影响于内政,其波澜亦可谓壮阔已，而未已也。俄人既因日本密约之容许，而有蒙、新方面之行动，英人亦以日欲并韩故，第二次《日英盟约》中，删去保障韩国独立之语，而以日本承认英在印度附近之行动为交换。于是有日、俄战时，英人派兵入藏之举。其后寖至占据片马。迨宣统三年（1911），俄人既于蒙、新方面提出强硬之要求，旋煽诱蒙古独立；英人在西藏方面，亦亟图均势，遂保护出奔之达赖。至民国时代，俄对蒙，英对藏之要求，犹始终取一致之步调，_{如俄对外蒙，要求我不驻兵、不殖民。英亦欲强分藏为内外，要求我于外藏不驻兵、不殖民。}皆日、俄、英三国，国交离合之为之也。其波澜之壮阔，真可谓匪夷所思矣。是为日、俄两国，离而复合，各肆侵略之时代。

迨欧战既起，各国皆无暇东顾，俄国尤窘。日人乘之，对我提出五号二十一条之要求，其中关于满、蒙者多款。又乘俄国西方战事之不利，迫之于险。于民国五年（1916），大正登极，俄国派使往贺时，迫其订立《密约》，_{是为1916年7月3日之《密约》。后为革命后之俄政府所宣布。}承认其在中国之权利利益。两国利益，苟受第三国损害时，当共同防卫。因此宣战，亦当互相援助。则进为攻守同盟矣。盖恐欧战停后，英、美等国对日乘机攫取之权利加以非难，故预以是抵制之也。此约之徒利于日，俄人非不知之，然迫于情势，无如何也。是为日、俄两国，貌合神离，而日本独霸东亚之时代。

曾几何时，霹雳一声，俄国革命是为俄国一大变局，而亦日人所极震惊。初我国与俄订立《东清铁路条约》时，本只许其沿路设警。《日俄和约附约》，乃有每启罗密达得置守备兵25名一款。俄人借口是条，驻兵至六七万。欧战作后，大都调往西方。日人饵以甘言，谓俄"尽可撤兵。北满及东海滨省沿岸，日人不徒不乘机侵略，且当代为警备"。盖欲使俄尽撤东方守备，则日可相机行事也。然日是时，方以与英同盟故，以协约国之同调自居，势不便与俄翻脸。迨俄国政变，而日人之机会乃至。时则俄、德讲和，作战于前敌之捷克军，逃入西伯利亚。俄人则借武装之德、奥俘虏以制之。各国乃有共同出兵，以援捷克军之议。日人乃思一箭双雕之策，欲并我外蒙、北满之权利而攘之。乘段政府亲日之机，与我成立《军事协定》。订明"由后贝加尔至阿穆尔省之兵，中由日指挥；由库伦至阿穆尔之兵，日由中指挥"。看似极为平等，实则我安能指挥彼；且兵所经皆我之地，其为不利于我也审矣。于是各国次第出兵，而其所首谋攫夺者，乃在西伯利亚路及中东路。遂由中、俄、英、法、意、美、日七国立一联合铁路委员会，_{在海参崴。}

将两路置诸管理之下。其后该会技术部长美人斯蒂芬氏，遂有共同管理中东路之议，提出于太平洋会议席上。经我国专使力拒，乃仅为"中国对于该路股东及债权者，应负债务上之责任"之决议。至该会取消后，列国犹照会我国，重提此决议，表明愿与中国共同处置焉。此为我国因俄事所受之损害。至于俄人，其受日之侵略尤甚，日人当时之兵锋，盖曾至伊尔库次克。拥立反俄匪徒谢米诺夫（Semionnoff）于赤塔，卡尔米哥夫（Kalmykoff）于哈巴罗甫喀。或谓日本当时对于谢米诺夫及沃木斯克之高尔却克（Koltschak）皆订有让渡满、蒙一切权利之密约云。日人是时，实欲并外蒙、北满及东海滨省，悉据为己有也。

然东方之捷克军，卒不可辅。白党之旧势力，亦决非各国所能维持。民国八年（1919）岁杪，高尔却克之兵，既已全为苏俄所扫荡；而捷克军亦已出险，各国乃议决撤兵。九年（1920）一月，美兵首先撤退。英、法、意诸国继之。日人独留。四月，尼科来伊佛斯克有戕杀日人之举。日人乘机发兵占据其地，并占哈巴罗甫喀、海参崴及库页岛北半。俄人谋立远东政府，日人则尽力阻碍之。劫制其所占领之地，不许加入组织。然远东政府卒成立，败谢米诺夫之兵，恢复赤塔。日人乃复召谢米诺夫至大连，资以军械。谢米诺夫遂遣其将恩琴陷库伦。以外蒙为根据地，反对俄国。于是外蒙问题，在中、俄间复行引起。先是俄国政变后，外蒙失所凭依，业于八年（1919）十一月，取消独立。及是，苏俄屡以外蒙之事抗议于我。我不能办。苏俄乃复诱外蒙，以十年（1921）三月十三日独立。与之共平库伦。十三年（1924）五月四日，活佛死，外蒙遂全变为苏俄式之政治。苏俄既与立约，承认其独立于前。十年（1921）十一月五日。其后与我订立《协定》，又云认外蒙古为我国领土之一部，且尊重我之主权。其谁欺？欺天乎？俄外交总长翟趣林在执行委员会宣言："认蒙古为中国之一部，其自治权则决不认中国侵犯之。"此等宗旨，与旧俄时代，初无以异，不知协定之言，竟作何解也。此则因日人图略外蒙以害苏俄，而使我国受池鱼之殃者也。

其后苏俄之基础日益巩固，远东共和国，亦与之合并。日人知无复侵略之余地，乃于十四年（1925）二月，与俄订约而撤兵。《协定》第六条：许日本在西伯利亚，有关采矿产，采伐森林，及其他资源之租借权。《议定书》二：许其租借北库页之石油田，其面积为50%，期限40至50年。并得采伐企业所用之树木，兴办各项便于运输材料及产品之交通事业。而其尤要者,则承认朴次茅斯之《条约》,仍为有效。此约为日本取得南满权利之根据也。以上为俄国政变,受日人侵略之时代。

天下事之最可痛心者,莫甚于听他人之协以谋我,尤莫甚于使他人协以谋我。东三省之形势,久成覆水之难收。此梁任公在清末语。当时以言之稍激,大为国人所反对。然迄今日,东三省之形势,究如何也?呜呼!所冀者,他国之势力,不相联合;并可互相牵制,容我徐图补救耳。当俄国初革命时,举世欲剪灭之而后快。不徒求一友邦不可得,并欲求一与之通商之国,以暂纾目前之困而不可得。其时愿与我恢复邦交之心盖甚切。使我能开诚布公,与之商办,则各事皆易就范。乃我国受人牵鼻之外交,迟迟吾行,并停止旧俄使领之待遇而有所不敢。俄国革命,在六年(1917)三月。我停止旧俄使领之待遇,乃在八年(1919)九月。其中旧俄使领,以无所代表之资格,而受我之承认者,两年半也。俄之与我接洽,远在其与日接洽以前;而《中俄协定》之成,反在日俄订约撤兵之后,《中俄协定》,成于十三年(1924)五月三十一日。无怪日、俄协商以处置我之局面,依然持续矣。英、美两国,当欧战停后,盖亦仍有意于保持东方之均势。故七年(1918)十月,协约国之胜利既定,英使朱尔典,遂首唱中国铁路统一之议,其议欲使各国将获得之铁路权,均行交还中国。共同另借新债与中国,俾中国将旧债还清。借以取消各国之势力范围。犹是美人开放门户之旨,及满洲铁路中立之办法也。而美人和之。以交通系所设之铁路协会,竭力反对,议未有成。其后美国发起英、美、日、法四国新银团。日人坚持"满、蒙除外",久之不决。卒由美银行家拉门德氏代表三国银团赴日。议定(一)南满与其现有支路,及(二)吉会,(三)郑家屯、洮南,(四)开原、吉林,(五)吉长,(六)长洮,(七)新奉,(八)四平街、郑家屯诸路,皆不在新银团经营范围之内,日本放弃(一)洮热,(二)洮热间某地至海两路。而议乃有成。时九年(1920)五月十一日也。是岁九月四日,四国公使通告我以新银团成立。"希望中国早有统一政府,俾银团得将四国政府赞助中国之意旨,表现于实际。"忽忽又七年矣。此七年中,中国若能利用之,满、蒙之形势,亦必有以异于今日。乃以政局不定故,一切事皆无从说起。而新银团借款之举,亦遂延搁至今。我无借款之资格,人之急于放款者,不能深相谅而久相待也。于是今年十六年(1927)。九月,有拉门德赴日之事;而南满洲铁路会社,同时以借外债6 000万元闻。时则正值日本向北京之张作霖政府要索东三省筑路之权最紧急之际也。交涉之真相及结果,虽尚未可知,而美人欲投资于我而不得,乃转而与日商略,则形势既可见矣。

而同时复有日、俄成立某种谅解之说。甚者至谓俄举中东路之管理权,让与日人,而由满铁会社,酬以 4 000 万元,表面作为借款焉。俄人虽力自辩白,然亚洲东北方之地,实非俄人实力所及,前章已言之。彼自革命以来,西伯利亚之富源,且不惜分赠之于日人,而何有于北满?此于彼固无大关系,俄人即把持西伯利亚及北满,一时亦无实力经营。日人即得西伯利亚及北满,亦断不能经营之至能迫害俄人之程度也。然于我则如何?今者报纸所传,日、俄如何如何云云,虽亦未敢遽以为信,然其必有协商;其协商必有合而谋我之势,则无疑也。他事我纵不自悔,独不记《中俄协定》第九条,苏联政府曾允我赎回中东铁路,而于协定签字后一个月内举行之会议中,解决其款额、条件及移交之手续乎?而何以迄今不开也?此亦无与人商办之资格,而迫人使与我之敌合者也。彼日本今日,既以安奉、南满、吉长、吉会诸铁路,联络南满、朝鲜而成一方环矣,其满铁会社,亦既俨如英之东印度公司矣。若复让渡之以俄在北满之权利,辅助之以美人雄厚之资本,岂直为虎傅翼而已!此最近日、俄两国,由离而合,而复有协以谋我之形势之真相也。呜呼!予欲无言。

十　结　论

日俄战役,日以区区三岛而胜,俄以泱泱大国而败,果何故邪?是不可不一评论之。

首言兵力。俄之兵数,固远优于日。然其调度较迟,直至辽阳陷后,陆军之精锐,始大集于奉天。其前此作战之兵力,初未能较日为优也。然此非俄兵之致命伤也。俄之弱点,在于编制之无法,调度之乖方。俄之精兵,本在欧而不在亚。俄之骑兵最著名。然哥萨克骑兵,在亚洲者,亦不如其在欧洲者。又其人虽勇悍,而颇愚鲁,反不如日本骑兵之娴于战术也。他种军队,则在亚者尤不如在欧者矣。然俄以防德、奥故,在欧之精兵,终不敢尽行征调。此亦俄军一弱点也。当其战时,集各地之军,加以编制,大抵彼此相杂。故兵将不相习,兵与兵亦不相习;短者未能掩其所短,长者却已失所长;自欧来之兵,又不习东方之地势,遂以致败。或谓俄军之作战,仍以鸭绿江之役第三、第六两师团为最优,盖以其编制纯也。然则俄陆军之失败,陆军当局之从事于编制者,不能辞其责矣。此言其编制之乖方也。至于战略,则日之得策,在于神速,在于缜密,而俄则反之。日自绝交以后,即迅令海军击破俄之舰队,将陆军运至朝鲜。当时俄之陆军,在满洲者,亦已数万,何难迅速前进,与日本争持于平壤之东?乃日军已占据义州,而鸭绿江西岸之俄兵,尚未大集。嗣是若旅顺,若辽阳,无不坐待日之攻击者。《军志》曰:"先人有夺人之心。"此役也,日人之调度,固已占一先着矣。俄则亚历塞夫之调度,绝无足观,殊负俄皇之重任。苦鲁伯坚之战略,则专在集重兵以争最后之胜利。其时战事业已受挫,或亦有不得不然之势。然最后之胜利,果有把握乎?俄之精兵,固未悉集;即集,果能驾日兵而上之乎?是最后之大战,亦属孤注之一掷也。为俄人计,于战势不利之中,仍宜设计多取攻势,以牵制日兵之前进。虽未必有功,然日兵之进攻,必不能若是其易。较之徒在奉天、辽阳附近,多筑防御工事者,胜之远矣。虽然,苦鲁伯坚,名将也,岂其见不及此?苦氏于此战,能指挥如意者,不过数月。故战事之失败,实不能归咎苦氏。毋亦自审己之军队,精神实力,皆不如敌,故不敢出此策乎?然而日本军队作战之勇敢,计划之周密,概可见矣。

海军之分为四队,实为俄人失策之最大者。俄在东洋,海军之力,固较日本为薄,然合其海军力之全体,则较日本为优。当干涉还辽时,俄之所以慑日者,海军也。是时日本之军舰,凡25只,5.46万吨。俄当中、日开战时,仅有舰13只,1.67万吨。而至干涉还辽时,则已扩充至23只,5.22万吨。合德、法则有舰80只,24.5万吨。论舰数三倍于日,论吨数四倍于日而强。故日人不敢与争。故当战后,汲汲于扩张东洋舰队。日、俄战时,俄人之议论,颇以海军为制敌之要着。日人亦惴惴焉。俄人之论,谓"派陆军于东方,不如日本之易。日军苟多,俄军即不得不退。惟有加增东洋舰队,阻日不得登岸;即登岸,亦可绝其后援"。且曰:"克里米亚之役,俄多用水雷以防黑海,英、法已大受其窘。此时若能多用潜航艇,以袭击日本之运船,日人亦必为之大阻也。"日人之计画,在严守对马海峡,妨害海参崴、旅顺之交通,使俄舰不能纵横海上。并警备台湾海峡,使其西方舰队之东来者,有所顾虑。战事如后来之顺利,非始愿所及也。夫兵凶战危,必先为不可胜之形,乃可以待敌之可胜。使俄当是时,将全国海军之力,合而为一,游弋于太平洋上,日海军虽强,殊觉无用武之地,俄军亦必不致一蹶不振。则日本陆军之运用,不能如后此之自如,战事全局改观矣。失此不图,坐令日人对旅顺、海参崴、波罗的海之舰队,各个击破。而陆军遂不得不以独力御敌;自始至终,海军未能一牵制敌人于海上。此则俄军之最大失策也。苦鲁伯坚评论战役,谓"海军之失败,实为最可痛心之举",信然。

以上论战事得失,皆摭拾当时军事学家极普通之议论。其稍涉专门者,亦间或散见各报章杂志。不多。愧非鄙人所能知,亦非普通读史者所需要,故不复采辑。

战事之得失,大略如此。虽然,战之胜败在兵,而其胜败之原因,则不在于兵也。关于此点,当时海内外,议论甚多。今归纳之,得如下之三事。

(一)日本于此战,迫不得已,俄国则否。俄之所以战者,为侵略属地耳。得之固佳,失之亦无大损。日则一战败,满、韩即尽入敌手。自海参崴至朝鲜,海疆数千里,连成一线,以与日本相对;而更以强大之陆军陈其后,日人亡无日矣。故日于此战,举国一心,义无反顾。俄则国论不一。有所谓文治派者,又有所谓武功派者。武功派中,又有主张经营近东者,有主张经营小亚细亚者,有主张经营极东者。日、俄之开战,特经营极东之主战论,偶然胜利耳。其国中不赞成者尚多也。与我订结撤兵条约时,虽曰外交上之形势使然,亦由其时文治派未尽失势,不欲用兵极东也。案,俄国之侵略,往往出于一两人之野心。不特其国中舆论不赞成,即政府中人,亦有深致反对者。方穆拉维约夫要求我国割让黑龙江北之地时,其外务大臣尼塞劳原反对之。乘其疾,致书中国政府,谓"格尔必齐河上流,境界未定,请派员协定界碑"。时咸丰三年,所谓1853年6月16日《俄国枢密院画境文案》也。及咸丰五年(1855)九月,我所派画界大员,与穆拉维约夫相会。穆拉维约夫要求以黑龙江为界,我以枢密院文案示之。彼遂无辞。使我能善为因应,旧界固未必不可维持也。即如日、俄之战,微德亦始终不赞成。老子曰:"抗军相加,哀者胜矣。"天下事惟出于不获已者,其力至大而莫可御。此韩信用兵之术,所以置之死地而后生也。日本当日之情势,几合举国而为背水之阵,此其所以制胜也。大隈重信尝论日、俄战事曰:"欧洲各国,以联合之力,御俄于巴尔干半岛,限俄于黑海。列国之利害,不能常相一致,其力似强实弱。日以独力御俄于满、韩,国是一定,即无更变,其力似弱实强。"

(二)则日本战士之效命,非俄国所及。抗军相加,迫不得已者胜,似矣。然从古亡国败家相随属,当其败亡之时,孰非处于迫不得已之境?为国民者,亦孰愿其国之亡?然而终已不救,则知徒有志愿而无实力终无济于事也。日人则不然。当封建之时,有所谓武士道者,其为人则重然诺,轻生死,抑强扶弱,忠实奉令。又以立国适值天幸,千余年来,未尝被外敌征服;其皇室亦迄未更易,故其忠君爱国之念极强。夫祸福倚伏,事至难言。日人今后,此等褊狭爱国之心,愚鲁忠君之念,或且为其前途之障碍,亦未可知。然在当日,则固足以一战矣。"金州丸"之沉,欧洲报纸或议之,谓"国家养成此等将卒,所费不少。一朝自杀,实为极大之损失。不如暂时降敌,徐图自效也"。日报辩之曰:"日本于是役,所失者船舰、器械、将卒之身体,所保存者大和魂也。大和魂无价。"俄则种族错杂,日、俄战时,俄国百人中,斯拉夫人73,土耳其、鞑靼人9,芬兰人5,犹太人3。其余10人,为各种错杂之种族。政治乖离。波兰人,为俄所夷灭者也。犹太人,遭俄之虐杀者也。方且伺隙而图变,岂肯助俄以摧敌？中亚细亚、西伯利亚之民,亦与俄休戚无关。虚无党人,又日以图谋革命为事,于战事之胜败非所计。故当作战之时,日人举国上下,一致对外,俄则芬兰总督被杀矣,内务大臣遇刺矣。图刺俄皇,乘隙举事之说,又日有所闻。极力镇压之不暇,安能如日本政府之举一事,即人民无不协助哉？此又日之所以胜,俄之所以败也。

(三)则日本之政治,较俄国为整饬。吾国先哲,有一治兵、治国之精言焉,曰:"能以众整。"盖众而不整,决不足以敌训练节制之敌;而众力既聚,必有所泄,则失败于外者,往往转其向而梗令破坏于内。则本国之秩序,不能维持;对敌之作用,弥以脆弱。此实数见不鲜之事也。日本之于战事,固筹划已久。明治天皇为英武之君主,首相桂太郎、陆军大臣寺内正毅、海军大臣山本权兵卫,皆曾受高等军事教育,富有军事知识者。其余如元老,如政党首领,如银行家,亦莫不通力合作,各效其能。日本议院,于开战之前两年,否决海军扩张案。前一年,以弹劾内阁解散。及开战后,召集全国选举,皆极安静。议员开会后,第一次议决临时军费3亿余;第二次扩充至7亿余;其后陆续增至17亿元。皆略加审查,即行通过。其赞助政府,可谓至矣。故其举措,若网在纲,有条不紊。俄则本兵之地,弱点颇多。尼古拉二世,本优柔寡断之人。其祖亚历山大二世为虚无党人所杀,其父亚历山大三世目睹惨状,痛恨虚无党人。侍从武官部沙富赖沙夫起自寒微,为人强力,有心计,能组织忠君党,以密探虚无党人之行为,为所发觉者不少,亚历山大三世甚信任之。尼古拉二世立,亦有宠焉。或谓其人曾在朝鲜组织林矿公司,不愿朝鲜落于日人之手,故主战最力。吾人诚不敢以小人之心度人,然此人实为主战有力之人物,则无疑也。又俄国是时,皇族中有权力者甚多,如陆军元帅弥加威尔,步兵大将、彼得堡军管区都督乌拉节弥尔,莫斯科军管区都督柴奇阿斯,海军元帅亚历克斯,于俄皇皆为父行,而皆主战。亚力塞夫尤好功名。部沙富赖沙夫助之,俄皇特以为极东大总督,得节制海陆诸军,北京、东京公使,外交亦遵其指示。关于外交,极东总督与外交大臣,权限上颇有疑问也。俄人称为副王焉。惟微德一人不欲战,乃使去藏相而任内务之职。呜呼！天下事之可患者,无过于莫或能必其成，且莫或能保其无患，而上下相欺，莫肯直言。观于俄廷当日唯诺之风，而知其虑患之不周矣。谔谔元老，忠言逆耳；吾谋适不用，勿谓秦无人；微德乎，微德乎，能无太息于绕朝之赠策哉！

以上三端，皆日、俄所以胜败之大原因也。俄国之侵略属地也，往往先据其地，而后徐图整理。而其侵略之也，则委任一人，责其后效，而不问其所为。其于中亚细亚，于西伯利亚皆如此。此等手段，用之古代可也；用之今日，则殊不相宜。何则？今世纪殖民政策盛行，大抵殖民所至，即实力所及也。即如满洲、朝鲜，俄国虽鹰瞵虎视，而其实力，实不能与之相副。据战前调查：日人在朝鲜者近 3 万，而俄人则不及百。日本与朝鲜贸易，年额在千万元内外，俄则不过二三十万元。则其实力，实与日相差甚远。不特此也。俄人对满洲之贸易，本年为入超，并有各国货物，经满洲输入西伯利亚者。自筑中东铁路，乃强输其国之货物以代之。于是日、美在满洲之贸易大减。日本当光绪二十六年（1900），输入满洲之货物为 183 万。明年，减为 142 万。二十九年（1903），又减至 114 万。此等封锁之政策，安得不招人嫉忌？日、俄战时，俄人口 1.2 亿。其中 9 500 万在欧俄，900 万在波兰，260 万在芬兰，900 万在高加索，在西伯利亚者仅 570 万，中亚细亚者仅 770 万耳。故为俄计者，当尽力开发其所已得之地，而不必更垂涎于所未得。而旧时侵略所用之手段，亦宜亟改变。即如俄前此委任之总督，其地位，介于中央政府与府县之间，与驻外大使比肩。当交通不便，中央政府鞭长莫及时，用之可也。及其交通发达，指臂相联，其制即成刍狗。故西伯利亚铁路之成，有谓黑龙江总督亦可废者。俄人顾于其时，复设一极东总督，崇其权位，比于副王。主设此等制度，愿居此等地位者，其必贪权喜事之人，不能有益于国审矣。故日人谓"俄人之专制为蒙古式的，其武力亦蒙古式的。日在亚洲，而为欧洲之新式国。俄在欧洲，而为亚洲之旧式国。以日战俄，乃以新战旧，其胜实为理数之必然"云。亦不能谓其说之无理也。

抑予观于日本之已事，而有感不绝于予心者，则日人之爱国，之武勇，皆为世界所罕见，其制胜决非偶然也。请略述其情形，并采撷其逸事，以资观感而备谈助焉。当干涉还辽之后，有一俄人游于日本，憩牛乳肆。见数日童自塾归，与语，爱之，赠以糖果。日童怀之去。已复还，曰："君俄罗斯人乎？"曰："然。"曰："若然，则吾不受君糖果。今兹还辽之役，吾国深受俄国干涉。俄吾仇也，将来当与之战，忍受君糖果乎？"还之而去。俄人大惊，以为日本不可侮也。此事在乙未(1895)丙申(1896)间,当时外报载之,吾国报纸,即有译之者,似系《时务报》。吾国之人,亦以为谈助而已。恶知实为日本胜俄之远因邪?尼古拉二世之为太子也,游于日。至琵琶湖,乐其风景,谓左右曰:"何时得筑离宫于此乎?"左右皆谀之,曰:"不出数年耳。"警吏津田左藏通俄语,愤甚,即发枪击俄太子,伤首。幸得愈。日、俄战时,俄皇犹以当时头扎绷带之相片,颁发军中,以作士气云。津田虽椎埋乎,其爱国亦可风矣。及战事既开,则日人爱国之行为,尤有悉数难终者。东乡之初塞旅顺也,招决死将卒77,应募者2 000余。其后闭塞之事弥艰,而愿往之士益众。末次乃至2万余。攻南山时,俄国炮火猛烈。日炮兵屡易阵地攻之,无效。司令官乃下令猛袭。一联队长闻令,号于众曰:"今日之事,吾侪不死,则事不集。愿决死者,皆从我来。"举军无不举手从之者。此犹慷慨捐躯也。"金州丸"之沉也,第三十七联队第九中队步兵百二十人在焉。大尉椎名氏,与他将校,出甲板观敌势。归语众曰:"彼优势之海军也,我陆军也,妄动无益。其静以俟死。"众皆泰然,列坐不动。已而俄一士官来,复去。椎名谓众曰:"死期至矣!宜呼帝国万岁,从容就死。"语未既,水雷发。船裂,水入。舰众皆立甲板上,大呼帝国万岁,唱联队之歌。已而以束手就死,心有不甘,议决发枪射击。枪突发,俄人大惊,急退其舰,而发大炮水雷沉之。日兵皆从容射击。弹尽,或自杀,或两人相杀,或沉于海。其入海得片板而生者45人。所谓从容就义者非邪?非有勇知方,孰克当此,此以言乎其军队也。至于人民,闻将开战,多退职辍业,求为志愿兵。有检查体格不合而不肯去者。名在预备后备者,70余人,旅于美。召集令不之及,70余人者,不欲幸免,皆弃职归。旧金山之报馆,闻其事而壮之,皆索其照,登诸报端,题曰"赴国难之勇士"。而非战员之所以鼓励其战员者尤至。父送其子,则曰:"吾家尚未有死国难者,汝其死于敌,以为家之荣。"未婚妻送其夫,则曰:"君若战死,当为君守空房,养父母。若败归,请绝。"新潟县刈羽郡枇杷岛村小林久二郎方合卺,召集令至。即引杯酌新妇,又自酌也,遽去。凡送战士之人,无不祈其战死者。其士战多死不旋踵,岂恶生乐死,皆异于人之情哉?还则无生人之趣,即谓其无生还之路可也。兵士之出征也,有财者往往厚赠其行,或以时存恤其家。工商主人,或给庸值之半,若三之一,四之一。农民之邻里,则结约代耕其田。医者于出征军人之家,自往视其疾,且给以药。示卖者于军人之父母妻子,多减其值。有战死者,全国报纸记其事,载其像。又或悬其像于有关系之地。其尤烈者,则为铸铜像,尊为军神。以其姓名,名其所居之地。又必赡恤其遗族。故其人多慷慨从军,无以家事为忧者。人情莫不念父母,顾妻子,岂其独异于人之情哉?知社会于战死者必不没其劳,而后顾无可忧也。其尤异者,高松市新町中川虎吉,所蓄仅纸币15元,尽举以供军费。横滨石川仲町大川政宪,年8岁,以父母及叔父所予之款,积至4元3角2分9厘;宇都宫寻常小学校二年级生林祥太郎,储金1元,皆以献。纪伊国边町中野彻辅,年10岁,自开战后,散学则负煎饼卖之,得金1元,以献。香川县木田郡冰上村上田千一,为高松商业学校预备一年级生,以星期日,彻夜造草鞋50双,献于陆军省。神奈川县伊佐卫门,年65,盲10年矣,以造草鞋为业,尽售所积,得金15元,以献。福冈县远贺郡津田甚七之母,年82,造草鞋400双以献。山形县北村山郡西乡村,举村之人,皆戒吸烟,而日纳资1角。此外典田宅,鬻衣服,脱簪珥,捐时计,以助军费者,不可胜数。妇女则缝战衣,囚徒亦增工时。天皇则出宫内之古金银,交银行以为兑换之本。呜呼!以视覆巢将及,而犹日事搜括,备作犹太富人者,何其远邪?何其远邪?日本之战胜,又何怪也?读者闻吾言,且将哗然曰:"此帝国主义,此封建思想。"将非笑之,怒骂之矣。吾敢正告今日之士曰:人类之武德,无时而可消灭者也。姑无论今日,尚未至讲信修睦,干戈绝迹之时。即谓已至其时,而人类与天行之战争,终无时而或绝。所以捍御天行,征服天行者,亦人类之武德也。不然,则人类文明将不可保,而或几于息邪?而况今日,距大同之世犹远邪?夫人类之所当垂念者在将来,而其所当慎保者,尤在现在。且无现在,安有将来?即谓有之,而一失现在之地位,有较保持现在,牺牲至十百千万倍,而犹未能恢复者。"我宁山头望廷尉,不能廷尉望山头!""一失足成千古恨,再回头是百年身!"其念之哉!世界大同,人类平等,其理论非不高尚,其志愿非不宏大,然行之自有其程。一误其程,则滋益世界之纠纷。我不自保,而人亦受其弊。慎毋瞩千里而忘其睫,慕虚名而受实祸也。

抑更有一言,为当世正告者,则今日帝国主义之国家,谋侵略亚洲东北区者,亟宜自戢其威焰。而吾国亦宜亟图自强。谋自保以御外侮,即所以维持世界之和平也。俄人之侵略东北,其为帝国主义,无待于言。即日之战俄,借口自保,其实又何尝非帝国主义者?自胜俄以来,其所行者,较俄且变本加厉矣。夫日人之侵略东北,其所借口者,曰:待以解决人口问题也。然人口问题，何法不可解决，何必定如今日之所为？民国十六年（1927），日人对北京之张作霖政府提出要求时，其满铁社长山本氏之言曰："日本人口之增加，年近百万，必自满、蒙输入7亿元之原料而后可。满、蒙者，吾日人待以解决人口及食粮问题者也。"其言似矣。然韩人屯垦我国者，自昔有之，亦未尝不足以谋口实，而何必如日人，必欲提出土地所有权、租借权等条件；且侨民所至，随以警察何为？平和贸易，吾人岂尝拒绝？而何必如今日之把持铁路，专谋垄断？抑日人有求于满、蒙者，将遵两利之道，俾满、蒙日益开发，而彼亦得以解决其人口及食粮之问题邪？抑仍如帝国主义之殖民政策，专瘦人以肥己也？由前之说，则吾国内地，人满之患，不下于日。吾人今日，固不必效法美国，拒日人之来；日人亦岂可喧宾夺主，转欲拒吾之往；且绝我故居满洲之民之生路？由后之说，则直自承其为侵略可耳，而何喋喋咕咕为？

盖日本之为国，军国主义之国家也，亦军阀执政之国家也。彼国自古为岛国，故其国民，褊狭的爱国之念甚强。王政复古以前，藩阀本大有势力。维新之业，又成于长、萨两藩之手。故两藩在日本，实有大权。日本之海军，握于萨藩人士之手，陆军握于长藩人士之手，此略通日本政情者所能知。日本之民众，未能参与政治；即其所谓政党者，亦有名无实；而惟官僚及所谓元老者，实尸政治之执行与操纵。亦略通日本政情者所能知也。夫元老亦军阀之代表也。元老之名，宪法无之。其人居枢密院中。枢密院之职，不过备天皇之咨询。然其人既有资格声望，其言自有效力。事实上内阁更迭之际，天皇恒咨询元老，以定继任之人。故元老不居政治之冲，而实有操纵政治之力。又当光绪三十年（1904），山县内阁以枢密院令，定海陆军两部，必以现役中将以上之军人长之。民国二年（1913），改以预备及退伍之同级军人为限。军人在实际，恒听命于参谋部及海军军人会。组阁者之意见，苟与军人不合，军人无肯出就海陆长之职者，内阁即无由成。既成之后，意见不合，海陆两长辞职，内阁即复瓦解。民国元年（1912），西园寺内阁，因不赞成朝鲜增加两师团之策，致阙海陆长而辞职，即其事也。故日本全国之政治，实握于军阀之手者也。夫一种人物，至能独立而成为阀，盖亦非偶然？此必非但顾私利者所能为；彼必略有福国利民之心，亦必颇能举福国利民之实，此观于日本之已事，吾侪决不否认者也。虽然，凡事不可过于其度。过于其度，则向之功德，今遂转而为罪恶。日本今日之军阀，得毋有为其自身之权利势位计者乎？抑诚鉴于国家之情势，而以扩张军备为急也？夫谋国而徒知扩张军备，在识者已议其偏。若略有维持其阶级之心，则推波助澜，更不知其所届矣。当十一年（1922）之秋，日本与俄国方在大连开会议之时,忽有所谓密售军械事件者。初列国在西伯利亚撤兵时,有军械19车,交由日本保管此军械,或曰"实旧俄帝国之物,购自欧美,价约3亿元。因畏德人潜艇袭击,绕道太平洋,运至西伯利亚,然后转入欧俄",或谓"即捷克军物",未知孰是。当各国共同出兵时,此项军械,即由各国共同保管。其后各国兵皆退,而日独留,乃即以其事委诸日。当其委托时,由日、法、捷克三国官员,会同封识。及是,忽有军械,由海参崴密运满洲,售诸张作霖。有数起,为税关所发觉。或疑所运即是此械,乃相与启封检验,则械已全空;捷克封识,亦不知何往矣。众皆谓"日军官有意为之,而参谋本部实主其事"。或以质其参谋总长上原氏。上原氏直认不讳,曰:"吾将使狄弟里联合张作霖,在日、俄之间,建一缓冲国。张作霖所缺为械,狄弟里所缺为粮,吾故使之互相交换云。"狄弟里者,俄国王党,时在海参崴,亦俄旧势力受日本保护者也。且曰:"不建此缓冲国,则日本帝国之前途,惟有灭亡,更无他说。"此言一出,列国大哗。即日本国民亦无不异口同声,攻击其军阀者。夫日本此等行为,亦得谓为人口食粮故,不得已而出此者乎?盖日本今日之军阀,其眼光太觉偏于武力,此实其识见不免流于一偏之弊。而无论何等阶级,及其权势既盛,亦无不有维持其阶级之私心,此不期然而然,无可避免者。日本今日军人之举动,谓其全无增加军界权势及军人利益之心,无论何人,不敢作是语也。国家之政策,贵在统观各方面以审其因应之宜。若举国惟一阶级之马首是瞻,一意孤行,宁免亢龙之悔。远者且勿论,俄人当日、俄战前,岂非泱泱大国,专以侵略为志者乎?即日、俄战后,宁不亦遗威余烈,炙手可热乎?曾几何时,遂转为他人所侵略,岂非不远之鉴哉?而奈何不远而复者之少也。

苏俄国情,与日本异,其主义自不得皆同。今之论苏俄者,每谓其阳借扶助弱小民族之名,阴行帝国主义侵略之实。吾人诚不欲作此苛论。惟亦有宜知其两端:其(一)则俄人之宗旨,既为举世所不容,则其达之也难,而其手段遂有所不暇择。(二)则其国既为举世所排摈,必求所以自卫之策。其自卫之手段亦或出于急不暇择是也。《管子》曰"鸟飞准绳",言欲达目的者,恒不能不纡其途也。观此,则知"行一不义,杀一不辜,而得天下,有所不为",徒为理想之谈,非实际所能有矣。苏俄诚有扶助弱小民族,扫除帝国主义之诚意与否?吾殊不欲深论。即谓有之,而其所行,亦势不能处处与他民族之利益相一致,此事势使然也。况无论何种主义,何种策略,均不能不随四周之情势而变。况苏俄自立国以来,其举措之变易者,业已不少邪?

欧人之性质,有与吾异者。吾国当内乱之时,恒不暇措意于外侮,以致每为异族所乘。欧人则内乱愈烈之时,民气亦愈奋,愈可利用之以御外侮。法国革命之际,一战而逐普、奥,其明证也。俄人亦然。当其国体甫革之时,敌国乘于外,旧党讧于内;土地多被占据,兵财两极困穷,几于不国矣。乃俄人一呼而集农工为兵,4 年之间,众至 530 万,俄人之创设红军,事在民国七年(1918)三月至十年(1921)一月,其数凡 530 万人。是为苏俄兵数最多之时。此后内乱外患皆平,兵数次第裁减。今常备军只余 56.2 万而已。以之戡定内难,攘除外敌,再离寒暑,遂奏肤功焉。其力亦足畏矣。凡物不能不随环境而变,其自身亦不能保其无变动。俄人初革命时,尝以选将及议决作战计划之权畀之军士,已而知其不适用,悉废之。改用旧时军队集中权力之法,将校亦多用旧人。故俄之军队,其性质已潜变矣。此种军队,他日为何种势力所利用,殊未可知。而要之非不可用以侵略者,则断然也。

近人有言曰:"满洲者,东方之巴尔干半岛也。"岂不信哉? 当日、俄战前,美、日国交本辑。及战局既终,美人乃转而袒俄。日本所派议和专使,小村。深受不良影响而归。美、日始交恶。其后以美国下院通过移民律,禁止日人入美,弥为日人所恶。而美国扩张军备,县夏威夷,据菲律宾,亦为日人所嫉忌。感情本易变之物,国际间之感情,尤常随利害为转移。日、美间之感情所以终不得融洽者,实以日、俄战后,日本势力骤张,与美在太平洋之权利有冲突故也。日、美战争之论,甚嚣尘上,亦有年矣。日本国力与美国相差太远。战争之事,短时间盖难实现。然满洲之权利,日人必欲一手把持,美人未必遂甘放弃。俄国既难与日调和,英人又将与美并驾,则此问题弥以错杂,而其情势滋益纠纷,真将成为东方之巴尔干半岛矣。夫巴尔干半岛则何能为? 虽然,今人又有言曰:"满洲者,东方之阿尔萨斯、洛林也。"阿尔萨斯、洛林之已事,稍读世界史者所知也。一阿尔萨斯、洛林,而其推波助澜,贻祸之烈,至于如此,况十倍于阿尔萨斯、洛林者乎? 然则丧阿尔萨斯、洛林者固忧,得阿尔萨斯、洛林者,未必遂为福也。

吾非为大言以恐吓欲侵占满洲之人也,吾敢正告世界曰:凡侵略、独占、封锁诸名词,一时见为有利,久之未有不受其弊者。凡谋国者,孰不欲计万年有道之长,而患恒出于其所虑之外。此非人智之所及料也。向者满洲人之入据华夏也,虑其故乡为汉人所移殖,而后无所归;又恐其民与汉人接触,失其强武之风,不能保其征服者之资格,则举满洲而封锁之,凡汉人出关者有禁。又不徒举满洲而封锁之也,乃并蒙古而亦封锁之,凡汉人至蒙古垦荒者亦有禁。而己则貌崇黄教,与结婚姻,以买蒙人之欢心。联结满、蒙,以制汉人,实清代惟一之政策,以是为二重之保障也。在清人岂不自谓可高枕而卧乎?即预虑其失败,亦不过曰"汉人膨胀之力,终非满、蒙所能御;此等防线,仍为汉人所突破"而已。岂知有所谓"西力东渐"者,自海自陆,两道而来,而满、蒙遂为极冲;向者"限民虑边"之政策,适以自贻伊戚,丧其祖宗丘墓之地,而并贻满、蒙人以大祸也哉?汉人拓殖之力,究非满人所能制限。故清初之禁令,不久遂成具文。其后清廷遂默认其开放;久之,且有官自开放,招汉人前往者矣。然汉民移殖之力,究为所抑制,其速率不免大减也。夫自今日观之,满人封锁之失策,固已洞若观火矣;然在当日,岂能逆睹乎?然则今日封锁满洲之人,安知异日不有出于意料之外之祸,一如西力东渐,为清人之所不及预料哉?故好矜小智者,未有不终成为大愚者也。此则帝国主义者流所宜猛省也。

虽然,我国之人,实有不容以此自恕者。夫我国文化之渐被于东北也亦旧矣!勿吉、室韦,当唐时,非皆我之羁縻州乎?明初,我国势力,实犹达今鄂霍次克海及日本海沿岸。明初所设野人卫,实今吉、黑二省极东之地,亦即清初所服之东海部也。永乐七年(1409),曾设奴儿干都司于今黑龙江口。清光绪十一年(1885),曹廷杰奉命考察西伯利亚东偏,尝于特林地方在庙尔以上250余里,混同江东岸。庙尔者,黑龙江附近之市也。发见明永乐敕建及宣德重修永宁寺碑。皆太监亦失哈,述征服奴儿干及海中苦夷之事。苦夷,即库页也。然则我国盛时,声威不可谓不远。而卒之日蹙百里,不自为政,而贻远东大局以东方巴尔干之忧,能无反省焉而自愧乎?世惟不自有其权利者,乃致丧失其权利,而启他人争夺之端。争权者以强而招祸,丧权者以弱而遭殃,其罪恶异,其为罪恶均也。我国人其深念之哉。

国耻小史

一　现在对外情形

咳,诸君,我们中国人,现在受外国的欺侮,要算是受到极点了。你想和外国人交涉以来,款子一共赔掉多少?地方一共割掉几处?条约一共订结几次?有那一次订结条约,不是我们吃亏的?这许多事情,我们平时候不留意他,要是说起来才可怕呢!诸君,现在不必从远处说,就把眼前的事情,讲几件给诸位听听:明明是中国的地方,外国人要来通商,借给他住了,唤做租界,中国人就没有管理的权柄了,这个世界上别一国有么?外国人在中国犯了罪,中国的官员不能审问他的,要归他们的领事自行审问,这个世界上别一国有么?内河里头,准外国人来走船,这个世界上别一国有么?本国的铁路,请外国人来管理,一切要凭他做主,我们本国人反而无权过问,这个世界上别一国有么?外国的银圆,在市面上使用起来同本国的银圆一样,而且还可以发钞票。有许多地方,本国的银圆反而不能通行,这个世界上别一国有么?本国的军港,租借给外国,自己的兵船反没有停泊的地方,这个世界上别一国有么?和外国人订立条约,说是中国的某某等处地方,不准让给别国的。咳,诸君。这割地原不是件好事,我们做国民的也决不希望把土地割让给人家。然而要外国人来管这闲事做什么呢?譬如诸君家里有了田地,有人来硬占诸君的,这个固然不行;要是有个人要挟诸君,说你这片土地,一定不准送给人家的,要送给人家,非得我应允不可。诸君肯受他这句话么?咳,诸君,现在有许多懵懵懂懂的人,还当我们中国是个完全无缺的大国,我们中国人是个泱泱大风的国民。要是把对外的情形看起来,我们这国家真是危险极了。我们中国的国民,离做人家奴才的时候,也不远了。还不要警醒警醒么?古人说得好:"前车之覆,后车之鉴。"我且把中国自和外国交涉以来种种失败的历史,讲几件给诸君听听罢。

诸君听着在下这话,一定估量着在下今天讲演,是要痛骂外国人的。谁知道并不是如此,在下还只是怪着自己。为什么呢?古人说得好:"木必自腐,而后虫生之。"要是我们和外国人交涉以来,一件事情都没有弄错,外国人又何从来欺侮我们呢?况且天下事情,本来只有强权,那里有什么公理？他们护卫着他们的国家，扩充他们国家的权力，推广他们国家的利益，便是有几件事情得罪了我们，也是怪他不得的。何况平心而论，我们中国弄错的地方也很多，这"胡涂"两个字，我们从政府起到百姓止，实在是辞不掉的呢。

二　欧洲各国之形势及其东来之历史

要讲和外国交涉的历史，先得把外国的形势，大略讲些给诸君听听。原来地球之上，水分五大洋，陆分五大洲。这五大洲，便是亚细亚洲、欧罗巴洲、阿非利加洲、大洋洲，这都在东半球；还有亚美利加洲，是在西半球。我们中国是在亚细亚洲的东南。亚细亚洲的西北，便是欧罗巴洲。这欧洲虽然地方很小，不过是亚洲四分之一，然而其中却有许多强盛的国度，什么英吉利、法兰西、德意志，都在这一洲里头。祇有俄罗斯，是地跨欧亚两洲的，他的南方便同中国的北方接界。至于美利坚，却就在西半球上北亚美利加洲里头了。

西洋各国，和中国通商最早的是欧洲西边一个小国，叫做葡萄牙。起初同中国人做买卖，在明朝时候，是在海船上交易的，不准他上岸。到嘉靖四十二年（1563），方向地方官纳了地租银子，准他们在澳门住居。后来什么西班牙人、荷兰人、英国人、法国人、美国人都次第东来了，但是论起买卖的情形来，毕竟算葡萄牙人最为发达。

英国人同中国人通商，起于明朝的崇祯十年（1637）。这时候，葡萄牙人已经借着防备海寇为名，在澳门海岸筑有炮台了。你想，这澳门虽然租给葡萄牙人住居，依旧是中国的领土，如何能准葡萄牙人在这里造起炮台来呢？这不是奇事么？谁知道这个还不算奇，还有更奇的事情呢。这一年，英国人派了几只船到中国来做买卖，打从澳门进来，葡萄牙人见了未免有些妒忌，便叫炮台上开炮打他。谁知道英国人船上也是有炮的，便也开炮还击。两下打起仗来，英国人胜了。把葡萄牙人造的炮台占了去。诸君，我们中国的地方，英、葡两国竟在这里打仗，这不是奇之又奇么？谁知道还有出奇的事情，便是中国的官员，见他们两国在此打仗，一毫不问，反而许英国人在广东通商。

当时英国人虽然靠着兵力,硬到广东去做了一次买卖,然而在广东的商务,毕竟受了葡萄牙人的阻碍,兴旺不起来。若说别处呢,当时中国又不准外国人来通商。这也无可如何了。到明末清初,中国经了一次大乱,商务的衰微自然更不必说。英国人和中国的商务,便中断了有好几年。到清朝的康熙二十四年(1685)大开海禁,在广东的澳门、福建的漳州、浙江的定海、江苏的云台山都设了税关,准外国人来通商。这时候,中外的商务自然渐渐的兴盛起来了。乾隆二十二年(1757),又改变了章程,外国人通商只准在广东一处,其余三处都停罢了。这时候,外国人在中国通商的,自然觉得不便,加之广东官员又有种种不守法律的举动,中英两国的恶感,便日积日深了。

三　英国两次遣使

然而这时候,外国人心上虽不以中国人的行为为然,却没有丝毫非礼的举动,不过是迭次派人到中国政府里去陈请,要想把通商的章程改变改变。要是这时候,中国的政府略知外情,便可以把这件事情措置得妥妥贴贴的,又何至于闹出后来这许多事情呢?咳,可见天下事情是胡涂不得的。原来这时候,广东的英国商人,最苦的便是两件事:一件是中国的官员,向他们征收重税。这个税并不是税则上所定的。我们中国政府,向来守着孔圣人厚往薄来的教训,对于外国人,金钱是不很计较的。历来税则,外国的进口货物,税是收得很轻。然而这许多贪官,往往于正税之外另行加征,反比正税重了好几倍。这还是税则上有名目的东西。还有一种货物,税则上并没有载明,他们的浮收,就更没有遮拦了。一件是当时的中国,设了许多无谓的章程去管束外国商人。这许多章程,如今说起来,真是可发一笑。我且说给你们诸位听听。第一件是当时的外国人,贩了货物到中国来,不准直接卖给中国商人,一定要从中国的商人组织的一种团体,唤做公行,买了下来,再从这公行手里,卖给普通商人。你想这又何必呢?而且当时外国的商人除掉做买卖的时候,只准住在澳门,不准到广东来。这做买卖的时节,一年只有四十天。到这时候虽然许到广东,也并不许他自由上街,又不许他自由找房子住,一定要住在公行里所代备的一种商馆里头。一个月之中只有初八、十八、二十八三天,白天里头许带了翻译,到附近的花园里去逛逛。这还是嘉庆年间特定的条例呢。以前是简直硬关闭在商馆里的,一步也不许出来,要买些零用的物件,也得托公行里代办的。而且还有许多条例:外国商人不准携带家眷到商馆里头来。在街上不准乘坐轿子。要是有什么话和中国官员说,休说照如今的样子可以托领事交涉,便是进个禀帖,也不能直接投递,必得托公行代递的。若是公行阻抑下情,也只许缮具禀单,到城门口托守城的人代递,不许进城的。你想,这许多条例无谓不无谓呢?所以当时的英国人没一个不深以为苦。然虽如此,还不敢有丝毫强硬的举动,不过是派人来好好的陈请。你想这时候中国的威风,比现今要高了几倍呢。

乾隆五十八年(1793),英国派了一个大使到中国来,要求将广东通商的章程改良,并且许他在舟山、宁波、天津三处通商,在北京也设立一个货栈,消卖货物。这一年正是乾隆皇帝的八旬万寿,在朝诸大臣便硬算英国的大使是来庆祝万寿的。大使从天津进京,又从京城里到热河,一路硬替他拽上了英吉利朝贡的旗子。到了京城里,又为着见了中国的皇帝屈膝不屈膝,争论了许多时候。后来到底议定了屈一膝之礼。中国皇帝赏赐了他一席筵宴、许多东西。又赏赐了英国国王许多东西,下了两道敕谕给英国的国王,说你虽远在万里之外,还派人来庆祝万寿,足见向化之诚,朕心实深嘉许的话。至于英国人所要求的事情,却一概驳斥不准。到嘉庆二十一年(1816),英国又派了一个大使来。到了京城里,中国的官员要他即日朝见,英国大使说是国书还没有到,不得不略迟几天。中国官员便逼着他出京。这一次连皇帝都没有见到,要求的事情更不必说了。因此中、英两国的意见,有许多地方不能疏通,到后来便不得不出于争战。

京城里头既然如此,再说广东一方面的情形。原来到广东来的英国商人,都是东印度公司派来的。你道这东印度公司是个什么东西呢?原来中国的西南有一个大国,唤做印度。这印度便是佛教起源的地方,我们所崇敬的释迦牟尼佛,便是这印度国人。这印度本来也是个大国,只因为国里头四分五裂,心力不齐,便给英国人灭掉了。说起英国人灭印度的法子来,更是可怕得很。他灭掉这么大一个国,并不要政府发一支兵、出一宗饷,就是靠着这个东印度公司,把赚到的钱,练了印度人做兵,去攻印度人,就把印度国灭掉了。你道现今世界,可怕不可怕呢?但是英国靠着这东印度公司去灭印度,还是乾隆时候的事情。到道光年间,偌大的一个印度国,将次灭完了。东印度公司也要解散了。道光十一年(1831),中国的广东总督便下了一道命令给公行,叫他知会东印度公司说,倘是公司解散了,也得派一个大班来,做个商人的主脑,以便一切事情易于接洽。那英国人本想要整顿东方的商务,听了这话,便由英国的政府派了一个领事来。这个领事叫做拿皮楼,是英国海军中人物,于交涉情形也极为熟悉的。然而英国人看了他是个政府任命的领事,中国人看了他依旧是个商人的主脑。一切事情还是不准他同官府直接,要得用禀帖从公行里转。这拿皮楼如何肯承认呢?彼此便不免争论起来。到后来,拿皮楼坐了一只船,硬闯进广东的河里,要面会广东总督。广东总督说他是不遵约束,便发了兵船把他围困起来,又停止英国人通商,断绝了他们的粮食饮水。英国商人没法,只得婉劝拿皮楼暂回澳门,才把停止通商的命令收回。拿皮楼回了澳门,便害起病来,不多时死了。后任的两个领事都很软弱,不大敢同中国人开交涉,四五年之间,倒也平安无事。道光十七年(1837),英国政府派了义律做领事,交涉的情形就从此大变了。

四　鸦片之输入

义律做领事的时候,中国的广东总督叫做邓廷桢。这位邓廷桢却比以前的官员明白些。义律到了广东要求进城,邓廷桢知道他是英国的官员,和平常商人不同,便替他奏明了朝廷,说不妨准他进城,朝廷上也允准了。道光十八年(1838),英国的领事才算是进了广东省城。然而要求一切公事同中国官府直接,不经公行员之手,总是办不到。这义律本是主张强硬的,便报告英国政府,说是要同中国人通商,非用兵力强迫不可了。刚刚这时候,又有了禁止鸦片烟的事情,便酿成了两国的战祸。

鸦片烟的害中国,也算是害到极点了。然而它的来源,怕诸君还不很明白。不要慌,等在下细细地讲给诸君听。

鸦片烟这件东西，本来可以做药用的，拿它做了药来医病，世界上也是有的。至于把它装在烟枪里，同水烟、旱烟一般的吸，却是中国人想出来的，别国的人都没有发明。这件事情的起源，大约在明朝的末年，至多离今不过四百年。清朝的雍正七年（1729），朝廷上才定出法律来，禁止人民吸食。然而这时候，吃的人也还不多。到乾隆五十八年（1793），英国的东印度公司得了印度的孟加拉等几处地方鸦片烟的专卖权。从此以后，销到中国来的鸦片，就一天多似一天了。雍正七年（1729）的时候，中国进口的鸦片每年不过二百箱，到道光元年（1821），便有四千箱内外。道光八年（1828），有九千箱内外。到道光十九年（1839），已有三万箱了。你想这增加的数目，可怕不可怕呢？这时候，中国已经到处有了鸦片烟，便是中国人，也有栽种的。吸烟的人，真是一天多似一天。当时的浙江巡抚，上了一本奏折，说是黄岩一县，地方很是偏僻，然而吸鸦片的人，已经到处都是。白天里头，街上几于没有人走路。一到晚上，便大家出来了，竟像是鬼世界一般。你想这还了得么？还有一件，当时的中国年年买进这许多鸦片烟来，却并没有这许多东西卖到英国去和他抵销。所以一年里头，总得有几百几千万两的现银子漏出去。道光三年（1823）以前，广东一口每年便要漏到几百万两银子。道光十一年（1831），漏到一千七八百万两。道光十八年（1838），竟漏到三千万两了。内地的银子，一天贵似一天。朝廷上的官员也看着这件事情不得结局了，便有许多人主张要禁。然而从中阻挠的人却还不少。直到道光十八年（1838），才派了林则徐做钦差，到广东去查禁。

五　鸦片战争

这位林则徐，便是大家知道的林文忠公了。这时候，广东的总督是邓廷桢，也是个公忠体国的大臣，便和林公两人，商量定了禁烟的方法。他们的主意，以为要禁止百姓吸鸦片，先要绝掉它的来源。于是下了一个命令给公行里，叫他知照英国商人把所有私藏的鸦片，尽行缴出来。英国商人自然是不肯的。经不得林公恩威并济，先下了一个命令，叫英国的商船不得擅自离开广东，然后调齐了兵船，把他四面围困起来，粮食接济都断绝了。这时候，义律刚刚因着事情到广东去，便也给他软禁在里头。英国人没法，才应允把所藏的鸦片通统缴出来。一共缴出二万零二百六十三箱，便都在本地方销毁了。

诸君，这林文忠公的禁鸦片，不是件极爽快的事情么？然而中国人作弊的本事，实在大得很。这鸦片烟本不是到道光时候才禁的，从雍正七年（1729）以来，早有了禁令。我方才已经说过了。你道他们怎样买卖的呢？要是禁令奉行不力的时候，本来是明目张胆，就是上头认真起来，也不过不在商馆里头买卖，他们在船上还是做他们那交易的。这是从雍正七年以后，一向如此。到林则徐禁烟以来，自然是弊绝风清，不敢卖的了。然而在广东一方面虽然不敢卖，他们却有本领在别一省做买卖。从鸦片烟烧掉以后不过三个月，福建的商人已经组织了一个极坚固极秘密的团体，和英国商人做买卖了。半年以后，便是广东的沿海也不免有些鸦片烟了。你道中国人作弊的本领大不大呢？咳，古人说得好："木必自腐，而后虫生之。"这样说起来，鸦片烟到中国来正不能全怪着英国人了。

话虽如此说，当时的私销鸦片，乃是暗中的事情。表面上，二万多箱鸦片烟已经烧掉了。林则徐本来允许英国人鸦片缴出之后，便依旧通商的。那不是漫天大雾一时销散了么？然而还没有呢。当时林则徐要叫外国到中国来的商人，个个都要具结，说是船里头并没有夹带鸦片，倘是夹带了，愿意船货充公，人即正法的。那别国本来不贩运鸦片烟，自然没有不答应的。独有英国人，起初不肯允许，后来见林则徐持之甚坚，没有法子想，便托葡萄牙人出来转圜。倘然夹带了鸦片烟，情愿船货充公，但是人即正法一语，却是要删除掉的。林则徐依然不许。在林公的意思，无非要借这严刑警戒他们，叫他们不敢夹带鸦片。原是好的。然而英国人看了人即正法四个字，说道无论犯了什么罪名，总得审问明白了才好施刑，如何一拿到人，便去处斩呢？这个却也不能说他无理。因此两面相持。林则徐虽许他们具了结，照旧通商。义律却禁止英国的船，不准他到广东去。这一件事情依然是搁在浅滩上了。

通商的事情还没有说妥，偏偏又起了一件事情。这一年秋天，有几个英国的水兵到香港去，同中国人争斗起来，把一个中国人叫做林维喜的杀死了。这件事情出了，英国人说是要在英国船上审问，已经把杀害林维喜的人定了个监禁的罪。中国人不承认他，要他把犯人交出来。两面又相持不下。中国人便又停止英国人的通商，逼着在澳门的英国人退居船上。中、英两国的战事，到此真不能免了。

咳，诸君，在下说起鸦片战争这件事情来，却不能不痛恨当时的当国大臣。为什么呢？诸君要知道同心协力这四个字，最为可贵。譬如我们一家人家，要是父子同心，兄弟协力，那地方上的匪人自然就不敢来侵犯。要是父子兄弟离心离德的，自然外边的人便要欺侮上来了。这个道理，在平常时候固然如此，到了打仗的时候就更为紧要。在平常时候，固然不便蛮不讲理、一味偏袒着自己人，已经开了战，却不能再是如此说。总得同心协力，先把敌人打退了，再说别话的。这个道理，本来很容易明白。谁知道当时的大臣，却不是如此。平常时候，一味的趾高气扬，帮着林则徐说话的也狠多。到开起仗来，便都畏缩不前，个个人都说林则徐的坏话了。况且还有一层，外交这件事情，不是单靠着口舌的，总得要有些兵力做个后劲。我们当时同英国人的交涉，既然严重到如此，虽不是要同他打仗，打仗这件事情却也不可不防的。然而当时候，说交涉的人很多，讲究兵备的却只有林则徐一个。这种交涉，自然不能不失败了。如今且休说空话。当时英国宰相，叫做巴马斯，也是个主张强硬的人，听得同中国的交涉决裂了，便派义律做总司令，带着兵船十六只，水陆兵丁四千名，还带了一封巴马斯给中国宰相的信，叫他打了胜仗之后，便照这信上的话同中国人议和。这是道光十九年（1839）的事情。这年五月里，义律到了广东，先发兵攻击澳门。这时节，林则徐早有了预备，便发兵迎敌，把英国的杉板船烧掉两只。义律见不是头，便转向东面去，攻击福建的厦门。这时候的福建总督便是邓廷桢，也是有防备的。义律又不得利，便转到北方去，攻浙江的舟山。这舟山却毫无预备，英兵一到，就给他占去了。义律于是把巴马斯的一封信，送到宁波城里来，宁波的官员说要送到北洋去，才有人能收受呢。义律就径到直隶。七月里，见了直隶的总督，把这封信收了下来。又传朝廷的命令，说这件事情本来在广东闹出来的，要解决也得仍旧在广东。叫他回到广东去，守候朝廷派人来议。义律于是申明暂时停战，自己仍回南方去了。

这时候各省的疆臣，虑着兵衅开了，自己所守的地方毫无防备，英国的兵船打来一定要丧师失地的，都不以林则徐为然。便造了许多谣言，说这一次的兵衅，其中另有别情的。这谣言渐渐的传到道光皇帝耳朵里，主意也中变了。这时候，林则徐已经补授了两广总督，便革了他的职。后来还把他充发到伊犁,另派琦善做两广总督。这琦善的性质最是懦弱的,一到广东,便把林则徐在任时所设的防备通统撤掉了。和义律开起交涉来,真是小心翼翼,丝毫不敢得罪他。一开口便应允了赔偿英国的损失二百万两。谁知道义律看得他好欺,反格外需索起来,要求中国把香港地方割让给英国。你想,鸦片战争这件事情,虽说是其中委曲的情形很多,然而最大的原因毕竟是为着英国人贩鸦片到中国来,这个毕竟是英国人的不是,如何反要中国割起地来呢?你道琦善能应允么?义律借此为由,便开起兵衅来了。这时候,广东的防备既然完全撤掉,自然是无从抵当。义律一进兵,虎门、沙角两处紧要的炮台已经失守了。琦善没法,就答应了英国人,割让香港,还赔偿英国的损失六百万两。英国人才应允退兵,缴还炮台。这是道光二十年(1840)十二月里的事情。

这个消息给朝廷上听见了,大不以为然,便绝了和议,把琦善也革了职。派奕山做靖逆将军,隆文、杨芳两个做了参赞大臣,到广东去剿办。又派两江总督裕谦到浙江视师。谁知道英国的政府得了义律同琦善所议的消息,也大不以为然。你道为什么呢?他说是六百万两赔款,还不够英国人鸦片烟的损失,况且这一次用兵的兵费也没有叫中国赔偿。便要把义律调回,改派璞鼎查来。咳,诸君,我们的官员应允了人家割地赔款,不过是把他革掉职,人家的官员,已经割了别国的土地,得了人家的赔款,也要把他调回。即此一端,就可以见得人家办理外交的强硬了。道光二十一年(1841)二月,义律听得中国革掉了琦善的职,另派奕山到广东去,便趁他还没有到,进兵去攻广东。没几天,虎门炮台又失陷了。英国的兵船就进屯在广东城外的河里。到四月,奕山才到了。进攻英军,又是不胜,大小战船给英国人打坏了七十一只。广东省城的形势,已经在敌人掌握之中。奕山也没有法子了,只得听了义律的要求。一星期以内,赔了他银子六百万两,带了手下的兵,到离开广东六十英里的地方,驻扎去了。

这年七月里,璞鼎查的兵到了。一到便攻破了厦门。八月里头,攻破了定海,又攻破了宁波。两江总督裕谦手下的兵溃散了,没法子,只得图个自尽。朝廷又派了奕经到浙江去剿办。谁知道也是无用。明年四月里,英兵进取了乍浦,五月里攻破了吴淞,六月里攻破了镇江。英国的兵船,便直逼南京。朝廷到这时候,也是没有法子想了,只得派了耆英、伊里布、牛鉴三个做全权大臣,到南京去议和。七月里和议定了。赔偿英国军费和商人的欠款、鸦片烟的损失，一共是二千一百万两银子。开了广州、厦门、福州、宁波、上海五处，做个通商口岸。还把香港地方割给英国。这一件事情，便叫做五口通商，又叫做鸦片战争。要算是中国同外国人交涉以来，第一次吃的大亏了。

六　广州之役

五口通商的事情，方才说过的，谅来诸君都明白了。这件事情中国吃亏不小，料来诸君也同深义愤的。谁知道这个亏，吃得还不算大。后来还有更大的事情呢。你道是什么事情？咳，这便是我们同外国交涉以来，京城的第一次失陷了。这件事情却又是为何而起的呢？不要慌，待在下再讲给诸位听。

从道光二十二年（1842），南京的条约定了。广州、厦门、福州、宁波、上海都开做了通商港，其余四处，英国人都已派了领事来了，独有广东的人民，却自己练起团练来，不准英国人进城。咳，诸君，这练了团练，以抵御外侮，原是件极好的事情。然而用着他去把持外国的领事，不准他进城，却是用之不得其当了。这时候，广东的总督，你道是什么人？便是那在南京和英国讲和的耆英。这个耆英本来是不负责任的，他明知道通商口岸驻扎领事是国家已经允许了的事情，不能反悔的。然而把这道理去同当时的广东人说，又一定是说不明白。明知道此事为难，便想个法儿，去运动内召。果然朝廷上把他召进去了。道光二十七年（1847），派了徐广缙来做两广总督，叶名琛来做广东巡抚。

这位徐广缙本来是个好说大话、毫无实际的，刚刚遇着这位叶名琛，也是他一流人物，便又闹出乱子来了。道光二十九年（1849），英国的领事坐了兵船，闯进内河里头来。广东的人民不期然而然，大家动了公愤，便召集了四乡义勇，同时排在两岸去迫胁他，倒也有十几万人。当时只听得两边岸上，团丁密布，喊声震天。英国人倒也吃了一吓。知道这广东人的脾气不是好惹的，便和总督婉商，另订了几条广东通商的专约，把入城的事情展缓了几年再议。咳，诸君，这民气本来是最可贵的，外国人同中国交涉，所怕的也便是中国的民气。然而这民气,却要有个用它的法儿,而且要得用在正当的地方。迫胁英国领事不准他入城,这件事情本来是极无谓而且不大正当的。做官员的人,便该晓谕百姓,叫他们把这勇气改在正当有益的地方用才好。谁知道当时的徐广缙、叶名琛却不是如此,他见广东的义勇把英国人吓退了,便也自鸣得意,而且自以为功,把这件事情张皇入奏。当时的朝廷上也是很胡涂的,便下了一道廷寄给两广总督,说什么"朕览奏之下,欣悦之情,难以言喻"。"难得我十万有勇知方之众,利不夺而势不移"。"应如何分别嘉奖并赏给匾额之处,即着徐广缙酌度情形办理,毋任屯膏"的话。徐广缙、叶名琛,奉到了这道廷寄,得意的情形,自然是不必说了。

到咸丰二年(1852),徐广缙去了,叶名琛升任了总督。这位叶名琛本来是个浮夸无实、大言不惭的,从靠着团练的力量吓退了英国人,更洋洋得意,自称交涉能手了。朝廷上也很倚重他的。谁知他在任的时候,又出了一件事情。是什么事情呢?当时广东有一只船,唤做阿罗号的,挂了英国的国旗,闯进内河里来。这一只船,本来是中国人的,船上坐着的也是中国人。这船主的行为,却有些不正当。当时船上装着几名海贼,给中国的官员知道了,便到他船上去拘捕了来。这船上挂着的英国国旗,也便拆卸下来了。当时英国的领事叫做巴夏礼,便借此为由,发出最后通牒来给叶名琛,限他二十四点钟以内答复。这位叶名琛,毫不在意,却又绝无防备。到二十四点钟满了,巴夏礼便发出兵来,攻广东省城。这时候的广东,毫无豫备,如何抵敌呢?竟被他攻破了。然而不多时候,英国的兵依旧自行退去。你道英国的兵为什么这样退得快呢?原来有两种道理:其一,这阿罗号本来是中国的船,船主也是中国人。虽然他在英国登记了,然而到中国官员上船去拿人的时候,登记期限已经过了十天。这只船纯粹是中国的船,便不能禁中国的官员上船拿人。其二,这巴夏礼不过是个领事,领事的职权不过是保护本国的商人,并没有发兵去同外国打仗的权柄。所以这件事情,英国是全错了的。要是当时的中国人知道交涉的公理,把这件事情去同英国政府交涉,这巴夏礼一定要得个处分,英国政府还要向中国谢罪呢。苦于当时的政府是个一点儿事情不懂得的,有了理不会说话,听凭巴夏礼回去装点成一面之词。把阿罗号登记已经期满的话抹掉了不提,单说中国人毁坏英国的国旗,便是侮辱英国国家,便是侮辱英国国民的话,去激动英国人。那英国人本来不知道事实的真相,加之以外国人的性质是最敬重他本国的国旗的，自然是全体激昂了。然而当时英国的议员，还有不以为然的。说是我们英国虽然可以保护普通的商船，却不便去保护海贼。阿罗船上既然有了海贼，是天然应当拘捕的。要说是在英国登记了，中国官员就不便拘捕，那么，随便什么海贼的船，只要是英国船舶所登记，便可以在中国海上横行无忌了。诸君，你道这话不是公平得很么？苦于当时的英国政府是个主张强硬的，见侵犯中国这件事情在议院里通不过去，便把议院解散了，重行选举起来。那时候，英国之民本是激昂不过，自然是主张开战的占了多数了。刚刚这时候，广西省里又杀掉了两个法国教士，于是法国人也同英国合起兵来。

咸丰六年(1856)十二月，英、法两国的兵到了广东了。这时候，大家都知道要发兵防备的。虽然当时的兵力不很充足，然而四乡的团练，一共就有好几十万。有人倡议召集了四乡的团丁来护卫省城，便是四乡的团丁也自愿带粮入卫。这不是很好的事情么？这位叶总督偏偏不要，他说是外国人不过虚张声势，一定没有事情的，依旧安坐在衙门里，读他的书，办他的公事。四乡的团练一个也不许进城，城里头也丝毫不做准备。英、法的兵一到，竟把省城攻破了，把叶总督掳了去。后来竟死在印度。这种志大才疏的人，也算得又可恨又可怜了。你道当时的叶名琛为什么这样胆大呢？原来他生平是最相信扶乩的，每同外国人打交涉，一定要去请示乩仙。这一次，也曾去请示乩仙的。乩仙对他说，一定没有事情。所以他不作准备。谁知道堂堂的广东总督，就送在一个乩仙的手里呢！这也可以做个迷信的前车了。

从这一次以后，广东的省城便给英、法两国人占据了三年，到和议成了，方才交还。

七 京师初陷

英、法两国既把广州城占据了，便想趁这机会扩张他们的权利，俄、美两国也想趁这机会把通商的条约改订，便四国各派了使臣，写了一封信给中国的宰相，到上海来托两江总督转达。朝廷上得了这封信，便叫两江总督回复他道：英、法、美三国的交涉，交给两广总督办理；俄国的交涉，交给黑龙江将军办理。四国的使臣不听，依然直望北边走。咸丰七年（1857）二月，到了天津。朝廷没法，便叫直隶总督傅恒同他开议，却又并没有派傅恒做全权，遇事总要奏请，那事情自然迟滞了。议了两个月，议不下来。英、法两国道是中国有心延宕了，便下令军舰打破了大沽炮台。中国政府没法，只得派了大学士桂良、花沙纳两个做了全权大臣，重到天津同他两国开议。一共议定了新约英国五十六条，法国四十二条。其中最紧要的是开牛庄、登州、台湾、潮州、琼州五处做个通商港。这时候，正是洪、杨起兵的时候，条约中又言明，洪、杨平后，从汉口到上海长江沿岸，听凭英、法两国选择再开三处做通商港。赔英国商亏、军费各二百万两，法国人各一百万两。允许英、法两国的商船在长江里头航行。英、法两国各派公使驻扎在中国京城里。中国也派公使驻扎在英、法两国的京城里。

　　这一次的条约，言明一年之后到中国的天津来彼此交换。这时候，英国的政府颇有些有意挑衅，当时派了使臣来，便吩咐他一定要从白河里走到天津，中国人不准他走也得硬走的。这件事情，当时英国公平的人也颇不以为然。然而他的政府决计如此主张，这奉派到中国来的使臣自然是遵令而行的。咸丰八年（1858）五月，到了大沽口，便要硬走白河口到天津。这时候，正值中国的僧格林沁在天津设防，便照会他们改从北塘口，走蓟运河里进去。英、法的使臣不听，带了兵舰硬从白河里闯进来，中国的炮台上便开炮打他，把英、法两国的兵船打坏了四只。两国上岸的兵士，不是打死，便给中国人擒住了，一个也没有回去。英、法两国的公使，只得退出去逃到上海。

　　这一次的事情，本是英、法两国错的。要是当时的政府据着理同他们交涉，英、法两国也未必有什么说。谁知道当时的中国政府又是胡涂的，见打了一个小胜仗，便得意非常。下了一道上谕，说什么"英夷狂悖无礼，此次痛加剿杀，应知中国兵威，未可轻犯"的话。把去年所订的条约废掉了，叫他们另外派人来，到上海重议。这么一来，把有理又变做无理了。咸丰十年（1860），英、法两国又派了兵船来。六月里头，从北塘口攻进来，绕出大沽炮台的后面，大沽炮台又失陷了。朝廷派僧格林沁同胜保两个先后出兵，都打得大败。八月，咸丰皇帝逃到热河，英、法两国的联军先把圆明园占住了，然后入据京城，后来又放一把火把圆明园烧掉了。这便是中国同外国交涉以来,京城的第一次失陷。

这时候,朝廷没法了,只得派留守京城的恭亲王再同外国人议和。除掉去年所订的条约照旧承认外,又把赔款的数目改做了八百万,添开了天津做个通商港。香港对面的九龙半岛也让给英国人。还允准外国人到内地来游历。

诸君看这咸丰十年(1860)同英、法两国人订结的条约,吃亏大了么?谁知这还不算大,还有更大的呢。你道是什么事情呢?咳,从古以来,打败了仗失掉土地也是有的。至于一仗都没有打,胡胡涂涂的订结条约,把几百万方里的土地送给人家,这真是从古所未有了。我们中国的东北两面是同俄国接界,料来诸君也知道的。现在东三省同俄国的疆界,北边是黑龙江,东边的界水便是乌苏里江。咳,诸君,你道向来的疆界就是如此么?原来黑龙江的北边还有一支大山脉,叫做外兴安岭。康熙年间,同俄国人订定的界约,本是把这外兴安岭做疆界的。那时候,黑龙江、乌苏里江两岸完全是中国地方。到后来,俄国人知道这个条约订得吃亏了,便派人到东方来,暗地里侵占中国的地方。中国的官吏,本来于疆界一事不大注意的。这时候的东三省,又全是派满人做官,比了汉人更其昏愦。听凭他在黑龙江沿岸造城堡、开港湾,一概置诸不问。俄国人见中国胡涂,落得趁此要求。咸丰八年(1858),在天津订定条约,把黑龙江以北的地方通统送给俄国人。到咸丰十年(1860),同英、法两国讲和,俄国的公使颇调停其间,便自以为功,要求中国在北京再订条约。又把乌苏里江以东的地方,通统送给俄国人了。这两次条约送掉的地方,一共有二百八十多万方里。俄国人取去便建立了阿穆尔、东海滨两省。这地方既有森林狩猎之利,又有黄金矿产之饶。俄国人得了真是无尽的宝藏了。只可惜我中国白白的把几百万方里的土地送给人家,谢也不曾听得人家谢一声,倒还替后来种下了一个祸根呢。

八　中俄伊犁交涉

道光(1821—1850)以前,中国政府是全不知道外国情形的,看了西洋各国人,就同古时候遇见的小蛮夷一样。从五口通商同咸丰八年(1858)京城失陷,打了两次败仗,才略有些知道现今外国人的势力了。这时候,正值洪、杨起兵,占据了东南。洪、杨平后,北方又有捻匪之乱,中国足足打了二十年仗,那兵力自然比承平时候好些。这班平乱的将帅都是身历兵间,确有阅历的,且知道中国的兵力,平定内乱虽然有余,抵御外侮还是不足。所以乱定之后,就急急于练兵。不但陆军改练新操,就是海军也到外洋去定买了许多铁甲战船,克期兴办。还设了船政局制造军舰,制造局制造枪炮。这样说来,中国要变做强国了,何以后来还要吃外国人的亏呢?咳,诸君有所不知,强国的这件事,其中有许多的曲折呢。不单是练了兵就有用了。况且当时这一班人,连兵也没有真练得好,自然是没用的了。闲话休提,如今且把同治以后外交的情形,讲给诸位听听。

要说同治以后的外交,第一件就要说到俄国人。咳,诸君,俄国人曾经要挟我们,割了我们东北边几百万方里的地方。这话,我先前不是说过的么。谁知道他心犹未足,还要割据我们的西北边呢。原来中国的西北边,有一个新疆省份。这新疆省,有一支大山脉叫做天山,横亘在里头把这一省分成两路。南边叫做天山南路,北边叫做天山北路。这天山南、北路地方,设立行省,还是光绪十年(1884)的事情。以前天山北路叫做新疆,天山南路叫做回疆。这天山北路,原是一种人叫做卫拉特人的地方。天山南路却是回部的地方,都是清朝乾隆年间打定了,把它收进来的。这时候,新疆省的西北,回族的部落还多着呢,也都到中国来进贡,算是中国的属国了。要是这时候,中国政府有些识见,把这地方早些经营经营,中国的疆土,比如今还要大得多呢。却通统置诸度外,不去管它。到后来便都给俄国人占了去。这个好比下棋的人,第一着棋子已经走差了。

到同治年间(1862—1874),新疆西北的回部,已经通统失完了。刚刚新疆又有了乱事,俄国人便趁此把伊犁占据起来,那交涉就弄得很棘手了。你道是什么乱事呢?原来新疆一省回人是住得很多的,便陕西、甘肃两省,回族也是不少。当洪、杨同捻匪起兵的时候,回族里头的坏人,也便乘机起来扰乱了。陕、甘两省毕竟是个内地,虽然扰乱,还做不出什么大事情来。至于新疆,这时候还没有改设行省,兵备是很单薄的,一扰乱自然是更不得了。有一个回部里头的宿将叫做阿古柏帕夏的,便占据了天山南路,竟自立了,算是一个国。这天山南路,本来西边和俄国,西南边和英国人所灭掉的印度接界的。英、俄两国竟承认他做个独立国,同他使命往来。你道这事情不是很难收拾的么?何况俄国又趁此机会,占据伊犁呢。

中国当时,虽然内地多事,一时顾不到西北边,然而俄国人占据了伊犁,是不能不问的。你道俄国人回答什么话呢?他说伊犁也是个通商的地方,现在中国兵力顾不到西北边,怕是俄国的商务因此受了损害,所以暂时占据了,不过是替中国保守保守的,要是中国的力量能够顾得到新疆,俄国就立刻退还。咳!你道他真有这种好心么?原来这时候,中国的内乱还没有平定,阿古柏的兵势却又很大,他料道中国没有兵力顾到新疆的,落得说得大方。这句话,却不是在下栽诬他的,便外国人的议论,也都说是如此。谁知道中国把洪、杨的兵同捻匪削平了,又平定了陕、甘的回乱。到光绪元年(1875),左宗棠便带兵出关,三年(1877)年底,竟把新疆收复了。这时候中国照着前此的话,要求俄国人退还伊犁,俄国人倒没得说了,便又节外生枝起来,道是要我退还伊犁,中国须得办到两件事。是怎么两件呢?一件是以后要中国能保得新疆一方面从此安稳;一件是俄国人替中国保守伊犁,款子已经花得多了,中国人应得算还他。你道这话岂不可笑么?当时中国就派了一个使臣,唤做崇厚,到俄国去议。谁知道这崇厚是个没用的东西,受了俄国的迫胁,到光绪五年(1879),把草约议定了。照这草约,要赔俄国人五百万卢布的银子;准俄国人在新疆的吐鲁番、甘肃的嘉峪关设立领事;天山南、北路都要准俄国人通商,概不收税;还要在直隶北边的张家口设立行栈,准俄国人从张家口到天津,天津到其余各通商口岸,贩卖货物。然而中国得到什么呢?却不过还我一个伊犁空城。伊犁四面的险要,俄国都占去了。你想这还成个什么条约呢。中国自然是不承认了。便革了崇厚的职,召他回国治罪,改派了曾纪泽到俄国去议。这位曾纪泽便是曾国藩的儿子,却有些外交手段的。恰好这时候,左宗棠在新疆兵事也预备得很严,俄国人不敢冒昧和中国开战,便也退让些了。到光绪七年(1881)条约订定,多赔了俄国四百万卢布的银子,把伊犁旁边的地方多争回了些。中国同外国的交涉,这一次要算是办得较好的。然而伊犁的西边,究竟还失掉些地方,这个却不能全怪办交涉的人。当时的中国兵力实在不足,要同俄国人开战,不过是虚张声势的话。要是真个开起战来,就未必靠得住了,因此也只得放松了些。

九　法　据　安　南

　　伊犁这件事情,中国的吃亏还算是小些。从此以后,外交上失败的事情,又一件一件来了。你道是什么事情呢?便是近几十年来,把从前的属国通统失完了。现在且先从南边说起。原来中国的南边,有三个属国:东南的一国叫做安南,在广西、云南两省的边外。西南的一国叫做缅甸,在云南省的边外。中间的一国叫做暹罗,在安南国的西边,缅甸国的东边。这安南国本来是中国的地方,到宋朝以后才独立做一国的。清朝初年,安南的国王姓黎,他手下的臣子有两家:一家姓郑,一家姓阮,都很有权势的。安南的国王却没有什么权柄。这姓郑的一家,世世代代盘据在安南的都城里,权柄是很大。姓阮的臣子占据了安南国南边一处地方,叫做顺化,兵力也很强。后来姓阮的又把他旁支的子弟,分封在顺化附近的西贡,兵力比顺化的阮氏更强了。人家便称这顺化的阮氏做旧阮,西贡的阮氏做新阮。乾隆时候,新阮的首领叫做阮文惠,竟把旧阮灭掉了,又杀进安南国的京城,把姓郑的也打败了,废掉安南国王,自己称起国王来。这安南国的旧臣,自然有不服他的,便逃到中国来求救。当时乾隆皇帝,为着他发了一支兵,到安南国里去打这阮文惠。起初打了个大胜仗,后来因为统兵的人自不小心,没有防备,反被阮文惠打败了。这阮文惠也怕的中国再发兵去打他,便进来称臣奉贡,乾隆皇帝也就模模糊糊的过去了。然而当时逃出去的这一支旧阮,心上很是不服的。有一个人名阮福映,逃奔在海岛上,遇见了一个法国教士。这法国教士便游说他起兵恢复,自己愿意到法国去运动政府,发兵船来助他。阮福映自然是一力拜托。法国的政府本想要来侵略东方,正苦的没有机会,听得法教士的话,也欣然应允,便发了兵来帮阮福映的忙。恰好这时候,阮文惠死了。新阮的族里又起了内乱,自然是敌不住法兵了,阮福映便复了国。这是嘉庆七年(1802)的事情。

　　俗话说得好,如此得来如此去。不论什么基业,总要是自己辛勤手创的,才得安安稳稳,享用几世。要是靠着人家的力量,总是靠不住的,何况一国之大呢?当时阮福映既然靠着法国人的力量得了国,自然要优待法国人。然而法国人的帮助他，其实不怀好意。阮福映也知道的，临死的时候，便吩咐他的儿子道：待法国人表面上要和好，暗中却要谨防他，切莫把土地割让给法国人。这几句话，便法国人也称许他，是个办外交的金科玉律。要是他的子孙能谨守着这几句话，也未必就至于灭亡。苦于他的子孙又是眼光很近的。从阮福映死后，一连换了几个国王，都是很恶法国人，时时要杀害法国的教士。你想，杀掉这几个教士，于法国何损？反而给人家做个话柄，借此要求，这不是失算得很？到道光三十年（1850），便给法国借此为由把个西贡占去了。

到后来，还有一件事情，却是中国人害了安南人。你道是什么事情呢？原来中国的云南省里有一条河，叫做元江。这条河，上半截在中国，下半截却在安南，叫做红河。咳，你道法国人的取安南，是单想安南么？原来是想从安南国来侵略云南的。那法国人久有此心了。刚刚中国人又有一件开门揖盗的事情，自然要乘机进取了。当陕、甘、新疆回乱的时候，云南的回人也同时扰乱起来。当时中国有一位提督名马如龙，带着兵在云南同回子打仗，苦于军械无出，便请一位法国的商人名久辟酉的，替他借道安南运输军械。久辟酉得了这件差使，却是正中下怀，便从元江里坐了船，航行到越南，到海外去采办了军装，从红河里运进来。几次一走，元江的航路走得熟了，知道这条路通航云南是最好的。便把这条计策献上法国政府。法国政府得了这个消息，真是喜不自胜。从此以后，对于安南就格外注意了。同治十三年（1874），安南人又因着事情和法国人冲突起来，法国便用兵力去迫胁他，安南人自然不能抵抗，便同法国人订结了条约，准他在红河里航船。条约上还声明，安南是个独立自主之国。咳，诸君。这安南是中国的属国，照万国公法，本来没有权力同人家订结条约的。这一次，法国人偏要同他独自订结条约，还要在条约上声明，道安南是个独立自主之国。这个条约传到中国来，中国自然是不承认的。安南也依旧以中国的属国自居，照例进贡。法国人便说他违背条约，两国之间又起冲突了。

当洪、杨败亡的时候，洪、杨的部下有一位将官叫做刘永福的，逃到安南，占据了红河的上流，在那里买马招兵，并且招人屯垦。几年之间，居然开辟了七百多里的地方。他的部下一共有二十万人。安南人屡次派兵攻他，总不能取胜，便也由他去了。这位刘永福却很是义气的，见安南人受法国的欺侮，心抱不平，便时时帮助安南人。到光绪八年（1882），法国人同安南人又开起战端来了,安南人大败,京城也给法国人占去了。中国政府便叫云贵总督岑毓英,帮着刘永福去打法国人。究竟法国人兵势盛,一时未能得利。到光绪十年(1884),李鸿章便同法国人在天津订立条约,承认安南做法国的保护国,彼此讲和息兵。条约已经订定了,当时中国的兵,还有驻扎在安南国里谅山地方的。讲和的信息还没有传递到,法国倒要来收管谅山了。中国兵士自然不答应他,便彼此冲突起来,法国人死了很多,便借此为由,要中国人赔他一千万金镑。你想哪有这种道理呢?中国不答应,便又开起仗来。这时候,正值中国新练了海军,停泊在福州城外闽江里头的马尾地方。可怜炮也不曾放得一声,给法国的兵船乘其不备闯进来,通统打沉了。然而这时候,中国的统兵大员冯子材,在广西带着陆军和黑旗军合力,镇南关一战,大破法人,一直追到谅山。法国的兵死伤无算,又添了陆军来,接连打了几次仗,总不得胜。法国的人心很为惊慌,议院里质问政府的人也很多,法国政府也为难起来了。便托英国出来转圜,又派了使臣来同李鸿章议和,在天津订立条约。中国依旧承认安南算法国的保护国。不过从来和外国人打仗,中国人总是要赔兵费的,这一次却不要赔,在李鸿章已经算是得意之笔了。然而这一次,法国的陆军已是大败了,海军虽然打了一个胜仗,不过是乘人不备。攻台湾就不很得利,海军提督孤拔又死了,也未必再能取胜。要是中国再同他坚持几时,一定安南不至于失掉的。安南不失掉,其余的属国也不至于动摇了。这个机会,实在是可惜的。

十 英灭缅甸及暹罗独立

安南的事情方才说过了,现在便要说到缅甸。原来这缅甸国是在印度东边的,英国人灭掉了印度,便同缅甸接界了。既然疆界相接,自然不免有些小小冲突的事情。要是强弱相等的国度,彼此不敢轻动,便也互相退让讲和息兵了。然而这缅甸也是个积弱不振之国,不是英国的对手。英国人也就落得借此寻些衅隙好去吞并他。这就是现今世界上,弱肉强食,惯用的外交手段了。印度的东边,有一个国叫做阿萨密的,和缅甸是紧邻。有一次国里头乱了,便到缅甸来求救,缅甸人便借此为由发了兵,把阿萨密的地方占据了起来。咳，你想，弱肉强食，缅甸人尚且如此，何况更强的国呢。这阿萨密人，因为求救于缅甸，反而被他吞灭了，自然心不甘服，便又去求救于英国人。道光四年（1824），英缅便开起战来。料缅甸如何能敌英国，自然大败，不但阿萨密没有占到，反而还割掉了好几处地方，方才罢兵讲和。从此以后，缅甸人深恨英国人，便时时把英国人杀害。咳，吃了人家的亏，要想报复，是要改良政治，积粟强兵，从根本上想法子的。单杀掉人家几个过往的客商，传教的教士，有什么益处呢？这不是同安南人见识一样么。果然又给英国人做了借口。咸丰三年（1853），便发兵把缅甸的白古地方占去了。这白古，你道是个什么地方，原来缅甸国里有一条大水，叫做伊洛瓦底江。这一条水上源也是出在中国的，叫做龙川江，从云南省里流入缅甸。这条水的上流，是既不能灌田，又不能行船的，并没有什么大用处，到了下流，却是河身宽阔，河里头的水也是很深，船只出入很是便利的。缅甸国的商务，就靠这一条江。这白古便在伊洛瓦底江的下流，如今给英国占去，缅甸便没有南出的海口了。如何不想恢复呢？从此以后，屡次同英国人构兵，可怜小不敌大，总是败北。我们中国枉做了缅甸几百年的上国，受了人家许多次的朝贡，也并不能出一支兵去援助他。到光绪十一年（1885），竟给英国人灭掉了。从此中国的属国，便又少掉一国。

再说暹罗呢，他本来在南安、缅甸两国的中间的，这两国灭掉了，一边是英，一边是法，自然是岌岌可危的了。这暹罗国里也有一条河，叫做湄公河。这一条河，下流是在安南，上流却是暹罗同安南的界水。后来暹罗强了，湄公河东的地方也给暹罗占据了许多。到法国人灭掉了安南，便借口湄公河以东的地方本来属于安南，要求暹罗人割给他。你想，列国的疆界，要以现在为凭的，如何能说起历史上的话来。要是说历史上的话，安南本是中国的郡县，不更该还给中国么？然而天下事，是只有强权，本无公理的。暹罗人见法国人强横，不敢同他争执，便把湄公河以东的地方割给他了。要是照这样子下去，暹罗也是保不住的。幸而英国人怕法国吞并了暹罗，于他的缅甸权利有损，便同法国人订立条约，画出湄公河上流五十英里地方，作为中立之地，彼此不得侵犯。这暹罗靠着英法两国互相猜忌，没有灭亡。然而从此以后，也算做独立自主之国，不是中国的属国了。

十一 中日之战

以前所说的,都是西洋各国同中国的交涉,现在要说到日本。这日本本是太平洋中一个岛国,从前也曾称臣奉贡于中国的,现在他们是赖掉了。然而在中国历史上是确有证据的。这样看来,这日本也不过和朝鲜差不多。谁知道从西洋各国的势力扩充到东洋来,他知道现今的世界和从前不同,不是变法自强,一定不能自存的,便维新立宪,不过三十年,竟被他变成一个强国了。从此看来,要是不肯振作,地方再大些,也是没有用。要是肯振作,便地方再小些,也不能看他不起。闲话休提,且说日本同我们中国的交涉。

日本和中国的交涉,起于同治十三年(1874)。这一年,有一只日本商船,在海里头遇着了大风,飘流到台湾南边,便上岸去求救于生番。这生番本是个毫无教化而且性喜杀人的,全船中六十六个人,倒给他杀掉了五十四个,其余十二人幸而遇见中国的官员,把他们救出来了。这时候,中国已经设立了一个总理各国事务衙门,专办交涉事情,简称总署。日本人为了这件事情,便到总署里去交涉。你道总署里答他什么话呢。他回答的话真是奇极,道这生番是个化外之民,生番的事情我们向来不问的。日本人得了这句话,正中下怀,便道:生番的事情你们既然不问,我们便要自己去问了。总署里的人道,这是很好。你道这话奇不奇呢?日本人得了这个把柄,便发兵到台湾去攻击生番。把日本人的兵力,去同生番打仗,自然是没有不胜的。然而日本兵到了台湾,却是不服水土,不多时候便害起病来。这时候,中国又在福建预备发兵渡海。这一次,日本的攻击台湾,原是政府里头一派人的主张。全国中人,大都不以为然的。听见中国要出兵的话,直是人心皇皇,举国震动。要是中国同他坚持一坚持,日本一定屈伏的。惜乎中国的办交涉,向来是得过且过、不求胜利,见日本人软了些,便也含糊了结。抚恤了他被难的人五十万两银子,就算是罢休了。从此以后,日本就有些夜郎自大起来。

日本的南边,还有一个岛国,叫做琉球。这琉球国的地方,却比日本小得许多，一共不过三十六个小岛。然而从明朝以后，却也受中国的册封，算做中国的属国。光绪五年(1879)，日本竟把他灭掉了。这不是藐视中国的举动么？当时中国的政府也曾和他交涉几次，日本人置之不理，中国政府也就算了。

古人说得好："涓涓不塞，将成江河。"到后来，果然闹出朝鲜的事情来。这朝鲜也是个中国的属国。同治年间(1862—1874)，他的国王名李熙，年纪尚小，一切政事还是他的父亲李应昰管理。这就是中国所谓太上皇，在朝鲜却称做大院君。这位大院君是很顽固的，西洋人来求通商，一概拒绝不许，还要杀害外国的教士。西洋人认朝鲜是中国的属国，便来同中国人交涉。你道中国人答他什么话呢？他说是朝鲜的事情，我们中国向来不管的。咳！这话就错了。照万国公法，做了人家的属国，便没有外交的权柄。朝鲜既然是中国的属国，他的外交事务自然应当由中国主持的，如何回绝不管呢？这个话不又是授人以柄么？况日本人是本来觊觎朝鲜的，得了这个消息，便趁此机会和朝鲜人订立了条约。约中的第一条便明言朝鲜是个独立自主之邦。这不又是法国人对待安南的手段么？中国人当这时候，便应当同日本人力争。谁知道又不是如此。当时办外交的是李鸿章，反而引了美国人去同朝鲜人订结条约，要想借此抵制日本人。这不是明告天下说朝鲜人不是中国的属国么？从此以后，英、德两国也就接续同朝鲜订约。朝鲜是中国的属国这句话，世界各国更没有人承认了。

朝鲜国的政治，是很腐败的。这时候，日本人已经变法维新，事事改观了。朝鲜国里便也有一派人，想学日本的样子变法自强。这个固然不错。然而变法自强是件好事，要想倚赖日本帮他变法，却是不行的。这个道理也很容易明白。谁知道朝鲜人，偏又起了个倚赖日本的思想，这便是朝鲜人的坏性质了。当时朝鲜的人便分做两党：一派人叫做事大党，要想靠着中国，件件事情都受中国保护的。一派人叫做开化党，要想仿效日本变法维新的。这事大党固然仰人鼻息，不是好的，开化党的名目虽然好听，其实也脱不了倚赖他人的念头。总而言之，是不想自立，这便是朝鲜人灭亡的原因了。这位大院君是个主张守旧的。大院君柄政的时候，开化党自然不能说什么话。到光绪八年(1882)，朝鲜国王已经亲政了，开化党便也想要出起头来。谁知这大院君顽固的脾气发作了，便出来用兵力平定了开化党，还要排斥日本人，发兵去攻日本的公使馆。闹得国中大乱，朝鲜国王只得到中国来求救。中国便发了海、陆军兵到朝鲜去,把大院君拘捕了来,囚在中国的保定,才算把这乱事镇压下来。这一次的事情,日本也想干预的。幸而中国的兵到得早,日本兵到,乱事早已平定了,日本人才无言而去。然而中国人不能趁这机会,在朝鲜切切实实的扩张权力,杜绝了别国的觊觎,这个又是失计了。这位朝鲜国王本来是个庸懦无能的人,从大院君去后又受制于他的王妃闵氏一族的人。政治更加腐败,国里头的人心也格外忿恨。光绪十年(1884),日本的公使竹添进一郎便和朝鲜的乱党金玉均通谋,举兵侵犯王宫,把王妃闵氏杀死了。这时候,中国的吴长庆还带着兵驻扎在朝鲜。朝鲜国王便逃到吴长庆营里,吴长庆发兵,替他把乱事削平了。这件事情传到外国,众论沸腾,都不以日本为然。说一个公使驻扎在外国,是主于辑睦邦交的,如何可和人家的乱党同谋,去谋害人家的王妃呢。日本人虽想抵赖,苦于各国的报纸都是这样说,只得召了竹添进一郎回去,薄薄的治了他一个罪名,就算把这件事情敷衍过去了。

日本公使和朝鲜乱党通谋的事情,中国本应当和日本严重交涉的,谁知道又是有理不会说话。明年三月里,日本派了伊藤博文来商量朝鲜的事情,便又给人家占了先着去了。这时候,总理衙门里王大臣虽多,都是吃粮不管事的,把一切事情都推在李鸿章身上。伊藤博文交涉了几次,不得主脑,便走到天津去,找到了李鸿章,订结了几条条约。约定了中国与日本彼此撤兵,将来如有事情要派兵到朝鲜去,须得彼此互相照会,事定之后即行撤退,不得久留。这几条条约订定下来,中国同日本在朝鲜的权力,便是彼此一样的了。

到光绪二十年(1894),朝鲜国里头,又有什么叫做东学党的,作起乱来。朝鲜人又到中国来求救,中国便遵照了前此的条约,一面派兵去救朝鲜,一面照会日本。兵还没有到,乱事已经平定了。中国的兵,照条约就应当撤退,日本更不必派兵来了。谁知道日本反而派了许多海、陆军来,要求会同中国改革朝鲜的内政。中国人不答应,责令日本人撤兵。两国的交涉决裂了,便开起战来。中国在朝鲜的陆军,先被日本人杀得大败,随后海军又在大东沟大败。陆军退到辽东,又大败。辽东的地方失掉了许多。日本人又派兵去攻辽西,中国的兵也是抵挡不住。旅顺、大连湾都失守了。光绪二十一年(1895),日本又分了海军去攻山东、台湾的沿海。这时候,中国的海军已经伏匿在威海卫不敢出来,给日本人四面围攻,更是无法抵御。

海军提督丁汝昌只得把全军投降了日本,自己便伏毒图个自尽。日本又派了陆军并力去攻辽西,辽西又失了好几处地方。这时候,中国的兵只守住了一个山海关,奉天省城孤悬在日本兵的中间,岌岌不可保了。要是日本兵来攻击起来,便山海关也是靠不住的。山海关一有危险,便连京城都要吃惊了。中国政府没有法子,只得托美国出来调停,派人到日本去议和。

第一次派去的是张荫桓、邵友濂两个,日本人说他官阶太小,而且不是全权大臣,拒绝不受。中国没法了,只得请李鸿章这位老头子亲自一行。到了日本,议了许多时候议不下来,后来日本忽然有个刺客,趁李鸿章出来的时候,伏在路旁边,一洋枪把他弹伤了。这件事情传到外国去,又沸沸扬扬的,都不以日本为然。日本人也觉得难以为情了。那交涉倒容易就绪了些,才议定了几条草约。承认朝鲜的独立,赔偿日本军费二万万两,割掉辽东半岛和台湾、澎湖,开重庆、沙市、苏州、杭州做个商埠,还允许日本人在内河里通行轮船。

这个草约,中国的吃亏真是吃得大了。中国这时候,兵败将亡,还有什么法子想呢?却有个旁人说起话来,你道是什么人呢?咳,诸君,还记得么,割掉中国东三省北边三百万方里的土地的,是哪一国呢?这一国本来也想占据东三省的,如今把一个辽东半岛给日本占了去,他如何肯心服呢?便约了德、法两国,同时警告日本,说你们欺中国,欺得太甚了,辽东半岛是要还了中国人的。日本吃这一吓,倒是非同小可。当时日本的兵力,打败中国自然有余,如何敌得俄、法、德三国呢?只得忍气吞声,把已经到口的一块肉吐了出来,却又乘机多要了中国三千万两银子。

和日本打仗的一年,是前清光绪二十年(1894),这一年的干支,是甲午,所以这一次的战事,叫做中日之战,也叫做甲午之役。从此一战以后,日本人便算是世界上头的强国,中国没用的情形,却通统给人家看透了,瓜分的议论就大盛起来。

十二　中俄密约及各国租借军港

甲午一次的战事,起初李鸿章靠着英、俄两国调停,说是决不至于开战的。到后来事急了，才仓卒备战，件件事情，都落在人家后面，以致于一败涂地。这样说起来，李鸿章这个人，是可恶极了。谁知道也怪不得他。当时朝廷上头，没有一个人是明知外情，晓得要力图自强的。略为知道一点的，还只有李鸿章一个。他要练一支兵，举行一件新政，都要费尽了无数心机，才得成功的。还是左支右绌，件件事情不能放手去办，这样的孤立无助，如何能抵敌全国上下一心一力切实整顿的日本呢？别的事情且不必说他，当时中国虽然有个海军衙门，却是只有个名目，其实所有的海军经费，都送在颐和园里，给慈禧太后一个人用掉了。到打仗的时候，日本最快的船，一点钟要走二十三海里，中国最快的船，一点钟只走十七海里。不要说打胜仗，就是逃也逃不掉的。咳！你道这许多海军兵士的性命，是哪一个送掉的呢？还能专怪李鸿章么？然而后来李鸿章到俄国去，同俄国人订立了几条密约，这件事情却是误国的，我也不能不怪他。

光绪二十二年（1896），李鸿章到俄国去贺俄皇加冕。这加冕是奉基督教的国，皇帝即位之后的一种大典礼，且不必去说他。当时甲午之战，全国的人只怪着李鸿章一个，李鸿章心中正没好气，恰好俄国有个外务大臣名喀希尼的，外交手段是高妙不过，明知道李鸿章有这意思，便把许多甘言去诱惑他，说些中俄两国合力排斥日本人的话，李鸿章便上他的钩了，同他订结了几条密约。其中最紧要的，是允准俄国人在东三省造一条铁路，西接俄国的西伯利亚铁路，东达中国已经割给俄国的海参崴。还准俄国人租借胶州湾做个军港。这便是中国有租借地的第一次了。这个条约是秘密的，并没有宣布，谁知又出了一件事情。

诸君，你们也喜欢打麻雀牌么？快些戒绝罢！我们一个胶州湾，就是送在这上头的。光绪二十三年（1897）冬天，山东杀掉了两个德国教士。德国人便藉此为由，发了兵船把中国的胶州湾占据起来。中国的胶州镇总兵名章高元，本来是军功出身，也有些本领的，然而粗疏得很。德国兵初来的时候，他正在那里打麻雀，有人来告诉他，他便瞋目大喝道：胡说，那里有这种事情，就有这种事，咱老子还怕德国人么？告诉他的人不敢开口了。他依旧打他的麻雀牌，及至牌打完，街上已经站满了德国兵了。

德国这件事情，世界各国都骂他是海盗的行为。然而中国这时候，真是个惊弓之鸟，方才给日本人打败了，如何敢向德国人抵抗呢？明年春天，便把胶州湾租给德国，租借的期限是九十九年。但是俄国要租借的话怎样呢?况且这个密约是没有宣布出来的,不能拿这个话向德国人说。横竖中国人是好欺的,俄国人也不怕什么,便又改租了中国的旅顺、大连湾,还准他从东清铁路上另造一条支路,从哈尔滨起通到旅顺,这条路便叫做东清铁路支线。

西洋各国在东洋竞争权利,本来是大家不肯落后的。中国从前同各国订结条约,又都有什么最惠国的条款。怎么叫做最惠国呢?譬如我们和英国订结条约,除掉现在奉送了他许多权利之外,再添上一款,说英国是中国最优待的国。要是将来中国和别一国订结条约,别国所得的利益,更比英国这一次所得的优厚,这种利益也得要给英国人享受的。这便叫做最惠国条款,也叫做利益均沾。这一次,德国得了胶州湾,俄国得了旅顺、大连湾,英、法两国如何肯落后,便也援例要求。英国人租了威海卫,租期同旅顺、大连湾一样。法国人租借了广州湾,租期同胶州湾一样。这几处地方,都是中国著名军港,通统给外国人占去了。

十三 京师再陷

咳!诸君,以前所说的中国外交失败的历史,也算多了。然而最伤心的,是庚子这一年(1900)拳匪的事情,为着慈禧太后一个人,同朝廷上头几个昏愦胡涂的大臣的私心,同一班匪徒的瞎闹,把个中国闹得京城失陷,皇帝出奔,几乎大不得了。后来幸而讲和,还赔掉了四万五千万两的银子。咳,这个算件什么事情呢?然而当时胡涂瞎闹的人,究竟不过这几个,我们中国一共有四万万人,谁叫你容这几个人去瞎闹的呢?这样说来,又不能专怪这少数的人了。

这一件事情的来由,说起来很长的。第一,中国的大多数人本来有一种排外的心理,总想把外国人打退了,叫他不来。这一种念头,初通商的时候最盛,到庚子年间,还有一班人不知道这件事情是万万办不到的。第二,中国人喜欢看小说,小说上头的话本来是怪诞不经的,有许多愚民偏相信他是个实事。第三,中国下等社会里本来有一种邪教,像什么白莲教之类。这种教,本是毫无道理的。有一种愚民,偏也要去迷信他。有这三种原因,便种成了拳匪的根源了。然而朝廷上没有人扶助他,张他的气焰,也不至闹出什么事情来。偏这时候,慈禧太后同皇帝又弄得意见不合,因着可恶皇帝,并且可恶起外国人来,便想要借着拳匪的力量,去排斥外国人。这便闹出天下古今的大笑柄来了。

你道这慈禧太后为什么同光绪皇帝不对呢?原来这慈禧太后是咸丰皇帝的妃子,同治皇帝便是他亲生的。咸丰皇帝死的时候,同治皇帝年纪还小,慈禧太后就垂帘听政。后来同治皇帝死了,没有儿子,照例本当立同治皇帝的侄辈。这光绪皇帝的母亲,却是慈禧太后的妹子。这时候年纪又小,慈禧太后所贪的是专权,便立了光绪皇帝,去继承咸丰,慈禧太后依旧垂帘听政。到光绪十六年(1890),皇帝才亲政的。然而一切大权,依旧在慈禧太后手里。这位光绪皇帝,却是个英明的君主,从中东一战之后,早知道中国非变法维新不能自立了。光绪二十四年(1898),便用了康有为等一班人,变起法来。当时一班守旧党,不以为然。慈禧太后便趁此机会,夺掉皇帝的政权,依旧垂帘听政。康有为等一班人都逃到海外去了,慈禧太后又要去捕拿他们。然而这一种为着改革政治为政府所不容的人,万国公法上叫做国事犯,是应当保护他的。所以各国都不肯交出来。慈禧太后疑心各国有意庇护康有为,心上就因此怀恨。又想要废掉光绪皇帝,疑心各国的公使不答应,便更加疑忌起来。恰好光绪二十六年(1900),直隶、山东拳匪大盛,拽了扶清灭洋的旗帜,还说是有一种神术,可以枪弹不入的。当时朝廷上,昏愦胡涂的大臣便很相信他。把他请进京城,设坛传教,还怂恿着慈禧太后奖励拳民,去和外国人开衅。这件事情便不可收拾了。

中国的旧人物本有一种谬想,道西洋人的强,就是靠着枪炮;要是不怕枪炮,便把西洋各国人打退,也是不难的。这种思想本来极为可笑,要是出于愚民,也还可以宽恕他,如今竟出于堂堂当国大臣的口里,这话便无从说起了。闲话休题。当时这班大臣,便怂恿了慈禧太后,捏造了光绪皇帝的上谕,和西洋各国同时开战。还叫全国的督抚都杀掉境内的外国人。幸而两江总督刘坤一、湖广总督张之洞是个有识见的,联合了东南各督抚,不奉伪诏。同各国领事订立了条约,保护东南各省。所以南方不曾牵入这乱事里。然而北边几省,已经闹得不成个样子了。烧教堂,杀教士,拆铁路,断电线,还叫京城里头的兵和着拳匪去攻外国使馆。幸而内中也有明白的人,暗属手下的兵丁不要认真攻击。所以接连攻了许多天,使馆还没有打破。然而德国的公使克林德、日本公使馆里的书记杉山彬已经给这班乱民杀掉了。到七月里头,英吉利、法兰西、德意志、俄罗斯、奥地利、意大利、美利坚、日本八国的联军来了。料道这班拳匪,如何能认真打仗,到这时候,都逃得无影无踪了。倒害了认真的兵士,安分的百姓,死掉了许多。京城便又失陷了,慈禧太后同光绪皇帝逃到西安。

到这个时候,排外的迷梦醒了。只得再派了李鸿章、王文韶去同八国议和。到光绪二十七年(1901),和约才议定了。赔了各国的兵费一共是四万五千万两,还要派亲王大臣到德国、日本去谢罪,准各国驻兵在京城里保护使馆,天津的城垣、大沽口的炮台都拆毁了,不得再建。庇匪的王大臣还要从重治罪。这便是这一次排外的结局了。当时主张排外的人,现在大都死得骨已腐朽了,只苦的我们国民,把这四万五千万两的银子负担在身上,到如今还没有赔偿得完。

十四　日俄之战及朝鲜灭亡

庚子这件事情,你道到这样子就算完结了么?当李鸿章和俄国人订结密约,准他建造东省铁路的时候,还准他沿路驻兵,保护铁路。到庚子这一年,俄人便藉此为名,发兵把黑龙江省城攻破了,又占据了奉天、吉林两省的省城,挟制了奉天将军和吉林将军,籍着他的名目去号令他手下的属员。这时候的东三省,竟同俄国的地方一样,中国人自然是没有法子想。然而日本人却是蓄意要侵占东三省的。甲午这一年,奉天省的一半已经到手了,无端给俄国人约会法、德两国,逼胁他退还了中国,心上如何不恨?便全国上下,一心一力,预备同俄国打仗。到这时候,自然是不能默尔了,便西洋各国也都不以俄国为然,说他是破坏东洋的平和。俄国人迫于公议,光绪二十八年(1902),只得和中国人订立了几条条约。约定了俄国驻扎在东三省的兵,分做三期撤退,每半年为一期。第一期是照约撤退的,到第二期,便不但没有撤退,反把第一期撤掉的兵调了回来。以后还陆续增加,到第三期撤兵的时候,俄国在东三省的兵,反而更多于前了。日本人到这时候,真是万难坐视。光绪二十九年(1903),便同俄国开起战来,中国却宣告了一个中立。有人说笑话,道日本和俄国像是两个强壮的男人,中国像是一个柔弱的女人。两个男人为了这一个柔弱的女人,打起架来,这女人自然只好袖手旁观了。然而自己的地方,听凭人家在这里打仗,自己反而宣告中立,这件事情毕竟是从来没有的。打仗的结果,日本人胜了。俄国人便把东省铁路的支线,从长春以下割给日本,这便是现今日本人称他做南满洲铁路的了。还把旅顺、大连湾,都转租给日本人。从前中国置诸度外的库页岛,本来是日本、俄国两国人占据了,后来俄国人把日本北边的千岛同他互换,算是全岛归了俄国。到这时候,又把这岛的南半边让给日本了,在俄国始终是慷他人之慨,也算不得什么吃亏。然而中国从此以后,一个东三省便算是北半个送给俄国人,南半个送给日本人。到如今,虽说东三省是中国的土地,不过是名目罢了。诸位的亲戚朋友,总也有到过东三省的。诸位且问问他看,现在的情形究竟如何?在下也无从细说了。

还有朝鲜呢,中国同日本打仗以后,倒也算做独立国了,便把国号改做一个韩字,还到太庙里宣誓,立起宪来。然而天下事,总得是要有真心,单是口里头说自强、说立宪,总是没有用的。所以名为独立,其实实权仍旧在日、俄两国人手里。日俄战后,俄国人也承认日本独力经营朝鲜了。光绪三十一年(1905),日本人便在韩国设立了一个统监府,把韩国的实权通统收到手里。韩国人到这时候,才知道靠着日本替自己维新变法,是没有用的。光绪三十三年(1907),便派了两个人到西洋的万国和平会里去,要求现今各强国帮他的忙。然而交涉的事情是势利不过的,有那一国来帮你的忙呢?这件事情发觉出来,反而被日本人更加束缚得紧了。到宣统二年(1910),就由韩国的皇帝出名下了一道上谕,把韩国合并于日本国。从此以后,世界各国的地图上,就没有韩国这两个字了。然而我们却笑不得他,古语道:"兔死狐悲,物伤其类。"我们中国做了朝鲜几千年的上国,眼睁睁看他灭亡了,不曾能够救助他,如何还好笑他呢?

十五　英兵入西藏

清朝交涉失败的事情,还有一件便是西藏的事情。这西藏,是在中国的西南边的,南边同印度接界。这西藏,地势最高,四边都是高山,同人家往来是很不容易的。西藏的人,最信奉的是喇嘛教。这喇嘛教也有新、旧两派。旧派的衣裳是红色,所以又叫做红教;新派的衣裳是黄色,所以又叫做黄教。明朝中叶以前,西藏本是盛行红教的。到后来黄教得势,红教就渐渐的衰微了。西藏地方本是没有国王的,就是黄教里头的两个高僧,一个叫做达赖喇嘛的,统治前藏的事务;一个叫做班禅喇嘛的,管理后藏的事务。到清朝康熙年间,平定了西藏,便也一仍其旧,不过派一个驻藏大臣驻扎在西藏,监督达赖喇嘛罢了。英国人既得了印度,便想要窥伺西藏。然而清朝初年的旧制,是不许西藏人同别国交接的。英国人也没有法子想。后来千方百计,要求中国的政府。到光绪十六年(1890),到底开了西藏南边的亚东关,做了商埠。这亚东关,离前藏的首府拉萨,后藏的首府日喀则都很近的。既然开做商埠,英国人就有了一条入藏的路了。然而,俄国人从占据了中央亚细亚之后,他的地方也同西藏很近,也想要窥伺西藏的,便屡次派人到西藏去,诱惑达赖喇嘛。这达赖喇嘛,果然为其所惑。光绪二十八年(1902),派了一个使臣到俄国去,上了俄皇一个护法大皇帝的尊号。英国人听得大不放心,便趁俄国同日本打仗的时候,发兵径入西藏,攻破了拉萨。达赖喇嘛逃掉了,英国人径同西藏的官吏订结了几条条约。要赔偿英国的兵费二百五十万卢布,还要添开亚东北边的江孜,后藏西北方的噶大克做个商埠。这么一来,又要做日本和朝鲜、法国和安南的故事了。中国政府听得这个消息,便再三派人去同英国交涉。后来总算是另订了几条中英的条约。西藏依旧算是中国的属土,西藏的官员和英国人订结的条约也没有废掉,不过算是中英的条约承认他才发生效力的。这件事情,虽然没有大决裂,然而总有些合着俗话所说的掩耳盗铃。从此以后,西藏人信仰中国的心便日益淡薄。到后来,西藏的达赖喇嘛竟逃到印度去,还费了中国政府许多交涉的手续呢。这是民国时代的话,且待将来再慢慢地讲他。